Beaverland: How One Weird Rodent Made America, ISBN:9781538755198.

Copyright © 2022 by Leila Philip

This edition arranged with DeFiore and Company Literary Management, Inc. through Andrew Nurnberg Associates International Limited

Simplified Chinese translation copyright © 2024 by China Science and Technology Press Co., Ltd.

北京市版权局著作权合同登记 图字：01-2024-2492

图书在版编目（CIP）数据

河狸大神：第二建筑师如何塑造美国 /（美）莱拉
·菲利普 (Leila Philip) 著；柴晚锁译 . -- 北京：
中国科学技术出版社，2025. 3. -- ISBN 978-7-5236
-1095-4

Ⅰ . F757.129

中国国家版本馆 CIP 数据核字第 2024D02A19 号

策划编辑	刘　畅　屈昕雨	责任编辑	孙　楠
封面设计	东合社·安宁	版式设计	蚂蚁设计
责任校对	邓雪梅	责任印制	李晓霖

出　　版	中国科学技术出版社	
发　　行	中国科学技术出版社有限公司	
地　　址	北京市海淀区中关村南大街 16 号	
邮　　编	100081	
发行电话	010-62173865	
传　　真	010-62173081	
网　　址	http：//www.cspbooks.com.cn	

开　　本	880mm×1230mm　1/32	
字　　数	355 千字	
印　　张	14.875	
版　　次	2025 年 3 月第 1 版	
印　　次	2025 年 3 月第 1 次印刷	
印　　刷	北京盛通印刷股份有限公司	
书　　号	ISBN 978-7-5236-1095-4/F·1319	
定　　价	89.00 元	

推荐语

优美流畅的文字、细腻入微的观察、深入翔实的研究,《河狸大神》一书读来一定会令你心碎,但随后又将以真情、唯美以及奇妙的构思让你破碎的心愈合。正如莱拉·菲利普所展示的那样,美国巨大的财富、优美的大地景观,以及多元的历史文化中相当大的部分都应归功于河狸。罗杰·托里·彼得森(Roger Tory Peterson)曾恰如其分地将河狸称为"大自然顶级的环保主义者",我们与这一生灵之间的关系十分复杂、闹心且残酷。河狸自身,再加上那些兢兢业业致力于河狸保护的人们,或许有望成为修复我们破损的大地、弥合我们与大自然之间伤痕累累的关系的中坚力量。这一点令人赞叹和欣慰。

—— 赛·蒙哥玛利(Sy Montgomery),畅销书《章鱼星人》(*The Soul of an Octopus*)作者

关于河狸这一奇妙的生灵,我们为之写多少本图书和专著都不为过——本书尤为有力地描摹和重构了这一动物在美洲大陆的历史,在我们每个人想象世界中所占据的、不容忽视的历史地位。

—— 比尔·麦金本(Bill McKibben),畅销书《大自然的终结》(*The End of Nature*)作者

《河狸大神》文字绝美、扣人心弦且意蕴深远。有关自然历史、商业历史、当今毛皮捕猎人的世界，以及这种体形硕大且怪诞难解的啮齿动物在美国未来的生态前景中可能发挥的作用，在所有这些方面，本书都给予了我如此丰富的启迪。莱拉·菲利普不愧是位技艺娴熟、深得人心的向导，带领我们充分领略了这片深受河狸影响的地域的无限风光。

—— 詹姆斯·法洛斯（James Fallows），畅销书《我们的城镇：深入美国腹地的 10 万英里之旅》（*Our Towns：A 100 000-Mile Journey into the Heart of America*）合著者

进入人类世界之前，我们居然还曾经历过一个"河狸世（Casterocene）"：数以百万计的河狸，曾对北美洲环境产生过如此显著的塑造作用。透过《河狸大神》，莱拉·菲利普将带领我们开启一段引人入胜的旅程，去了解河狸对人类历史的影响，同时也去真切领会，在河狸经历了几近灭绝的浩劫之后，为了我们生态系统的福祉，我们有必要将这一啮齿动物重新带回这个世界。

—— 弗兰斯·德瓦尔（Frans de Waal），《雄雌有别：灵长类动物学家眼中的性别》（*Different：Gender Through the Eyes of a Primatologist*）一书作者

一部惊世骇俗的资料汇编，一幅河狸眼中的世事万象，反映了社会、文化及民族志历史，这与温馨感人的个人叙事并行不悖、交相辉映。菲利普工笔匠心，巧妙铺陈，带我们跟随自然博物学家、研究人员、捕猎人、地方历史学家等人的足迹，也跟随她参观了她家后院池塘，不知不觉走进这一其貌不扬的"国家

塑造者"的世界。作者深入研究多个领域,内容既包括美洲原住民所遭受的奴役、约翰·雅各布·阿斯特(John Jacob Astor)的狡诈贪婪,也包括陶乐茜·理查兹对河狸情有独钟的痴迷(在她位于阿迪朗达克山脚的农舍中,她曾一度与 14 只河狸朝夕相处)以及原住民民族气象万千的风情世俗。整个旅途中,每迈出一步,我们都感觉仿佛正紧紧跟在一位扎实可靠的行家里手身后。《河狸大神》内容撼动人心、研究结果翔实有据,篇章构架独具匠心,一如这一"怪诞的啮齿动物"精心打造出来的居舍,通篇始终着眼于河狸这一主角,聚焦于它们在应对当今气候变化、生态系统受损等人为灾难中可能发挥的作用。

—— 格蕾特尔·埃利希(Gretel Ehrlich),《无法释怀:通往既成
局面的旅途》(*Unsolaced: Along the Way to All That Is*)一书作者

　　《河狸大神》大概是近年内各类以美国某一种动物为主题的图书中效果较好的一部。该作品可谓一部敞开心扉却偶尔也令人凝神屏息的发现之旅,作者秉承对新英格兰当地河狸的热情与挚爱,踏上了一段旨在更深入了解一则经典大陆故事的文学和新闻探索之旅,即当因经济利益的驱使而毁灭了一种动物之后,曾深受这一动物影响和塑造的一个庞大世界为何骤然崩塌。河狸的回归及其作用能够拯救我们的未来吗?无论你的答案如何,这部优秀的图书都一定会重构你脑海中各种"家具"的摆放布局。

—— 丹·弗洛雷斯(Dan Flores),畅销书《美国丛林狼》
(*Coyote America*)作者

　　莱拉·菲利普所著《河狸大神》以河狸这一怪异的反派英雄

为主角，讲述了一则引人入胜的故事。虽然作者明确表明河狸的确很怪诞，但却借助难以辩驳的论据证明，生活在河狸世界中的人类其实更加怪诞。作品将幽默诙谐的故事与有关大自然的深邃思想巧妙地融为一体。千万不可小觑那些乘着降落伞降落艾奥瓦州蛮荒旷野的河狸。

—— 马克·库尔兰斯基（Mark Kurlansky），畅销书《鳕鱼与盐》（*Cod and Salt*）作者

《河狸大神》堪称 21 世纪描写环境的典范之作——精彩的故事中蕴含了翔实的历史及生态智慧，以柔美抒情的笔触讴歌自然世界的壮美之时，却明智地避开了以浪漫主义粉饰太平的窠臼，并且对某些早已深入人心的环境观念提出了大胆质疑。每读完一页，这本书都将会令你惊掉下巴。

—— 珍妮·普莱斯（Jenny Price），《停止拯救地球！——环保主义者的宣言》（*Stop Saving the Planet!: An Environmentalist Manifesto*）一文作者

《河狸大神》展示了横跨 5 个世纪的历史及北美整个大陆辽阔的地域，就我们人类与一种拥有神奇工程天赋的奇怪动物之间不同寻常的关系进行了深入洞察。莱拉·菲利普将诗意的语言与深邃的见解相互交融，揭示了河狸塑造我们身边环境的过程，也揭示了人类拆解它们的伟大杰作的过程。

—— 艾伦·泰勒（Alan Taylor），普利策奖得主、《美利坚合众国：美国大陆史，1783—1850》（*American Republics: A Continental History of the United States, 1783–1850*）作者

"河狸聪明吗？"在这部引人入胜、历古涉今、越溪过河、栩栩如生地描摹河狸及河狸捕猎人神秘世界的亲历之旅中，作者莱拉·菲利普曾如此发问。打造和改变其周围世界的另一种动物——河狸创建了复杂、生物多样性富集的大地景观，而我们所做的却刚好相反。数千年以来，河狸曾如何塑造美国的江河溪流？如今它们再次归来，对帮助我们修复河流水道又将起到哪些作用？本书围绕这一系列问题展开的精彩讲述令我们不免暗自寻思：究竟谁才是聪明的？

—— 大卫·R. 蒙哥马利（David R. Montgomery），麦克阿瑟研究员，《尘垢：文明的侵蚀》（*Dirt: The Erosion of Civilizations*）一书作者

在这部引人入胜、旁征博引的作品之中，菲利普讲述了从人类视角观察所见的北美洲河狸的故事。菲利普借助美洲原住民间流传的创世故事，亲访当代捕猎人、河狸信徒、科学家等，采用多元角度，循序渐进地构建起了一则有关河狸与人类历史渊源的巧妙故事。随着菲利普对地点、情绪氛围、人物以及河狸等各元素的娴熟驾驭，众多有关河狸的基本知识也以简明易晓、短小精悍的形式——呈现于读者面前。

—— 艾伦·沃尔（Ellen Wohl）博士，《拯救"被坝凌"的水系》（*Saving the Dammed*）一书作者

莱拉·菲利普拥有知性、热情及开放的心态，对河狸的生活及历史遭遇进行了深入探索。随着她对捕猎人、开发商、自然博物学家以及商人等不同群体间彼此相互交织，而且往往相互竞争

的利益展开调查，书中为读者呈现了一幅关于其主题的多元视角图景。在这一过程中，她寻踪觅迹，探讨了河狸在我们的历史及生活中不可缺失的地位。与此同时，《河狸大神》也是一声超越历史、超越市场、超越人类欲望的恳切呼吁，呼吁人们以一种纯粹的态度欣赏这一哺乳动物及其重塑这个世界的天赋。或许，这正是菲利普这部文笔优美、慧眼如炬的作品取得的重大的成就。

—— 简·布罗克斯（Jane Brox），《沉默：我们生活中最不为人知的某一要素的社会史》（*Silence: A Social History of One of the Least Understood Elements of Our Lives*）一书作者

推荐序

亲爱的读者朋友们：

在这个纷繁复杂的世界里，有些书能让我们重新爱上这个星球，而《河狸大神：第二建筑师如何塑造美国》就是其中之一。作为"河狸军团"的创始人，我有幸先睹为快，深感荣幸。这本书不仅让我对河狸的历史有了新的认识，还让我对这些小家伙们的聪明才智佩服得五体投地。它们不仅是自然界的工程师，更是我们世界的塑造者。

说到河狸，我就不得不和你们分享我们"河狸军团"的故事。"河狸军团"是一个由全国各地超过100万名年轻人组成的公益团体。我们这群热血青年可是干了不少大事！比如在乌伦古河流域种下了100万棵灌木柳，这可是给河狸宝宝们安了个五星级的家！我们还动员了500多位哈萨克族牧民成为野生动物的守护神，这可是真正的草原英雄啊！别忘了，我们还建了阿尔泰山的第一座野生动物救护中心——"河狸方舟"，这里每年能救下500余只小动物，想想都觉得激动！

虽然长得憨态可掬，但河狸是一种很聪明的小动物，它们被称为自然界的建筑师，因为它们会修水坝，来改变自己的生存环境。河狸修筑的水坝特别符合流体力学，其截面是一个梯形。这是为了分散水流对水坝的冲击力，从而保护水坝。此外，河狸在修筑水坝时实际上也建造了一个小小的生态空间，给其他动物提供栖息地，所以保护河狸也有助于保护生物多样性。

在中国，只有新疆阿勒泰地区的乌伦古河流域存在河狸。这种河狸叫蒙新河狸，属于欧亚河狸的亚种。目前，蒙新河狸全国仅存 600 余只，是濒危种群，也是国家一级保护野生动物。

读这本书的时候，我被作者对河狸的描述迷得神魂颠倒。书中不仅讲述了河狸在美国历史中所扮演的重要角色，而且让我对这些小家伙的智慧有了新的认识。我一直都叫我的河狸宝宝们"我的崽"，看完这本书后，我更是为我的崽们感到骄傲，它们真是太棒了！

这本书提醒我们，每个物种都有其独特之处，我们能从大自然中学到很多。河狸的水坝、居舍，是经过千万年演变的杰作，它们不仅建造了家园，更无意中塑造了河流、森林，乃至整个生态系统。这种存在于每个物种身上的智慧，值得我们去探索、去学习。

《河狸大神：第二建筑师如何塑造美国》是一本让人心动的书。它不仅让我们对河狸有了更深的了解，更启发我们去思考人类与自然的关系。我强烈推荐这本书给所有对自然充满好奇、对生态保护抱有热情的朋友们。让我们一起跟随作者的笔触，走进河狸的世界，感受它们作为第二建筑师的神奇力量。

初雯雯

河狸军团创始人

谨以此书献给

加思、里斯——

我名副其实的指路北斗。

关于"美利坚"（America）一名的由来

使用"美利坚"（america）一词指称美洲大陆的最早文字记录出现于 1507 年，首见于德国制图师马丁·沃尔德斯穆勒（Martin Waldsenüller）制作的一个平面地球仪上。

通常认为，这就是美洲大陆的"出生证明"，而"美利坚"这一名称（不管用的是单数还是复数形式）可以追溯到意大利探险家亚美利戈·维斯普奇（Amerigo Vespucci），因为在克里斯托弗·哥伦布（Christopher Columbus）1492 年首次航行到达这里之后的数年间，他曾对这一大陆进行过广泛探索。

然而，我们现在已明确知道，哥伦布其实根本不曾发现过这片大陆。

在玛雅语中，"阿梅里克"（amerrique）一词的意思是"狂风肆虐之地"。此外，它也是尼加拉瓜境内一条富藏金矿的山脉的名字，哥伦布和维斯普奇都曾到访过那里。

"奥梅里克"（ommerike）是挪威语中的一个古老词语，意为"最遥远的外陆"，也是 11 世纪初来到这里的挪威人对这片大陆的称呼。

"艾姆埃里卡"（em-erika）有可能是阿尔贡金语中的一个词语。

目录

大河狸柯西·阿米斯克瓦的故事

　　这则故事半真半假，而且多有虚饰美化，但却蕴含着丰富的智慧，讲述了康涅狄格河谷的形成过程。这则故事介绍，上一个冰河纪结束时，逐渐消融的冰川形成了道道冰流，庞大的冰流裹挟着泥沙和滚石在大地上快速流淌，冲刷出了一道道山谷溪涧、一条条峡谷、一片片湖泊以及裸露的河床。大地上遍布着古老冰河纪的泥浆，形成了高耸入云的悬崖，大小有别、形态各异的石头，厚薄各不相同的石板。日后，这些大大小小的石头和石板被用来筑起了遍布新英格兰地区的一道道石墙。而早在这一切发生之前很久很久，融化的冰川汇聚成一个漫无边际的大湖，数十亿的海洋生物在此繁衍生息，在此消逝老死并沉积于湖底。历经亿万年岁月，肥沃的淤泥渐渐在湖底厚厚积聚起来。故事最终聚焦于一场旷世大战，湖水因此得以释放，康涅狄格河谷两岸丰腴肥沃的冲积堤岸也随之渐渐显露，形成了世界级大峡谷。

　　这则故事悠远绵长，充满神秘和灵性，构成了阿尔贡金原住民有关大河狸柯西·阿米斯克瓦（Ktsi Amiskw）经久不衰的故事。千百年来，这则古老的故事被人们讲述了一遍又一遍，影响范围遍布整个北美大陆，从大西洋沿岸，到北美五大湖区，每一个角落都在流传着它的故事。

　　请你侧耳倾听：很久很久之前，柯西·阿米斯克瓦进入了我们的视线。它已经沿着长长的河游了很久。这一天，它游着游着，突然感觉面前豁然开朗，展现在眼前的是一片开阔的峡谷，水草丰茂。它不禁停了下来四处察看，发现这里水流湍急，两岸密密麻麻长满了树。虽然离大海如此遥远，它依然可以清晰地感觉到水流强大的引力及浪潮澎湃的脉动。通常，它不太愿意在水流如此汹涌的地方拦河筑坝，但这个地方却吸引了它的眼光。于是，它开始砍伐岸上的树，并将它们庞大的身躯横跨河流排成格子形状。没过多久，河流两侧的水面便开始逐渐膨胀。它不断地修呀修，直到建成了一座坚固的大坝，跨越整个河面。当河水渐渐漫开，水面涨上堤岸，它就将大坝加宽加高。很快，河水便淹没了整个河谷。人们开始沿着河岸奔走、恳求，大河狸分明听见了他们的哭喊，却置之不理。耕田的女人们最先发现了洪水，她们努力想引起大河狸的注意："柯西·阿米斯克瓦，伟大的河狸呀，请您停下手中的活儿，赶紧把大坝挪走吧。我们的田地眼看就要被淹没，我们的庄稼也会随水消失无踪。我们会被活活饿死。"

但柯西·阿米斯克瓦对她们的恳求充耳不闻。它拍拍自己硕大的像鳍一样的尾巴，警告她们赶紧走开，别在自己面前叽叽歪歪。女人们抓起锄头和篮子，匆匆忙忙赶回村子向长老们求援，请求他们去向大河狸说情。于是，长老们放下烟袋，走出村子去见河狸。他们盯着柯西·阿米斯克瓦那片渐渐蓄起水的水塘，满心钦佩地看了一会。如此壮观美丽的水坝，难道它就不能随手移开几棵树、放掉一些水，让湖里的水位稍稍降低一些，好让女人们的田地保持干爽吗？他们先奉承了河狸几句，随后开始尝试谈判。可是大河狸只是站了起来，身子略微后仰，倚坐在硕大的尾巴上，以便将长老们看得更清楚。随后，它纵身一跃，紧接着便潜入水中，硕大的尾巴激起高高的浪花，心想："他们以为自己是谁，竟敢要求我挪走水坝？他们尽可以搬到其他地方，到那里去种自己的豆子、玉米和南瓜。"

　　绝望的人们转而求助于创世主奥布巴马卡瓦（obbamakwa），他拥有移山挪海的神力。假如他不出面主持正义，阻止大河狸不再淹没河谷，那么他们就注定只能消失了。在创造了这个世界以后，奥布巴马卡瓦本来已不再愿意干预世事，但他清楚地知道，如果自己不出面干预，人类恐将难免挨饿的命运。他找到大河狸，让它拆掉水坝，放掉坝内积聚起来的一部分水。但大河狸不但拒不听从命令，反而对他横加挑衅。它回复道："让那些人搬走吧，我为何要管他们死活？"奥布巴马卡瓦发现自己别无退路，于是抓起一棵树，像挥舞大棒一般朝对方抡了过去。但柯西·阿米斯克瓦一闪身逃开了。一场大战由此爆发。大河狸潜入水下，奥布巴马卡瓦紧追不舍，一边不停地挥舞着大棒，冲着大河狸头部狠狠击打下去。奥布巴马卡瓦的"大棒"所到之处，硕大的巨石应声开裂，形成了耸立的崖壁。随着他一次次手起"棒"落，一道道沟壑、一条条瀑布也随之应声出现；瀑布劈开悬崖间的缝隙，变成了湍急的河流，进而塑造了东部沿海以及大湖区湖岸的地貌。这则故事有多个不同版本。据新英格兰南部地区流传的一个版本，大河狸终究没能逃过惩罚，在这场大战中最终被打死。马萨诸塞州北安普顿地区有一座山名叫"狸尾山"（后来的英国殖民者将其更名为"糖块山"）。但根据米克马克人、帕萨马科迪人、生活在加拿大滨海地区的北阿尔贡金印第安人，还有生活在大湖区的阿尔贡金印第安人的传说，大河狸机智无比，它灵巧地钻进了大湖里的波涛巨浪之中，很快便逃之夭夭。

大河狸的故事绵延流传了上千年。借用阿贝纳奇族诗人谢丽尔·萨瓦乔（Cheryl Savageau）的话说，这就类似于那些历史悠久的古老传说，每隔一段时间就会应当时的需求而"再次复苏"。假如我们漠视与周围其他人之间的关系，便不可能安然存世。千万年以来，生活在北美大陆的原住民们早已深知，假如毁了地球，也便毁了我们自身。

然而，透过北美大陆这则源远流长的古老故事、这则事关美洲天堂起源及毁灭的古老故事，你对其主角——这种毛茸茸、胖嘟嘟、长着四颗牙齿的啮齿动物又会有些什么样的不同理解呢？

第 1 章

我家的河狸塘

　　我总觉得河狸身上存在着某种充满灵性和神圣的元素，原因或许就在于其浑身弥漫着的那种令人不可思议的怪诞特征吧。大约一亿年前，身形堪与熊比肩的河狸一度曾纵横出没于整个北美大陆。它们的身世构成了进化史上的一个谜团，就好比鸭嘴兽，也好比与恐龙共享着一些特定 DNA 的某种鸟类。一旦潜入水下，它们便显得更像一种海洋哺乳动物，而不像陆上物种；它们更像海豹，而不像一种啮齿动物。它们灵巧的前爪与人类惊人地相似，既拥有敏捷的五指，又有裸露无毛的手掌。它们会像小猫一样一丝不苟地梳理自己光滑油亮的皮毛。它们有着哺乳动物一般优美的身姿体态，下身却蜕变成为两条野鹅般瘦弱的后腿，脚掌几乎与其头部等宽。它们的双腿之后拖着一条爬行动物般的硕大尾巴，俨然刚刚经历了一场可怕的车祸，其尾巴被拖拉机轮胎压得扁平肥厚，由此留下的深深凹痕形成了一幅独具特色的图案，仿佛披着一层厚厚的鳞甲。它们身上既有熊、鸟、猴子、蜥蜴的影子，又有如人类双手一般的前爪及海洋生物一般的尾巴。在其足迹所至的每一个大洲，河狸都曾激发了人类无尽的想象和创意。这一点难道不足以令我们惊讶不已？

一

讲经石路是我老家康涅狄格州伍德斯托克镇的一条历史悠久的泥泞小路，因路旁矗立着的一块覆满蕨类植物的巨石而得名，距离河狸坝大约 1 英里[①]。伍德斯托克镇建立于 1686 年，人口约 7 862。镇上有 6 家乳酪及肉牛农场、一个野牛群落、一家商业化运作的果园，还有众多的后院菜圃。林地面积中，湿地占了 40%，这使得开发商望而却步。这里堪称康涅狄格州一个安谧的角落，是华盛顿与波士顿之间最后一条依然可以仰观星空、静赏夜色的廊道。

讲经石路是镇上最古老的一条路，同时也是全州历史最为悠久的道路之一。早在首批来此的欧洲移民抵达之前，这里就是居住于此的尼普穆克族、佩科特族、马山图克特族原住民往来的一条主要通道。居住在当今罗德岛、马萨诸塞东部以及康涅狄格州地区一带的 12 个印第安原住民部落，有时会在距离河狸塘不远处的草地上集会。这片草地是冰河运动形成的陡坡，其高处怪石嶙峋，可以免于伏击的危险，低处的溪谷带来了丰富的动物可供捕猎。伍德斯托克镇的土路现在已经所剩不多，讲经石路便是其中一条。当地公路管理部门曾希望将它翻新重铺，但遭到了当地居民的强烈反对。我们更喜欢让它保持既有样貌。

首批英国清教徒在普利茅斯登陆 68 年之后，殖民者沿着与这条路相通的道路来到这里。柴尔德、泰勒、埃利奥特等 7 个英

---

① 　1 英里 ≈ 1.61 千米。——编者注

国家族从距离波士顿不远处一个当时名为罗克斯伯里的地方出发，跋涉 67 英里抵达这里。他们将这片新建起来的定居点命名为新罗克斯伯里，随后又更名为伍德斯托克。来自英联邦的传教士约翰·艾略特（John Eliot）听说这一带居住着一些信仰基督教的美洲原住民，这些人很可能相对容易被驯顺，他们早些时候便已接纳了欧洲移民作为自己的邻居，并信奉基督教。抵达这里不久之后，艾略特从大桥出发，顺着当时远比现在狭窄得多的小路徒步大约 1 英里来到道旁的这块冰川漂砾，并开始在这里向当地原住民传播基督教，由此得到一批新的信徒。再随后发生的便是大家熟知的悲惨历史，人们经历了死亡、背井离乡、大屠杀。短短几年之后，这里的土地便被分割成为一个个面积约 20 英亩①的小块，而新到的居民则开始了他们毁灭森林的旅程。如今，森林大多已经得到了恢复，首批农场主家庭中的大多数也都已踏上了新的旅程，但当初在农场上树立起来的石墙却依然默默地矗立在那里。从我所居住的地方出发，沿任何方向步行大约 20 英尺②，映入眼帘的便将是一道道充满诗意的石墙遗迹，上面大多覆满蕨类植物，无处不在的苔藓赋予了石墙片片斑驳的色彩。动物们对这些石墙熟稔于心。石墙俨然就是林中的通衢大道，构成了动物们向各个方向逃逸的安全通道，也构成它们紧急避险、安居筑巢的理想所在。

　　讲经石旁边的河狸水坝包括三块平坦的巨石。数百年之前，为便于人们越过这条名为泰勒涧的小溪，先人们在河里铺设了这

---

①　1 英亩 ≈ 4046.86 平方米。——编者注
②　1 英尺 ≈ 0.31 米。——编者注

些巨石。巨石间留有足够的空隙，可以让溪水顺畅通过。河狸开始拦河筑坝时，首先这些粗糙的巨石派上了用场。它们以巨石为基石和起点，以泥浆、石块及树枝为原料，筑起了一道道的坝墙。随着河狸迁入，它们筑起的水坝渐渐将林子淹没，并由此形成水塘。几年之后，它们再次迁离，并蓄水淹没另一片区域，而先前的水坝渐渐老化坍塌。我最初留心观察的这些河狸不久前迁入我家附近的林子，是在这里定居的最新家族，而它们的祖先则很可能已经在这一片地区生活了数百年，甚至更久。

遍布整个大陆，美洲原住民民族一度曾以长矛为武器捕猎河狸。他们首先会捣毁狸舍，趁河狸仓皇逃离的时候再将其杀死，将捕获的河狸肉用来果腹，毛皮用于装饰和衣着。不过，总体而言，美洲原住民文化普遍信守着一条严格的禁忌，那就是在满足自用的基础之上绝不超额猎杀"柯西·阿米斯克瓦"（按照满足自用这一原则，河狸将绝对不会被灭绝）。河狸隶属于某一兽族，死亡之后必须得到尊重。而在随后大规模兴起的毛皮贸易中，北美大多数的原住民民族被先后卷入其中。他们纷纷拿出毛皮，向欧洲白人换取斧头、铁壶、毛毯、小饰品、酒以及枪支，这对河狸的猎杀起到了推波助澜的作用。在有关早期美洲定居地历史的诸多作品中，作者们往往刻意强调这一以物易物的过程，强调这一过程给原住民所在的社会带来了新的技术，并以此为由给毛皮贸易正名。然而不久之后，众多美洲原住民民族便意识到，过捕滥杀的方式将导致自身文化的陨灭。据早期定居于密歇根的法国耶稣会教士讲述，原住民在捕获河狸之后有将其双眼挖掉的习惯，目的就是不让该动物看到其死后被亵渎的惨状，同时很可能也是保护猎手，使其免于因违背了神圣的禁忌而遭到天神愤怒的惩罚。

　　牛津大学博得利恩图书馆收藏有一本中世纪时期的动物寓言集，日期可以追溯至 13 世纪早期，其中便包含两头绘制精美的河狸，它们长着狼一般修长的身躯、犬一般的面庞以及闪着淡淡银色光泽的蓝毛皮。在欧洲中世纪的绘画中，河狸通常拥有蟒蛇一般的脖子、犬一般修长健美的下肢、狮子一般的前爪、毛茸茸的尾巴，还有随时可以扯下的睾丸。遭遇危险时，河狸会一口咬下睾丸并抛向猎人，以此转移后者的视线。罗马天主教会的教义规定，在圣日里，人们可以像吃鱼一样食用河狸，以此表达忏悔。对于富裕的天主教徒而言，河狸肉发挥着双重的功效——既是美味的佳肴，同时也是人人渴望的补品。自中世纪以来，河狸便出现在大不列颠各名门望族的族徽、盾纹之中。牛津城守卫部队的铠甲上便雕刻着一只健硕的河狸，它长着一条蓝白相间的炫目的尾巴，斜倚在一头大象的身旁。1605 年版的维希地图是荷兰历史上最早出现的、反映新荷兰地理状况的地图之一。在这张地图上，河狸是勤勉努力的象征，爪子里握着一截树枝，模样像一只兔子。早在 1715 年，英国最具盛名的地图绘制员赫尔曼·莫勒（Herman Moll）就将河狸画进了其所绘制的英国殖民地新地图，并将它们刻画为一队无精打采的工厂工人：它们排着整齐的队列，身体笔挺，双腿直立，肩上扛着分配给自己的一段木梁，拖着沉重的脚步走向尼亚加拉瀑布附近的一座大坝。仿佛为了充分迎合当时欧洲盛行的重商主义理念，大批地图、传单很快便相继涌现，将新大陆的河狸描绘为居住在单元房里的生灵——数十只唾手可得的"未来毛皮"寄居在一栋巨型河狸居舍内各自独立的单元之中。纽约市的首枚徽标，也就是 17 世纪时新阿姆斯特丹的徽标中，河狸构成了最引人瞩目的形象。英国人接管纽约之后，对这枚徽标进行了重新设计，添加了一位清教徒移民、一位原住民，但河狸的形象依然得到了保留，不偏不倚地伫立在前面两者之间。加拿大的首枚邮戳以河狸为主题，成立于 1859 年的俄勒冈州更是将河狸确立为本州的吉祥物，1861 年成立的麻省理工学院也将河狸定为其吉祥物。美国各州之中，每个州至少有一个运动队以河狸作为自己的吉祥物。以河狸命名的道路、运河、船舶、城镇以及新开发项目，数量远超以北美其他任何一种动物命名的同类工程。

　　迄今发现的古老动物雕塑中很多都以河狸为主角，世界上古老的希吉尔木雕人像就是以河狸下颚骨为材料雕刻而成的。在中东地区，贯穿整个远古时代，河狸腺香都曾被作为药物广泛使用。在伊朗，河狸又称"水狗"，普遍被视为一种神圣的生灵，受到一系列严格详细的惩罚体系保护。在古波斯，伤害一只河狸可能致使你面临一笔高达 6 万达利克①的罚款，不过，你也可以用杀死 1 000 条蛇来折抵。

　　然而，能够与河狸几乎无处不在这一特征相比的，似乎也只有其周身弥漫的怪异特征。事实上，按照科学家的分类标准，河狸属于"行为怪异"的一类，也就是说，没有人真正了解河狸拦河筑坝的习性始自何时，也没有人真正了解这一独特的习性背后究竟牵涉几分的智力因素（区别于本能意识）。动物大脑的重量与整体体重之间的比值可在一定程度上反映动物的智力。按照这一简单比值标准，河狸的聪明程度似乎比不上耗子、松鼠等（虽

---

① 达利克是波斯的一种金币，每枚达利克约重 8.4 克。——编者注

然说比大棘鲥鱼强出很多，地球上所有的脊椎动物之中，后者的脑体比值最低）。河狸的眼睛、耳朵以及鼻子排成一线，因此游泳的姿态有点类似于短吻鳄，脑袋几乎难以看见，身子则完全淹没于水下。然而不同于短吻鳄，它们之所以如此，并不是为了捕猎食物，反而是为了避免沦为其他天敌的猎物。河狸的视力不太好，主要的感官是鼻子。河狸主要依靠嗅觉来定位桦树散发出来的肉桂香及大齿杨散发的甘草香。它们主要借助体味交流，会用体内两个腺体分泌的香精油来标记自己的领地，同时也以此向潜在的交配对象发出结交的信号。虽然其大脑中负责视觉的区域相对较小，但其皮质层却有很大一片区域专门负责加工来自躯体感官接受到的刺激。

然而，河狸算得上一种聪明的生灵吗？这一点着实是个难解的谜团。纵观整个历史，人类对它们进行了大量的研究，深入分析了它们的居舍、水坝以及运河，也深入剖析了它们砍伐、运输树木的能力及从事工程建设的天赋等。通过三至四只河狸的通力合作，它们甚至可以将重达百磅[①]的巨石滚动起来并砌进水坝之中。或许与蚂蚁、蜜蜂等动物类似，它们也拥有某种形式的智力，只是我们人类无法洞悉它们的这种智力而已。

二

水面上任何一丝轻微的颤动，水草微微的一点摇晃，都足以

---

① 1 磅 ≈ 0.45 千克。——编者注

让它立即屏神凝息，进入警觉状态。它滑动带蹼的双脚，划着池塘中的水，轻轻转动身体，仿佛一截木头浮在水面上。它将棕色的小脑袋和熊一般的耳朵微微抬起，又短又钝的鼻子刚好与水面保持齐平，一双乌黑的眼睛机敏地四处窥探。池塘中，各种各样的昆虫在争相鸣和，一丝丝绿油油的水藻悬浮在水面，每一个分子都俨如一台发动机，随时可以引发一连串化学反应。借助光合作用，阳光被持续转化为糖分，能量被不断转化为生物量。在阳光的映照下，池水渐渐变得温润煦暖，它静静地等待着，各种感官全面进入激活状态。它鼻翼翕动，尽情地呼吸着水草和树木润泽芬芬的气息。突然，它探测到一丝截然不同的气味：辛辣刺激、充满金属般的质感。危险的信号迅速闪过它的脑际，旋即传至周身每一寸肌肉。它脑袋猛然向前一探，将后背露出水面，随后敏捷地潜入水下。下潜的过程中，它肥厚的尾巴不断用力拍打着水面，发出"啪啪"的声响，仿佛在警告什么。它的脑袋在水中划出一道裂纹，清澈的瞬膜宛如泳镜一般，为双眼提供了一套安全屏障，能够让视线穿透幽暗的水下。在这里，它不是捕食者，而是别人的猎物。它不断地向下深潜，生命全部的安危，就寄托在逃离的速度上。

它继续下潜，发疯一般向着池塘底部直奔而去。它摆出俯冲的姿态，全身肌肉绷紧，驱动整个身躯向下穿过池塘，仿佛沿着一条幽深的隧道不断下坠。它展开宽厚的脚蹼，如风帆一般推动水幕不断前行。它在迷宫一般的水下躲闪腾挪，跃过树木的枝枝杈杈，避开大小不一、嶙峋交错的石头，穿过睡莲和其他水草构成的浓密的迷障。池塘里舒适惬意的水面此刻已然成为久远的记忆，仿佛一道屏障，隔开了过往的一切。

这一刻，与其说它看起来像一种哺乳动物，不如说更像一条鱼。它的尾巴变成了控制方向的舵，耳朵和气道仿佛密封于水体之内。虽然说下潜的过程使得它心率开始放缓，但恐惧的电波却传遍它周身每一寸肌肤。它短小的前爪疯狂地抓来挠去，慌乱的手指在睡莲粗壮的根茎间四处撕扯。水面之上的睡莲优雅挺拔，黄白相间的花儿竞相绽放，然而水下却是一座幽暗莫测的迷宫，它不得不小心翼翼，谨慎周旋。

它终于游到了更深处，进入了可以让自己稍稍松口气的厚厚淤泥层。牙齿后面的内唇紧紧地闭着，以免水流进入肺部。浓稠的泥浆水在它嘴边来回碰撞，后背处也有幽暗的泥浆不断摩挲着它柔软的毛皮。它清晰地感受到了淤泥的重量，继续用力向深处推进。它清楚地知道，即将抵达安全的目的地。突然，一种清凉舒爽的感觉袭遍周身，它感觉仿佛穿过了一道幽深的帘幕，骤然之间获得了宽恕。于是它放慢速度，轻轻转动身体，开始沿着运河缓缓滑行。只有在那里，只有到了那错综交织、四通八达的路网之中，它才可以安然自得，才可以悠闲地游弋于这些水下通道之中。这个路网，可是它和同伴费心尽力，用爪子在塘底的淤泥中一爪一爪才挖掘出来的呀。它感觉到，前方的幽暗变得愈发浓重。它再次下潜，然后开始顺着一条隧道向上游动，直至最终浮出水面。它深深吸口气，让清凉舒爽的空气填满整个肺部，然后快速地爬上居舍的穹顶之中。终于安全到家了！

三

我站在桥上静静地等待着。我清楚地知道，河狸终究将露出水面并游回到这里的水坝上。我暗自寻思，自己的影子或气味会不会惊扰了它。河狸可以在水下潜伏长达 15 分钟，然后才需要有新鲜的空气来充盈肺部，而在这一过程中，它可以游出 200 码①的距离，潜水期间完全不需要再浮上来。我的眼光在塘面上来回扫视。宽阔的塘面之上，任何一个点位都可能是它随时破水而出的位置。

柯达②坐在我身边，由于拴着绳子，它只能高高地耸着脑袋，全神贯注地盯着池塘，上唇微微弯曲，神情似乎有些忧郁。它的视力看远处不是很出色，但比起河狸要优秀很多。它的嗅觉比我要灵敏二百倍。经验告诉我，每当它在路上一下子突然蹿了出去，那就一定要跟着它，因为它很可能是发现了什么：有一次是发现了一头长着十个叉角的雄鹿，被人射杀后遗弃在林子里；还有一次是发现了一头没脑袋的丛林狼，双腿微微弯曲，仿佛还在高高的草丛间奋力奔跑；再有一次是发现了一只林鸭的尸体，宝石般的脑袋已经被猫头鹰撕扯掉，殷红的鲜血、色彩艳丽的羽毛在皑皑雪地上撒得满地都是。我一边巡视着塘面，一边用手指抚摸着柯达头部柔软的绒毛。它轻叹一声，斜倚在我的腿边。我们耐心地等着，太阳仿佛一粒火球，斜挂在天边。鸟儿已经安静下来，只是偶尔发出一声轻轻的呢喃或低鸣，一曲优美得简直令人心碎的笛声从远处传来，响彻整个林间。时间分分秒秒地过去。水面先是呈现出一片明亮的橙色，其后颜色逐渐加深，变成鲜亮

---

① 200 码 ≈ 182 米。1 码 ≈ 0.91 米。——编者注
② 是作者的宠物狗。——编者注

的紫色，直至一片赭红铺满水面。柯达开始变得躁动不安，不断推搡我的腿部，眼睛也不再望向水面，而是坚定地转向回家的路。池塘距离我家前门只有三分钟的路程，但却感觉仿佛远在另一个世界。好吧，我的眼光最后一次扫过塘面。入夜之前河狸估计不会回来了。河狸习惯在黄昏时分出没，太阳落山之后变得尤为活跃。我放开柯达，听任它带我走向回家的小路。

四

　　水面轻微的一点伸缩，水下微弱的一丝脉动，都逃不过河狸敏锐的触感。在本该静谧的地方，任何一点点小小的波动都足以吸引它的注意。它从水下探出脑袋，顶上来一片绿油油的睡莲叶，如毛巾一般搭在它的脑袋上面。它轻轻抖抖一侧的耳朵，慢慢朝新捕捉到的声音的方向转过去。它伸出鼻子，尽情呼吸着黄昏时分池塘中弥漫的甜丝丝的气息。其中似乎掺杂了些许不同的味道。这究竟是什么味道呢？是淤泥的味道。它尾巴表面厚厚皮层外围的分子捕捉到了水压的变化。这声音来自流水，一种轻得难以察觉的水流声。

　　水坝那里出现了警情！河狸摆动尾巴潜了下去。它再一次用力地游过塘底的通道——隐藏于黑暗深处的生命通道。不过，这一次它没有游向居舍，而是游向了水坝。它迅速向上游动，将身子露出水面，开始在水面上快速前进。它很快便在水坝上找到了水面发生脉动的根源：原来是坝体上出现了漏洞，水正通过漏洞不断流走。它再次潜入水下，回来的时候，前爪握着满满的一把泥巴，并急速将它糊在水坝一侧。随后它又潜了下去，这次嘴里衔来一截树枝。再次下潜回来时，它带来的是一个石块。它将其牢牢地夹在前爪和脸颊之间。泥巴、树枝、石块统统都被塞进了漏洞之中。在漏洞被彻底堵死、那该死的流水声消失之前，河狸决不会停下手头的工作。这次紧急抢修行动发生在清晨时分，而这一时段可谓危机四伏。当夜色开始笼罩池塘，来自天敌的风险大大降低之时，它将与同伴带着更多的树枝及新鲜采集的小树苗再次返回这里，对水坝重新进行加固。河狸可以在短短 6 分钟之内砍倒一棵直径 5 英寸 [①] 粗的柳树。这对它来说如同折断一截铅笔一般轻而易举。一头成年河狸可以轻轻松松伐倒一棵重达百磅的幼树，然后携带它逆流而上，最终运至选中的目的地。

五

这一刻，我看到池塘中涌起了圈圈的涟漪，仿佛在向我传递某种信号。每次看见这样的涟漪，我的心都会情不自禁阵阵驿动。随着涟漪渐渐靠近，我终于看清了河狸黑色的脑袋和又短又钝的鼻子。它的鼻子上面挂着一片水草，看上去煞是好笑。河狸游得非常卖力，在水面上掀起一道银色的褶纹，径直通到我的面前。游到距离水坝大约 10 英尺的桥边时，河狸突然一个猛子潜到了水下，肥厚的尾巴激烈地拍打着水面。听着它"啪啪"拍打水面的声音，我几乎跳了起来。它又一次露出水面，鼻子上的水草早已不见了踪影，紧接着又潜了下去。它凶巴巴的样子让我好

---

① 　1 英寸 ≈ 2.54 厘米。——编者注

生羡慕。原来它在追踪我，顺着水坝来来回回游来游去，一只乌黑的眼睛牢牢盯着我的影子，眼睛中写满愤怒。它不停地拍打着尾巴，第一次是为了向其他河狸发出预警，其余则是对我的警告和威慑。河狸能够明显辨别尾巴每次拍打时所传递的不同含义。一般而言，它们对幼狸拍打尾巴的声音视若不见，只是把它当作后者少不谙事的玩闹和逗乐；但对于成年河狸的拍尾声，比方说对于我面前游弋的这只河狸发出的声音，它们会骤然感觉风声鹤唳，变得无比警觉。这只河狸在警告我离开它的水坝——立马离开！

河狸究竟有没有情感？对此我们只能猜测。陶乐茜·理查兹（Dorothy Richards）是唯一一位在封闭环境下对河狸进行过深入研究的人，在她的农场上生活的河狸数量一度曾高达 14 只，因此被人誉为"河狸夫人"。理查兹认为，河狸是一种颇具幽默感的生灵。与她一道生活的河狸经常会偷走她的东方地毯，做出要把毯子搬到河狸塘中去的样子，而每当她用脚踩住毯子，让它们无法前行时，河狸们就会丢下毯子，后腿直立站起来，一边定定盯着她直视，一边兴奋地将身躯扭来扭去，同时发出欢笑一般的"咯咯"声。在理查兹听来，这声音无疑就是其心情愉悦的表现。伊诺思·阿拜贾·米尔斯（Enos Abijah Mills）也曾有过类似的描述。在 1913 年出版的经典著作《河狸世界》（*In Beaver World*）一书中，他曾有过以下描述：他所宠爱的一只河狸名叫"潜潜"，后者经常跟他恶作剧，而一旦被他捉住，它便会不停地将身子摆来摆去，同时发出兴奋的尖叫。

"好啦，柯达，咱们回家吧！"我最终开口说道。只要知道这只河狸还在那里，还在继续做着它喜欢的事情，那便是我唯一的希望。它俨然就是我与自然狂野、神秘莫测的某种东西之间的纽带，这种链接不仅仅存在于自然之中，而且还存在于我的内心深处。只要看到它的影子，我就感觉自己的一切需求都已得到满足。我不必继续待下去，给它带来更多的焦虑和困扰。柯达转身匆匆看了一眼水中游动的河狸，然后跑向小路，与我一道踏上了回家的路。

六

河狸是个关键物种，对某一生物群落的兴衰存亡发挥着极为关键的作用，俨然好比中世纪拱门建筑结构中最为重要的那一块基石，不仅构成了拱门中的制高点，同时也承载了上面所有砖块的重量。一旦移除了这块基石，整个拱门也便将轰然倒塌。无论是福还是祸，河狸都跟人类一样，对其所生活的环境具有超乎预料的影响。很多种动物都会使用工具，对生物多样性也都具有至关重要的作用，但河狸能够显著地改变景观地貌，同时主动创造出自己所需要（或心仪）的环境。

河狸依赖水，因此才会伐倒树木、淹没森林，以便创造出水塘。在这一过程之中，它们虽然摧毁了树木，但却创建出了一个全新的生境。数百个物种的生存，全都依赖于它们打造的全新水道。而一旦它们认定某一地带已因食物匮乏而变得不适于生存，就会果断决定放弃水坝，而水坝也将随之枯竭，池塘将重新长出密密麻麻的青草，继而被灌木、森林所覆盖，而在塘底经年累月积累起来的淤泥和腐土，则为植被生长提供了肥沃的土壤。它们俨然森林中的湿婆，可以打破一切幻象，真切地洞悉周遭的现实；

13

在毁灭中迎来重生，开启生生世世的无尽轮回。如今，河狸已然再次回归北美大地的诸多景观之中。实际上，在我们所生活的东部地区，这一物种几乎已经无处不在，只是我们以为它实在是太过平凡无奇、不足挂齿，因而往往对它视而不见。

我并非美国第一位自学入门的自然博物学家，只是因缘巧合，无意间撞见了河狸水坝，于是好奇地开始探究究竟是何等动物，竟然创造出了如此美妙的事物，结果却一发不可收，对深入研究这一动物产生了欲罢不能的浓烈兴趣。长期以来，研究河狸向来都是美国一代代"怪杰"的专属领域。美国首位人类学家刘易斯·亨利·摩根（Lewis Henry Morgan）曾耗费 12 年的光阴，巡遍密歇根州北部半岛密密的丛林，以深入研究河狸的习性，并于 1868 年出版《美洲河狸及其工程杰作》（*The American Beaver and His Works*）。其作品成为首部全面介绍新大陆河狸生活状况的权威著作，至今依然被视作一部不朽的经典。时隔 45 年之后，在罗斯福总统执政期间曾担任美国最早的森林发言人的米尔斯深深地爱上河狸，后来甚至不惜为此辞去政府公职，并最终写出了《河狸世界》（*In Beaver World*）。据其 1913 年出版的著作介绍，米尔斯曾对散布于落基山脉中的 14 座不同河狸水坝跟踪观察研究，历时 27 年之久。他最宠爱的一只河狸名叫"潜潜"，后者尤其喜欢与他作伴，经常坐在骡子的鞍鞯上一道出行。摩根是位实业家，只是欣赏河狸而已，而米尔斯则率先提出了保护河狸倡议，是这一方面最早的先驱。也难怪，米尔斯最终与罗斯福分道扬镳，不欢而散。

大约 20 年之后，北美洲又一位河狸保护人士在加拿大出场了。"灰猫头鹰"（Grey Owl）曾经是一位荒野探索向导，同时也是一位毛皮猎人，后来转而成为河狸保护人士。至 1935 年，遍布北美大陆以及大不列颠的无数读者都已被他的作品所深深吸引。不过，"灰猫头鹰"是位不折不扣的骗子，他真正的名字叫亚奇鲍德·斯坦斯菲尔德·贝兰尼（Archibald Stansfeld Belaney），出生于英格兰黑斯廷斯小镇，并在两位单身姨妈的严苛管教下长大成人。16 岁那年，为了摆脱两位姨妈严苛的约束及盼望他出人头地的殷殷期待，他只身逃往加拿大。他不仅在传记中伪造了自己有一半苏格兰、一半阿帕奇印第安人血统的说法，而且还是一名屡屡再犯的"海王渣男"，接二连三地遗弃了多位妻子及子女。

尽管如此，亚奇鲍德的作品还是深深激励了其他一大批力主对野生动物加强保护的人士，其中就包括一位生性腼腆内敛但却意志坚定的女士。她自幼在纽约州小瀑布镇（Little Falls）长大，那时刚刚在两溪汇流处购置了一座古老的农舍。一开始，她决心拯救生活在自己地产范围内的河狸，随后终生致力于研究这种动物，并孜孜不倦地开展有关河狸保护的教育和传播。征得州主管部门特别许可之后（由于河狸是野生动物，因此必须获得许可），她开始在自己狭小的农舍中照顾一对河狸及其后代。在她不算太厚的回忆录《河狸精灵：建立野生动物保护地的岁月》（Beaversprite：My Years Building an Animal Sanctuary）中，理查兹详细记录了她与历代河狸一起生活的点点滴滴，也记录了自己在河狸研究过程中所取得的全部成果。在这本书中的某一页上，已届高龄的她满面笑容，安详地坐在扶手椅上，怀中是一只体形硕大的河狸。河狸坐得挺直，一边深情地凝视着她，一边平静地用双爪拿着一颗苹果啃食。另一张照片中，她正坐在餐桌前，和自己最喜欢的一只河狸"共进午餐"。这是一只雌性河狸，她给它起名叫"闹闹"（Eager）。闹闹端坐在餐桌前的一把椅子上，双腿微微抬起，正伸爪去够餐桌上盘子里的胡萝卜。

然而，我的河狸消失了。时间一天天、一周周流逝，我始终没再看见那个棕褐色的小脑袋露出水面。一个又一个的傍晚，我站在桥上耐心地等待，柯达也陪着我一起，可迟迟没能再次瞥见河狸的踪影。坝体上出现了一个漏洞，水开始汩汩向外渗漏。我简直不敢相信，心中的失落竟是那么的强烈。不知不觉间，每天到河狸塘看河狸已然成了自己日常生活中重要的环节。看着河狸相继迁入，看着塘里的水位一天天逐渐增高，我的希望也与日俱增。阳光明丽的日子里，池塘表面波光粼粼，恰似一枚遗落林间的吊坠。天色阴晦的日子里，池水幽幽，如同一张铺开的锡纸，又恰似少女忧郁的明眸。即使在冬天冰雪覆盖的日子里，太阳也会在平静的塘面上反射出熠熠的光泽。气候灾难日益逼近，而可悲的是，对于该如何妥善应对，我们人类至今依然一筹莫展。而透过这片河狸池塘，我却分明感受到了大自然无尽的韧性和耐力，同时也感受到自己内心的韧性和耐力。

现在每次去看妈妈，我都分明感觉到她的身躯在日渐萎缩。在暖气开得很足、热气蒸腾的浴室里，每一次帮助妈妈洗澡的时候，看着水流顺她的身体缓缓流下，流过她皱巴巴的地图般的每一寸肌肤，潮水般的忧伤便会从我的心头奔涌而来，同时心中却也会有种莫名的平和与宁静。每次到了这个时候，父母、子女的角色似乎发生了截然逆转。扶她走进走出淋浴喷头下的过程中，我总是被喷得几乎浑身湿透，而妈妈也总是一开始欣喜十足，随后却莫名生起气来。时光仿佛摆脱了其不舍昼夜流逝的无情周期，开始盘旋而上，时而卷曲着向外徐徐延伸，时而又突然慢慢折返。循环往复之间，我俩被牢牢地绑在一起。但显然，留给她的时间已经不多了。

对河狸的迷恋，我似乎颇感窘迫，仿佛陷入了当下美国自然写作圈子里广为流传的某种隐喻——一位到了某一年龄段的女人，投身自然世界之中去寻找某种慰藉。然而，我的河狸们是如此执着坚定，我又如何能不对它们满心膜拜？我爱它们敦实笨拙的体态，这与我们婴儿潮一代 ① 中多数人心目中有关女性之美的理解是如此格格不入。虽然我们竭力否认，但修长苗条才是很多人眼中"女神"的标准。不伏案工作的时候，我要么是在当地的Y溪里一圈又一圈地游泳，要么就是带着柯达在林中散步，再或是在花园里忙忙碌碌，因此双腿、双臂都已长满了健硕的肌肉。河狸不仅仅只是我与野性的自然保持联系的一个纽带，更是我的动物向导。安妮·迪拉德（Annie Dillard）无法将她的视线从鼬鼠身上挪开，认为从这种动物身上窥见了某种令自己羡慕不已的狂野之美。而我之所以对河狸情有独钟，则是因为它们身上那种不计后果、"心有所向便一往无前"的勇毅。

我倒不至于愿意像理查兹那样坐在餐桌前与自己的河狸共进午餐，只是渴望再次看到它们悠游于属于自己的池塘——距离我家不远处那片代表着狂野自然的一湾小小池塘。但我的河狸已然消失无踪。我知道自己该做些什么。

---

① 美国婴儿潮指（1945 年）第二次世界大战后，1946 年至 1964 年出生的婴儿，这一代人占美国总人口的三分之一。——编者注

第 2 章

巡行捕猎路

"想近距离看河狸居舍吗？"

一

赫布·索班斯基（Herb Sobanski）站在深及膝盖的冰冷沼地上，童子军一般满脸笑容。"那绝对的呀！"我一边回答，一边急切地朝他走过去。实际上，由于过于迫切，我甚至差点一个趔趄摔倒。我穿着齐腰深的高筒防水胶靴，每走一步都仿佛踩在气球上。冰凉的池水没过我的双腿，然后渐渐加深至大腿根部。我缓慢前移，手里拄着赫布从灌木丛中随手抄起递给我的一根幼枝，试探着寻找坚实的地面落脚。赫布走在前面，不时用手里的捕狸人手杖探探水深。捕狸人手杖其实就是一根木质长杆，头上装着一个小小的金属片，形状好比一把短刃锄头。手杖用于帮助他从深水中勾出猎套，或者将湿漉漉的枝条拢聚起来作掩护。他会将猎套放在他觉得野兽可能会通过的地方，以做成陷阱。毛皮猎人们通常管这种陷阱叫"套子"。他身后背着一个桶形柳条背篓。他不紧不慢地走着，每迈出一步前都先探探水深，尽量避免让身体向任何一个方向大幅度倾斜，以免背后的背篓折翻过来。赫布站在我面前，旋即钻进两丛浓密的美洲悬铃木中，转眼不见了身影。

"接下来，沿路会到处都是带刺的荆棘。"我穿过灌木丛，在另一侧再次与他相见的时刻，他回身说道。他等在前面，用手杖的一头压着一根满是芒刺的灌木丛枝条，以免枝条弹回打着我。我小心翼翼走了过去，赫布随身跟上。枝条随即"嗖"的一声弹了回来。赫布的捕猎地就在这一块。我们所在的位置距离河狸塘边缘不远，但视线却也就局限于周围密密的灌木丛之间。密密麻麻的沼草高高地露出水面，形成一串深褐色的草丘。远方影影绰绰可以看见林际线，一条由白色尖顶连成的线环绕其间。由于根部被水浸泡，部分树木相继枯死，白色的尖顶就是这些枯树的树冠。一棵棵树木"威严"地挺立着，仿佛古老遗址上肃穆的立柱。我们离哈特福德不过 30 英里，但置身于这片沼泽之中，一切都感觉如此遥远偏僻，恍惚间仿佛来到了缅因州或佛蒙特州。池塘周围是一片片的针叶林，一块块冰河纪时代残留下来的巨石点缀在湖岸。空气清冽干爽，虽然天气预报有雪，但头顶的天空却是碧蓝碧蓝的，一望无际，一直延伸到无垠的远方。时间仿佛开始凝固。我们深一脚浅一脚跋涉在水中，哗啦哗啦的水声，更加衬托出冬日林沼的宁静与安谧。

"嗨，快往那边看！"赫布惊喜的声音打破了周围的宁静。他微微前探，俯身倚在一个侧枝上，指点我朝一个精巧漂亮的鸟巢望过去：里面是一串颜色鲜亮的红色浆果。"这就是我为什么喜欢这一行的原因，每次都能发现不同的东西。"他说道。他继续大步向前，速度稍微有些加快，我得使劲才能跟上他的脚步。突然，我看见了：就在前方的灌木丛背后，一个用树枝、泥巴搭建起来的巨大半球体从水面上兀然耸起，形成金字塔一般的标志性形状——河狸居舍。我们贴上前去，直到水深得再也无法往前迈进一步。我们距离河狸居舍大约 5 英尺。站在如此近的位置观察，河狸的居舍看上去好比一个拿捡木棒游戏用的小木杖堆积起来的巨型堆垛。剥光了皮的幼树与稍粗的侧枝错综交织，彼此缠绕。底座部分相对较宽，向上逐渐收缩，使得整个居舍俨然一个完美的印第安人锥形帐篷，高度超出水面有足足 8 英尺。居舍极为宽广，我们无法一眼环视整体。赫布用手杖指点着其左上方说道："看见那个了吗？顶上的泥巴是新鲜的，因此可以判断它还在用。"他盯着河狸居舍，默默地观察了几分钟，随后突然将视线投向塘面。这一刻，面前的池塘一览无余，面积足有 30 英亩，湖面散发出幽幽的银色光泽。"还有储备粮垛。"赫布边说边指点。这次他指的是居舍右侧的一片水域。塘面上星星点点飘着一片片的冰块和积雪，透过这些积雪和冰块的间隙，一些树枝的尖顶影影绰绰露出水面。赫布满心赞许地点点头："一整个冬天它们就靠这个了。它们会游过去，取一个大侧枝带回居舍里慢慢享用。如果剖开河狸的肚子，你会发现里面啥都没有，全是锯末。"

我扫了一眼储备粮垛，暗自琢磨池塘究竟有多深。河狸在搭建储备粮垛时，会首先用树枝在池塘底部锚定一个格栅，然后开始往里面不断添加幼树和侧枝，慢慢形成一个水下粮垛。如今在我家附近的池塘看不到河狸的身影了，但我读了不少有关它们的资料。河狸为食草动物，主要食用树木的嫩枝、侧枝、枯枝，蕨类植物，睡莲以及其他水草。河狸体内不含有消化纤维素所必需的纤维酶，但却能够将吃进肚子里的纤维素中约 30% 的成分消化吸收。它们胃里有一种叫盲肠微生物的东西，可以将纤维素转化为营养成分。河狸另外一个让人觉得怪异难解的特点在于：它会先把植物吞进肚子里，随后排出一种黑乎乎的东西，这种东西的名字叫"富营养物"，然后再把这种东西用爪子捧着吃掉。只有对食物经过两次消化和吸收之后，河狸才会最终排出粪便，即一种由锯末组成的粪球，质地非常轻。

赫布开始继续往前走，边走边拿手中的手杖朝池塘边缘的水里捅戳，以找寻河狸拉的粑粑。突然，他停下脚步，伸手示意我看远处一棵树的树梢。我朝他手指方向望过去，看见了一个平塌塌摊开的大鸟巢。"鱼鹰！我就知道这里有鱼鹰。够漂亮的吧？我太喜欢这个啦！"赫布脱口说道，然后不等我回答就继续朝远处的岸边走下去。我没有跟上去，而是静静在原地站立了好几分钟。接近冰点的水温让我的脚趾感觉到了深深的寒意，但河狸居舍尺寸的宽裕、其结构的复杂与巧妙，却让我油然赞叹。以前我从来没有如此近距离观察过河狸居舍，看着它和谐地依偎在池塘中，仿佛隐藏于自然荒野中的一枚珍珠，那种欣喜的感觉简直难以言表。

不过，我眼里看到的是狂野自然神秘莫测的一面，赫布看到的却主要是问题。正是为了解决这一问题，他才应州政府之邀来到这里。栖息在这里的河狸让这片区域大面积淹水，致使其池塘已经严重临近当地的水源地。河狸身上携带有一种名为蓝氏贾第鞭毛虫的寄生虫，可能导致人类感染疾病，史上称这种疾病为"河狸热"。因此，州政府担心这会构成水源地潜在污染。在来这里的路上，我们路过一间管护得非常漂亮的白色隔板房，房前是一片长长的草坡，一直延伸至一个漂亮的池塘，池塘显然新修不久，而且，景观规划和布局也明显用了不少心思。房子的主人也向州政府提出了投诉，因为栖息在州属森林中的河狸很快就找到了他家这片耗费巨资打造出来的崭新景观带。河狸对白桦、红桦以及柳树的钟爱程度不亚于杨树。所有这些树种的树皮中都富含糖分，是一种美味的碳水化合物。基于河狸对他家树木的损害程度，州政府向这里的主人颁布了许可，允许将这里的河狸清除掉。于是州政府打电话请来了赫布，希望他帮助将邻近地区州属土地上的河狸全部清走。这事发生在夏天，赫布设法说服了房主耐心等一等。原则上讲，赫布一般不愿意在非捕猎季捕猎，他觉得这样做很残忍，而且会构成巨大浪费。如果春、夏季捕杀，河狸通常都在居舍中繁育宝宝，而失去了父母的照顾，这些河狸宝宝就会被活活饿死。人们不会食用河狸肉，因为担心有寄生虫。由于河狸绒毛只有等到冬天时才足够厚，才有价值，因此，这个季节捕猎的河狸皮也基本没有任何用处。赫布已在这片下了两周猎套，并已经成功清除了 10 只河狸。今天他打算去查看一下昨天设的 6 个套子，以便确定究竟是需要继续捕猎还是基本可以就此收手。于他而言，次日清早及时查勘猎套是一件事关职业伦理的大事。河狸往往习惯夜里行动，赫布希望一旦套住了猎物，就一定要及时把它从套子上取下来，以免猎物被吊在套子上活活忍受折磨。另外，他也不希望好容易捕到的猎物落入丛林狼、水貂或熊等动物之口，因为这些动物可能抢在自己到来之前把猎物吃掉。现在发现了河狸近期活动的蛛丝马迹，他知道还有部分河狸没有被清理。

等我到达对岸时，赫布已卸下了背上的背篓，正从里头往外取几件工具。这个背篓是他父亲传下来的，他非常喜爱。他完全可以随便选一种更加时尚的背包用，但赫布更喜欢这种老式的柳条筐，因为它寄托了浓厚的思念。在 19 世纪的绘画作品或有关美洲毛皮猎人的雕版画中，我们常常可以看到这种背囊。系在最外面的那个小小的袋子，风格类似于山地人常背的那种，名字叫"万用锦囊"。猎人可以把最值钱的东西装在里面，以保持干爽。19 世纪时的毛皮猎人往往用鹿皮制作的锦囊盛装火石、烟草、子弹模及火药等。赫布的锦囊用棕褐色的帆布制成，里面盛装着火柴、火石、捕猎许可证、印有他许可证号的备用标签、地产主人的许可信以及一些子弹，不过他今天把枪留在了卡车上。将近 40 年的捕猎生涯中，赫布在野外仅遇到过一次保护局官员。根据法律规定，他必须能够随时证明自己是持证捕猎人。标志着我们已进入州属林地的位置处有个厚重的大铁门，刚才在那里停好车下车后，我注意到赫布在岸边有条不紊地整理好了自己的家伙什，然后将它们一并撂进篓底：一把短柄斧，一个线圈，几个剪线器，一把手柄特别长、名叫"猎套起子"的金属钳子，长及肘部的厚胶皮手套，四个木质桩子，以及十余个钢质套子和缆绳。每段缆绳头上都遵循州里的捕猎规章装有额外的转环。他亲自用河狸香制作的一罐诱饵也在其中。我看着他仔细地锁好卡车，然后把钥匙安全地塞进一个口袋里。赫布从不随身携带水或食物。出发的时候，宽大的柳条背篓从他的后脖颈处一直伸到胯部，转眼间，赫布摇身一变，变得一半像是现代伐木人，一半像是山地人。他下身穿着橡胶和氯丁橡胶质地的高筒防水裤靴，上身穿一件迷彩夹克。他的后背完全被他那个 19 世纪风格的柳条背篓遮盖，脸上则多了几分勇毅和坚定的神情。周一到周五，赫布一般都待在家里，将数据远程输送到保险公司的平台。自 27 岁以来，他就一直在这家保险公司上班。作为公司里一位有着 30 年资历的老员工，他在工作安排方面享有一定程度的灵活度。捕猎过程中，为适应巡线的需要，他可以酌情调整工作时间。再或，他也可以利用休假的时间，比方说今天就属于这样的情况。把背篓填得满满当当之后，他迫不及待准备出发了。巡查完捕猎线路之后，他还要另外再去两个现场，有人请他去清除为患的河狸。

　　就在赫布整理自己装备的过程中，我也是一遍又一遍地把自己的装备装了又拆、拆了又装，心情很是紧张。我真的做好了亲眼见证捕猎河狸过程的心理准备了吗？我家池塘里的河狸消失之后，我曾一度下决心要弄明白它们到底遭遇了什么。我走访了沿线的邻居，其中有些家族的历史可以一直追溯到伍德斯托克建立之初。这一经历让我开始琢磨河狸定居于水塘所带来的环境影响，因为，我从中得知，河狸一直深深根植在小镇的历史记忆之中。邻居们还提到，伍德斯托克镇上有一位猎人，建议我找他问问是不是他捕杀了河狸。我找到他后，他肯定地告诉我没有，不过从他那里，我得知毛皮捕猎行业在这一带依然存在，而且发展得还是很兴旺。我参加过一次毛皮猎人的聚会，希望从中打听到更多有关河狸消失的原因。没有人知道，或者说他们也许知道，但只是不愿向我透露。然而我有幸碰上了赫布。他愿意没完没了地讲河狸，而且比我所见过的其他任何一位都更在意河狸。当他主动提议带我去巡查他的捕猎线路时，我立马意识到自己应该跟他去。

二

　　现在，我们已经沿河狸在林中修建起来的狭窄水坝跋涉了好一阵子，它们筑坝淹没树木，让林子变成了林沼。路上我们看见很多被啃食了一半，或已然完全被啃断倒地的树木。河狸伐倒树木以后，通常会留下一个标志性的树桩，这个树桩就好比一支削得尖利无比的铅笔。通常而言，树梢部分都会被整体拖走，但有时如果树型相对较大，河狸会只把侧枝啃掉，而将光秃秃的树干留在原地。河狸并不吃树的木质部分，只吃树皮。伐倒一棵树后，它们会咬下一部分木屑，但随即就会将它吐掉，然后继续啃啮，被啃咬的树干俨然一条毛茸茸的链锯。

在这里，遭遇河狸破坏和重建的程度和范围远远不只局限于池塘。走进林子后我发现，从狸塘另一端所在位置起，林沼便开始向林子深处逐渐延伸，形成了一连串小型水体，仿佛林子里凭空多出了一片片的稻田，顺山坡地势渐次排开。以前曾是林中低洼地带的位置现在也被全然淹没，树木之间点缀着的是一英亩接一英亩的水面。我逗留片刻，以便尽情看清眼前的景象。这一刻，我已置身于河狸界之中。

史前时期的河狸体形一度曾可与灰熊相比拟。上一个冰河纪时代，亚洲、欧洲以及北美大陆随处都可以看见它们的身影。甚至早在早期的猛犸象出现之前，它们锋利无比的巨牙就已经开始啃啮一棵棵大树。与它们比邻生活的动物包括剑齿虎、巨型树懒，还有体形堪比轿车的犰狳。更新世末期，一大批硕大的野兽曾纵横于地球，动物学家们称之为"巨型兽"，而河狸便位列其中。上个冰河纪时代，大量冰川消融，引发滔天的洪水。洪水消退之后，当今河狸的先祖们便开始在亚洲、欧洲以及南北美洲各地出场。它们伐倒一片片树木，筑起一座座水坝。以北美洲为例，遍布各地的河狸坝、池塘及其他水体共同构成了一个个庞大的水利系统，为该大陆丰富的生物多样性奠定了基础。史前蒙昧时代的河狸界，即欧洲殖民者到达之前的北美，种群数量高达2亿的河狸曾广泛栖居于此。

随后，广袤无垠的寒温带森林拔地而起，河狸挖掘的密集水道丝带般蜿蜒穿行于林间。那时的情形，想必与我面前所看到的景象相差无几——世界几乎一半的面积都被水体覆盖，一条条溪流在林中盘桓延伸，形成一把把巨大的水扇，溢过堤坝。随着四季更迭，河面也周而复始地不断涨涨落落。现今我们所了解的江河多已严重退化，湍急的水流在大地上不断冲刷，形成一道道深深的沟壑，而且，经年累月的冲刷致使沟壑持续加深加宽，水流的速度也不断加快，进而导致更加严重的土壤流失。与此不同，面前这些自河狸界时代流传下来的江河溪涧却错综交织，水流平缓，海潮般有规律地涨落起伏，俨如大地的血脉经络，将生命的脉动不间断地注入大地。

毫无疑问，水将构成我们这个世纪的故事主角。实际上，事实也早已如此。在某地，极端天气瞬息间引发的洪灾可能致使无数生命骤然消失，同时造成价值数十亿美元的经济损失；而在另一地，水资源的极度匮乏却可能导致严重旱灾，由此造成的损失同样致命，甚至有过之而无不及。与此同时，日益上涨的海平面也会导致海岸线不断遭遇蚕食。或许我们可以重新发挥河狸的作用，以解决当今日益困扰我们的水问题，尤其是东部地区这里所面临的水患。当然，前提是我们人类足够明智，或者说，我们的心态足够开明、足够谦逊。北美洲的原住民民族曾深知河狸在保持大地水资源方面的积极作用，透过该大陆各地广泛流传的各个版本的大河狸传奇故事，透过他们在如何对待河狸尸体方面的种种禁忌和仪式，这一点便可不言而喻。欧洲殖民者曾以为这些迷信及禁忌荒诞不经，但在遏制滥捕滥杀方面，这些信仰和禁忌却发挥了极为重大的作用。假如你捕杀了河狸而不对其遗骸予以善待，而是将其尸骨草草扔进其曾经生活的水中，或者将其头颅悬挂在树上，假如你不尽一切可能和代价让其尸骨免遭猎犬啮咬，便极有可能遭到出猎不顺等种种报应。这就是美洲原住民民族的信仰。惹恼河狸大佬实在是种愚蠢鲁莽的行为。

三

"你瞧那儿。"赫布的话将我从梦境中惊醒。顺着他手指的方向，我看见一棵巨大的松树，在距离地面大约 2 英尺的位置，树已经被生生咬出了一个大洞。那是一棵白皮松，高度至少达 80 英尺，树干粗壮，我必须展开双臂才能勉强围拢。从迹象来看，一定是某种巨兽从树侧硬是咬掉了一大块。"这是个新征兆，我上次来时还没有。"赫布继续说道，"这有点蹊跷，因为它们通常不喜欢松树，松树太油腻。小心，这里水开始深了。"

没等我反应过来，赫布就走进了没胸深的浑浊塘水中，开始查看他半掩于密密草丛中的第一个猎套。"我猜肯定是麝鼠触发了我的套子机关。"他用手中的捕猎手杖戳戳深水区底部，一边检查水中的情况，一边跟我解释道。我一开始没发现那里存在猎套的迹象，但随后注意到两条细细的树枝之间被一根横在水中的杆子连了起来。赫布在旁边放了一个导向标，以标记其位置。其中一条树枝通过一根线连在套子上，并被深深地插进塘底，这样做是为了确保其稳固。万一野兽躲过了套子，没被反弹回来的套齿打中而仓皇向这边逃窜，杆子很可能就会被撞倒。根据康涅狄格州法律，在州属土地上捕猎采取先到先得的原则，因此猎人们都希望优先抢到有利的捕猎线路。不去动别人下的猎套，也不将自己的套子下得离其他猎人已经下好的套子过近，这是猎人们通常恪守的礼仪规范。不过赫布曾遭遇过这样的经历，有人拔掉了他下好的套子，并将它扔进了旁边的灌木丛，以便抢占那个有利点位。另外，套子被人偷走，被人蓄意毁坏，被留言警告"捕猎毛皮是种邪恶行为"，所有这些情况，赫布都曾遇到过。说到这些惨遭破坏的经历时，赫布只是无奈地耸耸肩，一笑而过。

此刻赫布站在岸上，低头仔细查看猎套。他的面部轮廓分明，留着灰白的短须，表情看上去显得极为冷峻。他将赤裸的双手伸进半融半冻的冰水里，以确认下面的套子仍然连接完好。他将一条已经略微倾斜的树枝重新摆好，同时确保另一条依然牢靠。在确保自己下的套子务必稳固牢靠这一问题上，赫布可谓一丝不苟。"我最不愿看到的事，就是让河狸带着我的套子游走，"他一边最后再一次鼓捣着树枝，一边解释道，"那样的话，就不光是我损失了自己的套子和猎物，而且河狸也会白白丢了性命。"

自打九岁开始，赫布就开始自己下套捕猎麝鼠和河狸，并且有着自己的固定线路。他保留着一些照片，有一张是他三岁那年随爸爸外出捕猎时拍的。照片中的他长着一张甜甜的娃娃脸、一头淡黄色浓发，高高地坐在一堆麝鼠上面，那是爸爸和爷爷从他们在新不列颠的家附近的林沼中捕获的。赫布的爷爷是来自波兰的移民。当我问是什么原因让他们一家迁到了康涅狄格州时，赫布格外认真地解释道，他们都是工人，不是农民。他妈妈一家是从加拿大南下的伐木工，在锯木厂里上班。赫布经常跟爸爸、爷爷一块去捕猎。不过，用他自己有一天突然脱口而出的话来说，爸爸这个老师当得实在不怎么样。他主要是靠一边跟着他们观摩自学一边大量阅读捕猎杂志学会了这一行。赫布父亲收藏有一批西尔斯–洛巴克公司出版的老版《捕猎人指南》(*Tips for Trappers*)杂志，也就是玛莎·斯图尔特(Martha Stewart)尚未出嫁，还跟娘家考斯泰拉(Kostyra)家族的两位哥哥外出捕猎麝鼠时经常阅读的那份杂志。赫布总是觉得很有意思，事情有时就是这么吊诡，如今被奉为美国郊区完美生活偶像人物的玛莎，小时候居然还是个毛皮猎人。

小时候，赫布跟他的三个姐妹和一个兄弟一起住在新不列颠地区一套两居室的单元房里，他称这种单元房为"安居工程项目房"。爸爸是普惠发动机公司的一名机械师，妈妈是家庭主妇。赫布至今还清晰地记得，无数次的晚饭都是意面就番茄酱，家似乎并不是一个让人开心快乐的地方。他和爸爸总是逮着机会就往林子里跑。八岁那年，赫布第一次亲手剥下了麝鼠的皮，至今他还记得将皮子卖给当地买主时内心里那种无比欣喜和激动的心情。他们通常会在十二月初将手头的毛皮卖出，用挣来的钱购买圣诞节所需物品。不过，赫布从来都不将自己的钱用在买礼物上，而是用于买更多的猎套。

20 世纪 70 年代初，赫布和爸爸一道捕猎。那时，河狸不仅已经重新回到康涅狄格州大地，而且还渐渐成了一个祸患。据估测，今天大约有两百万只河狸生活在北美，每一个州都有广泛分布，包括阿拉斯加。像赫布这样的捕猎者经常受邀清除河狸，这也侧面反映 20 世纪保护工作中一个最伟大案例——"北美野生动物保护模式"确实取得了巨大成功。这一模式可以追溯到 20

世纪之初，当时，约翰·缪尔（John Muir）发表了他激情昂扬的作品，号召美国人对所剩不多的荒野予以保护。1872年，美国政府建立了全美国第一个国家公园——黄石公园。西奥多·罗斯福（Theodore Roosevelt）总统积极动员一批家境优渥的体育运动爱好者参与野生动物保护事业。1907年，随着《雷斯法案》（Lacey Act）出台，各州得到了联邦的法律支持，猎物及野生动物保护正式进入法治轨道。在罗斯福总统的推动下，美国野生动物保护体系及美国林务局旋即正式成立。

美国已然做好准备，发起一场声势浩大的保护运动。西部边疆已推至太平洋沿岸，再也不可能继续扩展，美国国民骤然深刻意识到，一度曾代表着美国标志性特征的广袤旷野正在不断消失。身为总统的罗斯福率先倡议保护荒野，尤其是对象征着勇毅和果敢等品质的狩猎活动予以保护，因为他坚信这对保持和塑造美国的国民性格——自立自强、坚忍不拔、崇尚自由等具有极为关键的意义。狩猎活动有助于使美国人免于走上娇柔化倾向的道路。

以恩奈斯特·托马斯·塞顿（Ernest Thomas Seton）为代表的一批作家，曾以“暴狼罗伯”等一系列拟人化的野兽故事为美国读者带来无数的愉悦体验。1903年，自然作家约翰·伯勒斯（John Burroughs）向这批作家发起挑战，宣称后者为“伪自然学家”。几年之后，罗斯福采用伯勒斯的观点，在《大西洋月刊》（*The Atlantic*）杂志发表了其著名的檄文，对自己所认为的“自然伪君子”作家们进行了犀利的批评。在罗斯福看来，与自然建立真正和谐的关系，首先有赖于承认我们在这个世界中自古以来就一直充当的恰当角色：要么是捕食者，要么是猎物。基于这一视角，我们与野兽的首要关系就在于充分尊重后者作为猎物的地位，并以捕食者的身份对它们进行负责任的猎杀。当然，对罗斯福而言，这也包括对大型猎物的捕猎行为。正是得益于他对狩猎活动的热爱，我们今天才有机会在纽约市自然历史博物馆一睹众多野兽的透视画，其中甚至还包括北美河狸。以当今的视角看来，罗斯福当初的担忧既与人类的存亡息息相关，同时又存在严重缺憾。

在他那个时代，罗斯福指出了一个简单的事实，即没有野兽，也便无猎可狩；没有荒野，野兽也便无从生存。他因此在荒野保护和保育方面赢得了巨大的支持。由此应运而生的一个点子是：既然国民拥有公共土地，那么就应该让美国每一位国民都可以享受到栖息在那里的野生动物。其背后的理论逻辑则在于，保护荒野和野生动物符合国民的既得利益。这也便是"北美野生动物保护模式"的起源，进而构成了猎人–野生动物整体关系的基础，并一直延续至今天。如今，州政府用于野生动物管护、研究以及栖息地收购等活动的预算之中，高达 70% 的比例来自这类基金。2019 年，通过这一机制投入到野生动物管护和保育项目、猎人教育活动，以及州属公园基础设施建设项目的经费达到 200 亿美元。1937 年以来，枪支、弹药销售环节中，按照 11% 的税率征收的特许权税已累计为各类保护和保育机构提供了逾 560 亿美元的资金。这一体系整体背后的逻辑很奇怪，也很美国——对于那些不从事狩猎的人来说，这实在有违于人们的直观感觉：保护野生动物的目的是让狩猎者有猎物可狩，售卖枪支弹药有利于保护野兽的生命，这背后的思路人们实在难以搞懂，也难以接受。然而，这一项目却获得了惊人的成功。在美国东部地区，不仅河狸，驼鹿、野生火鸡、渔夫猫、短尾红猫、加拿大黑雁、白尾鹿、丛林狼、狐狸和熊等一大批动物的种群数量也已开始快速恢复。

有种观点认为，自然界里的东西不应该被买卖，也不应该归属某人独有。其起源可以追溯到古希腊和古罗马时代。但在欧洲，尤其在英国，王室所拥有的土地上的一切野生动物都归国王所有。中世纪时，林地曾被划分为大约 69 块皇家森林，只有名门望族才可以获得在这些林地上狩猎的权力。假如他们生活在那个时代，赫布和其他毛皮捕猎人肯定会因为盗猎而被投进监狱，遭到鞭刑，甚至被绞死。在美国这边，某些州千方百计将狩猎权明确写进了州宪法，部分原因就与这段涉及王室森林的历史记忆有关。

18 世纪末期，河狸已基本从康涅狄格州及东部其他地区的大地上消失殆尽。1842 年，该州官方正式宣布该动物已彻底灭绝。让河狸重回康涅狄格州的努力始于 1914 年，用以配合当时在美国范围内开展的野生动物恢复计划。同年，2 只从俄勒冈州运来的河狸在尤宁（Union）地区被放归自然，放归地距离如今赫布捕狸线路所在的位置不过一段很短的车程。而纽约则抢先一步，早在 1905 年就将 5 只从加拿大运来的河狸放归阿迪朗达克州立公园（Adirondack Park）中。截至 20 世纪 30 年代，河狸种群数量已在很大程度上得到恢复，纽约甚至开始允许人们在限定的捕猎季时段内捕猎河狸。康涅狄格州放归的河狸也成功地在自然界中开始生存繁衍。截止到 1950 年，河狸种群数量已发展到足以允许州政府设立一个专门的捕狸季的程度。由爱达荷州渔业及狩猎局主导的河狸放归项目最为著名。1948 年，爱达荷州的官员们发起了一个项目，用飞机将装有 76 只河狸的箱子运到了偏远闭塞的地区，然后，借助降落伞，以空投的方式将箱子扔了下去。首只被空投下去的河狸被命名"杰罗尼莫"（Geronimo）。箱子坠落地面后随即裂开，里面装载的河狸理论上讲应该不会受伤，它们将主动迈开蹒跚的脚步，前去寻找有水的地方开始生活。二战之后，全美国范围内相继开展了一系列野生动物恢复项目，使其种群数量得到很好的恢复，同时也出台了相应的配额制度，通过狩猎来保持对其种群数量的控制。任何公民，只要付得起许可证费用，就可以享有狩猎、捕猎的权利。

在美国，一切野生动物及联邦土地均归全体美国公民所有，而且与其他自然资源一样，也受渔业及野生动物局严格保护。至少理论上如此。在联邦基本指导原则的基础上，各个州可以分别制定自己的狩猎、垂钓规章制度。毛皮捕猎领域曾一度是片法外之地，野生动物遭遇过严重的滥捕滥杀，但如今，相比狩猎、捕鱼行业而言，其监管相对更加严格和完善。每年春季，赫布都需要向康涅狄格州交纳 34 美元（非本州居民则为 240 美元），用于购买捕猎许可证。有了这一纸许可，他就可以在州属土地上下套捕猎河狸。他所下的每一个猎套上都必须明确标注出他的许可证号码，而且每隔 24 小时必须勘查一次；另外，他也绝不可以在陆地上，或者在河狸居舍周围 15 英尺之内下套。如果涉及私有土地，他还需要事先征得土地所有人的许可。所有的毛皮都必须贴上州野生动物管理官员的标签，然后才可以入市售卖，而且，所有毛皮猎人均受各州相应的捕猎规章制约。

州政府有一份清单，上面列出了 52 名有资质受邀从事志愿捕猎行动的捕猎人，赫布属于其中之一。此外，他也以捕猎教员的身份无偿捐献时间，代替州政府开设培训班，免费向市民开放。在事关捕猎的问题上，赫布可谓是诲人不倦、古道热肠。他坚信，捕猎是种文化遗产，将之传承下去至关重要。同时他也清楚地知道，如果自己能积极志愿参与州政府的教育和培训项目，那么，在有河狸需要清除的时候，受聘于州政府的生物学家及州政府中负责河狸祸患投诉事务的官员也会更愿意邀请自己，而不是去找那些专业的野生动物祸患处理人员（捕猎人）。每一年赫布都会接到比别人更多的电话，他不光要清除河狸，还负责清除北美臭鼬、浣熊、狐狸、负鼠以及丛林狼等。他干这些全部免费。职业捕猎人通常单下套就要收取 200 美元，另外，每捕获一只河狸，还要额外再收 50 ~ 100 美元的费用。

相比美国历史上近百年的情况而言，生活在美国东部地区的我们今天与野生动物之间的距离相对更近。然而，随着野生动物种群数量迅速蹿升，人兽冲突等问题的数量也急剧飙升，涉及河狸时尤其如此。赫布等捕猎人、受聘于美国渔业及野生动物管理局的生物学家以及野生动物管理人员通常都主张，应该对河狸、狐狸、浣熊和鹿等动物的种群数量进行合理管控，以确保某一特定地区的承载力能够得到保障。他们所说的承载力，也就是种群数量的临界点，在此范围之内，食物及其他资源将足以保障，栖息地的可持续性也更强。假如种群数量过多，则很可能导致饥饿、疾病等问题。在赫布等捕猎人看来，饥饿、疫病等就是大自然限制某一物种种群数量的方法。然而，州政府中负责定期计算野生动物种群数量、进而预测承载力的生物学家们往往会忽略一些研究成果。这些研究显示，虽然河狸的种群数量在 20 世纪 80 年代曾有过激增，但其后已整体趋于平稳。他们总是迫不及待地承认，在当下时代，真正重要的是某一地区的"社会承载力"，也就是公众心目中主观感受的一个临界点。超过这一临界点，由河狸等野兽引发的问题也便超过了其所带来的福祉。比方来说，据某项研究估测，每年因鹿或其他野生动物与机动车辆相撞而造成的损失高达 120 亿美元。黄石公园及明尼苏达州探险者国家公园（Voyageurs National Park）中的狼群现在捕食的范围已经大大超出了公园的边界，经常对邻近地区的牛羊构成威胁。河狸建造的池塘往往会冲毁公路、铁轨、污水净化系统及农田，而且，还经常在从人类视角来看完全不当的地方伐倒树木。2019 年，所有这些现象给马萨诸塞州带来的总损失预计达到 50 万美元。康涅狄格州没有这方面的统计数据。

四

没过多久，赫布向右一拐朝林子中走去。我们又一次开始穿行于枯死树木灰白、高大的尖顶之间。"这些枯死树俨然就是'杀人刺客'，"赫布在我前面突然来了一句，"很可能无声无息间突然倒下，瞬间把你砸扁。每次一个人独自来到这里时，我都无比紧张，刮大风时尤其如此。"所幸今天没风，我们很快钻出了这片鬼魅一般的树林。

"河狸需要很深的水才能活动开，"赫布一边哗啦哗啦往前走，一边跟我解释，"因此，它们筑起了这些水坝，扩大了池塘的水面。它们在陆地上行动不便，需要借助水才能弄到食物。"

这一刻，被周围密密的林子包围的我们正顺着河狸坝往前走。一道道用泥巴和树枝筑起来的水坝晃晃悠悠，仿佛一条条狭窄的步道。突然，我前脚陷进了泥塘中，泥淹没了我整个脚踝，我差一点就从狭窄的小道上滑了下去。"小心！这水可比你想象的深得多。"赫布说道。我将视线投向冰冷的塘水。水清如镜，我可以清楚地看到塘底落叶铺出的图案。很快，我们走下水坝，又一次开始如影子般追寻河狸走过的路径。我渐渐学会了注意观察种种蛛丝马迹：一节被啃啮过的树枝、一点新鲜的泥巴、一丛被踩踏过的青草，所有这些都仿佛是明确的信号，告诉我们河狸都做过什么、正在做什么，以及接下来可能还会做什么。不觉间，我的感官开始变得无比敏锐，空气似乎有些凛冽，林子里充满了一种以前不曾感受过的生机。我神思飞扬，仿佛正遨游于自我的极限。我紧跟着赫布穿过林沼。塘水冰冷刺骨，我们距出发的地方已是数英里之遥。

科学家们称河狸是生态工程师，意思是说它们在修建池塘的同时也打造了全新的栖息地、全新的生态系统。环绕在水汪汪的林沼边缘的枯树招来了五子雀、啄木鸟以及其他鸟儿，后者靠捕食腐木中的昆虫生活。体形硕大的苍鹭在浅水中悠闲地踱步，翅膀鲜亮的画眉在树上婉转啼鸣。而在树梢最高处，鱼鹰正在静静地小憩。与此同时，水中的各种生命形式也开始以几何级数迅速膨胀。湿地好比滋养生命的高汤，每一勺都孕育了数以百万计的微生物。据测量，经河狸加工过的溪流和湿地中，浮游生物及其他微生物的含量较其他水体要高出 15 倍。浮游动物对河狸粪便中富含的营养成分情有独钟。

赫布明确知道的是，各种各样的动物都会来访河狸塘。如果想要捕获浣熊、臭鼬、渔夫猫或丛林狼，他就会在附近位置设下专门针对这些动物的套子。过去两年里，他一直在积极参与一项全州范围内开展的短尾红猫研究，并准备在捕猎季后半期设下箱式套子来捕捉这种动物。他们会在这种野猫身上系上追踪标签，然后把它放归自然，以便掌握它们的活动轨迹、饮食规律及种群数量。

赫布停下脚步低头查看，然后指点我看他设下的第二个捕捉河狸的套子。套子紧挨着用泥巴筑起来的水坝边缘。水坝拦蓄下来的水构成了第二水阶，比我们所站位置的下池塘略高。水不断从坝墙底部渗漏，或者漫过水坝的轮廓从多个位置汩汩流淌，因此，水坝看上去俨如喷泉一般雾气蒸腾。我一开始没发现套子，猎套底座上锈迹斑斑的金属掩藏在被水泡得湿漉漉的叶堆里，二者的颜色几乎完全相同，形成了一套种近乎完美的伪装。随后，我终于看清了这片 3 英寸左右长的锈迹斑斑的金属板。眼前的景象令我不禁抽口冷气。套子卡口上的利齿被拉伸到了最大极限，隐藏在薄薄一层树叶之下，底座只要受到一点轻微的压力，机关就将被激活，套子随即就会兜头而下。

"河狸会从这里经过，"赫布说道，"就算不是河狸，水貂、水獭也会经过。"他跟我解释了底座踏板上压力设计的原理，河狸或水獭等体重较大的动物会触发机关，但水貂等体重相对小一些的动物则不会。他总是使用捕猎河狸所允许的最大猎套，因为他可不愿冒险，致使河狸只是一半身子被套进去而另一半还露在外面。他用的脚套可以将猎物的腿牢牢抓住，直到捕猎人赶到现场进行后续处理。一般情况下，他不太愿意用脚套捕捉河狸，除非水太浅，那种可以引诱河狸从中游过去的套子无法使用。他的背篓里装着各式各样的套子，大小不一、款式各异，因为，正如他在捕猎人培训课程上所反复强调的那样，现场的实际情况千差万别。按照法律规定，河狸猎套必须设在水下。另外，这种套子上通常系有一条缆绳，另一端连着一个锁扣，这样的话，一旦河狸感觉腿被夹住后往水中下潜的过程中，缆绳就可以阻止河狸再次游出水面。

"如果遇到危险，河狸的本能反应是往深水之中下潜。"赫布解释道，"因此，一旦感觉腿被抓住，他就会向外游，不久之后就可能因缺氧而昏厥，再然后就会被憋死。"我点点头。一想到河狸因缺氧而呼吸困难，然后拼命挣扎着想要浮出水面的情景，我就感觉非常恐怖。

盲套、诱套、防逃套、假窝套、芳香套、水坝套、池底套、逃亡通道套……赫布为每一种猎套都起有专门的名字，面前的这一种就叫作逃亡通道套。捕猎河狸时，他最喜欢用的是"康氏套"，也就是富兰克·拉尔夫·康尼比尔（Frank Ralph Conibear）1958 年发明的一种套子。康尼比尔在加拿大有一条固定的捕猎线路，一干就是三十多年，但他对当时广泛使用的脚套非常不满意，觉得它既低效又不人道。于是他开始不断探索尝试，并最终设计出了一种能让猎物顷刻毙命的套子，可以如同捕鼠夹那样一触即发。康氏套通常又叫卡体套，看上去就好比一个大金属格子。1961 年，人道协会向康尼比尔颁发了其首张荣誉证书，但并不是所有人都认为他这套设计真正"人道"。几个月之后，我将亲眼见证，一场围绕禁用康氏套提案而举行的公开听证会，最终演变成为一场双方火力全开的文化大战。

1992 年，美国渔业及野生动物管理局召集捕猎人、野生动物生物学家以及兽医共同发起一项联合研究，旨在开发一套适用于毛皮捕猎活动的最佳实践方案，赫布也参与其中。研究团队于

1996 年正式出版了关于"最佳管理实践方案集锦"的书，那种采用金属狼牙锯齿、相对血腥残酷的脚套被全面禁用。当前使用的脚套在钳口处加装了橡胶垫和缓冲装备，以减少脚套对猎物的冲击力度。我曾亲眼看见一些捕猎人直接用这种套子夹自己的手指，以证明其冲击压力不会将猎物的爪子或腿夹断。但在很多人看来，这还依然不够。反对毛皮猎人的社会情绪非常高涨。对于赫布以及我所见过的每一位毛皮猎人而言，这可谓他们心中一个深切的痛点。

"我本人也不喜欢杀戮的那一部分。"赫布说道，"捕猎过程中我所喜欢的是与猎物斗智斗勇，并最终将它捕获的这个过程，但杀戮也是一个不可避免的环节。尽管如此，你得对动物怀有慈悲仁爱之心。这也就意味着我必须设法让这一过程尽可能短、尽可能快。"

我第一次问赫布是否可以带我去看捕猎时，他曾怀疑我会不会是个潜伏的"孽贼"——这是毛皮猎人之间的黑话，专门用来指代动物权利激进人士。"沃尔玛毁掉 100 英亩的野生动物栖息地，或者开发商干了同样的事时，人们不会去抗议。"他常常这样辩解，"某些人极尽游说，不让我们捕猎，但同样是这些人，对产业化农场里残酷对待动物的行为却不去抗议。老天呀，你见过养鸡场里头的情形吗？简直就是噩梦。可是他们就知道盯着像我这样偶尔为之的捕猎人，因为，说白了吧，就是因为我们只是背后没有任何势力可以依靠的个人……纯粹是因为我们好欺负。"对于那些整天心安理得地吃着产业化农场生产的肉品，却对毛皮猎人横加抗议的人，赫布用一个词来归纳其特征：虚伪。

在下一个树丛前，赫布指给我看另一个河狸居舍，这个居舍规模较先前那个略小。"应该是被遗弃了。"他说道,"顶上没有新鲜的泥巴,看见了吧?接下来水獭就会搬进来把它征用,另外麝鼠也会这么做。不过,我在这里还设了一个河狸套,你能看见吗?"我从灌木丛间隙望过去,一开始又是什么也没看到,但我现在已经知道应该首先找那两个小导向标杆,于是很快便在棕褐色的草丛里发现了它们。

"看见了。"我答道。

赫布咧嘴笑笑:"继续再锻炼锻炼,我们有望让你成为一名合格的捕猎人。"我回了个笑脸,但内心里却不是很有把握。水下脚套上反射过来的幽幽寒光让我清醒地意识到,我们在这里追寻的完全是截然不同的东西。赫布来是为了捕猎河狸,而我来则是为了努力搞明白为什么。我们默默地继续往前走。"前面的水可能有点深,不过我想你没问题。"赫布说道。我看着他往前趟去,水面没过了双膝。赫布身高约6英尺3英寸,足足比我高出12英寸。我紧随其后,小心翼翼地往前挪动。水已然漫到我胯部。突然,我们的面前出现了一条堤岸,一条小径蜿蜒延伸,看上去像是鹿儿在草地上踩出来的,一直通到水边。

"就是那里,"赫布说道,"那就是我们要找的河狸大道。看那上面的泥巴多新鲜,它们肯定不久前刚刚过去。"他将手指越过池塘指向对面:又一个河狸居舍临水而起,仿佛一头正在熟睡的双峰驼。"一栋双平台居舍,"赫布感叹道,声音因兴奋而有些提高,"很可能这就是为什么我在这块已经抓了那么多河狸。"他自己摇摇头,又说:"每一次来我都能学到些新的东西。它让你学会保持谦逊。捕猎的过程拉近了我与动物的距离,让我有机会仔细观察研究它们。河狸太了不起了,真心非常漂亮。"

赫布上周在这里设好套子后，第一天就抓到了 5 只，第二天又抓到 5 只。通常来说，他会就此歇手，因为他总是尽力留下几只河狸，以保证这一种群能够继续存续下去。但州政府给他下了严格的任务，要求将这一片的河狸全部清除。赫布坚信自己捕猎河狸是在帮助州政府及土地所有者个人，同时也是在帮助河狸自身，因为这样做有利于避免河狸居舍中的种群数量过于庞大，进而引发饥荒。

没过多久，我们来到一条被水冲毁的路基上，从这里可以径直返回州属林子。两侧都是林沼，顺着一道道墨线般的河狸坝不断延伸，一直通往林子深处。我俩继续默契地默默前行，前方仍有三个猎套等待我们去查看。天空的云朵渐渐暗了下来，空气似乎变得潮湿，降雪无疑已经在路上。很快，防水靴靴底落地的位置变得越来越坚实，我们加快了脚步。沿路上，赫布不停地给我指指点点，多个地方的水面已与河狸坝齐平，甚至已经漫过坝面。只要池塘处于溢满状态，河狸就不会执着地去把每一个渗漏点都给补好。有些坝俨然成了喷泉，不断有水喷涌、渗透出来，形成规则的图案，但河狸听之任之。在赫布看来，每一处这样的点位都很有意思，因为虽然河狸对它不管不顾，但麝鼠、水貂、水獭等其他动物却会将之当作便捷的通道，以帮助它们穿越水坝。"这块地方水貂出没得实在是频繁，"赫布说道，"刚好是它们喜欢捕猎的地方。它们就喜欢在这样的区域里四处游动。我都能想得到水貂、水獭在这里往来穿梭的样子。它们可是实实在在地来回穿梭呀。我晚些时候一定会再回来捕些水貂、水獭什么的。"

我们凝望着道路两侧绵延数英亩的水面。一只孤独的鸟儿唧唧啾啾、欢快地鸣叫着，水汩汩流淌。一切都是那么的美好，漂亮得让人心痛。

到达另一头的堤岸时，赫布指给我看又一座临岸伸出水面的居舍。靠近入口处，河狸已挖通堤岸，开通了一条宽阔的运河，为的是将池塘与邻近处另一片面积相对较小的塘子连接起来。"它们堪称优秀的工程师。"赫布感慨道。我们默默欣赏着这呈直角张开的深深运河。

河狸喜欢开凿类似这样的运河，以便将不同池塘连接起来，打造出它们往来于林间的通道。这些同时也是运输航路，供它们将伐倒的树木及侧枝运回居舍或送往水坝。研究人员曾记录过多只河狸携手合作，又拖又拉，顺着运河运输一棵大树的情形。令摩根着迷不已的，正是河狸身上这一惊人的工程技术。在其1868 年出版的经典著作《美洲河狸及其工程杰作》（*The American Beaver and His Works*）一书中，他曾就河狸的智力程度苦苦追问。摩根的结论认为，河狸一定拥有解决问题的能力，因为它们不是被动地去适应新的栖息地，而是会主动地去改变一片地区，直到它变得适于自己生活。摩根曾见证它们在短短几个小时之内筑起一道 25 英尺长的水坝。他所记录的水坝中，某些跨度甚至达到四分之一英里，一直延伸到森林深处。已知跨度最大的河狸水坝位于阿尔伯特省，横跨伍德布法罗国家公园南缘。这条水坝于2007 年通过卫星影像被首次发现，宽 2 790 英尺，长达半英里，几乎是胡夫水坝的两倍。这一座河狸水坝是地球上由野生动物修筑的、体积最为庞大的工程。

赫布查看完了最后一组河狸猎套。套子设在塘子边上一株已经倒伏的大树近旁，树根裸露在外，形成一个巨型矩阵。由于土壤已被冲刷一空，树根组成的巨大根球看上去像是一个巨型凯尔特结①。我注意到另一条河狸小径，由堤岸一直伸至水中，草被踏平倒伏在地的部分足足有 20 英寸宽，邻近水边的地方变成了一个泥泞的滑道。我问赫布为什么没有在这里下套。

"你感受一下下面。"他说道，一边朝堤岸上距离小径大约 3 英尺的一个位置指过去。他侧身让让，以便我能走过去。我走到他刚才所站立的位置。"你现在感受一下底下，能感觉到吗？这是它们的逃生通道。"我在松软的塘泥上慢慢移动脚步，靴底突然开始向下坠落，露出一片没有淤泥的缺口。靴子踩在卵石层上咯吱作响。原来这是一个河狸通道。由于视力很差，河狸于是用爪子在池塘底部的淤泥之下开挖了一条通道，以便它们可以在那里凭感觉穿梭。这一水下交通要道使得它们可以在水下快速、准确地游动，从而最大程度增加逃生概率。在家门附近那片池塘中，我曾不止一次地看到河狸下潜到这隐形的交通要道之中，然后足足过了 15 分钟之后，又在池塘另一端突然露出水面。

等我仔细察看完通道后，赫布又将我的视线引向近旁的一棵树上，灰褐色的树皮之中，一抹亮白赫然可见，它表明河狸已经开始在那里啃咬。

"它们开始在这里吃东西了，"赫布说道，"这应该是一条新路。这里不远处就是我上周抓到一只大河狸的地方。它足足 58 磅重，绝对堪称河狸中的巨无霸。我几乎没法把它装进背篓里，

①　最初出现于公元 5 世纪，是用来装饰爱尔兰僧人的宗教工艺形式，其特点据说是象征一个完整的循环。——编者注

只能一路背在外面。"

五

该往回返了。我们已经徒步走了两个小时，勘查了四个猎套。令我略感欣慰的是，到目前为止，每个猎套上面都是空空如也。就算还有河狸活着，应该也都躲在它们的居室之中。在我们的左侧，一道道河狸水坝弯弯曲曲，在树线之间时隐时现，如同一道淡淡的墨线。水流隐隐，仿佛随时会溢出。天空此刻已然布满阴云，眼看就要落下的降雪加重了空气的湿度。我第一次感受到越来越浓的倦意，在泥巴和水的重力作用下，脚下一步比一步沉重。赫布凝望着一望无际伸向远方的水面。显然，他并不愿意捕捉更多的河狸，似乎陷入了某种进退维谷的境地。他完全有其他地方可以去捕猎。

就在这一刻，我们发现了河狸。"除非是我眼睛坏了，"赫布一边说一边指向前方。顺着他手指的方向，我勉强辨识出了他另一组猎套的两根导向杆。"我觉得那里得有点东西。"赫布蹚水过去查看猎套。他仔细检查了杆子，将裸露的双手伸进水里，再然后，随着"哗啦"一声水响，套子被拉了出来，上面是一只已经僵死的河狸。我仿佛从在林子中恍恍惚惚穿行时的梦境中突然惊醒，一下子变得无比警觉，打起精神来面对即将发生在眼前的一切。

"是只一年龄幼狸。"赫布淡淡说道，语气稍微有点严肃。他拉起金属套，动手去解下上面那一串毛茸茸的东西："皮子不值几个钱，不过肉吃起来不错。这个应该适合你，可以亲自动手试试。"他顺手往岸上一抛,河狸尾巴一甩,"嗵"地落在了地上。他随后再次设好套子,赤手放入水下。等套子稳稳固定好后,他的手已经冻成了一截甜萝卜的样子。他快速甩甩双手。"有个伙计准备给我们做河狸肉肠。"他再三保证河狸肉口感很好,用辣椒烹制尤其美味。

我没有听进去他的话,只是出神地望着河狸。它静静地躺在岸上,仿佛只是在小憩片刻,随时可以再次游走。我盯着它的前爪、小小的指头及每根指尖上纤细的黑色利爪,还有赤裸的手掌。河狸通常用前爪来挖掘泥土,来将泥巴及树枝裹进不断增高的坝墙。它们会用双爪抓握食物。据某自然科学家观察,有个地方的河狸在吃睡莲时会首先用双爪把边缘部分卷起来,然后才开始非常仔细地一点一点啃食,其神情就好比人类享用美味热狗时一般。从远处观察河狸已经有几个月,但这一刻,我与这只河狸的距离是如此之近,伸手就可以够到它油光可鉴的皮毛。突然之间,我心中升腾起一种强烈的冲动,真想一把抓起河狸快速跑开。

于我而言,河狸乃是狂野自然的一种标志,与在溪涧旁边发现的众多兽迹鸟踪并无二致。我希望这种野性能够在那里得到保留。我现在依然这么希望,但与赫布一起出猎的经历仿佛模糊了食用动物与野生动物之间的界线。你可以做出如下辩解:赫布等毛皮猎人将所捕获的每一种动物都充分物尽其用,其实才是真正的"土食一族"(locavores)。赫布对所捕获的河狸进行有计划的"收获",用他以及其他捕猎者常挂在嘴边的话来说,它们是一种"可再生资源"。我希望弄懂他们这么说究竟意味着什么,但内心里却仿佛依然有着某种难以逾越的鸿沟。在赫布的眼中,面前地上躺着的这只河狸既是食物又是商品。他可以将毛皮、狸香腺乃至尾巴全都物尽其用。这些我都完全可以理解，甚至会赞赏，但为什么我心中却同时有如此强烈的抵触情绪呢？我似乎在心中隐隐约约画了一条界线，一侧是我们平常所食用的动物，如牛、羊、猪、鸡等，另一侧则是野生动物，理应自由自在、无拘无束地生活在丛林之中。我不愿允许自己认同"河狸需要控制、需要'收获'"这一观点。但坦率地讲，此刻站在这里，情况似乎已经变得有点复杂，当说到"狂野自然"这个词时，我甚至都无法确定自己想表达的意思究竟是什么。一旦驱车走出这片堪称林中遗珠的地方，我们离附近一处购物餐饮街的位置也就不过十来分钟的车程。实际上，我视线所及之处，无一不是数百年来早已被人类频频改造过的景观。或许这才是事实：河狸才是我们无法支配和控制的东西，是我们尚未改变的自然世界中的一部分。我之所以有这种感受也许是因为驱车驶离哈特福德市不过三十分钟，我便可以和一个毛皮猎人外出巡猎，并想象自己走近了某种尚且保留着一丝自然野性的东西。

"你能帮我拿一下那个吗？"赫布漫不经心地说道。我点点头，脑子里如释重负，俯身抓起了河狸的前腿。河狸的毛皮发出幽幽的光，仿佛拉布拉多犬柔亮的外皮。河狸出乎意料的沉。"你上道了。"赫布赞许地冲我说。我把河狸拖到松林旁，赫布刚才停下来解猎套时把柳条背篓留在了这里。我小心翼翼地把它装进背篓，脑袋朝内放好。硕大的橡胶质尾巴直挺挺杵在背篓边缘，仿佛一柄神奇的桨板。我手指摩挲着尾巴上一块微微凹陷进去的地方，很可能是处划伤或咬伤，不过已经愈合。至此，我已牵涉其中，不再只是单纯的旁观者。

六

回到卡车上后，不及我仔细思考，问题便脱口而出："你为什么要捕猎？你完全可以单纯只是走出来、看一看野兽，这样也是走进林沼的一种途径呀。"他的答复非常简单："假如你不愿为自己食用的肉而亲手屠宰，那不过只是将屠宰的工作转嫁给了别人。"说这话的时候，赫布定定地看了我一眼。他向我展示了自己全新的一面，我俩之间的对话似乎又上了一个层次。透过镜片，我看见眼镜后他的双眼微微收缩，仿佛在犹豫要不要继续讲下去。我点点头，不过，在内心里依然觉得他在回避我的问题，因为他并不需要依靠捕猎河狸、麝鼠、水獭、水貂等维生，而所有这些动物，他都曾捕猎过。

"并不是所有的人都懂得杀戮，"赫布接着说道，"这不是人人都会干的事，但我尊重野兽。假如我们不对种群数量进行干预管理，就会招致大量的疫病和饥荒。很多人并未意识到这点。我为什么捕猎？肯定不是为了钱。要是单纯为了赚钱，我有其他很多途径可以选择！"赫布爽朗一笑，是那种发自内心的大笑，同时转身将车钥匙插进点火器。但没等他启动引擎，我俩都情不自禁瞪大了眼睛：一只雄鹰突然俯冲而下，一双利爪长长前伸，从草地上叼起个什么，巨大的双翅猛然一扇，随即冲天而去。我隐约看见一个体形娇小的动物在它的利爪下垂悬。那简直就是一个奇幻的时刻，半梦半真。我脑海里唯一浮现的，只是不容置疑的凶猛、残暴、死亡、狂野。

"看到了吧！"赫布面容一亮，声音变得郑重，"这就是我跟你说的，那种置身旷野的感觉。你问我为什么捕猎，即使毛皮价格掉得很低，我还是会出去。在这里，有一种精神层面的东西——我很早前就不再相信宗教那一套了。"他胳膊一挥，指指林沼方向："这里就是我的教堂。"

赫布开始跟我讲他父亲的故事，说他是个多么糟糕的爸爸，为了摆脱工厂里那种枯燥无味、严苛刻板的倒班制工作，总是如何喝得酩酊大醉；说他妈妈的日子过得是何等不容易。但贯穿故事始终的主线都是捕猎——他和爸爸共同的爱好。在新不列颠安居保障项目房背后，在那片不时有火车呼啸着穿行而过的林沼中，他们曾一起捕猎。"安葬爸爸时，我在他墓地里放了一个猎套、一张河狸皮。"赫布继续讲道，"他曾是位老兵，理当得到官方的致敬，但来参加葬礼的那帮家伙，他们只是播放了一段磁带。这事实在太可悲了。"他的脸上掠过一丝痛苦的表情："每次外出捕猎我都会想起爸爸，还会想起爷爷。"

七

我们装好河狸和家伙什，卡车开始在崎岖不平的土路上行驶。在州属土地入口处，我跳下车子，拉开沉重的铁门。过了大门之后，赫布停下车，再次下车确认我已锁好了大门。这里是州属土地。

现在时间是上午十一点半，我们出来已经过了三个小时，但赫布还需要再到另外两个地方去勘察。开车走了足足二十分钟后，我们来到一个社区。房子看上去全都是一副病恹恹的样子，墙需要重新粉刷，门前过道上的栏杆已经残破不堪，灌木丛中已是荒草萋萋。"这里曾是个非常漂亮的地方，"赫布说道，"可现在却毒品泛滥。"他在一座白色小别墅前停下车子，从背篓里拿出工具。我们顺草坡向下走，来到院子底端，一条小溪在那里潺潺流过。"水把他家草坪几乎淹了一半，还漫过了污水净化系统。"赫布解释道。小溪两侧星星点点撒满垃圾，废旧轮胎、残缺的金属被杂乱地扔在草丛之中。这里与我们刚才到过的林子中间漂亮无比的景色形成了鲜明的对照，我甚至感到惊讶，赫布居然愿意在这样的地方捕猎。不过，他从水中艰难地走过去，开始清理河狸塞在洞中的树枝木棒。他很快找到了河狸所使用的水下通道，并麻利地设下两个猎套。我们装好卡车，赫布头也不回，开始朝下一站出发，那是一个汽车经销商店，好几个车位都正面临着被水淹的祸患。

到达汽车经销商店那里后，赫布径直将车开进后院停车场。停车场的位置紧邻着一片低洼的湿地，现在一下雨就会被淹。即便没有河狸筑坝拦水，这里肯定也会因地势过低而遭遇水患。修建这片车场时，康涅狄格州保护这类脆弱内陆湿地的法律可能尚未出台，也可能是出台了但业主明知故犯。导致问题的根源不在河狸，但河狸却加剧了问题的严重性。

"这与其说是河狸的问题，不如说是人的问题。"我说道。

"确实是这样。"赫布回答说，"人有时蠢起来你绝对想象不到。河狸只是河狸，但它们现在到了这里，而人……反正他们不愿搬离。"他耸耸肩，开始从车上往下卸工具。

赫布着手开始干活，没过一小时，就在河狸修起来的短坝边上设下了两个猎套，狸坝距停车场的位置也就一箭之遥。在返回来的路上，他抽了根香烟，因为别墅那里不允许抽烟。他现在着急回家，因为他通常下午三点都要到家，以便能及时赶到校车站点接两个孩子。女儿和儿子年龄现在分别是十岁、十三岁，校车会在家门口停靠。对赫布来说，每天在那里等着孩子放学归来是件非常重要的事。我们到达他的毛皮棚子时，雪花已开始漫天飞舞。我谢过他一天的陪伴，脱下防水靴，抓起自己的工具，开始驱车向东朝家奔去。

八

我驱车回家，老磨坊旁一栋栋砖砌的房子、一座座空荡荡的烟草仓在路边一闪而过。我自认渐渐开始理解赫布，非常欣赏他明察秋毫、深谙地理的能力，也欣赏毛皮猎人与所捕猎物之间亲密无间的关系。此外，他还教给了我其他某些东西。"所谓热爱一个地方，就是熟稔了解它处于破败不堪状态时的样貌。"温德尔·贝利（Wendell Berry）如是写道。赫布以他的行动告诉我，如何才算做到了"了解一个地方的破败，心甘情愿接纳其现状，努力去发现其中蕴藏的美"。在汽车经销商那里，他眼中所见的只有河狸。他所关注的，并非要在大自然中保留一片荒野旷地，而是努力找到在康涅狄格本地所蕴含的那份野趣。不过我心中仍然存在疑惑：面对惨遭污染的湿地，面对因人类愚蠢地将自己的居住环境建得离溪流、沼泽等过于靠近而导致的野生动物大量毁灭，他的愤怒表现在哪里？

赫布似乎注重的只是内心的自我，只希望将自己的工作继续下去；河狸依旧在那里，依旧保持着其野性的一面。我显然站在河狸的一面。赫布也是如此，但似乎又不尽然。说到漂亮、美丽的自然景观之时，我所想到的是康涅狄格东北部之外的地方。我脑海里浮现的是孩提时代居住过的哈德逊峡谷风景、黛色青山背后那一抹西沉的夕阳，俄勒冈州东南部犬牙交错的山岗和峰岭。我曾在那里做过种树人，当过牧场帮工。更多的时候，我所关注的都是远方。

早在认识赫布之前，河狸就已经开始渐渐改变了我对当前所居住地方的看法。遍布新英格兰地区的一道道石墙，无论它们覆满蕨类植物的景象是多么美丽动人，总是让我心中涌起太多的困扰。它们仿佛一种恒久的警示，告诫我们在披荆斩棘开发这片大陆、向自然世界不断掳掠夺取的过程中曾走过一段什么样的历程。环境史学家威廉·克罗农（William Cronon）在其《大地的变迁》（*Changes in the Land*）中预估，殖民者每户、每年毁掉的森林面积达一英亩，截止到 19 世纪中叶，新英格兰地区逾 80% 的森林都已消失。又过了一段时间之后，我才开始知晓，家乡随处可见的石墙背后原来隐藏着那么多令人尴尬的真相。乍一开始，我所看见的只是大自然如何将它们一步步蚕食的过程，是植物和大树的根须如何缓慢但坚决地将人们费尽心力修筑起来的石墙一块块"拆解"，然后这些石墙在风蚀的作用下彻底坍塌。对于野生动物而言，这些石墙俨然已经成为森林中的通衢要道、一条食物供应充裕的高效通道。

与此同时，在我家附近那片狸塘中，我也亲眼见证了大自然再生的神奇力量。随着河狸率先迁入，一大批其他的野生动物也循踪纷至沓来，从麝鼠、水獭到林鸭，再到苍鹭，各种生命不一而足，形成了一个由河狸衍生出来的新生态系统。但所有这一切，我都只是站在远处遥遥观察。而跟着毛皮猎人赫布，我却实实在在走进了河狸的世界，学会了如何通过观察林子来寻找河狸的蛛丝马迹，学会了断裂的嫩枝、褶皱的草叶等无声的语言。所有这一切，我以前从来都不曾真正留意过。

几天之后，明媚的阳光铺满餐桌，在为妈妈和自己准备煎饼的过程中，我向她讲述了在林沼中度过的那一天，告诉她自己是如何有意去学习了解与毛皮捕猎相关的知识的。

"为啥？"妈妈问道，语气一如平常般直言不讳。

"他们懂动物。"我没有直接回答，然而，实际情况是，这些毛皮猎人究竟是些什么样的人，就连我自己都说不清楚。

"你这纯粹是自虐。"妈妈一针见血，把其他人心中秘而不宣的想法言简意赅地抛了出来。

我完全理解妈妈的反应。听到我正在研究当代毛皮猎人时，大多数人的反应要么是挤个鬼脸，要么是侧目而视。就人类的经验而言，没有什么样的感觉能比深陷圈套更加糟糕。生理上落入陷阱固然令人恐惧，但当我们因为他人或自己的原因而频频深陷情感、心理困局之时，那种感受同样令人不寒而栗。一想到落入圈套，我们最早的反应便是恐慌。赫布等毛皮猎人并不认为野兽与我们一样拥有微妙的情感。对他们而言，只要能够做到在捕猎时一击毙命，捕猎就是一种人道的行为。但事实是，在我们人类所称的情感问题上，动物究竟有着什么样的体验和感受？对此，我们的了解才刚刚开始起步。

我提醒妈妈，她非常敬重的一位男士也曾是毛皮猎人。自打我记事开始，她每年春季就都会从埃弗雷特·奈克（Everett Nack）那里购买鲱鱼子，后者是位职业渔夫，业余时间也从事木工、狩猎、毛皮捕猎等行当。奈克养有一只宠物浣熊，喜欢臭鼬幼崽，但同时也售卖浣熊及臭鼬的皮子，用于制作丹尼尔·布恩

（Daniel Boone）风格的帽子。他还是位自发的环境保护卫士。记得我还在上中学时的某个周末，他带我一块到江上标记鲟鱼。拂晓时分，我们开着他的小舟，乘着哈德逊河的波浪出发，到达下网的地方后，我们立刻拉起网寻找大鱼——那种有着鲨鱼般的尾巴、恐龙般的上颚以及又尖又长鼻子的大鱼。奈克极快地给它们一一打上标记，而我则警惕地盯着环境保护局那帮家伙。鲟鱼是种濒危物种，对它们进行标记在本地并不合法，但正因如此，奈克才偏要去干这事。他最终证明，有一种濒危物种就生活在这条江里，因此有必要实行环境保护措施，限制大型火电厂将污染排进江中。火电厂设法阻挠州府开展任何形式的环境研究，因此，奈克决定亲自动手，把一切控制在自己手里。

奈克曾是哈德逊河谷的传奇人物，深受皮特·西格（Pete Seeger）及其他一系列致力于哈德逊河治理活动人士的敬仰。我知道，妈妈十分仰慕他以身垂范、勇于担当的行事风范。但当我提醒她，他既是毛皮猎人，又是环保人士时，她却回答说："对，没错，可是他跟别人不一样。"在她心目中，毛皮猎人依然多是那种痞里痞气的男人，就好比斜背枪械的牛仔一样，整天以屠杀野兽为乐。我看得出来，想要改变她的想法根本不可能，于是不再争辩。那时的她已是行将就木。每周去看她时，我内心都十分清楚，两人一起坐在餐桌，一边享受煎饼、一边享受煦暖的朝阳，这样舒适惬意的早晨恐怕已经来日无多。因此，我不愿与她争执。

对于赫布坚称捕猎是种灵性和精神层面活动的说法，我依然远不能完全理解。我开始阅读美国渔业及野生动物管理局第五处处长汤姆·德克尔（Tom Decker）推荐的一本书。德克尔是位狂热的猎人和捕手，负责大西洋沿岸上上下下各地的项目，曾给我看过詹姆斯·斯旺（James Swan）所著的一本文集，书名为《为狩猎辩护》（*In Defense of Hunting*）。

斯旺辩称，狩猎于人类而言必不可少，因为它是将现代人与旧石器时代远古过往连接起来的纽带；尽管我们不再需要以狩猎为生，但剥夺人类与生俱来的暴力基因是种十分危险的倾向。诚然，他所援引的论据的确有些老旧，比方说，他援引卡尔·荣格（Carl Jung）那句著名的话："灵魂的一半是猎豹。"他还援引埃里克·弗洛姆（Eric Fromm）主张人在狩猎过程中与野兽融为一体的观点。斯旺将当今的猎人分为三大类：食肉猎人，即为了餐桌上有肉可食而狩猎的人；休闲猎人，即将打猎视作一种娱乐运动的人；自然猎人，即将狩猎视作"意义堪比甚至更甚于有组织宗教活动的一种神圣行为"的人。前两类是主流，在受访猎人中，45% 的人坦言打猎是为了让餐桌上有肉可食，另外 38% 的人说是为了运动和娱乐。后面这类人中的少数人毁了狩猎运动的名声，斯旺将他们称之为"懒汉猎人（slob hunters）"，因为这种人并不重视狩猎技艺，而是倚重军事级别的各种枪械、瞄准镜及技术。另外，这类人往往将狩猎与饮酒作乐混为一谈。真正令斯旺感兴趣的是第三类，这些"自然猎人"的比例小得多，仅占受访者中的 17%。他们之所以走进林中，完全是出于对自然以及自然世界的一种炽烈、真诚的热爱。

"这一真爱引领自然猎人走向的不是暴力和狂热迷乱，而是对所猎获的动物的尊敬、敬畏，甚至是爱。"斯旺在书中写道。这一敬畏之情使得他们往往将狩猎视作一种宗教体验、一种神圣的行为。也就是说，他们对自然怀有一份崇敬，或者更准确地说，怀有一份爱意，但他们却可以转念将所爱之物杀死。经过这次巡猎之旅后，我自认为对此有了更深的理解。在寻踪捕猎的过程中，你的心灵仿佛被一种古老、真切、极度情绪化的处世方式所攫取。你会本能地变得无比警觉，因为冥冥之中你将意识到，游戏的角色随时可能急剧逆转，捕猎者很可能瞬息之间沦为猎物。

亨利·大卫·梭罗（Henry David Thoreau）、奥尔多·利奥波德（Aldo Leopold）以及爱德华·艾比（Edward Abbe）这三位最负盛名的自然作家都认为狩猎活动自有其美德。在北边的加拿大，亚奇·贝兰尼虽然主动放弃了自己的捕猎线路，但仍再三强调那段"荒野生活"价值非凡。梭罗本人尽管从来不曾出猎，但却主张每一位美国男孩都理当学会如何使用枪支。利奥波德认为，猎鸭经历将自己与自然世界紧紧相连。"户外才真正是我们先人栖居的领地……"艾比写道，"我们怎么可能将那种根深蒂固的感情从我们的宗族意识中抹除？根本不可能做到！"于他而言，狩猎行为密切关乎于人类的生死存亡。

美国捕猎人协会将全美 50 个州 250 000 名持证毛皮猎人凝结于一体。但没有人真正说得清，散布在辽阔旷野的捕猎人数量究竟有多少，因为这些人中，大多数都会选择尽可能远离尘嚣。与他们所捕猎的野兽类似，毛皮猎人往往感觉"溜边走"才相对更加安全。但离群索居并不意味着寡情少爱，也不意味着缺乏是非荣辱观，更不意味着无规可循——只不过他们的规章与众不同，看似离经背道而已。倘若你自己不是身处道观之中，自然难免觉得隐士群体彼此相处的方式似乎有点异类。

一条无形的纽带，将我所结识的毛皮猎人凝为一体，这条纽带就是他们共同的敌人：多数人，尤其是对他们有反感情绪的环境保护激进人士。虽然整个北美大陆的河狸种群数量早已触底反弹，但毛皮猎人的人数却并未反弹，他们正日益沦落为一个濒危"物种"，深感陷入了重重围困、无法挣脱。

第 3 章

阿斯托利亚：寻踪阿斯特

1783 年严冬时节，滔滔大西洋波涛汹涌，距（新）英格兰海岸不远、邻近切萨皮克湾某一位置，虽然准确的方位我们无法弄清，但大约就在附近的某处，几位头等舱乘客正在美国卡罗琳娜号客轮的甲板上踱来踱去。他们是一家实力强大的贸易组织——获皇家特许向哈德逊湾进军的"总督及英格兰冒险家贸易公司"的高管。他们之所以来到甲板上，就是为了秘密商讨一桩分量极重、利益攸关的重大事项，具体牵涉到某种商品。在此之前，这一商品早已为他们带来了巨额的财富。

令他们没想到的是，另一位年轻的乘客此刻也正在甲板上，无意间听到了他们的密谈。这位年轻人花 5 几尼 ① 在大舱买了一个铺位。由于可能赚到的钱的数额听起来几乎就是天文数字，这位年轻人一开始还以为他们在讨论郁金香投机生意，但即便这个男孩出身于屠户之家，也深知那时疯狂的郁金香热是多么荒唐，17 世纪时的整个阿姆斯特丹都曾因此而破产。不对，这帮人所密谋的是一种具有很高实用价值的东西，在伦敦的售价高得令人咂舌，他的脑子开始飞速旋转。他们所讨论的是河狸。

---

① 　几尼是一种英国旧时的货币单位。——编者注

这些大人物讨论了如何将毛皮打包、分类和运输的方法，同时也讨论了用什么样的策略去获取最受欧洲帽商钟爱的河狸皮——castor gras d'hiver（字面意思为"肥腻腻的冬季河狸"），也就是冬季最佳时节从河狸身上取下的优质皮子。年轻人接下来偷听到的话令他止不住一阵颤抖：河狸皮在伦敦的售价高达每磅 20 先令①，而且，只需用一些总价不超过 4 先令的小饰物、小玩意儿，就可以让印第安人心甘情愿地拿出 2 磅重的上等河狸皮来交换。毛皮可以换来铁壶、短柄斧、英国毛毯、火药、枪支及劣等朗姆酒，不过也可换来一些廉价珠宝、蓝色玻璃珠子、彩带、针，甚至换来一袋小糖包。

在瑟瑟的寒风之中，年轻人一边俯首旁听，一边在脑子里飞快地计算着。只需最多 4 先令，就可以换取一张价值高达 40 先令的皮子，即便加上运输成本，也仍然还可以带来一笔巨额利润。为了这次旅行，他支付了相当于 25 美元的费用，而且，他在伦敦做苦力整整 4 年，才攒够钱买了这张船票和 7 把笛子。这 7 把笛子他打算到达曼哈顿后转手卖出。他实在没有余钱可以支配。为了省笔额外的运费，他将笛子包裹在自己唯一的套装和几件换洗的衬衫和内衣之中。他本打算在纽约开家乐器店，但这次有关毛皮贸易的讨论让他很快改变了主意，因为进入这一行看起来似乎几乎不需要任何资本。他此行来新世界的目的就是暴富。什么乐器店，去他的吧！他打定主意，要对毛皮贸易这一利润诱人的行业做更深入的了解。最终抵达纽约市后，他先找了份贩卖

---

① 先令是一种英国旧时的货币单位。——编者注

面包的工作，并且一有机会便将那 7 把笛子出了手。凭借这笔收入，再加上灵活的头脑、无比的自信、旺盛的精力和勃勃的雄心，他开始收购河狸皮，随后又开始收购其他毛皮。经过短暂得令人难以置信的一小段时间后，他已跻身富豪之列。

一

从纽约市登陆新世界 15 年之后，约翰·雅各布·阿斯特（Johann Jacob Astor）荣登美国首批百万巨富榜。他所成立的美国皮草公司（简称 AFC）是全美首家跨国公司，同时也寄托了掠夺者的梦想。他甚至设法骗取了托马斯·杰斐逊，也就是新生的合众国精明机敏、激情澎湃的第三任总统的信任，帮助自己建立了美国最早的垄断贸易行业。正是河狸，托举起了他一夜暴富的美梦。

阿斯特于 1783 年离开英格兰时，肇始于 15 世纪的小冰河纪余威尚在，大大降低了北半球的气温，同时也给冬季带来了严寒和暴雪。那年 12 月的气候尤为严酷，由布里斯托开往巴尔的摩的越洋航船原本只需 3 周多一点儿，最终却足足走了 4 个月。卡罗琳娜号在肆虐的飓风中劈波斩浪、行进维艰。有一次暴风来袭之时，阿斯特甚至翻找出了自己唯一的一套正装，以便万一客轮倾覆、乘客全都殒命海底时，自己能穿得体体面面。但所幸船长身经百战，经验丰富，最终载着他们安然越过了巨浪滔天的大西洋。切萨皮克湾被封冻得严严实实，他们不得不连续数周在船上苦苦煎熬，等待冰融港开。阿斯特的船票包含餐食，整个航程期间可以提供腌牛肉及饼干，因此他决定待在船上。最后，3 月 23

日，阿斯特终于采取了其他乘客早已采取的行动，从被冰封得寸步难行的船上爬了下来，越过厚厚的冰层，开始徒步向巴尔的摩走去。

这位年轻的德国移民历经艰辛来到纽约市，来投奔多年前移民此地并经营着一家肉铺的哥哥。阿斯特之所以离开自己远在德国的故园小村，为的就是逃离父亲、逃离家族经营的肉铺。因此，来到这个全新的环境之后，他自然不愿再次落入同样的窠臼。他先是在一家烘焙店找到一份工作。在日复一日沿街兜售面包的过程中，阿斯特很快便熟悉了这座城市的每一条街巷。1784年，纽约还是一个人口只有 23 000 的小城。18 世纪时的曼哈顿肮脏不堪、贫困凋敝，改变命运的机遇无处不在。

找到购买河狸皮交易所需小饰品的途径之后，阿斯特便迫不及待地来到城中滨水的码头和堤岸，在船夫、水手、穷困潦倒的原住民、游走农工等人之中不停寻觅，看是否有人手头有零零星星的皮子待售。阿斯特将到手的每一笔钱全部用于购买更多的小饰品，然后用小车推着在市里各处奔走，寻访可交换的毛皮。如同当初在客轮上一样，他总是眼观六路、耳听八方，因此没过几个月就在毛皮贸易行业找到一份工作，帮助一位名叫罗伯特·布朗尼（Robert Browne）的公谊会信徒清洗、整理和捶打皮草。等到来年 12 月，也就是抵达纽约 6 个月之后，他已积攒下了数量不菲的河狸和其他毛皮，足够让他专程返回伦敦一趟，将自己的首批北美河狸皮货出手售卖。

1785 年春季来临时，阿斯特已准备就绪，将自己的皮草交易业务推向一个新的台阶。他身穿林中居民的衣装，腰里别着一把利刀，嘴上叼着一支陶制的烟管，乘船顺哈德逊河逆流而上，开始代表布朗尼公司与美国印第安人部落进行直接交易。从那一刻开始，阿斯特在皮草贸易行业的地位便开始扶摇直上。他继续为布朗尼收购毛皮，但同时自己也收购。由此，他几乎马不停蹄，开启了一连串长距离旅程。他先是来到宾夕法尼亚州东北部的波科诺斯（Poconos），然后又沿哈德逊河谷逆水而上，与纽约州北部的部族进行交易。早在欧洲人到达新大陆之前的数百年间，奥内达人（Oneida）、塞内卡人（Seneca）、休伦人（Huron）以及易洛魁人（Iroquois）之间就一直在进行广泛的交易，这些人在讨价还价方面都是非常精明的行家里手。阿斯特从他们那里学会了当地原住民的语言和风俗，很快成为一名技艺娴熟的商人。据斯克内克塔迪（Schenectady）当地一位居民在书中记述："我曾亲眼看见约翰·雅各布扒掉外衣，在我家附近的一个空旷的院子里拆包毛皮，这些都是他从印第安人那里以极为低廉的价格收购得来的。"自打亨利·哈德逊 1609 年在那里某处调转船头以来，奥尔巴尼就一直是易洛魁地区东部的皮草贸易集散中心。1632 年，荷兰瓦隆人（Walloons）将哈德逊河上这一具有战略意义的地方建成永久居住地。比弗斯维克（Beverswyck）小镇因河狸而建，因河狸贸易而兴盛，在新英格兰发展史上曾发挥过极为重要的作用。在顺哈德逊河谷一次次往来于纽约市和奥尔巴尼的过程中，阿斯特结识了早期纽约的众多头面人物。

阿斯特到达曼哈顿时，该市的市徽早已被设计出来了，河狸的形象被摆放在极为显耀的位置，而且这样的设计风格出现了不止一次，而是两次。在新阿姆斯特丹最早的市徽中，一只河狸躺卧在荷兰国旗上方。英国人于 1664 年接管该城并将其更名为"新约克（纽约）"。他们把原市徽上的荷兰国旗抹掉，添加了一名清教徒和一名原住民，但保留了河狸的图案。抵达这里以后，阿斯特做过的最明智的一个决定就是迎娶了房东太太的女儿莎拉·托德（Sarah Todd）。莎拉深谙河狸在该城历史上的重要意义，无论从何种角度来看，她都是一个心思缜密、有着优秀经商头脑的女人。

阿斯特后来终于实现梦想，在皇后街（如今名叫珍珠街）他们寓所的楼下开了一家乐器店。不过，他将日常经营交给了莎拉，由她负责照看小店和抚养孩子。莎拉工作非常努力，踏实稳重，不过她家与当地最古老的荷兰裔布雷沃茨（Brevoorts）家族存在亲缘关系，由此形成的人脉网络给阿斯特带来了极大帮助。阿斯特当时不过是一个腼腆寒酸的年轻移民，讲话带着浓厚的德国口音，但正是莎拉鼓励他经常到曼哈顿的咖啡馆坐坐，因为那里经常有皮草贸易行业的显赫人物光顾，同时鼓励他竭尽所能去结交这些人物。莎拉一家人亲眼见证了这个名叫曼纳哈塔的小小定居点不断北移扩张的过程。极有可能，正是受她敏锐的经商嗅觉影响，日后才启发阿斯特用皮草贸易带来的部分利润在城市边缘地带购置了地产，而在此之前，他唯一热衷做的事就是将皮草贸易产生的利润再次投入皮草生意。后来，阿斯特一发不可收拾，斥资买下了一个名叫格林尼治村的地方，而且名字一直沿用至今。此外，他还买下了当时基本就是农村的伊甸农场（Eden Farm），也就是我们今天所熟悉的市中心和时代广场所处的位置。

18 世纪时，一位冉冉升起的皮草贸易商不可能离开品质上乘的加拿大河狸及其他毛皮。阿斯特的贸易经营的利润向来不错，一次次的采购之旅让他的足迹不仅踏遍了哈德逊河谷的上上下下，而且还带他走进了波科诺斯。但他的下一步计划是继续沿哈德逊河逆流而上，越过奥尔巴尼，向西沿莫霍克河（Mohawk）直至小瀑布（Little Falls）的水陆码头前进，随后继续北上，于1788年夏季到达蒙特利尔，也就是当时加拿大河狸贸易的中心枢纽。同年秋天，他在《纽约邮包报》（New York Packet）上刊登了一则广告，对自己新拥有的加拿大皮草购销实力广而告之："现金收购各类皮草；同时大量出售河狸等诸款加拿大毛皮……数量不拘，丰俭由客。"

阿斯特售卖品质上乘的加拿大河狸的实力让他很快声名鹊起。短短两年之内，他就与伦敦著名的托马斯·贝克豪斯公司（Thomas Backhouse and Company）建立了合作关系。年仅27岁时，他已搭建起了利润极为丰厚的跨大西洋皮草生意网络，现金、商品及地产各类资产的总计净值高达3万~4万美元，相当于今天的85万美元。但对于他而言，一切才刚刚起步。

此时，他已是蒙特利尔的常客。每次来此，阿斯特都会受到西北公司（North West Company）美酒佳肴的盛情款待。这家公司由竞争对手于1783年成立，与自1670年成立以来就一直主宰着加拿大毛皮贸易行业的哈德逊湾公司（Hudson's Bay Company）相抗衡。这帮性格豪爽、脾气火爆的苏格兰商人向阿斯特介绍了一种大批量收购毛皮的新途径：与其小打小闹、单单从印第安人及毛皮猎人手中收购，有实力的皮草公司或贸易商人完全可以从其他皮草公司大宗买入。这样利润边际虽然略低，但经销商却可以很快聚拢大批毛皮。尤为重要的是，这将使他们有机会从底特律、麦基诺城等西北地区的贸易中心购进质优价好的河狸皮。那里的河狸皮毛色纯正、光泽油亮，致使伦敦的市价急剧飙升。阿斯特开始意识到，透过北美腹地蕴含的大量财富，自己将有望获取大把大把的钞票，而这大量的财富就是毛皮——华美的河狸皮，另外加上猞猁、水貂、狐狸等动物的毛皮，在当时地位意识极为根深蒂固的欧洲贵族之中，所有这些皮草都可以带来令人闻之咂舌的高价。

阿斯特开始以一种全新的视角看待皮草贸易，这一视角高远卓识却并不合法。他不只是希望将北美腹地所蕴含的这巨额财富局部收归囊中，而是希望将之统统独吞。只是具体怎么做，他仍须用心谋划一番。

二

1760 年以来，主宰北美皮草贸易的一直都是英国人，尽管独立战争为殖民地赢得了自由，但那时的密西西比河以西的大部分地区尚未被开发，仍属于待勘察勘探的蛮荒之地。法国人，还有加拿大人，仍支配着西北部地区的皮草贸易。1793—1794 年，加拿大人付出了更多保护其市场的努力。他们给原住民部落送去了枪支、钱财、火药、烈酒以及漫无边际的空头允诺，并征募他们去与美国贸易商进行日益血腥、残酷的对抗。与此同时，英国人也强加了贸易限制，时常在公海上非法扣押美国船只，企图将建国不久的美国的国际贸易扼杀。

战争一触即发，引发了联邦领袖们的高度警觉。怀着避免直接冲突的一线希望，他们敦促华盛顿总统向伦敦派去特使。华盛顿总统遣派的特使是开国元勋、因杰出外交才能而颇负盛名的约翰·杰伊（John Jay）。1794 年，英美签订《杰伊协定》（Jay's Treaty），英国承诺撤出全美各地驻扎的军队和卫兵。西北部领地内的定居者和贸易商可以自愿选择留下或者离开，其财产均不会受到任何影响；无论是英国还是美国的国民，均有权自由穿越美加边境。据传说，得知这份协议的内容之后，阿斯特说了一句话："现在，我该从皮草贸易中收割我的财富了。"

　　置身于无法无天、竞争几乎白热化的边地世界里，阿斯特很快开始飞黄腾达。不过，他最大的胜利却出现于美国收购路易斯安那，让国土面积几乎翻了一倍，并由此开启了西进运动的全新时代之后。1803年，杰斐逊组织了史上著名的"探索兵团"远征活动，以勘探密西西比河以西这片新购进的土地，并绘制美国人自己的西进路线图：通往太平洋的陆上通道。此前的1783年，受西北公司委托，英国探险家亚历山大·麦肯锡（Alexander Mackenzie）已经成功实现了这一目标。

　　杰斐逊对自己组织的这次远征探索活动进行了精心筹划。梅里韦瑟·刘易斯（Meriwether Lewis）是位自然学家、天文学家，威廉·克拉克（William Clark）是位勘测专家，两人携手合作，用他们共同的智慧帮助团队摸清了路易斯安那土地收购案中新购得的这片土地的情况，绘制出了一条通往太平洋的陆上通道。按照杰斐逊的规划，本次远征探索之旅将实现两个目标：其一为外交目标，因为他们将对沿路穿过地区居住的各部落进行评估，以了解美国通过路易斯安那土地收购案所获得的主权落实情况。远征队准备了大量礼物，准备馈赠给沿线各部落长老，以尽力避免冲突。其二为民族人文目标。杰斐逊要求他们对沿途所遇印第安人的情况进行观察和收集。此外，刘易斯和克拉克还将对这片新领地的地理、动植物以及自然资源情况进行勘测、绘制，并将考察所获做翔实记录。刘易斯铭记杰斐逊的指示，对所观察到的动物物种、所遇到的印第安诸部落名字等信息均做了严谨、认真的记录。他们没有发现冰河时代留存下来的生物，但却遇到了大量的驼鹿、熊、狼、丛林狼、野牛、狐狸、猞猁等，而松鼠、草原犬鼠、形形色色的鸟儿等更是多得难以计数。尤为重要的是，他们发现了大量的河狸，据刘易斯记录，其体形之大、品质之优，均为前所未见。

密西西比河以西辽阔遥远的土地上究竟蕴藏着些什么？对此没人可以给出明确的答复。他们会发现湮没在历史尘埃中的以色列古老部族吗？会发现乳齿象幸存的踪迹吗？1803 年，所有这些推测和假说都曾喧嚣一时，而且也都并非全然荒诞不经。1739 年，俄亥俄河附近出土了乳齿象骨骸，这一有关冰河纪这一巨型动物的记录导致了科学思维的革命性改变。今天的我们很难想象，抛开进化、灭绝等基本常识，他们如何能对动物有很深的了解；但在 18 世纪时的动物科学体系之中，这两个概念却依然远未出现。查尔斯·威尔逊·皮尔（Charles Willson Peale）是杰斐逊的朋友，曾设法搞到过一副几乎完整的、出土于纽约州纽堡附近的乳齿象骨骼。他将这副乳齿象骨骼进行了重组，并于 1801 年正式向观众展示。对于远古时代就有巨型生物存在这一说法，观众无不感到既满心恐惧，又无比新鲜刺激。如果说那时已经出现了浑身长毛、体形硕大的大象，那还有什么也是一定存在的呢？

刘易斯和克拉克的探索活动全程共计 537 天，在无路可循的蛮荒之地上越过了 4 118 英里的路程。1804 年 5 月 14 日，他们从圣路易斯郊外的杜波依斯营（Camp Dubois）启程出发，循着密苏里河逆流而上一直走到黄石河（Yellowstone River），然后继续沿黄石河向北、向西行进，直到最终抵达神秘的哥伦比亚河（Columbia River）。他们知道，哥伦比亚河径直汇入太平洋。几天前第一次走到哥伦比亚河河口三角洲时，辽阔的河面深深震撼了刘易斯，甚至让他一度以为已经到达了太平洋。"大洋赫然在目！噢！那种欣喜简直难以言述。"他兴奋地感叹道。很快，他们就意识到，其实自己并没有真正抵达河口。湍急的水浪一泻千里，怒吼着汇入同样怒潮翻滚的太平洋。从失望角（Cape Disappointment）望出去时所见的这一壮观景象，他们还要几天之后才能真正看到。

探索之旅归来几年后，在谈及这次远征的目标之一时，刘易斯曾直言不讳地写道："希望将来能从皮草贸易中获得收益。"整个行程之中，他们详细记录了野生动物的分布情况，但对于河狸生存情况的记录，却尤其倾注了他们的心血和热情。1804 年 7 月23 日，在艾奥瓦州白鲶鱼营，刘易斯记录杀死了两头鹿、捕获了两只河狸供食用的经历。"河狸在这一带数量似乎特别众多。"他们沿途碰到了诸多原住民民族，几乎所有这些原住民都在与白人贸易商进行着积极的河狸及其他毛皮交易。他们也遇到了一些捕猎河狸的法国人，但在北达科他州，刘易斯在其 1805 年 4 月 10日所记日志中特别写道："这些人所捕获的河狸是我迄今所见之中品质最上乘的。"那次偶遇之后没多久，他们路过某原住民民族的墓葬场。一具死人尸体被裹在野牛皮之中，安置在一副架子下面，支架上方摆放着两套狗拉雪橇及狗缰。狗已经跑掉，但死者的陪葬物之中有一个小包袱，里面装着他们的珍爱之物。他们检查了包袱，发现里面有刮板、红蓝两色染料，还包括植物干根、香草辫子，以及河狸后肢上的长指甲。这些共同构成了美洲原住民的医药包。

探索兵团西去旅程的整个过程之中，河狸肉为他们提供了充裕的食物供给。他们也射杀驼鹿、鹿，再后来还射杀野牛。据刘易斯记录，他们都最喜欢河狸肉。1805 年 5 月 2 日，刘易斯写道："河狸肉是我们大家公认的美味。"他们对炖煮的河狸尾巴尤其情有独钟。根据刘易斯的描述："吃起来如鳕鱼舌、鳕鱼下颌般鲜美。"除赖河狸肉维生、详细记录可能蕴藏着优质河狸毛皮的地理点位之外，刘易斯也是最先就河狸的适应性进行观察和记录的人士之一。在蒙大拿州，距离河狸头河（Beaverhead River）（刘易斯备注说，这是当地原住民起的河名）不远处，刘易斯注意到河狸会在白天活动，并且深深意识到了这一特征不同寻常的意义。他在当天的日志中写道："由于不受捕猎滋扰，我在这里所见到的河狸非常温柔驯顺，惯于在大白天外出活动。"而在东部地区，由于数十年来长期被疯狂猎杀，河狸已总体养成了仅在早晨、黄昏和夜间外出的习性。换而言之，河狸已迅速适应了欧洲猎人的存在，养成了仅在晨昏、夜间才走出安全的居舍环境这一生活习性。这一解释不无道理。河狸的其他天敌——丛林狼、熊以及狼等，通常都在夜间更加活跃。在没有人类捕猎压力的地理环境下，白天外出活动要远比天黑以后冒险外出安全得多。

刘易斯和克拉克历经两年时间，才走完了他们具有历史意义的旅程，抵达太平洋并返回东海岸。但回来之后，刘易斯便迫不及待地敦促杰弗逊总统迅速行动，在太平洋建立一个永久居住点及贸易中心。杰斐逊对此建议也跃跃欲试，但却缺乏所需的资金。

阿斯特意识到自己的机会已经来临。他拜访了杰斐逊，两人一拍即合，彼此加油鼓气。几天的长谈中，双方都对西海岸定居点可能带来的无限机遇充满了憧憬和向往。杰斐逊关注的是地缘政治问题——他巴望着将新成立的国家的疆域向西推进，并深知开辟太平洋贸易对国家而言的重要意义。驱动阿斯特的则是纯粹、不掺杂其他任何因素的贪欲。他有意打造一个贸易帝国。阿斯特接下来的举动着实堪称极度莽撞、极度狡诈、极度有悖伦理。为了让杰斐逊相信自己的目的只在帮助美国民主向西推进，而不是为了服务于其垄断贸易的野心，他成立了一家皮草公司。从文件纸面上乍一看，经营公司的是 25 名股东共同组成的董事会，但实际上公司却完全由一个人所有，这个人就是阿斯特。该公司即美国皮草公司（简称 AFC），与其太平洋分公司共同构成了一个法律意义上的海市蜃楼。阿斯特说服朋友及生意伙伴出借了自己的签名，但所谓的董事会其实只是一个虚名。他们既不拥有公司一毛钱的资产，对公司运营也没有任何监督或票决的权利。

迫于国家西进开发离不开私有投资的现实需要，杰斐逊总统给阿斯特的公司授予了政府特许权，准许他沿刘易斯及克拉克开辟的路线向西推进，并在哥伦比亚河与太平洋交汇处建立一个贸易驿站。在美国政府授权的加持之下，阿斯特有机会与留下来的定居者及原住民民族交换利益、讨价还价，乃至直接左右后者的意见。理论上来讲，沿刘易斯—克拉克路线建立起来的贸易驿站所代表的是美国政府以及美国皮草公司共同的利益，但实际居于主导地位的却是阿斯特的个人利益。全线的驿站均由他的公司负责运营，也就意味着公司对来自整个大陆腹地的毛皮均有支配权。阿斯特计划的关键一环就是在大陆的最西端建立永久定居点，从而形成横跨太平洋的贸易门户。

1810 年，阿斯特出资启动了两项向西推进的远征计划：一个是循刘易斯—克拉克线路、沿密苏里河逆流而上的陆上路线，另一个则是海上路线。陆上远征从圣路易斯，也就是毛皮贸易的最西端站点出发，并在探索兵团曾安营驻扎过的每一个点位都建立一个贸易驿站。海上远征计划由威尔逊·普莱斯·亨特（Wilson Price Hunt）船长率领，从纽约市出发，绕过合恩角，最终到达哥伦比亚河口。从洛基山以西位置上建立起来的这第一个基地出发，阿斯特的船队就可以将河狸及其他毛皮运往中国，那里有着旺盛的市场需求，然后，满载茶叶、香料、棉布以及备受追捧的中国瓷器的商船将从中国再次起航，返回北美，或继续驶往欧洲。这一计划极具胆识、构思巧妙，却也无比残酷。它差一点就获得了成功。

1810 年，在愚蠢的亨特船长的指挥下，东京号巨轮从纽约港启航出发，并于次年春季到达哥伦比亚河口的失望角。一场险些爆发的船员哗变、惨重的生命损失，再加上最后的一声爆炸，让这艘巨轮、船上的货物以及人员遭遇灭顶之灾。所幸的是，在这一切发生之前，相当大一批人已设法登上了海岸，并在岸上草草建起了一个落脚点。这里的位置并不理想，但残暴的亨特船长命令手下必须迅速建起一个城堡，甚至都没来得及进行妥当的测量，或者选择一个位置最高、安全度最强的点位。简陋的建筑刚一完工，船长就命令他们升起了旗帜。洛基山以西的首个定居点就此成立。自然，这个地方将以阿斯特的名义命名：阿斯托利亚。

三

俄勒冈州阿斯托利亚历史学会的墙壁上，悬挂着一张地图，名为"阿斯特的全球贸易体系图"。地图的旁边是两个玻璃箱子，一个里头装着一顶用河狸毛毡制成的黑色、破旧绅士礼帽，另一个里头装着一个同样年岁久远的河狸标本，底部被塞得鼓鼓囊囊。虽然毛皮因年事久远变成了淡淡的棕褐色，但这只河狸看上去却非常忙碌，仿佛正在急切地啃咬着一截树枝。在两个箱子上方的墙上，阿斯特的肖像睥睨侧观。他利用欧洲制帽行业对河狸毛毡的迫切需求，为自己积累了雄厚的资本。虽然展览因疏于打理而略显散漫，但展品的选择却十分贴当。礼帽、河狸、地图以及人，刚好如同一张桌子的四条腿，共同撑起了美国这一年轻国家的经济发展历史。

地图上，将不同大陆和大陆之间连接起来的虚线反映了阿斯特设想中的贸易帝国的商路。他载满毛皮的货轮将从阿斯托利亚出发，越过辽阔的太平洋，然后抵达中国广东进行卸载。在中国，他们将再次装满丝绸、茶叶、香料、瓷器等贵重物品，绕过非洲，径直驶向伦敦。一旦到了伦敦，他们将卸下珍贵的中国商品，重新装上美洲热销的英国商品。再其后，他们将穿越大西洋到达纽约港，再次卸载并装上当地的商品，然后向西航行，绕过南美洲底端。最终抵达阿斯托利亚之前，巨轮还将在夏威夷短暂逗留，装载更多的当地奇珍异产。

肖像画中的阿斯特身着简单的黑色套装，系一条白色宽边领带。他的表情略显憔悴，仿佛刚刚完成了一天漫长艰辛的工作。双眼下浓重的黑眼圈晕染了整个面部，使得他看上去有些倦意，甚至十分疲惫。大腹便便的样子彰显了他事业上的成功。为与他肥大的腰身相适应，画家刻意让他上衣的双襟微微分开，露出一片三角形的白衬衣。阿斯特双目流露出一份志得意满的神情，眼神虽然略显疲惫，但却依然炽烈，俨然一副功成名就、人生得意的架势。嘴巴虽然没有笑意，但双唇却微微开启，仿佛见到他时他正在沉思冥想。这幅肖像完工之时，阿斯特已凭借在东部地区经销河狸皮赚得盆满钵满，但仍在谋划将生意向西部地区扩张，进而打造一个庞大的金融帝国。毫无疑问，阿斯特正苦思冥想的，就是通往巨额财富的道路。

与阿斯特的宁静形成鲜明对照的是，河狸的标本则完全是一副躁动不安、食欲喷薄的神情。它双腿直立，身形笔挺，两只前爪牢牢地抓着一段树枝。它脑袋微微倾斜，嘴巴大张，仿佛蓄势待发，俯身去咬牢牢握在爪里的树枝。标本制作师似乎费了很大的力气，才让河狸每一根纤细的手指明显分开，形成闭环，牢牢地抓紧树枝。一双眯眼喷出火一般的表情，似乎在说："别想抢走我的树枝，想都别想！"罗马自然哲学家盖乌斯·普林尼·塞孔都斯（Gaius Plinius Secundus）（公元 23—74 年，通常被简称为普林尼）认为，河狸性情邪恶。他曾写道："这种野兽咬起人来十分可怕，要是碰巧咬住了人身上任何一个部位，就绝对不会松口，直到那副利牙将人的骨头咬折、咬碎。"普林尼的想象力似乎有些过于丰富：大多数情况下，河狸只有在咬树的时候才会有一种狠劲。但这只河狸标本身上透出来的那种凶残样貌，似乎极为妥帖地映射出了毛皮贸易商们对河狸毛皮无尽的贪欲。

距阿斯特肖像、高顶礼帽以及河狸标本几步之遥的位置处，有人别出心裁地摆放了一尊复制的亨利八世彩色像，样貌粗壮结实，身披白鼬皮镶边的袍子，颇有一派王者之气。旁边的解说牌上简要介绍了欧洲毛皮贸易的历史。古埃及人曾从阿拉伯人、腓尼基人手中换来毛皮，然后用植物颜料为它染色。古希腊人从利比亚，尤其是生活在里海以北的斯基泰人（Scythians）那里进口毛皮，并用河狸、水獭等动物的毛皮为衣服镶边。罗马人从德国进口毛皮。罗马共和国元老院代表穿的不是通常所见的托加袍，而是毛皮制服，以此作为其特殊身份的标志。拉丁语中，"pelle"一词的意思就是"动物的皮"。公元410年，西哥特人占领罗马之后，该市曾试图以支付赎金的方式阻止他们洗劫街市，所付的赎金中就包括三千件毛皮大衣。

欧洲中世纪时期，品种和款式多得惊人的各色毛皮从四面八方涌入，繁荣兴旺的毛皮交易业由此蓬勃兴起。产自德国、爱尔兰以及苏格兰的毛皮制品纷纷流入伦敦；产于西班牙、北非及西西里的毛皮制品被运往巴黎；瑞典、葡萄牙以及保加利亚出产的则最终被输运往布鲁日。俄罗斯因其北部领地盛产优质毛皮而成为重要的贸易中心，将毛皮源源不断向西运往欧洲。亚美尼亚（Armenia）一度曾是品质最为上乘的冬季鼬毛皮的主要产地，白鼬也因此得名"ermine"。

富裕人家的居室，尤其是石头城堡取暖的主要途径是炉火，这也就意味着这些地方往往显得空旷透风、相对寒冷，即便夏季也是如此。因此他们迫切需要毛皮来制作毯子、被子、衣袍和罩衫、户外戴的礼帽和睡觉戴的无沿圆帽、睡帽、手套等。人们的睡衣边缘通常衬有毛皮，婴儿接受洗礼时通常要穿特制的、毛皮镶边的教袍。中世纪时，富裕之家标准的装束一般包括两层，里层为衬衣或短袍，外层则是大衣。两层衣物通常都用毛皮制成。外出时，人们还要披上一种以毛皮衬里的披风。有些时候，宫廷成员甚至可能穿上厚达三层、分别用不同动物的毛皮制成的衣饰。

阿斯特穿毛皮大衣的目的或许是取暖，但在中世纪的欧洲，毛皮则是显赫身世和地位的重要标志。14 世纪时出台的诸多禁奢法案对贵族阶层允许的花销及一般消费水平进行了详细的限定，明确规定了哪些群体可以（或不可以）穿着某一特定类型的毛皮衣物。假如你是一介平民，那就别指望可以穿羊皮、兔皮，可能还包括鹿皮。1337 年出台的欧洲首部成文法明确规定，仅皇族、教长、伯爵、男爵、骑士以及某些年收入不低于 100 英镑的教士才有资格穿着皮草。皇室成员自然有权随意选择自己的衣着类型。14 世纪时，他们最钟情的是冬季捕获的貂、鼬、麝猫、水獭、狐狸、红松鼠，因为这个季节里这些动物的腹部毛色纯白，外面晕染着一圈淡淡的灰色——当然，河狸才是他们的最爱。贵族和教士有多种多样的进口毛皮可以选择，但只有年收入超过 266 英镑的骑士和太太们才有权穿松鼠皮。出身绅士阶层的其他所有人士则只能在帽檐缀上一小片白鼬饰面，或者在袍子边缘装饰上一条品质不错、俗称羔皮的羔羊绒花边。皮草极为珍贵，常常会被写进遗嘱，作为遗产郑重地传给下一代。从某种角度讲，禁奢法案极大地激发了当时人们实现阶层跃升的野心。

身着奢华裘皮衣饰的男女形象充斥于欧洲中世纪的艺术作品之中。画师们特别喜欢描绘堂皇壮丽的场景，画面中的男女通常都穿着极为华丽的毛皮衣物。在威尼斯的圣马可·巴西利卡大教堂，最吸引游客眼球的一幅画面就是悍妇莎乐美镶嵌图案，她身着毛皮镶边的鲜红色长袍翩翩起舞。在英国，亨利四世国王等皇室成员也经常凭借他们穷奢极侈的裘皮衣饰来展示自己的权力。他有一件九层套皮袍，居然用了 1.2 万片松鼠皮、80 片白鼬皮才缝制成型。亨利八世国王命令手下用 100 块貂皮、560 块松鼠皮缝制一件袍子，耗资约 200 英镑——相当于当时在他的埃尔特姆宫（Eltham Palace）装裱工人日工资的 6 000 倍。

四

我正站在历史学会展室中央，努力想要数清楚亨利八世国王那件披风前襟上究竟用了多少张白鼬皮。就在这时，管理员走到面前，递给我一张纸条，上面写着当地某位专门从事乡土植物研究的女士的电话。我此前曾向她打听，是否认识当地从事河狸捕猎或相关工作的人。她猜想这位女士可能对河狸有所了解，不过也并不十分肯定。直到很长一段时间之后，我才真正开始意识到河狸及其栖息地恢复保护之间这一层关系的重要意义。我后来终于得知，就在哥伦比亚河对岸的华盛顿州，梅索林区（Methow Forest）过去十年间已经开展了一项雄心勃勃的河狸恢复项目，旨在将河狸重新放归针叶混交林，以应对野火危机。而在距离我们东边和南边方向不过几百英里的地方，作为鲑鱼恢复计划的一部分，数量众多的河狸也正被重新放归俄勒冈东部广袤的沙漠之中。但当时我对所有这些项目毫不知情，只是简单地留下了她递给我的电话号码。随后，我有些不情愿地放弃了数数，不再纠结缝制亨利王那件华丽的披风究竟用掉了多少张白鼬皮。我向她道声"谢谢"，随后走出展厅，走进俄勒冈铅灰色的午后天空下。

我访问的下一站是海事博物馆，在那里进行了短暂逗留，参观了一个题为《新世界的探索者》（*Explorers of the New World*）的展览。就在一长串公众耳熟能详的名字之下——哥伦布、韦拉札诺、麦哲伦、科罗纳多以及卡布里罗等，我意外地在展品中发现了一组十六七世纪时的绝美地图，那时欧洲各国正沉湎于探索一条通往神秘东方的通道。

其中尤为精美的一张地图名为《大西洋极地图》（*Atlantis Pars Altera*），由鲁莫德·墨卡托（Rumold Mercator）于 1595 年出版，上面描绘的就是北极的场景。这是世界上首张专门反映北极地理地貌的地图，细节之翔实和具体的程度令人赞叹。但同时，其不准确程度也令人咋舌。地图中的北极大陆板块被画成了一个低矮的金字塔形状，整整齐齐分成了四个不同板块；河流从中央高地向东、西、南、北四个方向流淌而下。处于中心位置的是一块巨大的岩石，被标注为"北极圈之极（Polus Arcticus）"。这张地图证实了当时的探险家们一直在苦苦寻觅但却始终未能得偿所愿的目标——穿越北极通往东方，通往香料、丝绸以及茶叶源头的通道。当然，也正是得益于这些寻找通往亚洲之路的失败之旅，才揭开了新世界的面纱。探索的旅程之中，探险家们误打误撞，与北美大陆这片广袤的陆地不期而遇。

早在阿斯特登上历史舞台之前很久，地图就早已成为帝国征服的重要工具。英国、法国、荷兰、意大利、西班牙以及瑞典的国王、王后们相继向北美洲派出了一批又一批的探索者，能够明确、详细标注新世界及其所蕴藏资源的地图日益被奉为"国家宝藏"。不过，毛皮贸易并非发端于这些受帝国斥重资支持的远洋之旅，而是始自某渔人一次意外的偏航：肆虐的海风将渔船吹得偏离了航线，当风浪终于平息，乌云渐渐散去之后，进入渔人眼帘的是一片陌生、新奇的土地。这片土地正是纽芬兰，亦或许是拉布拉多半岛（Labrador）。

贯穿 16 世纪整个历史，英国人、英格兰人、巴斯克人、葡萄牙人都曾频频驾船出海，越过波涛汹涌的北海，驶往冰岛及远离其海岸的肥美渔场。当不幸被狂风吹离既定航线的渔人历经磨难，终于成功返航之后（至于这位渔人究竟是哪位、事情发生在哪年哪月、具体位置又在哪里，谁又能说得清楚呢？），他一定将自己的这次意外发现绘声绘色讲给了其他人。或许，他悄悄隐藏了这一秘密，只身赴险，日后再次返回那里。无论如何，不久之后，遍布欧洲各地的渔人们纷纷出发，前往寻找这一片新发现的大陆。他们驾着小舟，不辞海途遥远，只为找到丰饶的鱼群。某地有可能存在新渔场的任何一点风言风语，便足以让他们一波又一波蜂拥西去。他们中的有些人冒险走进了圣劳伦斯大海湾，有些在缅因海岸附近抛锚停船，而另一些则继续一路南行，最终抵达一片形如巨钩的一小片神奇的土地，也即是后人所熟知的科德角。

他们找到了大量的鱼群，但为了寻找鲜肉，贴补手头并不富裕的腌制鳕鱼定额，他们冒险走上了海岸。在那里，他们碰到了原住民居民，后者纷纷拿出河狸皮，要么作为礼品馈赠，要么用于交换需要的物品。这些原住民不仅貌似拥有无穷无尽的珍贵毛皮资源，而且还根本不怎么看重这些东西，总是愿意迫不及待地拿它们来换取任何不值一文的小饰品。一旦返回欧洲，这些渔人们就可以将皮子卖掉，狠狠地大赚一笔。消息不胫而走，很快，一艘艘的商船便竞相越过大西洋，而各国的国王、王后们也纷纷派出探险者，前往新世界为可能建立的河狸贸易劈山探路、绘制地图。

首批抵达的是法国人。1534 年，探险家雅克·卡蒂亚（Jacques Cartier）在新布伦瑞克登陆；随后，1603 年，伟大的航海家萨缪尔·德·尚普兰（Samuel de Champlain）开始对整个北美展开探索。接下来的 5 年间，他不止 20 次地穿梭于大西洋之上，并于 1608 年 7 月 3 日建立新法兰西及魁北克定居点。受荷兰东印度公司派遣，亨利·哈德逊（Henry Hudson）于 1609 年踏上了他最负盛名的一次远征。新荷兰人接踵而至，并迅速在曼纳哈塔以及波澜壮阔的哈德逊河沿岸建立了一系列荷兰人自己的贸易驿站。1671 年，荷兰学者阿诺德斯·蒙塔努斯（Arnoldus Montanus）出版了《新奇与未知的世界》（De Nieuwe en Onbekende Weereld）一书，其中所包括的一系列北美河狸雕版画为欧洲最早的。据该书记载，每年从新荷兰地区输出的河狸皮数量高达 8 万张。英国人加入这场游戏的时间相对较晚，但却很快后来居上，一部分原因是尚普兰深深惹恼了易洛魁人，致使爆发了法国和印第安人之间长达百年的战争。1670 年，查尔斯二世国王向哈德逊湾公司颁发许可证，授权公司可以在一片辽阔的土地上从事皮草贸易，具体范围涵盖当今加拿大全境。哈德逊湾公司总部设在多伦多，雇用了大批测绘员及探险家，旨在将皮草贸易网络不仅扩展到加拿大全境，而且还继续向南扩展，形成一种无形的垄断局面。他们建立起了一套以河狸皮作为官方贸易标准的制度，由此衍生出了所谓的"河狸元"。在其于 1715 年出版的北美地图上，赫尔曼·莫尔斯（Herman Molls）在尼亚加拉瀑布所在区域绘制了一个奇怪的、人字形线条轮廓，以标志河狸分布的区域，时人称之为"河狸地图"，一时出现了河狸皮供不应求的局面。

及至18世纪中叶，英国控制了整个北美地区的皮草贸易，范围南起佛罗里达，北至哈德逊湾北端，影响势力由大西洋沿岸向西一直延伸到密西西比河。阿斯特乘船启程前往纽约时，北美洲的皮草贸易已是风生水起，但真正巨额的财富，也就是所谓的"河狸元"尚未兴起，仍静静躺在大陆西部腹地直至太平洋的无垠区域，等待着后来者的收割。

五

我离开海事博物馆的地图展，驱车前往哥伦比亚河河口的一片高地。1811年，阿斯特的"东京号"商船抵达河口时，停船登陆的位置就是在这里。我站立在料峭的寒风之中，闭上双眼，整个世界俨如一张断线的风筝，在其汹涌的波涛中飘摇动荡。我睁开双眼，海面宛似一张巨大的灯芯绒布，层层叠叠、无边无际铺向远方，滔天白浪首尾相连，一波接一波冲向岸堤。即使在这样一个天空不见一丝云彩的春日里，波涛拍打堤岸震耳欲聋的声音也不免令人胆寒，河水扬起湍急的浪花，形成一圈圈骇人的漩涡，飞速冲进大海无边的浪花之中。然而，正是在这儿，在1811年那场漫天的风雪之中，"东京号"巨轮上那位刚愎自用的指挥向手下优秀的水手们发出了命令，要求他们乘坐小舟，去寻找一条渡河的路径。汹涌澎湃的河水形成了巨大的河口沙洲，他们必须小心翼翼地探测，才能安然通过。在登上歪歪扭扭、随时可能倾覆的小舟那一刻，水手们就非常清楚，这是一场注定失败的徒劳之旅。然而，丧心病狂的船长却不愿等待暴风雪稍稍平息，甚至不愿等待浓雾稍稍揭开其面纱。当一条小舟被浪潮吞没之后，他又派出另一条。没等"东京号"到达对岸，无数的水手已经白白牺牲于滔天巨浪之中。三天之后，他们终于在阿斯托利亚上空竖起了自己的旗帜。

这次成功之后不到一年，阿斯特便遭遇了一场不得不面对的地缘政治危机，即 1812 年战争。今天的某些史学家将这场战争称为"河狸战争"，因为诱发这场战争的主要原因就是对皮草贸易支配权的争夺。皮草贸易使得北美冲突不断、争端频发。荷兰人虽然到得最早，但从来就无意于长期居留，因此不久之后便被赶了出去。瑞典和意大利也都仅满足于捞一把就跑。但为了争夺对这一片新大陆及其所蕴含的丰富宝藏的控制权，英国和法国之间进行了艰苦的战争。为了确保毛皮资源供应，贸易商与贸易商之间相互倾轧，纷争不断。再有就是原住民部族之间不断的斗争——由于传统文化几乎已整体崩塌，部族间曾经存在的势力平衡也已荡然无存，他们徒劳无功地相互打斗，指望能够争得对欧洲人带到自己大陆上来的新贸易品的支配权。即使在美国独立革命爆发，随后又于 1794 年签订《杰伊协定》之后，英国也依然不愿意放弃对西北部地区皮草贸易生意的支配地位，尽管这份协定的初衷是确保新兴的美国对密西西比河以西土地享有所有权。不到二十年后，在乔治·辛普森的领导下，哈德逊湾公司在沿斯内克河（Snake River）捕猎河狸的过程中实施了臭名昭著的焦土战术。他们打的主意就是通过肆意捕杀河狸打造一个"毛皮沙漠"、一片没有任何商品的蛮荒之地，以为这样做就可以让美国定居者望而却步。他们的计划最终未能得逞，然而，在这一野心最终破灭之前，绝大多数的河狸都已被他们赶尽杀绝。

1812 年，英国与美国之间爆发战争。虽然表面上看战争的诱因是英国海军频频滋扰美国商船，但真正的原因却在于，哈德逊湾公司、西北公司这两家英国皮草贸易公司对阿斯特的全球贸易网络计划感到了深深的担忧。1811 年，后者的海上贸易航线不仅已在阿斯托利亚设立了皮草贸易驿站，而且同样具有深远影响意义的是，陆上网络也已形成。构建其贸易垄断格局的基础条件已经基本就位。

1813 年，英国"浣熊号"小型护卫舰舰长兼指挥官威廉·布莱克（William Black）接到命令，率部前往占领阿斯托利亚堡。然而，他赶到时，却惊讶地发现一面英国国旗已高高地飘扬在城堡上空。西北公司的 75 位员工已经亲自操刀上阵，解决了问题。得知英国即将出兵的消息之后，他们在城堡外设下营地，与阿斯特手下达成一笔交易。阿斯特一向非常实际，同意以 5.8 万美元的价格将城堡卖给英国人。布莱克司令非常不乐意，杀气腾腾地坚持要挥师城堡。据说，他看到城堡是多么渺小时，曾怒气冲冲地感叹道："什么，这就是我听说了无数次的那个城堡？天哪，不消两个小时，我就可以用四磅重的大炮给它轰为平地。"

布莱克船长在城堡上竖好米字旗，并以当时英国国王的名字给城堡重新命名。于是，由此诞生的乔治堡就这样落入了英国人手中。即便阿斯特心中对此心存芥蒂，面子上也没有流露出来。他了解西北公司那帮皮草商人，对方对他也心知肚明。毕竟双方达成了一笔交易，难道不是吗？坐在远在纽约的办公室里，他依然掌控着从圣路易斯到阿斯托利亚的一整条皮草贸易路线。他的商船航迹遍布全球各地。只要自己能继续赚大钱，至于城堡究竟是英国还是美国管辖，他才不会介怀呢。

最终，他掌控皮草贸易、建立全球贸易帝国的雄伟计划惨遭失败，但并不是因为他经营不善、谋划失当，也不是因为他对当时的地域政治角力了解不周。导致他败走麦城的原因，与我们当今所面临的环境灾难的原因基本相同：他无法掌控大自然的力量。阿斯特给河狸带来了致命冲击，但却无法操控他们繁衍生殖的节奏，也无法主宰他们重新崛起的力量。他可以逆转经济走向、政治人物的选择以及法律规章，让无数人俯首服膺于自己的意愿，但对于给自己带来巨大福祉的这种野兽，却只能一声长叹，无计可施。

他的皮草公司在西部地区刚一站稳脚跟，尤其是在洛基山中刚一站稳脚跟，便带动众多公司、自由捕猎人，还有声名远扬的山地人一道卷入了毛皮采购的大潮之中。1820—1840 年曾是山地人的鼎盛时期，赫布以及我所遇到过的多数毛皮捕猎人都倾向于将这一时期高度浪漫化。相比零敲碎打与原住民民交换河狸皮子的做法，派遣大批欧洲捕猎人走进荒林旷野的体制效率要远高得多。不久之后，在不到 20 年的短短时间里，一度曾貌似无穷无尽、即将为阿斯特全新贸易引擎提供不竭动力源泉的北美河狸毛皮便已枯竭告罄。河狸消亡殆尽，但阿斯特并不怎么在意。1818 年，当美国终于再次夺回对阿斯托利亚的正式所有权时，阿斯特推说年事已高，已经无力再去恢复他的这座前哨阵地。这时，他早已从皮草贸易中赚得盆满钵满，并将所得利润之中的大部分都投资于地产及其他生意中，因此他的财富依然在继续翻倍增长。

六

我离开阿斯托利亚，在夜色中驱车沿蜿蜒曲折的小路朝波特兰方向驶去。借着车灯，我看见了夜色之中一双眼睛幽幽的光亮。这束光低低地贴着地面，静静地一动不动。莫非是丛林狼？我心下暗自寻思。突然，我心中一阵狂喜，很可能是河狸。一路开来，我始终都在顺着某条河谷蜿蜒而行，然后还经过了一片开阔的湿地、一片林沼。这可是河狸理想的栖息地。我放慢车速，朝茫茫的夜色中望过去。一只野兽站在道路边上。在寄给妈妈的一张印有哥伦比亚河景色的明信片上，我写道："在阿斯托利亚追寻阿斯特的脚步，河狸尚未出现。"我知道，她一定可以感受到这句话中所蕴含的诙谐意味。我索性停下车子，静静地等待、默默地聆听。草丛中传来一阵窸窸窣窣的声音，可惜不是我心心念念期待看见的河狸，回眸向我望来的，是一头麋鹿略带惊恐的一双大眼。

将自然资源转化为国家实力，向来是驱动帝国扩展的澎湃动力。非洲富蕴黄金和象牙；亚洲盛产香料、食盐以及丝绸；大西洋则一度富产成群成群的鳕鱼；从17世纪初叶开始，北美曾拥有数量众多的河狸。在整个殖民时期，贸易的结算单位是河狸皮，而不是黄金。对河狸皮的巨大市场需求帮助新英格兰各殖民地很快偿清了其巨额债务。在随后而至的19世纪初期，阿斯特等商界巨擘再次以河狸为燃料，驱动美国资本主义的引擎轰隆作响。然而，像河狸这样的自然资源从来都绝非取之不尽、用之不竭的，一旦你索取过度，不让资源有机会补充和恢复再生，那么，结局注定将只有一个：资源很快便将枯竭。

第4章

人庐

　　2月的新英格兰乡间依然冷暖无定、寒意料峭。冰封的道路冻了又化、化了又冻，形成道道泥浆、冰凌混杂的垃辙。一棵棵大树宛如灰白的塔尖，又如草叶一般在肆虐的寒风中时而左右摇晃，时而弯腰致意，令人不觉惊艳于其灵活与柔韧。风儿穿过银装素裹、覆满冰晶的枝条，发出此起彼伏的声响，俨如万千的铃铛叮当和鸣。除却这些声音，冬日便成了一个无声的世界，无边无垠的死寂笼罩着整个旷野。柴垛日渐萎缩。猫儿纵身一跃，从炉火旁轻盈地跳到地面，慵懒得如同喝醉了一般。狗狗柯达不声不响爬上了沙发。

一

　　在不远处的池塘里，河狸也已昏昏沉沉陷入半休眠状态。它们已将新陈代谢节律调至最低水平，只须偶尔走出居舍摄入极少量的食物、呼吸口新鲜的空气，这可以让它们清空肠道，排出体内废物。一团团被消化过的木屑落入浅浅的水中，飘飘忽忽，最后魅影一般掉进枯落的树叶堆中。进入冬季之后，河狸巧妙地将肌肉中的氧气含量大大提高，从而大幅减少了对呼吸的依赖。在不断降低的气温刺激下，它们的体内随即产生大量血红细胞，进而通过一种名为肌红蛋白的东西增加氧气储量。肌红蛋白是血红素中一种能够固定氧分子的蛋白质，就是这种蛋白使得肉呈现出一种鲜红的颜色。冬季捕杀的河狸肉看上去颜色相对要深，呈褐红色状态。

即使河狸血液里拥有这一套出色的越冬化学反应机制，它们也依然需要呼吸。在条件许可的情况下，它们会尽可能在冰层中保留呼吸孔，并从冰水混合的刺骨冷水中游上来呼吸。赫布外出巡察其捕猎线路时，曾经不止一次听到河狸在冰面下用脑袋砰砰撞击的声音，目的就是将刚刚凝结的一层薄冰打碎。池塘封冻切实之后，河狸所赖以为生的，就将只有其居舍穹顶中微薄的氧气以及冰层封冻时里面偶然封存的一层薄薄空气。1月时，赫布曾向我展示过如何通过观察冰层中的气泡来定位被冰封在水下的河狸。当河狸游到水面呼吸冰层中封冻的空气时，它们浓密绒毛之中所包含的一些空气就会被释放进水中，形成气泡，并很快凝结成为一道若隐若现的痕迹，从而暴露了它们的行踪。

赫布的冰柜里塞满了各种已经被初步扒过皮但尚未完全加工处理好的河狸。眼下天气太过恶劣，不适合外出捕猎，因此，本月大部分的时间里，他都将待在自己的毛皮棚里制作皮革。康涅狄格州的河狸捕猎季一直要到3月31日才正式结束，但2月时，猎套通常要么被封冻住，要么被埋在厚厚的积雪之下。赫布通常会在这个月给以前捕获的动物扒皮、制作皮革，然后到了3月再外出。迄今为止，我已经跟随赫布外出捕过好几次猎，但俩人仍没能有机会全面梳理一下我想了解的很多问题。赫布只喜欢浮皮潦草地聊聊，或者只是在来来去去的车上简短聊几句。他建议我哪天到他的毛皮棚里，他可以一边扒皮，一边跟我聊。

有一天早上 5 点的时候，我收到他发来的短信。

赫布：下班后在人庐（Man's Land）见。

我：几点？

赫布：6 点。

我：好。

我：对不起……人庐在哪里？

赫布：我没告诉过你？

我：没。

赫布：就是我的毛皮棚！

我到的时候，赫布刚好差不多给一头丛林狼扒完了皮。棚子的门户敞开着，不过，入口上方稍微偏向一侧的位置处挂了个金属牌子，上面写着："严禁携带枪支进入，正对着你的这支例外。"我走进棚子。拜访过不少毛皮猎人以及毛皮猎人聚会之后，现在我早已习惯了美国枪支文化中的这一些习俗。赫布有两个孩子，都正在公立学校上学，距离纽堡不到一个小时车程。在控枪问题上，我俩迄今为止所达成的最大共识也不过在于：如果说为了猎鹿，没有人用得着军用级别的连发快速步枪。赫布一个劲地劝妻子雪莉去申请一张手枪许可证。他认为我也该弄一张。

我一走进去，赫布就喜形于色地朗声喊了一嗓子："欢迎光临人庐。"他正站在一张丛林狼皮边上，皮子松松垮垮挂在一把马脚吊钩上，仿佛一块毛巾。从鼻尖到毛茸茸的尾巴末端，这头丛林狼估计足足有 6 英尺长。赫布腰围一件黑色油布围裙，手戴一副长及肘部的黄色橡胶手套，手里抓着丛林狼的耳朵。我瞥了一眼丛林狼周围地板上铺满的血迹斑斑的报纸。赫布见状忙说道："我马上就好，就差耳朵了。你要是想看其他部位，就在棚子背后的林子里。我把它拿给老鹰吃了。头颅部分随后再弄。我对这东西不待见，但我认识的一个伙计却很喜欢；他总是把这东西清洗得干干净净，我估计是为了卖钱。"

离赫布干活的位置不远处是一个简陋的木质水槽，由几块二乘四规格的木板钉制而成。一只大河狸脸部朝下躺在水槽上方，在墙角的一个托盘上，我看见另外还有 3 只河狸。我手表指向下午 6 点整。赫布已与雪莉和两个孩子吃过了晚饭。晚上剩下的时间他都打算在人庐这里度过——扒皮、刮肉、拉抻毛皮。车库距离他家房子大约 100 码，坐落在一段小短坡下端，空间非常宽阔，足以停下两辆车，上面还有个二层，木板被刷成了青绿色，以更好地与房子的颜色相搭配。

赫布和家人住在一套面积不算大但打理得井井有条的当代独栋房里，侧面是令他引以为豪的泳池。整个夏季，在赫布一家的院子里，极目之处都是美国城郊优沃生活的典型景象。一个宽大的平台，上面安放着一张桌子、几把椅子，一顶白绿斑条相间的遮阳棚。顺着护栏旁宽敞的楼梯便可走到下面的下嵌式泳池，四周环绕着色彩艳丽的木槿及雪莉精心构思的各种开花植物组合图案，极具艺术匠心。在一个角落，一堆五颜六色的泳圈、泳棒杂乱地堆在那里。家里的小狗"漫客"是只仿佛总也睡不醒的比格犬，时常躲在桌子底下躲避热浪。赫布和雪莉俩人都超级喜欢各种鸣禽，院里的树枝、灯杆上面到处都挂满了给鸟儿喂食的各种器具。每当春季来临，他们都会迫不及待地等待着候鸟们胜利归来。

与院子里主打城郊休闲生活风的设计格局截然不同，毛皮棚则是纯粹的工作空间。一件件的工具和装备，一截截被整理得井井有条的捕猎绳、链和线缆，全都有条不紊地被摆放在后墙旁边。赫布把一切都安排得井然有序，每一件工具都配有专用挂钩：钳子、螺丝刀、锤子、剪线器、规格和用途各不相同的扳手，还有各色的铰链和锯条。工具上方是一个置物架，上面安放着两把链锯和一块硕大的牌子，上面印有"美国捕猎者协会"字样及协会徽章。不远处有个衣帽架，几双防水靴倒挂在上面。再往旁边看则是另一张置物架，上面是三个老式的柳条捕猎背篓。

片刻之后，我才终于弄明白了眼前的景象：赫布正在给一只丛林狼扒皮。那是一个事关生存现实却也有几分残酷血腥的画面：一个人正将毛皮从一头野兽躯壳上生生地给扒下来。捕猎人通常管这一过程叫拾掇野兽，或者叫加工毛皮。"丛林狼这东西味特别大，"赫布说道，"本想着能在你到来之前把它搞定的。"他首先用毛刷仔细地把毛皮梳理了一遍，以清除上面可能存在的毛刺、树叶等异物，随后又用水清洗了一遍。有些毛皮猎人在打理丛林狼皮子的时候真可谓是不遗余力，他们会用婴儿香波认真清洗皮子，用婴儿护肤油全面涂抹皮面，然后才将皮子拿出去参加拍卖。丛林狼皮子售卖时通常将毛绒一面朝外展示，买主们会就皮子尺寸、绒毛长度及密度、毛色纯正度以及整体加工质量做出全面评估，然后报出一个意向价位。赫布随即解释说，这头丛林狼是隔壁一位邻居今早刚刚打的，送过来想让他帮忙给扒皮。邻居打算将这张丛林狼皮子进行鞣制加工，正因如此，赫布在打理耳朵和腿部的皮毛时才格外用心。我一边听他介绍，一边努力适应着眼前所见的景象及所闻到的味道：一头被扒了皮的犬科动物，光溜溜挂在吊钩上，一只河狸静静地躺在水槽中，等待着加工处理；链锯油和腐肉的气味相互交织，弥漫在室内的空气中。倒不是说我从来没见过动物僵死的躯壳：以前，我们家住在哈德逊河谷的一座苹果园，每年深秋时节，就经常会看到谷仓里挂着的死鹿。冬季里，长着一双棕褐色大眼的白尾鹿常常将我家幼树上的嫩芽啃得干干净净，有时甚至让果园损失大半。负责帮家里剪枝的帮工及其伙伴有权在我家地盘上狩猎。我的近亲之中没人猎杀鹿，不过爸爸的枪柜里锁着一把猎枪，用于猎杀土拨鼠，因为这种动物也经常为患于我家的农场。

我试着说服自己，给一头丛林狼扒皮，与给一头鹿扒皮并无本质不同，尽管前者看起来与我家狗狗那么相似，令人不免感觉沮丧。我找了个干净的地方，放下身上的背包。与往常一样，写作这件事既是一座沟通的桥梁，同时也是一道交流的障碍。我以一位新手小白的身份来到这里，我的问题就是沟通的桥梁。我希望弄明白，对于捕猎、杀戮，从野生动物身上获取毛皮和肉等行为，捕猎人究竟是如何看待的。究竟是什么原因，使得赫布将毛皮捕猎、毛皮加工等过程看得如此重要？我将录音机放在桌子上并按下录音键，然后拿起笔记本和笔。这一系列习惯性动作却又仿佛是一种暗示，让赫布清楚地意识到，我之所以来到这里，其实也是在从事一种狩猎活动。我的身份是作家，目的就是将观察所见白纸黑字记录在案。

"城市丛林狼？"我一边随口问，一边走近抚摸丛林狼粗糙的毛皮。

"所有野生动物如今难道不是都进城了吗？"赫布戏谑地回怼了我一句。

丛林狼与河狸类似，随着人类闯入其传统栖息地，它们并未就此撤离退去，而只是简单地改变了自己的行为习性，尽力适应业已变迁的景观环境，而这一过程也往往给人类带来了诸多烦恼。丛林狼披着一层特别漂亮的毛皮，脖颈背后以及肩部长有一层又黑又长的浓密鬃毛，如同猛狼一般。由于体形巨大，东部地区的丛林狼如今通常俗称"郊狼"。有观点认为，这种野兽是丛林狼与狼的现代杂交种，不过这一说法已被证伪。东部丛林狼身上所包含的猛狼 DNA，其实只是远古时期丛林狼与猛狼首次分化时残留下来的遗传特征。不过，相比西部丛林狼而言，东部丛林狼的下颌确实相对更大、更有力，因此使得它们有能力干倒体形较大的猎物。赫布参与了一项野生动物研究，旨在通过 DNA 测定追踪丛林狼，进而更好地了解它们的活动范围及饮食习性。每次捕获一只丛林狼后，他都会从它身上取下几根毛发，装进一支小试管里，然后寄给普罗维登斯学院（Providence College）的研究人员。

"好了，搞定。"赫布说道，从吊钩上取下丛林狼皮，随手放在旁边一个台面上。尽管没有了躯干的支撑，丛林狼的皮子看上去似乎依然充满了蓬勃的生机。在灯光映照下，每一缕棕褐色的浓密毛发都显得油光锃亮，从桌面上发出幽幽的光泽。马克·吐温在其《艰难岁月》中曾如此描绘丛林狼，说这种动物就是一则"活生生的寓言，一翕一合间都喷薄着无尽的贪欲"。他以简洁凝练的语言，将绵延长达两百余年的丛林狼嫌恶文化概括得淋漓尽致。他写道："（它）身型颀长瘦削，一副病恹恹、垂头丧气的衰样子，一张灰白色的皮囊裹在躯壳之上。一条毛茸茸的尾巴倒不至于全然令人难以接受，时刻腆眉耷眼地垂在地上，活脱脱一副丧家犬、可怜虫的样貌。狡黠的双眼流露着邪恶，一张长脸上龅牙外露、微微上扬。"

二

即使时至今日，丛林狼也依然与河狸一样，是狩猎、套捕等活动的重点对象，同时也是诸多虚假信息中的主角。与河狸一样，丛林狼有着极强的适应性，这混淆了我们通常认知中城乡之间的界线。顾名思义，野生动物自然理所应当生活在遥远的深山密林之中，但正如丛林狼及河狸频频向我们所展示的那样，在21世纪的北美，情况并非如此。狼群并不会尊重黄石、探险者等国家公园人为划定的疆界，也会不时对着人类的牛群、羊群蠢蠢欲动，伺机捕猎。中央公园就有多处丛林狼巢穴。丛林狼曾被拍到旁若无人地端坐在俄勒冈州波特兰的公共交通要道上，也曾大摇大摆走进瑞格利球场。在芝加哥，斯坦·格尔特博士（Stan Gehrt）领衔开展了全美时间跨度最长的城市丛林狼研究项目。据他们观察，如今一代的丛林狼已经学会了教育幼崽等候交通信号灯、避免食用耗子，以免过路时被往来的车辆撞上，或者因误食老鼠药而被毒死。与此同时，河狸也曾阻断多伦多的地铁交通。每一年，赫布都会接到电话，受邀去捕猎栖息在哈特福德市内康涅狄格河两岸的河狸。

见我正出神地盯着丛林狼华美的毛皮欣赏不已，赫布说道："如果你愿意，回头我可以教你如何给它刮肉、拉抻。对这样的丛林狼皮子，我一般会把它套在板子上拉抻。不过，咱们现在还是先干你此次来最想看的吧。"

　　赫布的第一个步骤是给河狸称重。他手脚麻利，很快就把它挂在了一杆手持秤下面。"真是个大家伙，足足 45 磅重，能做出一块不错的好皮子。"他点点头，伸手指指托盘上另外一只河狸。"我得把这些都给收拾出来，送给运动员俱乐部——他们希望竞赛日之夜聚会时能吃上河狸肉。"赫布将河狸脸部朝上放下，轻轻拍打着腹部说道。等到出生之后的第二年秋季，河狸也便基本进入成熟期，平均重量可达 40 至 60 磅。根据迄今为止已有的记录，最大的一只河狸仍然是 1921 年在威斯康星州艾伦河（Iron River）捕获的那只，体重达 110 磅。

　　威廉姆·布莱克（William Blake）曾写道，"能量是恒久的欢愉"，是生命的源泉。但此刻，这只河狸没有了呼吸，没有了充盈其肺部的空气，慵懒地躺在那里，软趴趴的样子让人看上去很是陌生。它嘴巴微张，隐约露出一道橘红色的牙齿，让人分明感受到那里曾一度洋溢的生命活力。不等我反应过来，赫布已经手起刀落，砍掉了河狸的前爪和双脚。剁砍的声音听起来颇为令人恐惧，但赫布伸手捡起一只脚，拿手指一点点分开其脚趾给我看，其样子有点像鹅的脚蹼，不过，在腿的后面长着一个类似于悬爪的东西。"它们就是用这东西来给自己梳洗打扮的，"赫布说道，"实在太神奇了。它们会用这个将油脂涂遍身体表皮，这样可以防水。河狸简直就是一种令人难以置信的生灵。"如果摊开摆在台面上，河狸带蹼的后腿大致与我的手掌一般宽大。赫布随手将它丢进桶里："我会把这些跟丛林狼一起交给老鹰。在大自然里，没有任何一种东西会白白浪费。"我心下暗自庆幸，他没给我看那长有纤纤细指的前爪。

　　赫布拿起一把小刀，从河狸下巴处切开一个口子，然后顺着口子果断地划了下去，一直划到躯干与尾巴相衔接的位置。乌黑油亮的毛皮骤然间展开，露出一抹猩红的肉色。他动作极快，将毛皮从尾巴根部位置微微分开，随即一个快动作，整个尾巴便彻底掉了下来。"山地人特别喜欢吃这东西。"他介绍道，"他们说这东西吃起来丰腴肥腻，像黄油，又像猪油。"他把尾巴递到我手中，刹那之间，我感觉仿佛手里握着一本厚厚的简装书。尾巴出乎预料的沉重，不过，尽管上面有规则地覆满了鳞片，尾巴上粗糙的皮肤摸起来却乳酪一般滑爽柔软。我手指顺它浑圆的边缘摩挲着，发现一个地方微微凹陷了进去，形同锯齿。"估计是让什么东西给咬了，"赫布解释道，"极有可能是鳄龟咬的，这一带这东西不少。"

　　河狸尾巴大概要算河狸身上最怪异的一个特征了，但同时却也是用途最为多样的一个部位：集划水、支撑身体、掌舵、感知水温水压、提供能量、调节体温等诸多功能于一体。在陆地上，河狸坐在双腿上环视四周时，需要依靠尾巴保持身体平衡；在水里，它们会不断地摆动尾巴，从左到右快速摇摆，以此来掌握方向，同时驱动身体前移。河狸尾巴表面的细胞极为灵敏，可以感知水压任何一点细微的变化，正因如此，即使它们远离水坝，听不到水流透过漏洞汩汩而下的声音，也能感知什么时候需要火速赶往坝体，实施紧急修复。冬季时节，借助尾巴上所储存的额外能量，河狸可以在很少进食的情况下维持数月的生命。到了夏季，纵横交织、密密布满河狸尾巴周身的血管又可以使他免于过热，体内的热量将可以通过这些密集的血管及细胞壁顺畅排出。

　　由于某些没人可以说清的原因，河狸尾巴甚至还可以主导时尚的潮流。20 世纪 50 年代，一款名曰"河狸尾"的发型曾在女性之中风行一时，就好比男性之中鸭尾发曾甚为流行一般。这两款发型的特点都是将头发高高梳起，然后在头顶结成一个据说极为魅惑、炫目的发髻，形状类似于鸭子的后臀，或者说类似于河狸扁平的尾桨。赫布赋予河狸尾巴的用途相对更加务实，用它来做捕猎的诱饵。实践证明，丛林狼、水貂、渔夫猫等动物对微微发腐的河狸尾巴几乎没有任何抵抗力。我将尾巴递还给赫布，他小心翼翼地将它装进一个塑料盒子，"咔嗒"一声盖紧了盒盖。历史经验告诉他，河狸尾巴必须装在结实的包装容器里，因为耗子对这东西也是情有独钟。

纵观历史，人类向来都将河狸尾巴视作一道至味佳肴。在中世纪时的欧洲，油炸河狸被称作"林中鳕鱼"，频频现身于豪门盛宴。在德国，人们曾极度推崇河狸尾巴，将之作为只有皇帝餐桌上才可以独有的美食。河狸之所以被奉为人间至味，一是因为它肥美丰腴，二是因为河狸大部分时间都生活在水里，有人认为其肉属于"凉性"食品，与鱼肉类似。

自古希腊和罗马时代起，河狸尾巴就一直被奉为男性的最佳补品，认为它尤其有助于"阴茎发育"。至于河狸尾巴是如何因缘际会成为欧洲中世纪的男性的最佳补品的，这一问题依然是个难解之谜。但北美原住民对河狸尾巴的尊崇也与当地的一种信仰有关，认为它有助于提振男性雄风。在于 1637 年出版、简略反映新英格兰地区民俗风情的《新英格兰的迦南》（*New English Canaan*）一书中，英国作家托马斯·莫顿（Thomas Morton）曾宣称，河狸尾巴对维护"男性阳刚之德"极为管用，因此只有酋长、部族长老才有资格享用。他甚至隐晦地表示，进口河狸尾巴将"带给欧洲的贵妇太太们无限的愉悦"，因此极有可能发展成为一桩可观的生意。

河狸尾巴之所以被视作仅部族酋长才有资格享用的珍品还有其他原因，只是早期的欧洲拓荒者未曾留意察觉。对于北美原住民民族而言，河狸乃是威力无比强大的"兽人"，死后必须依据某些特定的契约和仪式予以善待，否则它们的灵魂会回来为患作祟，让猎人们染上恶疾。早期的法国拓荒者及非法毛皮贩子，总体而言对这些契约和仪式视若无睹，但却从打交道的原住民那里有机会一尝河狸尾巴的美味，并将这一深山密林的烹饪秘籍传给了美洲的毛皮捕猎人。他们还曾用河狸尾巴来医治冻疮。洛基山中的山地人尤其尊崇河狸尾巴，认为它是一种必不可少的脂肪来源，可以用来补充他们以猎物瘦肉为主的饮食结构。捕猎人留下的诸多记录、日志之中大都忽略了河狸尾巴在催情方面的功效，但对其甘美丰腴、滑如凝脂的美味却频频赞不绝口，尤其是其被放在烤架上烹烤至熟之后。

赫布从来没吃过河狸尾巴，也并不打算尝试，不过他吃过河狸肉，尤其喜欢烹制得辣嗖嗖的河狸肉。他始终未能说服妻子和两个孩子吃河狸，无论是以哪种形式烹制的都不行，唯一的例外是雪莉烘焙的一种小巧可爱、形似河狸脸的纸杯蛋糕，每年秋天的捕猎人大聚会时雪莉都会烤制这种糕点。赫布记得爸爸和爷爷常吃"沼泽兔子"，也就是他们从布里奇堡（Bridgeport）附近林沼中捕获的浣熊、麝鼠等动物。赫布十岁时，也就是他开始拥有自己独立的捕猎线路之后的第二年，曾说服弟弟一起烤过一次麝鼠，而且是在野外火塘上烤的。那次尝试算不上多么成功。赫布的弟弟长大后成了一位牙医，不仅再也没有吃过野味，而且也没有再跟他一道去下过套或狩过猎。他偶尔会跟赫布去钓个鱼。弟弟的女儿曾就读于康涅狄格大学，如今是位坚定的动物权益维护者，还加入了一个以其宗旨命名的组织，名叫"善待动物人士协会（简称为 PETA）"。她反对毛皮捕猎行为。我曾问过赫布如何看待侄女的立场，他的回复颇具哲学意味："她做她的事情。这没有问题。她有她的观点，我也有我的。我们依然是一家人。"弟弟认为赫布是个"优秀的林中居民"，但同时却也说，除非真的饿得不行了，否则他绝不会去设套捕猎。

这一刻赫布已做好了给河狸扒皮的准备。他拿起一把带圆刃的刀子，一手将皮从肉上拉起分开，另一只拿刀的手顺着河狸身体的轮廓不断缓缓推进。每一个动作都十分精准、迅捷，显然是训练有素的样子。旋即，一道乌黑油亮的毛皮瀑布般顺着水槽一端倾泻而下，而落在水槽中的，则是河狸美得令人惊艳的躯体——肌肉、组织器官、骨架，全都历历在目。赫布将河狸调个方向，随后继续往下扒，小心翼翼地将皮子与前爪、双腿，最后再与脑袋分开。只见他手中的刀子猛然一挥，皮子就完全脱落了下来。赫布手腕一抖，将皮子在两手间展开，直到皮面完全抻开。"瞧，太漂亮了，对吧？"他一边说，一边用一只手掌扒拉开熠熠发光的上层绒毛，以便我能看清下面一层浅灰色的内绒。有那么一刻，我们谁都没有说话，只是站在那里，静静地欣赏着亮光闪闪的皮子。

三

河狸皮最外面是一层相对粗糙、防水的粗毛，里面衬着一层相对细短、相对柔软的绒毛，并以此保持身体温暖。外面这层毛非常密集，一枚邮票大小的毛皮上包含的毛发数量就可以高达126 000 根——超过我们大多数人整个脑袋上头发的数量。里面的一层叫河狸绒，主要由相对较短的毛发构成，每一根上面都覆满了锯齿状的细微毛刺，彼此间相互交织，形成一层高度致密的毛绒层。16 世纪时，欧洲制帽商无意间发现可以将这种独特的带刺毛绒结结实实地压实，进而制作出一种品质上乘的毡子，因此开始狂热地追逐这种毛绒。欧亚大陆的河狸很快遭遇了过度捕猎，即使在俄国很多较为偏僻遥远的地方，河狸也几乎消失殆尽。虽然河狸消失了，但有关它们柔软毛皮的种种故事却依然经久不衰。18 世纪时的诗人本·约翰逊（Ben Johnson）在其诗歌《凯旋》（*The Triumph*）中曾大量使用老生常谈的比喻，将女性的柔美类比于水仙、纯净的新雪、洁白无瑕的天鹅羽毛，随后，诗风却突然逆转，写就了一曲有关河狸绒的狂想序曲，将河狸绒与女性之美相互关联的这一习惯不久后便将传遍整个西方文化，越过大西洋。而在新世界这边，及至 20 世纪，河狸甚至衍生出了一个俚俗语义，用来喻指女性外阴。

究其根源，河狸绒之所以盛名远传，答案其实相对简单。早在抓绒面料（polar tec）、戈尔特斯面料（gore-tex）乃至其他各种氨纶纤维保暖面料问世之前，河狸绒为人们保暖、抵御严酷气候条件提供了一种理想的途径。美洲原住民早已知道，保暖性最好、舒适度最佳的外衣，莫过于用二手河狸绒毛毡制成的那种，因为它经过反复的磨损和拉扯，最外面那层粗糙的硬毛已经被磨蚀殆尽，只留下了舒适、柔软的内层衬绒来为穿着者抵御风寒，让穿着者尽享奢华。自 16 世纪开始，在对河狸绒无尽的贪欲驱使之下，一批又一批的拓荒者不惜飞越波涛汹涌的大西洋，远赴新世界。

　　"河狸帮助创建了这个国家。"赫布说道。他一抖手将毛皮甩在肩后，厚厚的绒毛瞬间倾泻下来，仿佛一只小猫慵懒地趴在肩上。他将目标转向河狸的其他部位。失去了毛皮护卫的河狸，这一刻看上去是那么的柔弱无助，恰似一大团还没来得及烹制的牛肉。赫布将它翻转过来，顺腹部深深划了一刀，内脏旋即随着一股黑色的血污翻滚而出。他将这些东西一股脑铲起来丢进桶里，打算与丛林狼其他部位一道扔出去喂老鹰。接下来他拿起一把小刀，轻轻磨了几下，开始切割油囊，他打算用这个来做诱饵。再接下来就到了河狸身上最为宝贵的部分：香腺囊。赫布在河狸骨盆与尾巴之间熟练地割了几下，一串香腺囊便握在了他的手中。每一个都差不多与我攥紧的拳头一般大小。

　　河狸香（castoreum）是河狸香腺囊中分泌出来的一种黄色颗粒状物质，拥有麝香一般的芳香气味，自欧洲历史早期开始就被广泛用于医药领域。该物质拉丁名为Castor，源自古希腊神话中的喀斯托尔（Kastor）。喀斯托尔与其双胞胎弟弟普洛克斯（Pollux）均为古希腊时的天神，自古就深受女性崇敬和膜拜，拥有预防和治愈疾病的神力。在其公元76年发表的经典巨著《博物志》（*Naturalis Historia*）中，罗马自然学家老普林尼列出了河狸香的诸多药用价值，如治疗头痛、便秘、癫痫等疾病。由于被认为拥有神奇无比的价值，这些所谓的药用"河狸结石"很快便随着商路从欧洲传到了亚洲、波斯等地。河狸香的服用方法包括削片、泡酒等，后来还出现了注射方法，几乎被誉为医学上的奇迹。据说它可以疗愈的疾患清单也不断加长，囊括了痢疾、尿潴留、肠道生虫、身体长虱、胸膜炎、痛风、肝脾硬结、风湿、失眠、视觉退化、癔症、记忆丧失等，甚至还包括疯症。希波克拉底的著述主要出现于公元前 450—前 350 年，当他首次在西方文献中提到河狸香时，引起读者关注的恰恰就是这种东西神奇的药用特性。16 世纪时，叙利亚籍基督教医生"安提俄克的大卫"（David of Antioch）记录了一段有关河狸的描述，由此加入了中东诸多著名医生的阵营，对河狸香的药用价值大加赞扬。

纵观欧洲早期历史，对河狸香腺的追逐导致了有关河狸生理结构的一系列天方夜谭式的错误见解，其中最有名的就是下面这条：遭到追击的关键时刻，河狸会主动咬下自己的睾丸，机智地抛向猎人，以分散后者的注意并趁机逃掉。所有关于这一自宫神话的作品之中，希腊作家伊索的《河狸及其睾丸》可能是最久负盛名的一则。根据伊索公元前 600 年写下的故事，一只河狸被香腺猎人紧追不舍，情急之下，河狸果断咬下了自己的睾丸，并朝猎人和他的猎犬扔去，因此极大地扰乱了他们的视线，从而使得自己有机会迅速逃遁。伊索写道："猎人双手一触摸到这种神奇的灵药，立马便放弃了追逐，同时也召回了猎犬。"这则寓言存在诸多荒诞之处。首要一条就在于它混淆了睾丸和香腺囊之间的差别。与其他各种腺囊一样，河狸的睾丸长在身体内部。显然，令早期猎人们大惑不解的原因，正是因为河狸身上没有明显肉眼可见的睾丸。英语中的"香腺（castor）"一词源自拉丁词汇 castrum，意思也就是"阉割"。

及至 12 世纪，河狸情急之下会咬断自己睾丸这一子虚乌有的传说已然发展成为一套成熟完善的宗教讽喻故事，意在告诫人们保持贞洁、驯顺服从的重要意义。《阿伯丁动物寓言集》（*Aberdeen Bestiary*）是一部装帧华美的插图手稿，大约成书于 13

世纪，其中就绘有一只蓝色的大河狸，身体如蟒蛇，双爪像狮子。这段文字开头部分尚算不落俗套："有一种动物叫作河狸。它性格温顺无比，睾丸是一种极为珍贵的药物。"但很快，在接下来的故事中，河狸不仅咬断自己的睾丸并抛向第一个猎人，而且还极度狡猾。遇到第二个猎人时，它抬起后臀，主动展示自己已被阉割的状态。看到河狸已经没有了睾丸，第二个猎人自然也就放过了它。

这则寓言有什么启示意义？大概是希望洁身自爱的人们可以从河狸身上汲取经验，学会如何以机智蒙蔽恶魔吧。

这则动物寓言的文字表述得再明显不过："因此，每一位遵从主的训诫、希望洁身自好生活的人士，都必须戒除和摒弃一切邪恶和无耻的行为，并将这些当场抛在恶魔的面前。这样，恶魔一看见这个人身上没有任何符合自己口味和兴趣的东西，自然也便将仓皇溃退。"当今时代，所有讽喻故事中，最能贴切反映河狸品质的代表或许当属刘易斯的《纳尼亚传奇》（*The Chronicles of Narnia*）中那一对心地善良的河狸夫妇。在这部著名的讽喻故事中，河狸夫妇就好比美洲原住民神话和传奇中的精灵导师——它们引领来自人类世界的孩子们穿越衣橱，走进了彼岸的奇幻世界。

如今我们已不再用河狸香入药。除却作为一种安慰剂的心理暗示功效之外，如果说河狸香真有什么药用效果的话，那也不过是水杨酸的作用，因为河狸钟爱的柳树皮中富含这一成分。自希波克拉底时代起，世界各地的人就都知道，煨煮柳树皮作为茶饮可以清热、活血、镇痛，从而帮助缓解一系列症状。19世纪末期，科学家们发明了用柳树皮萃取液制作阿司匹林的方法，进而使得以河狸结石入药的习俗成为历史。

现在我们依然会使用河狸香腺，但大都主要用于食用或饮服。如果你喜欢树莓、草莓或香草味冰激凌，或者喜欢香草布丁，那么很可能就吃过河狸香腺。如果你喜欢树莓扭扭糖、树莓苏打水、树莓果冻，或者喜欢树莓或草莓味的任何一种糖果，就绝对一定吃过河狸香腺。美国食药局赋予河狸香腺的标签为"天然食品添加剂"，因此，这一原料在食品生产行业使用极为广泛，主要是因为它的确管用。河狸香会散发出香草、树莓、草莓等植物的自然清香，有助于增强食品中的这些味道。假如你喜欢威士忌，市面上有多款含高端河狸香风味的牌子可以供你选择。另外，它也被广泛用在某些高端伏特加、波旁威士忌等产品中，如塔姆沃思公司的限量款河狸香威士忌。欧洲酒精饮品品牌中，有些商家甚至将河狸香风味的产品直接命名为 Belvedere、Baversnaps 等。

如果你经常喷香水，那么很可能用的就是河狸香，因为自 19 世纪以来，这种原料就已被作为防挥发剂而广泛用于香水生产行业。香奈儿 5 号、夏尔美"一千零一夜"等高端香水品牌中就包含河狸香怡人的芳香气息。由于其气味高雅、独特，业内人称它具有"真皮般的质感"，因此男士古龙香水等很多高端品牌也都在用它，以营造一种神秘、迷人的氛围。

河狸自己也发现河狸香极具魅惑性，不过只是将其用途严格控制在沟通交流领域。它们会将所分泌出来的这种芳香气味与尿液混合，形成各自独具特色的"狸香尿液"，然后喷洒在一个个的小泥堆上。这些含有河狸香气味的泥堆俨然就是它们的"名片"，视具体场合不同，发挥着警告、分类广告、预警等各种不同功能。在其《猎物的生活》（*The Lives of Game Animals*）中，自然作家恩奈斯特·托马斯·塞顿（Ernest Thompson Seton）将这些泥堆比作"泥饼电话"。每年春季，河狸从蛰居了一冬的居舍中走出来之后，首要的任务就是用狸香泥堆标记自己的领地。河狸们在自己的家族中能够很好地与其他成员和平共处，但对外来者却极不宽容，因此，这些狸香泥堆之于河狸，就好比新英格兰地区随处可见的石墙之于殖民地时期的农场主——好邻居之间既彼此连接又相互分隔的一道屏障。河狸是一夫一妻制的动物，配偶彼此间会终生厮守。早春时节，单身的雌性或雄性河狸会在自己的狸香泥堆上抹上新鲜的泥巴，发出自己有意择偶觅伴的信息。夏季时节，雄性河狸通常会在林子中漫游逡巡，寻觅可供开发新池塘的领地。这时，既有的狸香泥堆便是一种信号，可以让其他同类知道某一既定领地已经有了主人。赫布如果想要引诱河狸出来时，就会竖个小泥堆，滴上几滴从所捕获的河狸身上萃取出来的河狸香。特别是三月时节，这几乎就是一种完全无法抵挡的诱惑。河狸们会纷纷游到水面，侦查新来河狸的气息，在这一过程中，往往就会落入他所设下的圈套。赫布只需要极少量的河狸香做诱饵，其余的会在春季毛皮拍卖会上出售。去年，赫布出售河狸香的收入基本与出售河狸皮子的收入持平。

四

切下香腺囊并小心收藏好之后，赫布准备开始切肉。他把刀子又认真清洗了一遍，然后指向河狸的胸廓。"看到那里那条肉了吗？人们特别喜欢那块。不过我得首先把唾液腺给清理掉——

人吃了这东西就会得病。胳膊底下那两个腺体也一样得先除掉。"赫布手指在河狸腔体内不停摸索，直到找到合适的位置，然后挥刀将腺体割下。现在可以动手切割肉了。割掉胸廓那薄薄一条之后，他再次拿刀指向腿部上方的两片厚肉，说道："人都说河狸后腿肉是最鲜美的一部分。"

肉都割下来装进塑料袋子以后，看上去与深色的鸡肉几乎没什么区别。赫布将它放进旁边一个早已准备好的冰柜，不无自豪地说道："我自愿捐赠猎物肉已经有 15 年，不对，已经有 20 年，从来没有人因吃了我送的肉得过病。"随后，他会把这些肉再次冲洗一遍，跟捕获的其他各种肉一起冷藏保存。一星期后，他将开车将这些肉送到当地的运动员俱乐部，他们在那里会将肉烹制，供人们在每年一度的野味大餐上食用。这种野味大餐又称"野味盛宴"，通常都是当地各种俱乐部筹集资金的机会，不过也会吸引耶西这样的"土食族"人士参加。耶西是赫布捕猎人协会的会员，在秋天那次捕猎人大聚会上，我见过他向人们展示如何套捕熊。耶西很年轻，跟妻子和两个孩子都只吃当地饲养生产的土鸡和奶制品，或者吃他们自己捕获或射杀的猎物。去年夏天，耶西的妻子在缅因州射杀了一头驼鹿，然后的大半年，家里主要吃的就是这个，偶尔也吃点火鸡、河狸等野味调剂一下。

并非北美所有原住民部落都食用河狸，但有些部落确实有这个习惯，他们会把整只河狸架在火上烤制。另外有一些部落会将河狸肉切成细条，然后用文火煨炙，直到肉质变得又干又脆，被做成熏河狸肉干。他们也会将河狸肉与各种浆果打成糊状，和上动物油脂，再用模具烤制成肉糜饼，这种饼能保存好几个月不变质。美洲原住民部族间流传的众多故事和传说都高度敬重河狸聪慧的品质，像北部大平原地区黑脚印第安人等很多部族就都怀有深深的禁忌，绝不伤害河狸。按照切洛基族的传说，"大地之灵"正是在河狸的帮助下才创造出了整个世界。克劳族印第安人则坚信，他们死后会托生为河狸再次回到这个世界。逝者会被裹上河狸毛毯安葬。包括华盛顿西部和不列颠哥伦比亚省沿海讲萨利希语的民族在内，西北部地区的很多原住民部落都认为河狸也是一个遭遇了天谴的种族，因为在"大地之灵"那里失了宠，所以被惩罚变成了河狸。正是因为这个原因，河狸干活才那么卖力，目的就是赎罪，弥补自己的过失。

捕猎人、拓荒者以及早期史学家曾有过诸多记述，说明北美原住民民族在如何捕猎河狸，以及捕获后如何处理河狸等方面的种种迷信和禁忌。原住民民族中普遍流传着一个传统，绝不可以将所捕获河狸的尸骸喂狗，尽管这是他们处理大多数猎物的常规做法。捕猎者们频频见到高高悬挂在树上的河狸头骨乃至完整的河狸骨架。

遍布北美各地，河狸肩胛骨都广泛应用于众多原住民民族的各种宗教仪式，而在西北部地区，装饰着各种线条和圆圈、被涂成不同颜色的河狸牙齿广泛用于各种博彩类的游戏之中，就好比投掷的骰子。在康涅狄格这边，人们常常将河狸肋骨、牙齿等装饰在各种挖掘、敲凿工具之上。赫布将尸骸丢弃之前会割掉河狸的脑袋，倒不是出于某种宗教原因，而是为了将它冷冻起来，日后送给收集丛林狼头骨的那位伙计。"我不收他分毫费用，只是希望捕获的猎物都能够物尽其用，不糟践任何一点东西。"赫布解释说。

毛皮、尾巴、香腺、油囊、肉、头骨，赫布从河狸身上取下所能取下的一切，然后将剩余的其他部位统统扔进门外的垃圾桶里，供老鹰享用。他安装了一个专供拍摄野生动物的摄像头，镜头直指垃圾箱位置，以便拍下老鹰或丛林狼俯冲而下、叼走或咬掉残渣余肉那一刻时的画面。耗子会啃咬骨头，昆虫、蠕虫以及其他微生物将负责打扫剩余的残留。他朝我转过身，卸下手套，提议一起上楼开始打理皮子。他一步两阶跨上楼梯，河狸皮依然披在肩上，晃来荡去。

　　我赶紧抓起自己的东西追了上去。显然，赫布已是迫不及待想要开始自己最喜欢的一个环节了：加工和处理毛皮。不过，上到楼梯一半时，他突然停下脚步，转身又走了下来。"我忘拿香腺囊了，"他挤个笑脸，接着补充道，"我得健忘症了……总是丢三落四的，啥也记不住。你先上去。"就在他回身去取香腺囊的过程中，我已移步来到二楼宽敞的房间，正中摆着一张大长条桌，桌子一边安放着一个大书架。房顶椽子上挂着一排排待干的河狸香腺囊，房间各处摆满了各种各样的毛皮，加工处理的进度各不相同。在远端的墙面上，各种各样的木板、毛皮拉抻器等倚墙而立，每一件都分别对应于一种不同形状、不同尺寸的动物。加工丛林狼、狐狸等各种动物的毛皮时，工艺中很重要的一环就是要选择一个合适的拉抻器，既要让皮子完全抻开、达到最大的尺寸，又要能看清绒毛的质地，同时又不至于拉抻得过度。如果拉抻过度，皮子就会扭曲变形，从板子上摘下来以后就会不规则地卷曲、折弯。皮子的等级既取决于毛绒的质量，也取决于皮子的大小，但最重要的是取决于加工打理的工艺。

　　远端那面墙前挂满已经加工完成的各种皮子，有狐狸皮、丛林狼皮、臭鼬皮等。赫布自认是位水下捕手，主要捕猎对象是河狸，但因为自己的捕猎志愿者身份，如果有人要求捕猎其他动物，他通常也会答应。只需要缴纳一笔象征性的年费，赫布就可以成为一位持证野生动物控制管护员，将清除野生动物当成一份有偿的专职工作，但他不太愿意将捕猎看作一份正儿八经的生意。交往过程中，我已渐渐意识到，作为一位捕猎人，他职业伦理中占很重分量的就是他所说的"助人为乐精神"。

他再次从楼梯走上来，将香腺囊顺手挂到了屋顶横梁上早已钉好的一枚钉子上面，那里早已挂满了一长溜的腺囊，干燥进度有快有慢，各不相同。距离横梁不远，在屋顶与墙面交接处，赫布挂起了一长串的圆形布片，上面印着五颜六色、形状各异的图标和徽记，这些都是他到各州参加毛皮捕猎人协会会议时所收集的。迄今为止，他已收集了 20 多种，其中有一枚来自佐治亚州，有年冬天他到那里捕过麝鼠和河狸鼠。赫布在各捕猎人协会中都是活跃分子，包括在总部位于伊利诺伊州的美国捕猎人协会中也十分活跃。美国捕猎人协会每年 7 月都会举办一次年度大会，对来自美国各地的捕猎者来说，这次盛会无异于一场盛大的酒会，不过，每个州也都各有自己的证书颁发程序。康涅狄格州有 500 名注册捕猎人，分属两个不同的团体——一个是赫布自己创建的，另一个是他曾经隶属的。后来因为与后一团体中某些人在捕猎规章制度方面意见不合，他选择了从中退出。

我走过去，用手指轻轻抚摸着一张浅灰色的丛林狼皮。赫布静静地欣赏着自己的手艺。扒皮、刮肉、制皮，这些于他而言都是关乎个人荣誉的事情，我所见过的多数捕猎人也都持类似的态度。另外，毛皮如果加工打理得好，也可能卖出相对更加理想的价格。"去年，我的丛林狼皮子在北美毛皮拍卖会被评了个优等。"他自豪地说。这是北美地区规模最大的毛皮拍卖会,他去年运送一批毛皮参加了加拿大举行的这一盛会。他说:"我不参加则已,要参加就一定要做到最好。"

赫布把河狸皮铺开,毛绒一面朝下摊放在刮肉板上。那是一块宽度渐窄的锥形木板,从墙边向外伸出来,角度略有倾斜。他拿起一件锋利的弓形刮片,开始刮削毛皮。他动作很快,从怀中一次次用力向外推送:"河狸这种动物很油腻,你必须把它刮推得非常干净,但也必须小心,以免刮破了皮面。"几周以后,在当地的一次毛皮拍卖会上,我将看到毛皮买主哈伦·连恩(Harlen Lien)在一堆堆的河狸皮子中仔细检查挑选。他会像检查绒毛一面那样,仔仔细细地检查皮子紧挨肉的那一面,以判定皮子加工打理得是否理想。

赫布活干得很快,手艺和技术之娴熟由此可见一斑——10 分钟不到,就已经刮完了整个皮子。"如果说有什么错误可犯,我跟你说,我以前早就都已经犯过了。"赫布一边讲,一边拿起皮子仔细察看。

赫布第一次提议休息一会儿。他将河狸皮放在桌子上,解下围裙,卸下手套,伸手从 T 恤口袋中掏出一包万宝路香烟。他在家里一般不会抽烟,但在人庐这个地方会。这里显然是他一个巨大的乐趣所在。

赫布用了几分钟时间才找出个烟灰缸。我打量了一眼他的书架,上面摆满了他最喜欢的捕猎杂志《捕猎人及猎物天敌必杀技》(*Trapper & Predator Caller*)及其他图书。其中有一本《罗伯特议事规则》(*Robert's Rules*)(他靠这个经营管理捕猎人协会)、一本罗伯特·布莱(Robert Bly)所著的《纯爷们约翰》

（*Iron John*）、几本关于美国史及菲利普国王战争的作品。此外还有一本皮特·马西森（*Peter Matthiessen*）的《狂马精神》（*In the Spirit of Craiy Horse*）、几本反映山地人生活的图书。其中一本与南部地区的捕猎人生活有关，书名为《狂野不羁的汉子》（*This Reckless Breed of Men*）。

五

我在长条桌前坐下，准备趁他休息的时间做更多了解。我刚一打开录音机，赫布便突然脱口而出："我是共和党人士，你大概也已经猜出来了。"我点点头，心下纳闷他为什么要特别声明这一点，不过同时也并不觉得意外。我是大学教授，开的车是斯巴鲁牌子。开车跟他一起外出捕猎时，他曾不止一次问我有没有看新闻，随即提起自己看到的一则头条，内容是说希拉里·克林顿违反了法律，或者说她手下带领着一帮吃人不吐血的阴谋小集团。说到这些推测、臆想式的消息时，他丝毫没有质疑，就仿佛只是在陈述事实一样。比方说前几天早晨，当我们一如既往在他捕猎线路附近一家唐恩都乐店停车去买咖啡时，聊着聊着他突然转向我说道："我说，你想得真是挺多的。"这既像是一句赞美之词，同时又像是一个警告。不过我心中整体还是认为，归根结底，自己喜欢提问、喜欢就某件事深入反思的习惯没什么问题——毕竟，我的身份是大学教授、记者。提问和思考本质上来说就是我的工作。但紧接着没过多久，他又问我是否认识一些信奉思想和行动自由的人士。提出这一问题时，他眼睛微微眯起，外出捕猎过程中，每当用心揣摩河狸留下的蛛丝马迹，或者思考该如何解决某个问题时，他就是这种表情。我告诉他的确认识一些这样的人士，他的眼睛随即睁大，似乎略感放松地点点头。说到政治问题时，我俩之间的聊天经常就是这么一个样子，双方心下都清楚对方的政治派别倾向，彼此尊重却又都略带戒备。

我感觉很好奇，他为什么这一刻要提政治话题，正打算问个究竟，他却郑重地说道："不过说实话，自打里根总统以来，我甚至都没参加过投票！"我问为什么，他只是摇摇头。"如果我想抓一只野兽，就会对它进行全面了解。比方说我想逮只河狸，我就会去看看这方面的书，认真把它研究一番……我简直不敢相信，美国的公众们居然如此蠢，说什么他们都会笃信不疑，有人竟然认为职业摔角赛都是真打实斗！"

我俩相视一笑，不过赫布似乎话还没说完："不知究竟是就我一个人聪明，还是说聪明人都给挤到了边缘，剩下来的大多数美国人都蠢得要命？"

"哦，是这样……"我开始含糊其词，担心两人要是真聊起大选来，万一不小心说漏嘴，哪句话落他嘴里。

赫布突然间变得有些激动，说："我们怎么想真重要吗？全都是套路，人家不过跟我们玩玩而已。"他从椅子上一跃而起，伸手越过桌子，拿起一个小木头盒子。"每当事情压得我喘不过气来，几乎要崩溃时，我就会到这里来，我会琢磨怎么设法让黄鼠狼钻进这盒子里。"他边说边把盒子递到我手里，这盒子看上去就好像一个人造的蓝鸟巢屋，上面有一个可以滑动的顶盖。我发现盒子里装着个维克多捕鼠夹公司制造的超大号捕鼠夹。"这是你能买到的最大号维克多鼠夹，"赫布接着介绍，"是触发弹跳式夹子。在户外设置这样的套子在康涅狄格州不合法，不过我是市民顾问委员会的成员，我们正在酝酿是不是可以将黄鼠狼也加入可以捕猎的清单。这种动物皮子不值钱，一张也许能卖一美元左右，但有些人偏偏就喜欢逮它。"

赫布小时候，也就是 20 世纪 60 年代初无序毛皮捕猎行为最为鼎盛的那段时期，一种极为常见的做法就是把捕鼠夹往树上一钉，里头放上一块诱饵，猫头鹰、其他猛禽经常会落入这种圈套。这种残忍的捕猎方法后来陆续遭到了禁止，同时列入禁用之列的还有那种带狼牙锯齿的钢质猎套。州里的生物学专家会设定一个上限，对捕猎季的时长、每位捕猎人每季允许捕捉的动物最大数量做出明确限定。赫布每年秋天都以志愿者身份给州里组织的捕猎培训班授课，他会准备一套很长、内容很翔实的 PPT 讲稿，向学员介绍各种捕猎方式及具体做法，旨在最大程度实现所明确提出的目标，即"高效性、选择性、实用性以及安全性"。赫布和其他一些捕猎人辩称，相比狩猎、捕鱼这两个行业而言，捕猎行业的做法要规范得多。但动物权益激进分子却对监管的有效程度提出了质疑，因为州里聘用的保护官员数量不过也就十余位。

桌子上放着一顶灰色的帽子，帽檐上印有"NRA"（国家步枪协会）几个红色大字母。"一位伙计落这里的，"见我正盯着帽子看，赫布随即说道，"我以前也是这个协会的会员，但后来逐渐发现，它日益沦落到了只关注娱乐性猎杀及政治问题的程度。"他摇摇头，伸手推开帽子，也推开了桌子上零零散散摆着的一堆捕猎杂志。"捕猎时，你心中得对自己的行当有个数。"赫布说道。

"让我不能理解的是，在康涅狄格州，地产业主不需要与持证毛皮捕猎人遵守同一套规章制度——他们可以随心所欲，想怎么捕就怎么捕。但野生动物的主人是谁？你不能说因为鹿进到了你的田产上就随意射杀。所以，为什么地产业主就被允许捕猎，就可以不遵守规章制度？"

赫布一直在努力游说，要求地产业主同样遵守美国渔业及野生动物管理局颁布的 1996 版《捕猎行业最佳管理实践》，理由在于，毛皮捕猎人之所以有义务这么做，借用他们的话来说，就是为了保护野生动物，确保可以"可持续地猎获动物"。但这一主张导致他与康涅狄格州历史最久的捕猎人组织，也就是 1957 年成立的"康涅狄格毛皮捕猎人协会"出现了意见分歧。多年时间里，赫布曾是该协会会员，并担任协会主席，但很多成员（赫布称他们为"老派捕猎人"）不支持对地产业主、农场主等人的权力设限。2014 年，赫布退出"康涅狄格毛皮捕猎人协会"，另外成立了一家新的毛皮捕猎人协会，起名为"康涅狄格毛皮收割者协会"。他们高度重视教育，主张向任何自愿参与的年轻人、女性都积极宣传毛皮捕猎行业的知识。截至目前，赫布新建的这个组织已经发展了 87 名会员，每年秋季会组织一次全体会员大聚会，春季会主办自己的毛皮拍卖会。协会每月开一次会，地点就在赫布这间毛皮棚里。据赫布自己介绍，大多数时候，大家聚在一起也就是侃侃大山、吹牛胡扯一通，但看得出，这种兄弟情谊对他而言非常重要。他们同属一个团队，而且经常自认面临着一种"身陷重围、四面楚歌"的境地。

不外出捕猎或不去林子中的时候，赫布会静下心来思考，自己可以为保护毛皮捕猎行业、保护野生动物栖息地做些什么。去年，赫布成为"肉豆蔻（Nutmeg）组织"的会员。这是一个由林业人、垂钓者、狩猎人、毛皮捕猎人共同组成的团体，影响力覆盖康涅狄格全州，旨在就野生动物保护事宜对州里的立法进行游说。我在桌子上看到一张宣传小册子，大概是他的捕猎人协会上一次开会时留下来的资料。我曾参加过他们的一次活动，听赫布向与会者介绍，打算提交一份议案，从联邦海上采矿及采掘行业收入中划出 4%，用于设立野生动物保护基金。在环境问题上，赫布自认属于务实派。我有一次问他，特朗普政府决定将国家公园、保护区中的公共用地向采矿及采掘业开放，开放程度达到前所未有的高度，为什么他对这一决定不表示抗议，因为这意味着大片大片的旷野栖息地将惨遭破坏。但赫布避开了这一问题，回复说采矿采掘活动终归难以避免，既然如此，那最好的出路就是确保将这一行业收入中的 4% 用于支持野生动物保护。赫布要求每位会员都写信给各自的参议员，以支持这一提案。那次会议以后，他也向全州每一位捕猎人发送了一封电子邮件，告知将于 3 月 1 日向位于哈特福德的州参议院保护委员会递交一份新提案，呼吁禁止使用"康氏套"，也就是卡体套。禁止毛皮捕猎行为的议案时不时会在州立法过程中提出，无一例外全都得到了人道协会康涅狄格州分会的大力支持，而且往往也得到动物权益激进人士的支持。没有什么比提人道协会或"善待动物人士联合会"这两个名字更让赫布感觉恼火。我每次问是否可以与州里的这些组织就野生动物保护问题展开合作时，他的回复都是斩钉截铁："这帮人就是仇恨党，没错，纯粹就是仇恨党。他们根本就不了解干这事真正需要的是什么，简直一窍不通。大自然究竟是怎么一回事？谁才是破坏自然的真正元凶？对这些问题，他们的观点简直就像小鹿斑比一般幼稚和可笑。"

赫布打算 15 号休一天假，前往圆形大厦和参议院办公楼之间的长廊上静坐。他将代表自己的捕猎人协会在那里摆起一张桌子。三位伙计会去给他帮忙，另外还有一位名叫艾丽（Aili）的女士也打算去。她专门教人用弓箭进行狩猎，有意参加本区的民主党竞选。届时，他们每一位都打算请假前往，并在桌子上摆满皮子以及有关捕猎、河狸等的宣传资料。他们希望在议员们路过桌前时将他们拦住，并向他们介绍康涅狄格州毛皮捕猎人所发挥的作用。

六

趁我俩闲坐、赫布抽烟的空当，我再次向他提出了以前曾经问过的一个问题："显然，你非常喜欢野生动物和户外活动，捕猎活动中最吸引你的究竟是什么因素呢？"

赫布停顿了片刻。我猜他会从捕猎人在野生动物管护过程中所发挥的作用角度来回答我，但我错了。他只是简单说道："我之所以捕猎，只是因为不干这个就会感到深深的失落……失落的滋味我可是深有体会呀。"

"失落？"我一时不知该如何接话，"你意思是……？"

"对，失落。"他打断我的话，"我说的就是失落，那种黑暗无边的时光。我爸爸在普惠发动机公司干了 38 年车工。爷爷以前也在那里上班。我曾尝试去干那份活，但只坚持了两年。我受不了工厂里那种环境和氛围，噪声、污染、酗酒成风……我实在无法接受。"

赫布眼睛朝下，面色似乎有些黯淡。当他再次抬起头来时，脸上似乎依然有一丝痛苦，但同时也流露出一份坚毅的神情。他把话题再次拉回捕猎："每当我感觉自己懂得怎么抓住一只动物时……一种不曾意料的事情就会发生。捕猎的过程就是那种感觉。我需要那种谦卑的心境。"他接下来跟我讲述了住在新不列颠安居工程项目房里长大的经历。以前那里曾是制造业中心，被誉为五金之都。"从 14 岁到 21 岁，我一直嗜酒如命，"赫布面色阴郁地说道，"是我儿子挽救了我的生命。我当时想'不能再这样喝下去了，万一喝得撞了车伤着了他'。"

赫布深深吸了口香烟，告诉我自幼就接受的是天主教教育，尽管说父母多年以前就再也不去教堂礼拜。他上中学时曾是位优等生，非常喜欢踢足球。后来怀揣着当一名狩猎管理员的梦想上了大学，但随后却发现被其他一些更轻松、乐趣更多的事情分了心，其中包括酗酒、吸毒等。他经常无法控制自己的愤怒情绪，甚至因此进过警察局。他爸爸帮他办理保释手续时，曾明确告诉赫布，这样的事情他只会做一次——以后如果再因什么事被逮捕的话，就只能自求多福了。赫布说，要想逼迫自己走上正路，他最需要的就是爸爸这种狠话。打那次以后，他基本没再给自己找过任何麻烦；再后来他结了婚，儿子出生以后，他还报名参加了哈特福德人生学院开设的辅导和治疗课程。随后的 12 年里，他成了"嗜酒者匿名互戒协会"忠实的会员。再后来婚姻破裂，他跟妻子离了婚，并再次接受了多年治疗。赫布读过约翰·布拉德肖（John Bradshaw）的书，正是这位作者初创了"失能家庭"这个词。再后来又与诗人罗伯特·布莱的作品不期而遇。这位诗人因其有关男性心理健康的观点聚拢了一大批追随者。赫布在戒酒的道路上继续努力，最终又一次结婚成家，另外又生育了两个孩子。

"你成长的过程中有过英雄偶像吗？"我问道。赫布很快给出了答复："我爸爸和爷爷。"略作停顿之后，他接着补充，"我觉得爸爸总是不惜一切代价也要到户外。这一点上我跟他很像。他如果不是在外面下套捕猎，就一定是在外面狩猎或捕鱼。他总是能够做到随心所愿，这一点令我很是钦佩和羡慕。我们这一代人都是在三个电视频道的陪伴下成长起来的。电视就是个潘多拉的盒子，自打有了电视，也便出现了那么多邪恶的人和事。"

我直言不讳地问赫布，当初吸毒和酗酒时，是不是感觉是在进行自我疗愈、对抗抑郁，他回答得非常干脆："那是绝对的。现在我服用抗抑郁药。但那时候你根本不会聊这些事。实际上你啥事情都不会聊。就算聊，也仅局限于家庭内部。"接下来赫布终于说了出来："我曾遭受过虐待。"

我大吃一惊，一时不知该如何回应。我只能微微点点头，赫布接着继续说（语气还是像他惯常那样波澜不惊）："我不再需要说这件事了，我接受了严肃正规的治疗。"他伸出手臂朝房间内各个方向指指，划过一道大大的弧线："我把过往经历当作一种导引灯柱，而不是自我鞭笞的灯柱。现在我拥有这个，是这个拯救了我。"

随后他给我讲了一则印第安人的故事：一位年轻人跟爸爸讲，自己内心里有两头狼在不停地打斗。其中一头告诉年轻人他是个自私自利之徒，另一头告诉他是个充满爱心的小伙。年轻人问爸爸："两头狼中哪一方会赢？"爸爸告诉他："你喂养哪一方，哪一方就会胜出。"赫布衬衫袖子被高高卷起，一片墨黑色的文身图案不经意间露出来吸引了我的视线：一头对月嘶吼的丛林狼、一片老鹰羽毛、一个追梦人。"怨恨是这世上最糟糕的东西，它唯一能做的就是不停地啮噬你自己。"赫布说道。

说到这里，赫布掐灭了烟头。"现在我来教你如何把河狸皮撑起来。"他边说边朝倚墙而立摆放着的各种木板走过去。每块板子上面都画着一个大圆圈，分别对应于拍卖会上毛皮评级师在给河狸皮进行正式分类时所参照的尺寸：特大、大、中、小。"河狸可以分为瘦的、肥的两大类，"赫布说道，"我必须把这个和圆圈刚好对上……"他将皮子对向木板，仔细打量着它的尺寸。"不合适，你看，那个尺寸不对，我觉得需要往下调一档。"他拿起一把小锤，挑出几枚小钉子，开始将河狸皮子的边缘钉在木板上，一边钉一边拉动皮子，以便刚好与板子上画的圆圈对齐。毛皮现在叫作河狸皮，但等干燥以后，样子看上去就好比一枚毛茸茸的大硬币。

在将河狸皮子钉到木板上的过程中，活大约干了一半的时候，赫布突然说起耶稣来。他嘴巴里衔着几枚小平头钉，每钉完一枚，就再取下一枚，顺着皮子的周围给钉下去。"在接受治疗的过程中，"他开口说道，由于嘴里满满衔着钉子，因此声音听起来略微含混不清，"我读了各种宗教书籍，读过古兰经，读过旧约、新约，从头读到尾。"他举着锤子静静等待了一会儿。赫布敲打一枚钉子时用力过猛，结果打弯了钉子。他将钉子拔出，然后继续边敲打边说："对我来说，一生中绝大多数至关重要的事情都发生在与大自然的互动中。爷爷过世的时候，迟迟没有咽掉最后一口气。我接到电话赶回去见他最后一面。走到半路时，我在一个路口停下车等灯，突然看见电线上站着一群乌鸦、一只体形巨大的红鹰。乌鸦不断地俯冲下来攻击红鹰，就那么不停地攻击，但老鹰站在那里纹丝不动。我简直惊呆了，后背长满了鸡皮疙瘩。"

"你觉得那是爷爷的灵魂？"

"太对了！"赫布这一刻的声音极为清澈，"这样的事情在我人生中有过多次……"他停顿片刻后说道："最令人痛彻心扉的是……这需要某种机缘……"他突然打断自己，将几枚钉子钉进河狸皮子中，然后继续说下去："不是人人都有这种机缘。我有幸得到了这个。但我对自己身上的这一独特之处完全接受。我为自己庆幸。"

七

赫布用自己的一双巧手，让河狸脱胎换骨，由野兽摇身一变成为一种商品。通过观察这一过程，我从赫布的毛皮棚子里所收获的，就是毛皮捕猎活动似乎构成了他与大自然之间的连接纽带，这种纽带不只是猎人、猎物之间那种亘古的关系，更是一种体力上的劳作。要想把河狸的皮子扒好，赫布就必须谙熟河狸的身体，熟练了解它身上每一处起伏曲折、每一组肌肉和筋脉的独特构造、每一个器官和组织、每一块骨骼。扒皮工作本身就包含了一个认知的过程，是一种经年累月的知识积累和积淀。在这一过程之中，某种亲密无间的关系油然生发。赫布始终都在与那个古老的问题纠葛缠斗：当下的我们该如何生活？对于他来说，答案就部分隐藏于河狸这种动物之中。

驱车回家的途中，周围的空气变得无比清脆澄澈。头顶的星星一如既往，闪烁着他们清冷漠然的寒光。英语中 1 月之所以得名 January，或许就是源自双面神雅努斯（Janus），一面朝向漆黑的隆冬，一面朝向明媚的春天，朝向即将开启的光亮。而在新英格兰这片土地上，2 月似乎才是每一天都仿佛悬而未决的月份，随时可能溜回到一片漆黑的状态，但也同样随时可能偏向阳光明丽的春日时光。当坚冰终于消融，河狸将被从暮气沉沉的慵懒状态中释放出来，它们将呼朋引伴，在水下择偶欢爱。再过百天之后，河狸宝宝也将脱胎而出，虽然一时不会游泳，不会潜水，但它们终将长大，终将从父母身上学会一切。

两周之后，赫布给我发来一张照片。他站在人庐外面，棚子门上钉满了当季所收获的毛皮。每年春季时节，将当季所捕获、扒皮和精心加工的毛皮进行展示是毛皮捕猎行业的一个古老传统，这个行业的起源可以追溯到山地人那个时代。春天来临之时，自由自在的毛皮猎人们将会走出密密的林子，奔赴盛大的集会，他们的马背上，将满载着秋冬季节所猎获的毛皮硕果。站在一摞摞毛皮前的赫布，他们看上去充满了自豪之情。

再之后，二月的光阴开始倾斜，一切仿佛步入了快轨道。我们心里都清楚终将发生的事果然不期降临，妈妈患上了一场感冒，再也没能挺过来。她已默默忍受了太久，顽强不屈而又平和耐心，早已衰弱不堪的双肺，已将她折磨了太久太久。最终，我只能尽最大努力减少她的痛苦，帮助她放下一切，服从天道，安然而去。然而，黎明时分，就在她咽下最后一口气的那一刻，一道粉红色的朝霞从卡茨基尔斯山上空灿然升起，铺满整个天际。那种炫目的美丽，令我屏住了呼吸，不知该如何反应才是。后来，当我终于从医院走出来时，走进的却是一个弥漫着无限悲伤的世界。妈妈应该算是高寿，我们早已知道她余日不多，但当这一天真的到来，她真的离开以后，那种感觉仍然还是令人难以相信。我知道，自己幸运地陪她走过了生命中最后的时刻，但也知道，在接下来很长一段时间里，将很难走出对她无尽的思念。

得知消息不久之后，赫布给我发来一条短信——有个东西给你。

当我赶到时，他从卡车后面抱下来一大捆猫柳枝。"给你母亲的。"他开口说道，一边将它搬到我车边。我打开车门，好让他将柳枝放进车里，一边努力抑制着不让自己哭出声来。有一天外出捕猎的路上，在路过一丛猫柳时，我曾告诉他，以前每年春天时节，妈妈都要把我们一帮孩子和狗狗召集起来，一路闹闹哄哄，穿过果园，走进不久后就将变成林沼的树林。在那里，我们会一起寻找春天的迹象——刚探出头的臭菘草、青蛙卵、猫柳等。每次被带回家的银白色猫柳嫩尖会带给我们无限欢乐的大奖。"谢谢。"我简单说道，心里知道再多的话都是多余。赫布点点头，我上车，往家的方向开去。

第 5 章

兽皮拍卖会

　　时钟敲响上午十一点的时候，纽约州赫尔基摩县"海外战争退伍军人"聚会厅内每一张桌子上都已堆满了野兽皮，每一堆都色彩斑斓：棕色、褐红色、灰黑色、黑白杂色、斑点灰色、灰褐条纹、古铜色、栗褐色、金黄色、亚麻色、米色、橄榄灰色、纯黑色等各种颜色竞相夺目，异彩纷呈。有像木板一般层层堆叠的丛林狼皮，有光泽熠熠、油亮可鉴的水貂或水獭皮，也有形似磁盘碟片的"河狸元"，也就是被拉抻成了圆周状的河狸毛皮。房间里挤满身着卡哈特工装或迷彩服的汉子，裤带上别着的腰刀摇来晃去，厚重的靴子踩在地板上发出阵阵回响。众人低沉、模糊的窃窃私语声中，拍卖师抑扬顿挫却又略显单调的声音不时传入耳鼓。

　　这里是由富尔顿–蒙哥马利皮草收割者与山脚下捕猎人协会赞助的年度春季皮草拍卖会现场。在现场你可以拍到负鼠、渔夫猫、臭鼬、狐狸等各种皮子，也可以入手一件奢华无比的北美红猫皮子，这种皮子棕褐色的腹部上面点缀着灰白色斑点，图案无比漂亮。如果你动作足够快，叫价叫得足够早，还可以买到阿迪朗达克山区色泽乌黑纯正的河狸皮，也同样可以拍下全美国最负盛名的麝鼠皮子，也就是捕自纽约州西部地区、享誉甚广的"蒙特祖玛鼠"。在这里你也可以买到完整的冷冻动物，用于制作动物标本。今天现场开槌拍卖的有大批源自宾夕法尼亚州的灌丛浣熊以及源自怀俄明州、体形瘦长的貂鼠。拍品之中，甚至还有人提交待拍的蒙大拿金毛河狸。在一张桌子的头上，几只冷冻的美洲红猫仿佛潜伏在那里伺机出击。堆放在一个角落里的是冬捕水貂，鉴于亨利八世对于上等鼬皮贪婪无度的喜爱，假如他今天来到现场，想必一定不惜一切代价也要将这些统统收入囊中。一种群体性的亢奋之情溢满整个房间，就连空气中都仿佛满满充斥着带电的离子。时光的风霜早已让史上著名的北美皮草交易现场盛况所存无几，而这里就是仅存的一个代表。

一

保罗·约翰逊（Paul Johnson）个头矮小，精力充沛，一张林肯总统式的面庞刀削斧凿般轮廓分明。他是负责今天拍卖活动各项议程的总司仪，此刻正在房间内各处来来回回奔走，忙前忙后，或向各位刚走进来的捕猎人打招呼，或确保台子前负责接收和登记寄拍毛皮的三位工作人员一切顺利。不断有毛皮捕猎人款步走进拍卖大厅，有的胳膊上搭满兽皮，有的将毛皮托举在手中，就仿佛抱着一捆木柴，还有的大包小裹，斜挎着背在肩上。有人将毛皮装在黑色塑料垃圾袋里，有人用的则是加厚的白色塑料袋，袋子上印着黑色大字，如代表北美皮草拍卖会的英文缩写或者"皮草收割者"等。这两家公司的起源可以追溯到北美第一家皮草交易企业，也就是曾经传奇一般存在过的哈德逊湾公司及其早期竞争企业。约翰·雅各布·阿斯特成立其"美国皮草公司"之初，曾与这些英国公司为争夺对河狸皮的控制权而进行过激烈且残酷的竞争，那时的河狸皮价值极为珍贵，甚至曾被当作跨大西洋皮草贸易首批使用的交易货币。在哈德逊湾公司率先建立的"河狸皮制"财会体系（其他公司也相继效仿）影响之下，河狸皮一度曾被奉为当时的金本位标准。其他毛皮（及贸易品）的定价均须参照这一计价标准。

如今的河狸价格记账体系相比而言要简单得多，不过，保罗的妻子谢莉此刻已经稳坐在大厅一侧那间小屋里的椅子上，忙忙碌碌开始了她的记账工作。她那间小屋房门紧闭，不允许任何人擅自开门进入，以免打扰她的工作。谢莉的任务是将委托人交来的所有寄拍品登记造册，然后生成核查清单。截止到拍卖会结束时，经她手登记的兽皮拍品价值将已接近 23 000 美元。这个数字听起来很大，但在曾经的北美，每当春季来临，无数的毛皮捕猎人就会跌跌撞撞走出深林，赶赴每年一度的大集寻找毛皮买主，而他们所带来的毛皮产品的价值往往动辄高达数十万美元。意识到这一点，上面这个数字也便不足为奇了。一般河狸皮子的平均重量为 1~2 磅，通常以重量计价出售。一包重量约一百磅、数量约 80 张的皮子，按今天的币值计算，大约价值 12 000 美元。捕猎线路的诱惑实在是不容小觑，19 世纪初期，毛皮捕猎人一天的收入往往达东部地区普通农工日薪的 40 倍之高。

今天来到拍卖大厅的多是乡下的毛皮买主，从捕猎人手中直接购买河狸皮或其他毛皮产品，方式与约翰·雅各布·阿斯特初入行时所用的基本相似。他先是在曼哈顿码头，随后又沿哈德逊河谷一路逆流而上，再沿莫霍克河向西行进，最终抵达历史上名气最大的北美原住民交易中心，例如位于小瀑布镇的陆上转运点。我今天所见到的人大多脚蹬工作靴，身穿卡哈特工装、牛仔服或帽衫，这代表了当时欧洲毛皮捕猎人所遗留下来的风尚。与西部牛仔一样，这些美国历史上的叛逆者已成为一个标志，代表了美国有关男性阳刚气概的文化中经久不衰而又极为复杂的隐喻符号：孤身一人、自立自强、崇尚自由、喜欢旷野生活。当今时代，与山地人最为相近的一个行业或许当属长途卡车司机：工作极为枯燥磨人，经常不得不面对漫漫长路上无尽的孤寂，但收入却相当诱人。

我站在门道里等待，努力去适应厅内的气味。毛皮都已经过了刮肉和初步加工工序，但尚未进行鞣制，因此，皮子总体看上去依然硬邦邦的，散发出阵阵腐肉的臭味。长长的大厅里满满装饰着各色彩旗、牌匾和徽标，但只有寥寥几个小窗户，不过，在沿天花板一字排开的一长溜荧光灯管照射下，今天的房间显得明亮异常。大厅后面是一个柜台，里头连着一间小厨房，在售卖咖啡、甜甜圈、早餐三明治等各色食品。一些捕猎人正手握咖啡站在柜台前。拍卖会已经进行了三个小时，但仍有毛皮源源不断地送来。这一刻刚好又有一位男子赶到，手里托着一只全体美洲红猫。这只体形硕大的野猫经过了全体冷冻，准备用于制作动物标本，面部一丝狰狞的表情似乎依然依稀可见。

一些袋子里装着生河狸皮，也就是未经刮肉处理的皮子，这种皮子通常不值什么钱，但大多数待拍的皮子都经过了加工，也就是说已经过了扒皮、刮肉、清洗、干燥等工序，不过，不同皮子加工处理的工艺略有不同。麝鼠和水獭加工时通常皮面朝外，目的是保护绒毛。河狸通常会被拉抻成圆圆的硬币一样的形状，就像赫布在他的"人庐"中所给我展示的那样。他们加工处理丛林狼和狐狸时通常会将四条腿都保留，滴里嘟噜挂在皮子上面。

进门之后，捕猎人要做的第一件事就是走到右侧的接待台，工作人员会对交拍的皮子进行清点计数，然后交给捕猎人一个拍品号码牌。大厅里摆满了各种长条桌，接收之后的毛皮将被搬到其中一张上，依次等候起拍。保罗和其他工作人员会检查每张皮子上面是否都附有标签。如果希望进入这里售卖，所有毛皮就必须贴上由捕获所在地州野生动物管理局签发的标签。州管理部门希望借此监测当地毛皮用野生动物的种群数量。

二

我一走进大厅，保罗·约翰逊就向我招招手，微笑着表示欢迎。去年[1]，在附近的赫尔基摩商品交易会场举办的年度毛皮捕猎人大会上，我曾采访过他。毛皮捕猎人这个群体中基本都是些离群索居的人，但大多数都会加入当地某家捕猎人组织，这些组织或协会每年秋季都会筹办大型聚会，沿袭最早为了追求毛皮而来到北美的法国毛皮贩子们所流传下来的传统，这类聚会至今依然叫作"狂欢大集"。这些小规模当地团体往往隶属于某家州级组织，而州级组织又进一步归属于"美国捕猎人协会"。以纽约州这里为例，纽约州捕猎人协会每年劳动节都会主办一次大会，会期三天，来自各地的毛皮捕猎人、毛皮买主，以及经销捕猎套及各色毛皮加工处理器具的企业都会云集于此，共叙友情，洽谈合作。如果是在城市郊区，这类大会通常又是一个大型的跳蚤

---

[1] 以原书写作时间为界。——编者注

集市，你在那里几乎可以买到与狩猎、捕猎等活动相关的一切物件——老古董杂志、铸铁的野营平底煎锅、装裱过的鹿头、山地人戴的传统毛皮帽等。捕猎收藏爱好者们会带来成箱成箱的钢质捕猎套来交换或售卖，而毛皮贸易最早期所使用的那种手工打制的铁制猎套则是最为炙手可热的货品。你可以找到各种各样新奇的器具和农家小玩意儿，从铁质华夫饼模具到鹿皮灯罩，形形色色，应有尽有。你不可以购买枪械，但可以购买斧头、铁锹以及各种奇形怪状的子弹盒。另外还有著名捕猎人举办的捕猎技艺展示、讲座等。吃饭的过程中，人人都会迫不及待地相互打听，想要了解可能出台的各种禁捕法令及方方面面的最新消息。

欢乐喜庆的基调之下，我们隐约可以感觉到一股群体性的焦虑情绪，这一焦虑情绪源自主要居住于城市及城郊的某些团体，也就是那些整天琢磨着改变毛皮捕猎规章，抑或彻底禁绝捕猎活动的"孽贼们"。毛皮捕猎人们所代表的是美国乡村文化中的一个支流，他们笃定地认为当前所面临的是一种森严壁垒、围困重重的境地，因此恐慌和疑虑情绪甚为高涨。我总习惯把笔记本明明白白摆在面前，但一开始来参加毛皮拍卖会时，迎接我的却是深重的怀疑和戒备。哈伦·连恩是我以前认识的一位毛皮贸易商，是我进入这个场所的通行证、向导和保护者。第一次去参加州里的年度捕猎人大会时，门口站着的一个男子刚一看见我，就立马警觉地抓起了对讲机。我听见他冲话筒喊了声"孽贼"，紧接着就见三位大汉朝我包抄过来。直到我告诉他们我是来找哈伦·连恩的，紧张的氛围才稍有缓和。那天晚些时候，哈伦陆陆续续将我介绍给了其他捕猎人和商贩们，再之后，遇到的每一位待我都非常和善，也愿意与我敞开心怀交谈。

第一次遇见哈伦是几年之前，当时，他刚好从阿迪朗达克山下来，到当地的春季皮草展销会购买毛皮。竞拍结束后，我向他做了自我介绍，告诉他自己正在构思写一本书，因此想多了解了解毛皮贸易这个行业。他爽朗地笑笑，说道："这不过就是个皮毛游戏而已。"看得出来，他在有意躲避，或许在犹豫到底该不该跟我讲话：这么一位素昧平生的人，手里还拿着笔记本。通常来说，我在这样的场合大都只冷静观察。我会把笔记本放在手边，随手做些记录，但不怎么问太多问题，以便尽快让人们习惯我的存在，因为很显然，我一看就不像个毛皮捕猎人。但几个月后，当我在另一场毛皮展销会上又一次见到哈伦，并问他是否愿意教我如何鉴定毛皮等级时，他很快就开始接茬回答我的问题了。自那次以来，他一直都十分慷慨大度，对自己的知识和经验从不隐藏，并且向我介绍了很多人。要是没有他，这些人我或许一辈子都不会有缘认识。

我环顾大厅。长长的宴会桌，通常都是用来举办婚宴、纪念庆典、毕业晚会或其他活动的，这一刻却都被用牛皮纸仔仔细细给包了起来，四边还用胶条牢牢固定住，一张张地平行摆放在大厅中央。不过，到访的每一位客人带来的并不是点心、小菜或者送给新婚夫妇的礼物，而是动物的毛皮。我过了片刻才恍然明白过来，自己所走进的，是一个摆满了各种僵死的野兽的毛皮的场所，而且数量足有成百上千张。假如所有这些野兽突然间恢复了生命，大厅便瞬间变成一个嘈杂恐怖的所在，各种尖牙利爪、钉耙獠牙便将四处挥舞。我从人群中挤过去，走近竞价桌前。每一张丛林狼的皮子都让我想起了自己的爱犬，有那么几分钟，我的内心里很是纠结和挣扎。紧接着，我看见一位年轻的女子，她下穿黑色弹力紧身裤，上着黑色抓绒衣。原来是格蕾丝（Grace），我一年前曾在这里见过的一位十来岁的姑娘。去年是她第一次带着自己的拍品来参加拍卖——一只她亲手从池塘中捕获的麝鼠。看见我后，格蕾丝热情地冲我招招手。

"今年我抓到了 4 只麝鼠。"她跟我说道，眉梢间充满了自豪。格蕾丝今年刚 15 岁，一头光泽可鉴的深褐色长发披在肩头，笑容亲切随和，样貌煞是令人心动。她耳朵上的玻璃耳钉亮光闪闪，乌黑的双眼顾盼明丽。去年，她曾告诉我参加了校排球队，说虽然还没有属于自己的马，但却常常骑马，她非常喜欢这一运动。她家住在萨拉托加泉城郊外，也就是著名的萨拉托加赛道及纯种赛马年度展销会所在地。她希望中学毕业后能够进入斯基德莫尔继续深造，因为爸爸在那里的维保部门工作，有机会通过爸爸争取到奖学金。还记得去年的拍卖会上，她在一排排密集摆放着的毛皮之间来来回回穿梭流连，一边走动，一边轻轻抚摸光彩熠熠的毛皮。每当负责拍卖的人需要一支笔、一些标签，或者需要额外帮手将毛皮顺着桌子往前推动时，她都会随时出手帮助。她是我在这里所遇见的唯一一位十来岁孩子，也是总数不过 20 的女性中的一位。尽管如此，她还是一如既往，显得怡然自得，游刃有余。

格蕾丝夹克里面穿着一件 T 恤，上面印着爸爸那家野生动物祸患清除公司"最后一步（final step）"的徽标。公司的名字印在一面美国国旗上方，图案中一头丛林狼席地而坐，身子微微下倾，鼻子高高上扬，仿佛正在仰天长啸。

"这个捕猎季收获怎么样？"我向她问道。

"我们大获丰收。"她回答，接着解释说，爸爸把他们自己的和叔叔的拍品汇总成了一批。"共有 32 张丛林狼皮子。"她自豪地告诉我，同时掏出手机，给我看一张她爸爸毛皮棚子的照片。照片中是一个面积不算大、颜色给刷成了暖棕色的小木屋，装点得非常漂亮。棚子前立面上，整整齐齐别着一排丛林狼皮子，下面是圆圆的河狸皮，再下面是几只麝鼠皮（她自己的），还有几张狐狸皮子，颜色有的火红，有的灰白。

三

　　格蕾丝跟爸爸和叔叔早晨一开门就到了这里，因此，她认为他们的拍品马上就应该轮到了。她急切地向前挤过去，我也紧随其后跟上，很快就挤到了竞价平台旁边。竞价台是用好几张宴会桌拼起来的一个大台面，足够各位有意向的买主围台而坐。桌子上方是一把小巧的硬背靠椅，拍卖师稳稳地坐在椅子上，上身穿一件红色的法兰绒衬衫，下穿一条牛仔裤，棱角分明的脸上留着一撮短短的白色山羊胡须。头顶上的棕色毡帽微微前倾，形成一个潇洒的角度，帽子边缘插着一圈色彩鲜亮的珍珠鸡翎和红黄相间的羽毛。这人就是鲍勃·休斯（Bob Hughes），全美国所剩不多的几位皮草拍卖师中的一位。他是一位有近 70 年经验的资深捕猎人，在短短几分钟内就可以对桌上皮子的质量做出判断，并计算出起拍价位。这一刻的他身体微微前倾，双手放在膝盖上。他的职责就是设定价格、推动竞价过程不断向前，整体把控拍卖节奏。这也就意味着他必须时刻紧紧盯住买方的面部表情，清楚知道什么时候该紧追不舍、什么时候该见好就收。今天在现场，我不止一次注意到他心平气和地劝说怒气冲冲的客人。买主们围绕在桌子周围，我看到了站在另一端的约翰·洛克福德（John Rockford），他既是捕猎人，同时也经营着一家皮草及皮草物资供应公司。在他旁边站着的是哈伦·连恩，或许可以说，哈伦就是全国现在仅存的一位名副其实的乡村皮草购买人。现在，他正仔细端详着面前的灰狐狸皮子。他从这些纤巧的皮子中挑出一张，掂着鼻子提起来，又撒手让皮子自然落回桌面，同时用另一只手轻轻按压皮子，使皮子上面的毛发保持直立状态。他用力将皮子揉搓一阵，就仿佛在重重地拍打着一只宠物犬。再然后，他拿起皮子，猛然用力一抻，皮子发出一声脆响，上面留下一道清晰的折痕。他将皮子翻个面，仔细察看着贴皮的那一面。他会要这些皮子吗？他抬起头，看样子就好像压根儿看不上这些玩意，甚至给人一种感觉，他认为就为看这些货色，竟然浪费了这么长时间，简直就是对自己的侮辱。接下来，他随手将皮子顺桌面推到其他买主面前。后者伸手接住皮子，一把抓到手中，迫不及待开始自己的一番审视。

自打二十来岁时初次迷上毛皮采购生意，哈伦就一直在从事这一行。那时他刚刚从爱达荷大学读完野生动物管理学位，随后不久便结婚，并生下两个孩子。为了贴补家庭收入，他开始从事毛皮贸易。那还是 20 世纪 70 年代，"回归土地"运动正开展得如火如荼，而过一份简简单单的生活似乎自然而然成为解决这一问题的答案。不到 10 年，哈伦通过毛皮贸易赚到的钱就远远超过了他从事野生动物管理工作的收入，于是索性转行，开始全职做毛皮生意。直到孩子长到上学年龄之前，他和妻子一直都是开车在全美国到处奔波，从各地收购毛皮，那辆车子基本就是全家收入的主要来源。现在的哈伦年龄 60 岁以上，身形匀称，下颌方方正正，样貌整洁干净，碧蓝的双眼透露着几分和善。然而，一旦到了竞价的时刻，他便会变得如同水貂一般敏捷灵巧，脸上也会因精力过度集中而变得面无表情。这一刻，他正和身边的另一位买主约翰站在桌前，身体微微前倾，双手虎口朝下搭在桌子边缘。他俩的表现看上去像是竞争对手，但事后我才从哈伦那里得知，他们其实只是在故意给别人做戏，因为尽管约翰成功地拍下了所有的麝鼠，但实际上事后又都统统卖给了哈伦。他们这样做并无任何不合法之处。事实上，我敢说现场几乎每一个人对此都是心知肚明，但秘而不宣的交易是这场大戏中必不可少的一个环节，每个人都乐此不疲。此外，出于某些我始终没能搞明白的原因，哈伦不愿意让人以为自己在做麝鼠市场的生意，但这一原因肯定与涉及买卖双方关系、财务清算等问题的那种非常复杂微妙的体系有关，这使毛皮交易这个行当整体看上去高度神秘。

桌子对面还坐着另外两位买主，都是我在去年拍卖会上认识的，其中一位名字叫李，长着一张圆圆的面庞，脾气非常急躁。另一位是他弟弟，看上去相对沉稳，略显腼腆，总是让哥哥李出面报价。哈伦认为他俩不过是初入行的小白买家。

我转头看见了汤姆·哈特和另外两位来自康涅狄格州的毛皮捕猎人：一位是吉姆·科尔曼，现在也已经开始收购毛皮；另一位是艾尔·琼斯，退休前从事线路养护工作。艾尔个头不高，留着一头花白的直长发和一缕花白的长胡子，戴一副镶嵌着银边的眼镜，头上煞有介事地罩着一顶深绿色棒球帽。哈伦如今已不再专程从阿迪朗达克山区去康涅狄格春季展销会收毛皮，因为那里的毛皮数量已经不多，专程去一趟不值当。赫布紧随潮流往前迈了一步，参加了加拿大皮草拍卖商"皮草收割者"的培训，成为后者的皮草代理商，可以将他们协会里捕猎人所捕获的毛皮寄往北方，参加下一届温尼伯拍卖会。他今天本来也打算到这里的拍卖会来看看的，但因故未能成行。

我走过去站到吉姆身边。这是位身材结实壮硕的家伙，下身穿着牛仔裤，上身穿一件蓝色运动衫。

"您今天打算出手买进毛皮吗？"我问道。

"不买，"他答道，"就是看看，我今儿纯粹就是来玩的。"

"只需要用三个字，就可以把现在的毛皮交易完整地概括出来——"汤姆·哈特插嘴道，"完——蛋——了。"他故意把这三个字拖得很长很重，随后挤个鬼脸，咧嘴笑笑。汤姆是个大块头，一张面无表情的脸上留着一道八字胡，走起路来神气十足。他下巴尖尖突出的样子总是给人一种生气的感觉，虽然他对我向来都非常和善，但我可不敢在他面前造次。不过，当后来聊起水貂来时，他的语气突然变得生动活泛起来。汤姆自认是位水下捕猎人，平时也捕猎河狸、麝鼠、水獭等，但水貂才是他的最爱。每到捕猎季，他都会不辞劳苦，大老远一路开车赶到佛蒙特州的东北王国，在那里的某一处湿地待上一段时间。他自打 9 岁那年就开始捕猎，自认几乎没有错过一个捕猎季。

在本月早些时候举办的"皮草收割者"拍卖会上，25 323 只水貂、19 185 只红狐、5 262 只水獭中大部分流拍，没有卖出去。皮草大衣上一轮被奉为奢华和时尚的主角还是在 20 世纪 40 年代，那时候一张河狸皮轻轻松松就可以卖到 45 美元。如今，洛杉矶、三藩市、纽约等美国主要城市都或者已经禁售皮草，或者正在酝酿禁售。因此，国际市场上到处都满满充斥着卖不出去的皮子。

我有一次问汤姆，为什么还在从事捕猎，关于毛皮捕猎行为，他认为人们主要的误解究竟在哪里。"我喜欢出去，每一年都能学到些新的东西。"他认为，捕猎过程就好比他与动物之间的一场对弈游戏。"我会像水貂一样考虑问题。我知道水貂下一步会去往哪里，然后就在那个地方设下套子。"他说。于他而言，利用所谓的"盲套"捕猎动物，也就是不用诱饵引诱就将动物捕获的方法堪称是一种艺术。他将这一手艺与飞竿垂钓的技艺相提并论，专业飞竿钓手自有他们独特的饵蝇。

"一件灰狐狸皮，好，一件灰狐狸皮，开拍。"拍卖师启腔开始拍卖，"要不要……继续……这里是一件灰狐狸皮，有人出价吗？"他的声音在大厅里回荡。我看了一眼腕表：买主们动作极快，仅仅 240 秒，4 位买主就都已将毛皮查验完毕。哈伦会出手拍下这些狐狸皮子吗？我知道，他在脑海里一定正盘算着价位和潜在的买主。他曾不止一次告诉我，新手小白容易犯的最大错误就是单看品相买进，不管一张皮子看上去是多么诱人，如果找不到一位可能接手的下家，他绝对不会买进。

"出手 15 美元，15 美元，这件狐狸皮就归你了。"拍卖师的声音加快了节奏。哈伦突然开了口："12.5。"他喊出了起拍价。

"13。"李回叫道。

"13.5。"哈伦继续喊价，声音洪亮无比。

拍卖师略略停了一下，只是一个短短的停顿，但那一刻的寂静却重若千钧。没有人继续喊价。他将视线瞥向捕猎人站立的方向，后者手里拿着黄色的纸条，正急切地望向拍卖师。假如他对报出的价格不满意，只需要喊一声"不卖"，他的拍品就将立即被撤下丢到一边，等他前来领回；与此同时，下一批拍品将被摆上桌面。他可以将毛皮带回家，也可以寄给下月即将举办的"北美皮草拍卖会"。在一个角落里，"北美皮草拍卖会"的代理商已经就位，专等着有意向的捕猎人将没卖出的皮子委托交寄。"皮草收割者"今天没有安排代理商到场。假如毛皮能够卖出，捕猎人将在皮子售出之后收到货款。那位捕猎人一定是已向拍卖师做出了示意，表示同意接受报价，因为后者随即喊道："13.5 美元，5 号成交。"

我瞥了一眼哈伦，但看不出他是否满意。他的脸本身就是一副面具，尽管如此，还是经常只睁着一只眼睛竞价。一只眼睛微微眯起是他标志性的表情。来自康涅狄格的几位捕猎人都在认真观察着现场的一举一动，艾尔尤其如此。在上周的康涅狄格展销会上，他捂着自己的狐狸皮子没有出手。"我要回了自己的皮子。"他告诉我，兴奋之情喜形于色，"我打算将皮子鞣制一下，然后做一张红狐皮床罩，四边用灰狐皮，四角再缝上四条尾巴。看起来一定非常漂亮。杀死一只狐狸，却仅仅可以得到 6~7 美元，我实在不明白图啥。我估计一共得需要 48 张皮子，得用 4 年才能凑够这个数。但看起来一定很漂亮。"他点点头，心下一定在构想着床罩将来做出来的样子。虽然这主意我听起来感觉实在不怎么样，但显然，这就是他接下来决心要完成的一件大事，而且对此引以为豪。

　　"接下来登场的是一堆丛林狼皮子。"

　　"下面我们将有皮子待售，好，皮子来了，各位请上眼。"

　　"有哪位竞价？"

　　"我这里有 6 张丛林狼皮子，就在面前的桌子上放着。"

　　"20 怎么样？20 美元 6 张，对，20 美元。"

　　"21，22，23……现在报价到了 31……32……33。"

　　拍卖师的声音恍如风琴一般起起伏伏，从不停歇。他是啥时候喘气的？又一大串数字脱口而出，节奏也渐渐加快。

　　"现在的报价是 30，31，33。"

　　他突然将手中的鞭子一挥。

　　"好了，我们可不能耗一整天。现在什么情况？"

　　一阵停顿。

　　"来吧，伙计们。这些丛林狼又不会跑掉……5 号成交。"

　　现在，河狸皮的报价逐渐到了 9 美元、10 美元，最后喊到 15 美元。哈伦将它们悉数收入帐中。我看见他抓起皮子，几乎是甩手将它们扔了过去，扔到了身后渐渐隆起的一堆毛皮之上。整整一天之中，我不断注意到拍卖师看哈伦的眼色，因为他是拍卖会上最受尊敬的一位买主。又一次，一张不起眼的丛林狼皮子被抛到了台面上，片刻宁静之后，有人喊道："1 美元。"汤姆·哈特摇摇头。他记下了所有的叫价。哈伦和其他买主全都跳了过去，但一位男子走到桌前，买下了那张皮子，看样子心下非常满意。我很好奇这位究竟是谁，为什么要买下这么一张破丛林狼皮子，于是跟着他走进了登记室。"我女儿今年 12 岁，"他说道，"对自然展品非常着迷。她一定喜欢死了。"他本来只是打算来看看，但一看见这些毛皮，突然一冲动就注册了一个买手身份。不过，现在东西已经到手，他准备就此打住，从竞买者之列退出。

　　又一批毛皮给扔到了台面上。我透过人群缝隙，发现是四张河狸皮。所有买家都在审视着皮子。哈伦将皮子逐一晃动一下，检查毛发是否有松动脱落，接下来又翻过来检查了皮子那一面，然后说"不行"，并随手将皮子推了过去。这批河狸个头很小，估计也就是一年龄幼崽，而且加工处理得也很一般。据哈伦后来跟我解释，之所以没要这些皮子，是因为毛皮如果加工处理不当，毛发就会脱落，皮子也就一文不值了。"可惜白白费了那么老多工夫。"拍卖师说道。这几张河狸皮被撤了下去，丢在一边。我环顾一周，一边观察着厅内众人的表情，一边倾听着毛皮在台面上挪来挪去时发出的那种迷人的声音。突然，此起彼伏、抑扬顿挫的叫价声骤然终止，拍卖师最终高叫一声："成交！"

当我再次将头转向竞价台时，哈伦正将丛林狼皮子翻转过来看，手指在毛皮上不断摩挲。他也许会出手，也许不会，面部默无表情。他好像在故意拖延时间。桌子对面的其他买家静静坐着没有发声。拍卖再次加快了节奏，在场每一位的激情似乎也都被调动了起来。一阵虚张声势的静默之后，哈伦突然跃起，竞价随即拉开了序幕。"16""16.5""17""17.5"……哈伦有点失去了耐心，大声喊道："19。"

随后，哈伦开始静静地等待，但对手却已经被调动了起来，强烈的情绪让他脸色绯红。李在嚼口香糖，哈伦认为那是新手小白常犯的错误，坚称自己可以从李嚼口香糖的节奏中读出他的心理，从而准确判断出对方什么时候会偃旗息鼓。李也是急脾气，哈伦偏偏喜欢逗他。我不止一次发现，哈伦故意装作对某一件拍品特别感兴趣，引诱李不断追价，然后却突然打住，将价格已经喊得虚高的毛皮砸到李的手中。哈伦对这种事乐此不疲。这一刻，他正像惯常一样板着一张脸，面如白纸，看不出任何表情。

嚼口香糖那位依然还在吐吧着嘴里的泡泡。约翰倾身俯在台面上，双手虎口向下，看似已然做好了准备。他们都在迫不及待地等待着下一批拍品登场。

"第45批拍品即将登场，河狸皮子来了。"拍卖师说道，紧接着开了个玩笑，"这才是真正赚钱的家伙。"人群中一阵骚动，笑声旋即响起，不过买手们没有笑，他们甚至头都没抬一下。河狸皮子被摆到了台面上。哈伦将它们仔细审视一番，用一只手摸摸毛皮，再将它按压一遍。他这样做，目的在于检查上面是否存在咬伤或者疤痕、毛皮厚度有多厚、色泽如何，以确保皮子没有"烧焦"，也就是说毛发没有受损卷曲。河狸皮子是不是上等品取决于河狸是不是冬季毛绒最为浓密厚重的时候被捕获的。假如捕获得过早，河狸毛皮往往相对较轻，因为这时野兽身上还没有存储起足够的脂肪，皮子会呈现出一道浓重的紫色光晕。与此相反，天气最寒冷时节捕获的上等皮子会呈现出纯白或粉红的色泽。哈伦正不声不响地将所有这些信息都记在心间，同时也在盘算着价位。

人群中传出一声洪亮的声音："要是搁20年前，这样的河狸皮子得值60美元。"我听见众人喃喃附和。就在这时候，哈伦将河狸皮推给了旁边的买手。两分钟过去了，他们依然还在审视着皮子，因为皮子虽大，但颜色不够乌黑纯正，因此增大了估值的难度。

"好，咱们现在开始拍桌面上的河狸皮。"拍卖师打破众人的犹疑，开口说话。

"5美元。"哈伦喊了一声。我没看见他们之间的手势，但听见拍卖师喊到，"已经有人喊到了6美元"，他将视线转向哈伦。

"6.5。"拍卖师喊出了这个数字，快速巡视一眼所有买手，同时盯着哈伦，因为是他最后报出了这一价位。

"7 美元。"

"7.5 美元。"现场陷入短暂沉默。凭借这额外加出来的 50 美分，哈伦将皮子收入囊中。"5 号成交。"河狸皮随即被收了去，再一次放到了哈伦面前不断隆起的毛皮堆子上面。哈伦甚至都没回头看一眼，确认河狸皮子的确被放到自己的毛皮堆之上，因为他早已经开始伸出手指抚摸下一批拍品。只见他将河狸皮逐一翻转审视一遍，随手推给下一位买手。对于价格，他已经成竹在胸。

"9.5 美元起拍，怎么样？"拍卖师开口喊道，"买吗？"哈伦挤出一丝笑容："不买，我可不想把自己的帽子都赔进去。9 美元。"又是一阵沉默。"9 美元成交，5 号！"拍卖师拍板道。

一次又一次，哈伦似乎完全掌握了定价权，或者将之不断修改，最终打败竞争对手，将最上好的毛皮收归己有。

我凝望着河狸，简直不能相信其价格之低。按照这一价位估算，如果将抓捕动物、扒皮、加工处理皮子的时间都算进去，捕猎人一个小时的收入大概也就 50 美分。恍惚之间，我仿佛再次回到了赫布的那间毛皮棚子里。就在短短几个月之前，我终于鼓起勇气，亲手扒下了一张河狸皮。摆在面前桌子上的，是我那天亲手从套绳上卸下来的一只一年龄幼狸。赫布觉得我应该试试手，把它的皮给扒下来，于是我强打勇气动起手来。不管怎么说，我总算亲手扒了一只河狸的毛皮！但完成之后，一股说不清的强烈情绪瞬间占据了我的心头，我仿佛与河狸产生了一种强烈的情感共鸣，刹那之间竟有一种难以遏制的冲动，想要将皮子裹在自己周围，将身体包裹在这狂野的兽皮之中。不知怎的，给河狸扒皮的过程虽然充满了挑战，却让我与这种野兽也与自己的内心之间，搭建起了一种以前从来不曾体会过的亲密关联。

我抓着厚厚的河狸皮，愣愣地站在那里，听任毛皮在手中无声地滑过，这样的状态一定延续了很久，因为赫布笑得眼睛都眯了起来。他从我手中拿走皮子，缓缓地点点头。我的心情他全部都懂。但现在，在今天毛皮拍卖会现场的桌子之上，摆在我面前的河狸皮子却仿佛了无生命，与活生生的河狸没有丝毫瓜葛。它们只不过是待售的货品，是即将被送往国际皮草市场的商品。这些看上去多少有点缺憾的独特皮子，都将被出售给各地的客商，他们会用这些皮子制作成品质最为上乘的牛仔帽或台球桌。然而即便如此，这里的毛皮捕猎人们显然并非只是为钱而来。他们所追求的，是与大自然真正和谐共生的关系，是一种不完全受金钱主宰和定义的人生。

四

头戴草帽、全身一袭藏青色衣裤的阿米什伙计走进了大厅。他其实有大名，不过大家都称呼他叫阿米什伙计。他是宾夕法尼亚人，是跟已经成年的儿子一道开车来的。他们径直走到桌前，不过只有父亲找座位坐了下来，儿子在身后几英尺之外的地方站定。看得出来，他们俩人中只有一人准备参加竞拍。眼下，阿米什伙计几乎买下了源源不绝而来的所有河狸。10件，20件，他几乎是看都不看就全部吞下。这些皮子质量算不上很好——有的只是浅棕色，毛色不够乌亮，有的带有咬痕，但他还是叫出了高达 24 美元每张的价位。哈伦看上去并不在意，只是安然自得地看着他一次次在竞价中胜出。

"真不明白他买那货干什么？"在我们眼看着他又一次叫价成功，将 10 张看似很是不成样子的河狸皮收归己有的时候，汤姆·哈特气哼哼地说道。他放低声音，缓缓补充道："哈伦在故意将这些垃圾皮子都抛给他。"他点点头，开始插口大声说道："阿米什伙计，大家小心点儿，他拿到了一笔大订单，背后有金主给撑腰，所以根本不在乎价格。现在他一加入进来，价格就被推高了。"来自阿米什这位农夫真的是在代别人买进吗？他真的懂这些毛皮质量是多么次吗？所有这些问题的答案，现场就算有人心里清楚，也都不会明言。这就是皮草贸易的行规——一个充满神秘感的世界。捕猎人总是竭尽全力将猎套隐藏得严严实实，以便能让毫无戒备的野兽不知不觉间走进自己设下的圈套。猎套设在哪些具体点位？自己平时都在哪里捕猎？他们对其他同行大多都是守口如瓶。至于对普通大众，有关捕猎活动的任何情况他们都更是讳莫如深。此外，在皮草拍卖会现场，大家彼此都心照不宣的一条规矩就是：绝不去刺探别人的生意。我们眼睁睁地发现，与 1 个小时前的情况相比，河狸皮子的价格足足上涨了 5~10 美元不等，而且依然还在源源不断地卖出。哈伦每次都会先叫个价，随即便退出角逐，除一次例外之外，每一次都让阿米什伙计成功拿到了河狸。

拍卖师举起手，宣布到了午饭休息时间。从拍卖一开始，保罗·约翰逊就一直都在忙着监督拍卖进程，现在又与另两位男子推着小车走了上来，车子上装满了苏打水、薯条以及盛放汉堡的纸托盘。我走上去跟他打招呼。我清楚，在哈伦干活的时候，最好别去打扰他。

哈伦略微逗留了一会儿。他右手端着姜汁酒，左手不断翻动着桌子上还剩下的几张负鼠皮子，还在继续忙他的活儿。他精力充沛得令人惊奇，在长达 4 个多小时的时间里始终都保持着精神高度集中，一边不停地盘算价格、确定皮子等级，一边还得与竞争对手斗智斗勇。整个过程中都没有坐下来休息过。但显然，他非常热爱拍卖会这种氛围。

"这些打理得相当不错。"他说道，手里依然还在摩挲着毛茸茸的灰白色皮子。哈伦有次曾告诉我，他觉得负鼠皮才是质地最柔软、品相最漂亮的一种皮子。

"来了，你的午饭。"保罗一边说，一边将装汉堡的纸盘向他推过去。

"好的，先生。"哈伦接过纸盘说道。我冲他点点头，说声回头见，随后走出了大厅。

　　"他很坦诚。"

　　"他很聪明。"

　　"他才是真正的生意人。"

　　"他这人从不鸡贼——就算买主只有他一个人，也会公平出价。"

　　"他对自己干的事心里非常有数；不过他也必须这样做——毕竟他是最后一位真正的买家。"

　　"除非真把他给惹毛了，他实在是个好人。"

　　"你都可以从一开始就把哈伦·连恩的车子开过来，然后直接将所有的毛皮统统都给他装车上去。"

"哈伦·连恩几乎谁都认识，另外，人人也都认识哈
伦·连恩。"

"他以前在整个美国的东部地区收购，也在西部地区
收购。"

"他算是全美国最后一位真正的乡村毛皮收购商。"

作为一位乡村毛皮收购商，哈伦自己单干。全部利润都归他
自己，不过所有风险也得他独自担当。年前，我在多伦多举办的
"北美皮草拍卖会"上见识过他的风采。来自中国、韩国、意大
利、俄罗斯、芬兰以及整个北美地区的皮草采购商云集于此。拍
卖会开始前两天的时间里，数以万计件的皮草会被挂上衣架，齐
齐整整摆放在洞穴一般的库房里，供买主们检查审视。以前还不
太习惯这事的时候，每次闻到略带一丝甜甜气息的腐肉气味，我
都会骤然感觉一阵恶心。

与此形成鲜明对应的是，在拍卖会现场，你感觉不到一丝一
毫与死亡相关的气息。真实的拍卖会举办场地通常都是宽敞开
阔、灯光璀璨，里面摆满各种座席，那种氛围让人不免联想到大
学校园里的演讲大厅。不过，拍卖会一般都会实时直播，你可以
通过遍布场内各处的超大液晶显示屏随时观看，而且还会被上传
到网上。递交了毛皮进行拍卖的捕猎人可以实时了解拍卖进程。
三位男子端坐在高高的台子上一张桌子后面，下身一水儿穿着
深色西裤，上穿扣子扣得一丝不苟的白衬衫——这三位就是拍卖
师、联席拍卖师，以及一位主要负责随时观察和发现出价人的助
理。拍卖会进行过程中，自助餐区将源源不绝摆上食品、水、咖
啡等，买手们常常三五成群聚集于此，相互交流、互通情报。拍

卖会正式开场后，拍品编号、皮草简况介绍以及售价就会相继在大屏幕上闪现。

我紧挨哈伦坐在大厅里，听他一一指点着给我介绍到场的不同买手。他好像认识他们中的每一位，而且这些买手来自全球各地，尤以中国、韩国、俄罗斯和意大利的居多。我遇到过一位从蒙特利尔来的皮草商，专门经营黑熊皮，在白金汉宫卫兵那里设有专门账户。英国女王卫兵头上所戴的那种黑色高帽就是以北美黑熊（ursus americanus）皮子为原料制作而成。大厅里一位身材瘦削、略显紧张的男子正出价买下一批价格高昂、品质上好的渔夫猫及河狸皮，打算运往布鲁克林区威廉姆斯堡，交给那里的一位商人，后者将用这些皮子来制作什特莱牟（shtreimel），也就是哈西德犹太人经常佩戴的那种黑色礼帽。开拍前一天，哈伦简直就像临时抱佛脚备考的医学院预科生，玩命般做着自己的功课，一边仔细研究皮子、比较报价，一边在厚厚的皮草目录册上用小字记下一些几乎谁也认不出来的笔记。到拍卖现场后，他会将目录册放在手头，但会将粗大的手指摊放在页面，小心翼翼地遮挡起自己所做的笔记，不让任何人看到。

五

在这样一个充满兽皮的房间里吃汉堡我实在受不了，于是走出户外，走进外面清新的空气及四月的暖阳里。赫尔基摩是座只有一条主街的小镇，除一家兼售咸蛋、彩票等的加油站外，几乎没有其他任何商业设施，唯一的例外是"疯狂的奥图帝国美食店（Crazy Otto's Empire Diner）"，也就是用一辆银白色火车车厢改造出来的老式饭馆。在入口处，我碰到了一位以前在拍卖会上见过的男子，他体态优雅苗条，双腿颀长，瘦削的长长脸上长着一个鹰钩鼻，下穿一条牛仔裤，上穿一件黄色麂皮衬衫，一顶浅棕色牛仔帽潦草地扣在胡子刮得干干净净的面庞上方。不过，他身上最为抢眼的是一件量身打造的水獭皮马甲，在阳光映照下显得光彩夺目。他名字叫弗兰克·沃尔特（Frank Walter），马甲是他自己亲手缝制的。他是位退休工程师，以前供职于水务部门，因工作需要，曾频频出入湿地，因此经常能近距离观察河狸、水獭、麝鼠、水貂等野生动物。确认我只是单纯感兴趣，真心愿意听他讲毛皮捕猎的故事，并无意指责他滥杀野生动物之后，他便轻松地打开了话匣子。

　　"我 13 岁开始捕猎，大概是 1953 年或 1954 年的样子。"他开口说道，"我常骑着自行车，在上学的路上捕猎。我会把捕获的毛皮送到西尔斯（Sears）、鲁巴克（Roebuck）等商场——他们要么会寄给我一张支票，要么让我在店里积分，然后我就可以用积分来购买自己想要的东西。不过，我从来没有用这种方法买到过任何东西。千万别跟人讲。"他微微一笑继续说下去："不过我是在新泽西长大的。"弗兰克在捕猎方面的执着和投入让我想起了赫布，因为他干这个也不是为了钱，而是为了借此走进大自然，同时也在一定程度上走进你自己的内心。弗兰克随后挤挤眼。"我记得以前一张渔夫猫可以卖到 250 美元，而现在我大概只能得到 40 美元！但我还是在继续捕猎。"他爽朗地笑笑，"我这人接受新事物比较迟钝。"

　　弗兰克提到，反对捕猎的群体心态正在伤害毛皮捕猎人的心理，但我不愿卷入到事关捕猎政治那套缠结不清、无休无止的争执之中。究竟什么才是人道的方法——困在笼子里 24 个小时然后被闷棍打死？还是一枪毙命？再或是被巨型捕鼠夹一般骤然弹回的"卡体套"一击致命？在这个问题上仁者见仁、智者见智。2019 年，美国动物医学协会（American Veterinary Medical Association）发了一份声明，大意是将溺死归于残酷对待动物一类的行为，但河狸不可能溺亡，因为它们的肺部不可能进水：它们会因窒息或肺部缺氧而亡。毫无疑问，缓慢、冗长的死亡确实是一个备受煎熬的过程。如何更加人道地捕猎河狸？真正的答案或许在于形成一种政策制度。假如某地栖息的河狸对当地住民的生活造成了滋扰和麻烦，就应该允许捕猎人将之生擒活捉，然后将其迁往其他地域。但与其他野生动物一样，在纽约、康涅狄格以及马萨诸塞等州，私自迁移河狸目前属于违法行为。

返回拍卖场地之前，我在停满卡车的停车场快速走了一圈。走到尽头时，我刚好从两位年轻男子身旁走过。他们斜倚在一辆满载狐狸皮子的黑色福特车上，与周围形成了鲜明而又强烈的反差。首先，不同于满满挤在退伍军人大厅里那些鬓发斑白的 50 多、60 多、70 多岁的老人，他俩年纪看上去不会超过 30 岁。另外，他们中的一位高挑瘦削，身穿牛仔裤和工作服，头发是那种漂亮的赤褐色，两条大长辫子分别垂挂在瘦瘦的面庞两侧；另一位穿着则俨如叛逆的牛仔佐罗——下身穿一条黑色牛仔裤，上身穿一件扣子系得严严实实的黑色衬衫，头戴一顶黑色牛仔帽，脚蹬一双黑色牛仔靴。

汤姆·哈特正巧走过，冲我们挥挥手。他也瞟了一眼两位年轻男子，但这时候他们已经关上了卡车的后备厢，因此狐狸皮子已经不见踪影。就算两人的样貌引起了他的好奇，汤姆也并未让自己的好奇感流露出来。我与毛皮捕猎人打交道的时间已经不算太短，心里已清楚知道，只要你是毛皮捕猎人，基本上愿意怎么打扮自己都不成问题。在多伦多参加北美皮草拍卖会时，我有天在毛皮检视区碰到过一位怀俄明来的顶级皮草采购商，穿着一件白色实验袍、一件蓝 T 恤、一条鲜亮的蓝色热裤，外加一双鲜艳的蓝色高跟靴子。同行的采购商们管他叫"风骚的乔治"（Gorgeous George），不过他备受大家尊敬，是位顶级的买手、精明的商人。后来在拍卖会现场再次碰到时，他穿着同样的一副装束，不过这次是鲜艳的红色。此外，他两支手腕上还夸张地各戴着一个亮闪闪的银镶绿松石镯子。要是再配上一副滑稽的眼镜，他就活脱脱一副毛皮捕猎人版的埃尔顿·约翰（Elton John）形象。

后来与他交谈的过程中，他给我讲了好多极为好玩的故事，还拿出照片给我看，照片上是他在怀俄明的毛皮贸易站点——一间长长的库房，上面用钉子钉着几百张丛林狼皮子，都是他那一个捕猎季捕获或收购来的。不远处是一堆令人触目惊心的动物尸骸，他说打算将这些尸骸生产为宠物饲料。与我所遇到过的众多毛皮捕猎人类似，他的身上总是充满了一个又一个相互矛盾的特征。

"进去吗？"汤姆·哈特问。

"肯定进去呀。"我答道，"就出来吸点新鲜空气。你的东西啥时开拍？""估计快到了。我早早就赶来了，想的是能早点离开，但等我们赶到的时候，就已经接收了那么多毛皮。"

我很好奇，迫切地希望看到毛皮买主们会报出什么样的价位，汤姆·哈特又将做出什么样的反应。他说他跟伙伴们主要也就是来实地玩玩、看看，但我知道事情肯定不止如此，因为他们开了足足 4 个小时的车才赶到了这里。

就仿佛得到了启示一般，吉姆·科勒曼刚好抱着一堆负鼠皮从我们身边走过。"我需要这些。"他满心欢喜地说道。他刚从某人卡车后备厢里买来了这些皮子。通常来说，在停车场销售并不允许，但这一批是捕猎人撤回来的毛皮，因为买主只给报出了一张 1.5 美元的价格。吉姆紧跟着他走了出来，同意按照每张 3 美元的价格买下来。吉姆身后有位买主，愿意出更高的价钱，因此差额就可以装进他自己的腰包。皮子质量相当不错，浅灰色的色泽，皮质柔软滑爽，俨如兔子一般在四月的柔风中摇摆。

在门口，我们侧身让一个人先过。他肩膀上搭着厚厚一摞浣熊皮，几乎将整个脑袋都埋在皮子里面。皮子颜色有的灰白，有的棕褐，长着鲜亮黑色斑纹的尾巴滴里嘟噜吊在下面。保罗·约翰逊向新来者大声招呼，示意他可以将毛皮堆放在什么位置。那人说外面还有，汤姆于是跟了出去帮忙，旁边站着的几个伙计也跟了去。他们不需要人求：捕猎人们所信奉的礼节充分体现了乡村文化的特点，即便对邻里的状况一无所知，需要时也都会主动搭把手。没过多久，另外三大摞浣熊皮子也相继摞到了地面上。这人年纪相对偏轻，乌黑的头发油光锃亮地向后梳起。他身穿黄 T 恤、牛仔裤及工作靴，但身上最醒目的特征还是满面的笑容。他带来的浣熊皮子有 200 张，在这一个捕猎季里，他的捕猎技艺是何等骄人由此可见一斑。

如此数量众多的浣熊皮子引起了众人的注目。我听见有人喃喃低语："这可真是一大批蓝浣熊。"不过，他把声音压得很低。浣熊如果捕获的时间临近季末，那么皮子上贴肉的那一面便会呈现出一抹淡淡的蓝色晕圈，即便经过刮肉处理以后也依然如此，原因就是这种动物春季时候血液流动会加快。季末入春后捕获的皮子质量不算上乘，绒毛也通常不够厚、不够茂密，另外再加上冰雪的磨蚀，毛发也往往有所受损。说一个人的毛皮"发蓝"乃是一种侮辱。不过，在总体看似欢乐、热情的群体氛围之下，一股股钢丝般绷得紧紧的竞争急流也同样隐隐欲现。人人都希望自己带来的皮子质量最为上乘，是哈伦·连恩以及其他买手愿意出高价竞买的佳品。要是质量一般，数量也是个重要的决定因素。新来者仿佛没听到旁人的议论，他缓缓走进大厅，举目四顾。我跟在他身后，与他聊了几句。他人很友善，也充满好奇。交谈中我得知，他来自匹兹堡东部，开了 6 个小时的车才赶到这里，因为听说皮子在这里的销路不错。

高高的台子上，拍卖正进行得如火如荼，不过，在我出去这段时间里，房间里出了一个小插曲，因为有人掏出手机拍摄拍卖会场景。哈伦一看见手机，便立即怒气冲冲地跳了起来，拍卖会因此中断。在"严禁拍摄"这一规则问题上，哈伦的态度可谓是决不姑息。我有次拍了一张他的照片，他立马问："干什么用的？"我赶忙解释，说照片仅用于我本人研究之用，不会用于网络发帖或出版。直到这时他才作罢，不过自那次之后，我再也没敢拍过他的照片。"谁知道那些照片会给发到什么地方去！"他后来跟我说道，"我可不愿让政府每天追踪我，他们现在盯得已经够多的了。"直到那人道歉并将手机收起之后，哈伦才转身回来继续竞拍。

截至下午两点四十五分，阿米什伙计已经离开，大厅里的捕猎人数量只剩下了一半。格蕾丝卖掉了她的麝鼠皮，对价格非常满意，欢天喜地跟着她爸爸和叔叔走了。我转头跟左手边一位以前见过的男士交谈起来，他告诉我自己在把狐狸当作家畜饲养。他说狐狸很有个性，而且非常漂亮，因此他很喜欢养这种动物。他还可以将狐狸转手卖掉，一只能挣 1 000 美元之多。狐狸已经下了三窝幼崽，幼崽总数已经有 35 只。我一直以为狐狸天生是种野生动物，也就是说不可能当家畜饲养，但看样子我错了，你也可以像饲养水貂那样把它在牧场上饲养。我把这点记在笔记本上，准备以后有机会再跟进深入研究。就在这时，他又告诉我目前正面临一个两难的局面，因为他必须从自己饲养的白狐中选出来两只给杀掉，因为表妹打算举办一场中世纪式主题婚礼，需要用两只白狐皮做婚典礼服。我问："亲手将自己饲养并朝夕相处的狐狸杀死是不是很难下手？"他说："这的确是个很艰难的决定，但我必须忍痛割爱。我已经给表妹打过包票，跟她说'包在我身上了'。"

接下来上场的是一批浣熊皮。汤姆拿手指摸了摸皮子，然后将它们推开。"20 只浣熊皮，"拍卖师拖着长腔开了口，"有人报价 3.75，有人报 4，现在有人报 4.5，5.5，好，现在报价是 6。成交！"现在台面上又多了一名买手，一位头上戴顶大帽子的小个子男人。帽子是顶 10 英寸高的锥形毛皮帽，两边有护耳，看上去就仿佛脑袋上顶了一块硕大的棉花糖。这是一顶仿制款山地人传统毛皮帽。我认出了这位买手，他妻子是奥内达族人，两人共同开了一家民族风情皮帽店，出售多种不同风格和款式的帽子，所用材料几乎包括了所有类别的毛皮，但浣熊皮最受欢迎。我与他上次见面时，他穿一件精心鞣制过的鹿皮衬衫，他妻子则穿一条鹿皮长裙，两人各戴一条项链，上面密密麻麻装饰着兽骨及兽爪。今天他穿的是牛仔裤、蓝衬衣，看样子是一个人来的。他包圆拍下了一整批浣熊皮，每张 6 美元，看似对拍得的东西甚是满意，脚下生风一般轻快地走出了卖场。

再接下来开拍的是宾夕法尼亚人那一大堆浣熊皮。哈伦看似已经略有厌倦，不再像先前那样身体前倾、虎口向下、满眼迫切地盯着台面看，而是将双臂交叉在胸前，双手隐在胳膊底下。我凝视着他的体态——他究竟是在故意演戏，还是真心无意出手呢？

"卖了啊，卖了啊，皮子卖了啊。"拍卖师开了腔，竞拍随即展开。没等我反应过来，哈伦已经一路领先将浣熊皮子给包圆吃了进来。从这一刻开始，拍卖进度明显加快。哈伦以 70 美元的报价买进了一袋河狸香。

哈伦不愿意告诉我河狸香的主顾具体都在哪里，但表示手头的买主很多。迄今为止，我已经见他买下了大约 10 磅左右，一般买进的价格大约是每磅 40 美元，但转手卖出时差价很高。

六

我们看到一张极为华美的河狸皮以 28 美元的价格成交，买主是哈伦。汤姆·哈特突然转过身，跟我说道："你知道吗？我觉得这很好笑，那些孽贼们整天跟我们嚷嚷，反对捕猎，但腰里系的皮带、脚上穿的皮鞋却全都是大批量生产的皮毛制品，还大量食用汉堡。"他摇摇头。汤姆经常跟我聊起有关动物权益保护激进分子们的事情，并且坚信我从骨子里讲也是那些人之中的一位。他猜得没错，当然——我热爱动物，但我本质上并不反对捕猎行为。在某些特殊情况下，我感觉捕猎自有它独特的作用，假如捕获那些和利用的方式都能像我们在这里所见到的一样，那将更是如此。"我怎么没见孽贼们少吃一顿麦当劳。"他补了一句。我本有心告诉他不少动物权益保护者都只吃素食，但想想还是作罢。

再下来开拍的是麝鼠皮，拍品编号已经排到了868。在过去5个小时之中，将近900批毛皮已经售出，只剩下了为数不多的几批。

"好吧，"拍卖师开了口，就连他的声音似乎也已经开始变得软绵无力，"就是它了，最后一批。三张小鼠皮，三张小鼠皮。有人出价吗？"约翰包圆给它们买了下来。"这可是小鼠版说唱乐呀！"人群中一个声音传过来，捕猎人通常亲昵地将麝鼠称作小鼠。

拍卖师探身与买手们商谈，确保没有拍品被遗漏，同时也看看是否有人改变了主意，有意将刚才拍卖过程中丢在一边的毛皮重新投拍。没有人吱声响应。确认一切圆满之后，拍卖师再次将头抬起，所有买家的目光都朝他的方向看过来。"感谢各位先生光临，毛皮拍卖会到此结束。"拍卖师高声宣布。

时钟正好指向下午3：40。

捕猎人们开始款步离场，买手们则上前领取所拍下的毛皮并进行结算。在后面的小房间里，谢莉依然在忙着以最快的速度清点拍卖账目。保罗在大厅里匆匆忙忙走来走去，与众人道别，确保一切都井然有序。两位男子开始将空荡荡的桌子上包裹的牛皮纸扯下。离开之前，他们将清理桌面，并将地面打扫干净。哈伦站起身，我的目光与他在空中交汇。他素来生机勃勃的面庞此刻看上去有点苍白，冲我微微点头。稍后我们将见面把拍卖会的情况简单再复盘一遍。过去整整七个半小时里，他始终都站着，只是午餐间隙休息了三十分钟。他开始整理毛皮，将它们装进白色大袋子里待运。逐一仔细清点并核对数字无误之后，他将向拍卖会开具支票。

七

往外走的过程中，我无意间听到两位男子正在讨论"野味大宴"，于是问那是什么，他们告诉我正准备去参加一场野味聚餐，主打菜包括河狸、野鹿、麝鼠、驼鹿，也可能还有熊，具体要看捐赠肉品的都有哪些人。这次聚会的目的是为小瀑布镇（Little Falls）附近的一家步枪俱乐部募集资金，他们邀我一同前去，说餐会大概 1 个小时后开始。尽管内心非常感激他们盛情邀请，但我还是婉言谢绝了。我得继续观摩拍卖会收场，然后还要见见哈伦和其他几位。但"小瀑布"这几个字吸引了我的注意，便问他们是否听说过陶乐茜·理查兹女士，她与河狸一起生活，建立了一个河狸保护地，并将这个保护地命名为"河狸灵境"。其中一位男士脸上露出茫然的神情，但另一位表情却瞬间变得灿烂："当然听说过，我小时候住的地方就离那里不远。你指的是河狸夫人吧？"

"对，对。"我回应道，看样子他听说过她，这多少有点出乎我的预料，"她建立了一个河狸保护地，还写过一本书。"

"我觉得我可能见过她，"他说道，"那时我大约 8 岁左右，有一天我爸爸去干水暖工活计，把我也带了去。我们去见的就是这位老妇人。她打电话给我爸爸，我猜大概是因为河狸淹了她家的房子或者什么的。我记得跟爸爸一块走了进去——她人很好，让我们先在椅子上坐下，等她去取个什么东西，再然后就有一只河狸走了过来，使劲推爸爸坐的椅子。"

"等等，等等，"我插嘴说，"你是说你见过她？"

"对，没错。"

"河狸就在房间里？"

"对，没错！"他说道，神情变得越来越兴奋，"那只河狸，我是说，它真真切切在推爸爸坐的椅子。等那位女士返回来时，爸爸问她：'它到底想要干什么？'她就说了一句：'你挡它路了。'那很可能是河狸平常使用的通道或什么的。于是爸爸把椅子挪了挪，果不其然，河狸径直从刚才放椅子的位置上走了过去，走进了另一个房间。"

我简直不敢相信自己的耳朵。想必这就是河狸拆散了水管那次。陶乐茜用水管把水引到室内，专门修建了一个泳池供河狸游泳和玩耍。她在书中把这个泳池称作"Y池"。我问他认识的人中是否有哪位曾经给陶乐茜·理查兹工作过或者说认识她。但他摇摇头，说熟人中没有人认识她。当我问起她在当地的名声怎么样时，他侧目看了我一眼，耸了耸肩。在我再三催促下，他才说道："大家觉得她有点儿发疯。我的意思是说，要是河狸把自己居住的地方冲水淹了，大多数人都会设法把它弄走，而她却将河狸弄到了自己家里！"停顿片刻后，他接着说道："她的房子至今仍然在那里。"这个消息简直让我惊呆了，瞬间感觉自己的研究工作仿佛中了头彩。1983年她出版回忆录时，还健在。她在书中提及建立了一个河狸保护地，但我一直想当然地以为那地方早就消失无踪了。迄今为止我所遇到过的人们之中，没有任何一个人提到过这事，而且就连陶乐茜本人，也仿佛早已连同她的那个世界一道消失在茫茫历史长河之中。然而，面前的这个人曾亲眼见过她，更重要的是，她的那个地方至今犹在。

一有机会，我便匆匆告别家人，奔大门而去，我必须动身前往阿迪朗达克山区。陶乐茜·理查兹曾深受伊诺思·米尔斯（Enos Mills）及亚奇·贝兰尼（Archie Belaney，代号"灰猫头鹰"）两人作品的影响。后面两位都是倡导河狸保护的先驱。在他们的感召之下，她勇敢地向当时有关性别地位的陈规习俗发起了挑战，继而建立了美国首个河狸保护地。我寻访的第一站将是运河侧畔那个曾见证她童年成长之路的小镇，然后，将接着去寻访河狸灵境。

第 6 章

河狸灵境

第 1 节　小瀑布镇

时值五月，我启程前往寻访与"河狸夫人"陶乐茜·理查兹相关的一切。在阿迪朗达克山脚下她那所紧凑逼仄的农庄房舍里，这位女士一度曾饲养了 14 只河狸，分别给它们取名为"闹闹""小妖姬""大块头"等。这些河狸拖着沉重的脚步，整天在她逼仄的小房间里走来走去，不时从火塘里偷走一截柴火，塞进桌、椅腿之中，再或从地上拖走她的东方小地毯，转运到通往室内游泳馆的门口。一天深夜，陶乐茜突然睁开眼睛，却发现"小妖姬"俯身趴在胸口，眼睛定定地注视着自己。接下来，这只河狸又钻到床子底下，用一双长着厚厚蹼掌的大脚使劲托举床垫上的弹簧，搞得床垫咯吱咯吱不停地上下起伏，以至于陶乐茜整夜都没能合眼。

陶乐茜照过一张照片，身材瘦削，高挑挺拔的她安然坐在扶手椅上，怀里抱着一只体形硕大的河狸。自打看见那张照片起，我就一直渴望有机会见到她。从她回忆录底封所附那张像素粗粝的黑白照中可以看到，河狸仿佛一只金毛寻回犬，满面都是快乐的笑容，壮硕的双腿及鸭蹼一般的双脚摊放在陶乐茜双膝之上，全然一副怡然自得、满怀信赖的神情。她用纤巧的双臂保护着河狸的平衡，但河狸斜倚着、懒洋洋地向她靠了过去，一双明媚的眼睛直直地看向镜头。他对正在拍照的人没有丝毫的恐惧，因为那人是陶乐茜的丈夫艾尔。艾尔虽然一开始不太愿意让河狸搬进来与他们同住，不过后来慢慢也便习惯了他们的存在。这只河狸就是"闹闹"，在长达 40 年时间里与他们一起生活的数代河狸之中，"闹闹"最讨陶乐茜欢心。我把那张照片复印了一份，贴在家里的墙上。

这个女人究竟是谁？究竟是什么样的因缘际遇和强烈的愿望，才使得她甘愿终生致力于河狸研究，随后又于 20 世纪 30 年代末期开始致力于河狸保护？要知道，那时的河狸还远未进入媒体视野、成为公众关注的焦点。照片中，她小巧瘦长的面庞上漾着一丝快乐的笑意。那是一张写满神秘的脸；就连她紧紧梳在脑后的长发，也隐隐约约藏在头巾之下。至 91 岁高龄安详辞世之时，陶乐茜已是享誉甚广的"河狸夫人"。去世前两年，她出版了个人回忆录《河狸灵境》，对自己在小瀑布镇附近建立野生动物庇护所的岁月进行了回顾。小瀑布镇坐落于运河侧畔，她在镇子上度过了自己的少年时光。书中开篇第一行便深深打动了我："写下这句话的时候，我怀中正坐着一只体重 60 磅的河狸。"她已于 1985 年辞别了这个世界，我以为有关她的记忆都已随她一道被人遗忘，那片庇护所也早已消失无踪。直到那一天，在那次乡间毛皮拍卖会上，在周遭摆满河狸皮的环境中，我才偶然得知，原来她的房子以及河狸庇护所都依然存在，就在当初建立的位置上，坐落在阿迪朗达克山南麓小瀑布镇东北部那个两溪汇流的地方。

一

　　纽约小瀑布镇坐落在两个原始冰川湖之间的低洼处，是塔康造山运动期间隆起的一系列几乎牢不可破的山脉之间唯一的缺口。所谓塔康造山运动学说，与其说是地质科学，不如说是一套神话传说。根据这一学说，在造山运动期间，一座狭长的火山岛在巨神海（Iapetus Ocean）中逐渐隆起形成，并与后来形成北美大陆的板块剧烈碰撞，由此诞生了塔康山脉。在随后又发生的阿勒格尼造山运动中，阿巴拉契亚山脉逐渐隆起成型。正是在两大古冰湖之间这唯一的低洼地段，莫霍克河冲开了固若金汤的塔康山脉天险奔流而下。

　　这条河流一路奔腾向东，直到在奥尔巴尼以北不远处汇入波澜壮阔的哈德逊河，继续沿着哈德逊峡谷倾泻南下，先后越过阿森斯、哈德逊，随后河面骤然变宽，形成宽度几乎达到一英里的一片波光粼粼的水域。流近西点位置时，河面陡然来了一个大转弯，绕过大熊山，随后经过最后一次抬升，越过布朗克斯区，绕过曼哈顿岛西端，最终注入辽阔的大海。为寻找河狸及其他毛皮而在纽约州各地奔走的那些年间，约翰·雅各布·阿斯特所走的就是这一条路线，只不过行进的方向刚好相反，先是乘船沿哈德逊河谷逆流北上到达奥尔巴尼，其后换乘一种大型独木船，沿莫霍克河继续向西，最终抵达小瀑布镇。

　　小瀑布镇曾是美洲原住民商贸交流的中心。在不足半英里的河道中，河面陡然降落近100英尺，形成巨大落差。为了避开这些巨大的落差和瀑布，旅行者们不得不携带他们的独木船上岸，并在那里扎下营地，从事各种商品交换活动。这里曾是一片中立、和平的领地，但与日渐兴隆的毛皮贸易接踵而至的河狸战争打破了不同部族间的历史关系，也打破了资源与势力格局之间曾有的平衡。在欧洲人到达之前的数千年间，部族间贸易曾构成当地原住民文化中的一个重要方面。循着沿莫霍克等河流建立起来的各条贸易路线，红赭石、烟斗石、绿松石以及产自今天怀俄明州所在位置的黑曜石等被源源不断送往东部地区；原产五大湖区的铜被向东、向南和向北运输；产自今天俄亥俄、宾夕法尼亚等州所在地的火石也被送往东部、南部和北部；今天康涅狄格及东部沿海地区居住的佩科特人及其他原住民部落制造的贝壳串珠则先是沿大西洋海岸被运往北方，然后再顺着莫霍克等河流向西输送。贝壳串珠极为珍贵，因为它不仅外观美艳惊人，更被视作一种蕴含着神秘精神力量的圣物。当时居住在当今阿迪朗达克山南部地区的原住民自称豪德诺索尼人，意思是"住在长条形房子里的人"，早期的法国贸易商则称他们为"易洛魁联盟"，而英国人则管他们叫"五族联盟"，具体包括莫霍克人、卡尤加人、奥内达人、塞内加人及奥农达加人。根据当地原住民传说，最初组建成立这一联盟的人是先知艾翁华沙，也就是大家相对更熟知的海华沙。这一联盟代表了世界上出现时间最早、存续周期最久的一种参与式民主体制。早期英、法拓荒者及毛皮贸易商人不以为意，不承认自己所碰到的是一种高度发达的政治体制；在他们看来，所遇到的不过是一些蛮荒的部落，都如饥似渴地渴望着交换商品，从他们手里可以换来珍贵得令人难以置信的河狸皮。大多数欧美人之所以了解海华沙，就是因为阅读过 19 世纪诗人亨利·沃兹沃斯·朗费罗（Henry Wadsworth Longfellow）那首著名的《海华沙之歌》（The Song of Hiawatha）。这是一首脍炙人口的小诗，诗体为五音步抑扬格，故事场景发生在纽约州的蛮荒旷野——堪称一部彻彻底底的文化大杂烩。在大西洋对岸的英格兰黑斯廷斯小镇，一个名叫亚奇鲍德的学生也读过并且牢牢背下了这首小诗。这位学生后来给自己起了个奥吉布瓦印第安人名字，叫作瓦·沙·魁·阿辛，意思也就是"灰猫头鹰"，并因这一名字而被世人所熟知。

甚至在欧洲殖民者抵达之前，在长达百年的时间里，因毛皮贸易而引发的河狸战争就早已极大程度地增加了原住民生活中暴力、战争等现象爆发的频率和程度。最先到来的是荷兰人，他们很快发现，假如可以控制沿海地区的贝壳串珠生产，尤其是控制今天康涅狄格州所在地区居住的佩科特人中的贝壳串珠生产，就可以总体控制毛皮贸易，尤其是与易洛魁等部族之间的贸易，因为后者手中拥有五大湖区东运而来的华美毛皮。那些先与荷兰人后来又与（接踵而至并赶走了荷兰人的）英国人和法国人直接交易的部族拥有枪械，因此势力迅速崛起，很快便征服了曾与之争夺狩猎地及其他资源的邻近部族。随着英国人与法国人就毛皮贸易支配地位而不断展开战争，竞相在新世界建立殖民地，各原住民部落也纷纷卷入其中。易洛魁人与法国人结成同盟，而马希坎人则加入了英国人阵营，可是不久之后，莫霍克人与马希坎人之间又爆发了战争。维持部族间势力均衡、处理部族纠纷的传统机制，很快便被连年不绝、残酷无情的战争所取代。

小瀑布镇正式成立于 1781 年。当时，欧洲定居者感觉到马萨诸塞州、纽约州等地已经渐渐变得拥挤，于是纷纷开始沿哈德逊河谷向北、向西不断推进。截至 1792 年，他们已经在各条瀑布之间开挖了一条运河，以便让河道变得相对容易通航，但相比日后规模庞大的水利工程——1825 年完工的伊尔运河而言，这不过只是简单的预热活动。新开挖的运河将小瀑布镇与罗彻斯特、布法罗、奥尔巴尼及纽约市等制造业和商业中心连接起来。小瀑布镇一度甚至还成为东部地区的奶酪之都，车达干酪的价格不断通过电报传往纽约市。1867 年，从这里运出的奶酪达到惊人的6 800 万磅，有些还被出口到英国。陶乐茜记得曾在小瀑布镇的人行道上跳绳的情形。那是 1902 年，镀金年代的尾声还未走到尽头。陶乐茜尚未出嫁，还是娘家伯尼家族多位兄弟姐妹之中病恹恹的一位，父亲名字叫亚瑟·伯尼（Arthur Burney），开了一家五金店。小瀑布镇依然是一座欣欣向荣的运河畔小镇。陶乐茜曾是位天资出众的学生，成绩远超于班里其他同学，年仅 12 岁便已升入中学，但却从未上过大学。童年时期，一场严重的肺结核从天而降，自此她留下了病根，父母认为她离家以后很难健康生活。不过，陶乐茜酷爱读书，经常一本接一本地读，中学毕业之后在当地图书馆谋得一个职位。就是在那里，她结识了梅布尔，也就是艾尔的弟弟，并最终于 26 岁那年嫁给了艾尔。再后来，艾尔在大萧条期间丢掉了务林员的工作，两人重新返回家乡，开了一家文具店。

陶乐茜出版《河狸灵境》一书大约 40 年之后的某年，5 月的这个清晨里，莫霍克河依然奔腾如故，深褐色的河水漫过石头筑起来的岸堤。小瀑布镇看上去仿佛一座完全偶然天成的小镇，房屋歪歪扭扭散落在陡峭的河谷两岸，长长的主街与河谷平行，蜿蜒展开，两侧基本都是木板搭起来的店铺。在河谷底部，通常都波平如镜的莫霍克河与一长溜砖建磨坊建筑比肩而过，这些房子早已失去了其在制造业鼎盛时期曾有的辉煌，如今被改造成了一家宾馆、一组办公室和一间小小的咖啡馆。

二

我下榻的宾馆就在老磨坊的旧址，这里生产的布匹在内战期间曾用于为北方联军制造军服。从房间窗口望出去，我看见深褐色的河水湍急而下，一整棵大树在水面上起伏翻滚。大树很快被水下的什么东西卡住，一端高高地翘出水面，在水中不停地打旋，留下一道道斑驳、怪异的圈圈，主干、侧枝上依然枝叶婆娑。突然，一股巨浪奔涌而至，将大树冲入水下，大树很快再次翘了起来，水面下淹没的巨石及纵横交织的枝杈又一次将它牢牢卡住。巨大的树干仿佛一根柔软的枝条，在激流之中不断翻滚和摇摆，被棕褐色河水厚厚的水舌吞没了一半。河水奔腾而下的声音让我整夜未能入睡，喧嚣的洪水仿佛一声声震耳欲聋的警示，让人不由想起当下正改变着我们这个世界的怪异无常的气候。2月里妈妈过世那天的情形依然萦绕在我的脑海里挥之不去：就在那天夜里，春雨蛙从冬眠状态中苏醒了过来，聒噪的鸣叫声充满了整个林间，比往年足足提前了一个月时间；苹果树也早早地绽开了它洁白、娇嫩的花儿——这倒是为我提供了有利条件，可以用漂亮的苹果花儿将举办葬礼的教堂装点得满满。在新英格兰地区，大地春回早的情况并非前所未见，但气温骤升骤降、剧烈反常的这种"常态"却显然是气候变化带来的后果。还有一个明显的标志便是降雨。今年（作者写本书的时间）5月，在过去30天的时间里，下雨的日子竟多达22天，致使向来温和驯顺的莫霍克河骤然变得湍急汹涌。假如河狸依然如同河狸界时代那样广泛存在于大地景观之中，莫霍克河还会像现在这样洪水泛滥吗？

我今天的参观将从小瀑布镇历史学会开始，希望能在那里了解到更多关于陶乐茜早年生活的信息。大约 11 点，我将与保罗·约翰逊见面，此前我曾见过他主持打理赫尔基摩那次毛皮拍卖会。保罗自幼在小瀑布镇北边不远处长大，我很好奇，不知他是否听说过陶乐茜。但今天的高潮部分注定将是前往拜访莎伦和欧文·布朗。这两位仿佛就是陶乐茜的精神传承人，不仅开设了一个以河狸为主题的宣传教育网站，还经营着他们自己的保护地。明天，我将与他们一道前去参观陶乐茜故地。我满心志忑地最后又看了一眼窗外的莫霍克河，然后下楼出发。

小瀑布镇历史学会坐落在堤岸上一座白色的木板房中，与主街及莫霍克河仅隔一个街区。帕特是历史学会一名会员，长着一头深褐色的秀发，满面都是和善的笑容。另外还有一位会员名叫杰夫，也同样非常乐于助人。在他们的热情帮助下，我不久之后便开始阅读一份日期为 1879 年 1 月 10 日的剪报，黑体字印刷的标题非常醒目——"软、硬毛皮报价"。文章简要写道，《纽约论坛报》（New York Tribune）在其报道中称"该市各种毛软、硬毛皮的价格均在上涨，臭鼬皮子尤为供不应求"，并且只列出了"上等好皮"的报价。北部地区产的河狸皮由于毛色乌黑纯正，每张售价达 75 美分，而产自本州西部和南部地区的河狸皮每张只能卖到 50 美分。品质上乘的黑色臭鼬皮子每张售价可高达 1 美元，与水貂皮同价。最畅销的则是银狐皮，每张售价达到惊人的 10 美元。麝鼠，即便是产自本州西部地区、大名鼎鼎的蒙特祖玛麝鼠，价格也不过 7 美分。这些报价乍看似乎荒谬得不可思议，但如果考虑到 1879 年的一美元相等于今天的 25 美元这一事实，情况就大不一样了。因此按照这个比例计算，一张河狸皮的价格相当于 12~15 美元，大约为当今市场价格的两倍。臭鼬皮的价格相当于 25 美元，是我上月在毛皮拍卖会上所见报价的 20 倍。1879 年，毛皮大衣、毛皮手套、毛皮夹克、雪橇用毛皮毯子以及河狸毡帽都依然是流行时尚，纽约市的皮草贸易盛极一时，尽管美洲河狸的种群数量已经不再兴旺。

我没有找到有关陶乐茜或《河狸灵境》的剪报。抬起头来时，却看见帕特正站在身旁。"给你，"她笑盈盈地说道，"我找到几篇关于某位毛皮捕猎人的文章。这本剪贴簿里一整栏的剪报都是关于他的。"

我翻看着这本剪贴簿。在颜色早已斑驳黯淡的页面上，贴着许多从报纸上剪下来的照片，照片中多是衣着优雅干练的年轻女人，基本属于 20 世纪 20 年代的风潮，头上留着波波短发，很夸张地用发罩、发箍等装饰向后面高高地梳起，脖子上则挂着各种各样的毛皮或羽毛长围巾。这些照片中夹杂着一些有关纳特·福斯特这位"著名毛皮捕猎人"的剪报。很明显，在附近的多尔吉维尔镇，每年夏天甚至还会举办一场全镇范围的纳特·福斯特日庆祝活动。"他在这一带非常有名。"帕特说，随后又漫不经心地补充道，"我记得他谋杀了一位印第安人。"她这句不经意的评论给我带来了强烈的冲击，但我现在没时间展开深入讨论。我匆匆拍下了这些剪报的照片，以便随后再认真阅读，抓起背包朝门口走去。离约定与保罗·约翰逊见面的时间仅剩下了 10 分钟。

"等一下，我们忘了路易斯的事。"杰夫说道，同时转头向帕特，"你最好给他打个电话。"

"哦，对。"帕特回答道，"她肯定应该见见路易斯。"

"路易斯是谁？"俩人都冲我看了一眼，但谁也没有说话。

"打通了吗？"杰夫问。

"铃声在响。"

"试试他另一个号码。"

"路易斯是谁？"

"试试另一个号码。"帕特拨打了号码。"好了，他马上过来。"她笑着说道。

我说不行，我必须得走了，并解释说中午约了人访谈。我抬起手表，跟他们说已经 11：50 了。我不再追问路易斯究竟是谁，但显然，不见他是不可能了。帕特重新给他打了电话，约定下午 1 点与他见面。

"路易斯是谁？"我又问了一遍，暗自寻思：他们是在给我联系某位了解陶乐茜的人吗？

"嗯，他会跟你解释的。"帕特说道，"路易斯对小瀑布镇可谓是无所不知。他可以带你在镇上转转。"

三

自上次在赫尔基摩毛皮拍卖会上跟他见面以来，已经过去了差不多 1 个月，但我一走进老磨坊温暖的咖啡馆，保罗就向我露出了热情的笑容。"怎么样？"他问道，"我猜你肯定喜欢这地方。"

他坐在临窗的一张桌子前，已经开始品着一杯咖啡。他指指占据了房间整整一角的大书架，上面满满摆放的都是二手图书。咖啡馆的装修是典型的乡村风格，透着一股家一般的温馨，不过这里距离伊利运河纤道不远，运河游生意当下十分红火。长500多英里的整个运河如今已列入文化遗产廊道，传统纤道被改造成了步行及骑行专线，可以从布法罗一直通到奥尔巴尼。保罗个子不算太高，但有着保罗·班扬（Paul Bunyan）般的典型伐木人容貌。今天他穿的是蓝色牛仔裤和红黑相间的法兰绒格子衬衣。与往常一样，他那副黑色塑料眼镜低低地压在鼻梁上方。保罗胡子刮得很清爽，但一张长脸上却略流露出一分戒备的神情，就仿佛在等待和观望什么。以前交往过程中我已经知道，这就是他惯常的表情。我们聊了一会儿他的工作。他是位地下管线勘查员，专业领域是天然气，能够在别人发现不了的地方很快找到天然气管线，并且对自己在这一方面的名气深感自豪。当我们的话题转向捕猎活动时，保罗的回答让我很是意外，他说自己三十几岁才开始从事捕猎，因为小时候父母不允许他干这个。我问为什么，他摇摇头，有点不好意思地回答道："哦，他们不愿意杀生。"

"但你很想干，对吗？"我问。

"对，"他答道，"我跟他们的想法不太一样。"

我问他对上月刚举办那次毛皮拍卖会怎么看，他说感觉办得很成功。与以往一样，他也就勉强做到收支持平的水平，不过，他和妻子主要都是以志愿者身份从事这工作的。他们租用大厅花了400美元，但谢莉管账只是象征性领取一点工资，有时还会像保罗一样志愿捐献一些工时。抛掉购买必需品、支付后期清扫工人工资等支出后，基本也就所剩无几了，不过，不管利润多少，他们都会无偿捐献给富尔顿-蒙哥马利捕猎人组织。

保罗有点忐忑不安，因为那天来了一位记者，后来写了一份关于拍卖会的报道，让人感觉好像捕猎人们过去一年靠捕猎丛林狼大赚了一笔，理由是加拿大鹅服装公司对这种皮子的需求很大。"我个人倒是不怎么关心那篇报道，"保罗说道，"但毛皮采购商们心里却很是不安。他们说加拿大鹅公司不太愿意引发公众过多关注，因此他们很可能会丢掉这一市场。此外，报道也严重夸大了价格。我的意思是，干这一行没有谁能赚多少钱。我们之所以干，只是因为喜欢，而且目的是使野生动物种群数量控制在合理水平。"

说到这里，我便顺口问他小时候是否听说过陶乐茜、他怎么看她保护河狸这件事？我明显感到保罗上下打量了我一番，仿佛他的确知道一些事情，但在犹豫该不该说出来。在我再三请求之下，他最后终于承认了："她这人多少有点儿怪，不是吗？我的意思是说，她居然在家里养河狸……她将它们囚禁起来。河狸们并不愿意待在那里，是她不放它们出来！"

保罗的话勾起了我自己心里本来也存在的一种隐隐不安：河狸们真的愿意跟陶乐茜一起在她那逼仄的农舍里生活吗？在回忆录里某一处，她曾记录有只河狸从地下室挖了个洞逃走了。从陶乐茜跟她的河狸一起拍摄的很多照片中来看，某些河狸在她面前明显表现得完全怡然自乐，看上去非常开心。但会不会也有某些不太开心的时刻，只是她在讲述中没有将这些片段包括进去呢？按照当下的标准，陶乐茜的行为肯定不会获得允许。当我指出她持有州府允许她养河狸的许可时，保罗点头表示认同。他平常不太习惯跟任何人争执或抬杠。我问他当地周围的人是否认识陶乐茜，他说道："那当然，我们都知道她住在那里，但没有谁真正说得清她究竟在干些什么。我猜是跟河狸一起生活。"他叹了口气。显然，他对这件事并不怎么上心。保罗从来没读过她的书，但认为建立保护地确实是个好点子，特别是因为这样做一方面可以让捕猎人有河狸可捕，另一方面又可以让河狸幼崽有地可栖，可以建立自己的居舍。他接着说道："当地捕猎人都懂得这一点，但却一点儿都不在意，总以为那里有捕不尽的河狸……"他停顿了一下，然后慢条斯理地继续说下去："问题在于……我是说，要是河狸淹了人家的地下室，我会帮助人家解决问题……或者说，如果臭鼬或其他某种野生动物进了人家家里，我会帮人家把它从房子里弄出来；可是她……不管怎么说，她反正愿意让河狸待在自家地下室里。其他动物也一样。"他摇摇头："我觉得这事挺不可理解的。"

四

那辆小巧的蓝色掀背汽车车门打开时，首先进入我眼帘的是两条穿卡其色裤子的大长腿。"瞧，我带了点东西给你看。"一个轻快的声音随即传进耳鼓。一位个头高挑、身穿蓝夹克、脑袋上满是白发的男子出现在我面前。路易斯长着一张天生带笑的面庞，但显然是肩负使命、有备而来。他伸手握了我一下，随即快步走到车后，打开后盖，费力地想从里面拉出一块泡沫芯大白板，上面满满别着照片和文章。可是白板面积实在太大了，卡在了车子侧边。我们俩左腾右挪好容易将板子拉了出来，路易斯把它竖在地上。"这里说的是我爸爸的故事。"他满心自豪地说道，"年仅 17 岁的时候，他曾一路顶风冒雪，愣是从北边 23 英里之

外的阿迪朗达克山捕猎线路上安然无恙回到家里。那一天是 1930
年 2 月 19 日。我听说你对毛皮捕猎活动非常感兴趣。我爸爸绝
对是位了不起的户外达人，是纳特·福斯特的曾孙。""纳特·福
斯特？"我问，"你说的是我在历史学会看到那篇文章中所介绍的
那位捕猎人？"

"对，没错。"现在轮到我惊喜得满面笑容了。杰夫和帕特之
所以强烈希望我见见这位伙计，原来就是为了这个原因。

"你捕猎或狩猎吗？"我问。

"不，压根儿没干过。"路易斯答道，"我不喜欢户外活动。"

我们费了很大劲才将展板再次塞回车里，随后路易斯领我环
绕小瀑布镇游览了一圈。我们首先从原来老运河处出发，开车去
了 19 号水闸。据他介绍，除巴拿马运河以外，这里就是世界上
海拔最高的一座水闸。与河狸一样，我们人类也一直在努力控制
水流的路径。由于水流得到了妥善的控制，面前这条运河声音非
常安静。太阳此刻穿过云层露了出来，河谷上方依然覆满露水的
林子瞬间变得明媚无比，仿佛一团火焰。周围鸟鸣啾啾，我们一
路愉快地交谈，聊得甚是投缘。我听任他领着我四处闲逛，因为
我心里非常想知道，作为一个本地人，他最希望展示给我的都是
家乡的哪些景致。

路易斯·鲍穆（Louis Baum）退休之前是位商人，自幼在小
瀑布镇长大，婚后生儿育女，至今依然住在镇子里，两位已各自
成家的儿子及其他家人也都分散住在镇上。我非常感激他带我领
略小镇风光，浏览结束时，我对小瀑布镇的整体格局和氛围都已
有了基本了解，还去了陶乐茜当年工作过的图书馆。但当我问起
《河狸灵境》的情况时，他表示对陶乐茜究竟为何人一无所知，

也完全不了解她建立的那片保护地。"小瀑布镇是个了不起的地方。"路易斯满心欢喜地说,"他们还专门拍了一部关于小镇的电影,片名叫《完美之地》(A Perfect Place)。"我后来专门在谷歌上搜了这部片子,原来是约翰·卡拉辛斯基(John Krasinski)拍的一部恐怖片,片名其实叫《宁静之地》(A Quiet Place)。这次小镇环游轻松愉悦,与路易斯·鲍穆的会面也同样令人愉快,但更深入了解陶乐茜的目的似乎并无实质性进展,唯一的收获就是知悉了一个令人沮丧的事实,那就是:她终生致力于其中的事业,在小镇历史当今的守护者们看来似乎并不重要。后来,在查找有关纳特·福斯特(1766—1840)的资料的过程中,我发现他是位大名鼎鼎的捕猎和狩猎先驱。很多人认为,詹姆斯·费尼莫尔·库珀(James Fenimore Cooper)在创作《皮袜子故事集》(Leatherstocking Tales)中纳蒂·本波(Natty Bumppo)这一角色时,所参照的人物原型就是他。1834年,纳特·福斯特谋杀案曾轰动一时,法庭指控他谋杀了一位与自己有宿怨的原住民,但最终被判无罪。

直到车子开上一条狭窄的道路,两侧明丽如画的农田风光尽入眼帘时,我心中低落的情绪才稍稍有所缓解。我正驱车赶往多尔吉维尔小镇。1932年,陶乐茜及丈夫艾尔在这里双溪汇流的地方发现了一座凋敝破旧的农庄,决定将它租下来。时隔53年之后,两位来自纽约州中部雪城地区的科学家听了陶乐茜的一场讲座,并怀着朝圣一般的态度拜访了她。那次见面彻底改变了两人的生活。

莎伦和欧文·布朗在这一区域找了份工作,随后又在附近购置了地产。他们每周都去拜访陶乐茜,一边在河狸灵境帮工,一边跟她学习。她于 1985 年过世，之后他们付出了巨大努力，确保她建立的河狸庇护所得以保留下来。如今，他们依然在出版一份双年刊新闻简报，刊名还叫《河狸灵境》，以表对陶乐茜的纪念。又过了几年，他们成立了"河狸：湿地与野生动物"这家非营利性组织，旨在传承陶乐茜一生的事业，加强河狸保护公众教育。

第2节　保护地

　　小路从一片松林中穿越而过，一直通往坡底。渐渐地，透过树木之间的空隙，我们看见了水面。欧文大踏步走在前面，肩上扛着一个白色帆布袋，里面装着五磅重的碎玉米。帆布袋从他右肩上垂下来。他修长的双腿轻快地迈过地面，身后拖拽着的一捆幼树苗刮着地面。我紧紧跟上，手里也拖着一捆杨树苗。莎伦跟在我俩身后，扛着另一袋玉米，手里拿着一大把树莓藤条。太阳已经开始渐渐西沉，我们加快了脚步。路过几处汪水的泥沼时，我们只能踩在乌黑泥浆上搭起的一块块木板上缓慢前行。随后，我们跳过一条窄窄的溪涧。我们的目的地是这片湿地尽头的池塘，希望能及时赶到，看见如今栖息在那里的河狸。

　　我走到下一个转弯处时，欧文正等在那里。"这是我们的大塘子，"他指点着说，顺着他手指的方向，我透过树林间隙看见了一片辽阔的水面，"现在这里的面积大约有60英亩。再远处那个塘子的面积估计有15英亩。我们来到这里的第一年，河狸就造出了这两个塘子。"说完，他继续迈开大步向前走去。欧文瘦高个头，留一条灰白的马尾辫，嘴巴上方蓄着八字须，下巴上短短飘一绺山羊须。他很快便消失在林子中。我停下来等莎伦，她因为膝盖受了伤，只能缓缓地走在后面。没过多久，我就看见了她的身影。这是一位身材娇小的女人，下穿一条白色棉布裤，上穿一件白色长袖衬衫，花白的长发半隐在一顶浅褐色的低边遮阳帽下。赶上我时，她微微一笑，我觉得，那是所见过的笑脸中最最慈善、友好的一张。

"这是你们每天固定的程序？"我问。

"差不多吧。"她简短答道。莎伦不是个饶舌的人，讲话时声音虽然不高，但却非常清晰和自信。

考虑到她膝盖上有伤，我提议帮她拿着肩上的玉米袋子，她没有推辞。我将袋子甩在一侧肩膀上，感觉分量不算太重，扛着还算舒服。我俩沿着狭窄的小径继续往前，很快便下到坡底一片白皮松林子中间，随后又继续爬坡，最后来到一个台地上，面前顿时豁然开朗——池塘到了。欧文站在岸上，将几把玉米撒在地上，随后手腕一扬，又将几把扔进了塘子边缘位置的水里。在他身后，两头鹿从林子中探出了头。我看见了它们棕色的长脸、棕色的大眼以及翕动的黑色鼻子。它们安静地站在那里，没有去舔食玉米，而是满心好奇地等待着。鹿儿站得离欧文很近，他几乎伸手就可以轻轻抚摸到它们，但他没有理会鹿儿，只是继续一把一把地抛撒着玉米，以至堤岸上堆起了一小堆一小堆的玉米。再往他身后看是一座小小的木房子，房子紧贴堤岸建立，一部分伸出去，毅然悬在水面之上。一条坡道从岸边直通房子门前，在落阳的映照下，房门一侧的大窗户上呈现出一道金色的光华。

"那是我们的观景台。"莎伦一边往那里走一边说，"那里很温暖，当有各种飞禽虫鸟飞过来的时候，或者当本按捺不住好奇而走过来的时候，景象简直棒极了。"本是常驻这里的一只黑熊，也喜欢吃玉米，不过它更喜欢吃的是房子近旁平台上撒落的葵花籽，那本来是他们给越冬的鸟儿们准备的。我朝林子里瞥了一眼，心想，不知本今天好奇心够不够强烈，却听见莎伦说道："它这段时间好像没怎么来过这附近。"她从我肩头卸下玉米袋，示意我跟着她往右边走，那里有一个小小的河湾。"看见河狸居舍了吗？"两人差不多站到水边的时候，她冲我问道。我怎么会看不到呢！远远望过去，在水塘向右折弯的地方，有一座用树枝搭建起来的棚子，凌驾于水面之上。居舍看上去仿佛是河狸童话故事中的产物，均匀对称地立在那里，足足有 10 英尺高，四面是用树枝和树苗编织起来的格栅，上面的皮子已经被剥得精光。

莎伦开始将玉米一把把抛进水中。"这边稍微过去一点儿就是第一道水坝，"她解释说，"再远处另外还有一座。"我看见了小鹿，它正朝我们慢慢靠近，偶尔低头咬一口玉米，但多数情况下只是警觉地四处察看。突然，伴随翅膀扑棱棱的声音和一股股飞溅的水花，一群加拿大雁落在河狸居舍附近的水面上，并开始朝我们的方向游过来。

"我需要叫它们过来吗？"欧文问，手中的袋子已是空空如也。莎伦说："好，叫吧。"不等我反应过来，欧文已将双手在嘴边撮成了杯子的形状，高亢嘹亮的声音在水面上方回荡。"喔——喔——！"稍作停顿之后，"喔——喔——！"

"陶乐茜过去就总是这么呼叫河狸的。"莎伦解释道。从她的声调里可以明显听出来，这就是他们向这位女性致敬的方式，正是她，激励他们将自己的生命致力于河狸保护。

欧文的声音再次划过水面，随后一切重归宁静。我们静静地等待着。

"它们总是在现在这个时候出来吗？"我问。等待过程中那种紧张的氛围让我突然兴奋起来。我几乎感觉有点难以自持。长期以来，我一直在阅读有关河狸的资料，与人聊河狸，心心念念想的也是河狸，上个月的毛皮拍卖会上，又几乎将河狸皮子看了个够，但距离上次在我家池塘里亲眼看河狸游过来，哪怕是远远看着它游过来，时间也都已经过了太久太久。

"通常会来，"莎伦淡淡回答，"不过我们昨晚没过来，因为下了雨，另外风暴也很大，所以它们今天也许不会过来。"我们站在渐拢的暮色当中，感觉到寒意一丝丝降临，一边仔细聆听，一边焦急地等待着。突然，欧文的声音打破了暮色的宁静："快看，它们来啦！"

果不其然，最先进入眼帘的是一群破水而出的棕褐色鼻子，推开一道道标志性的 V 字形涟漪。它们仿佛一群列队飞行的雁阵，不急不缓地朝我们游来，然后，在距离水岸大约 10 英尺的时候，却突然潜入水下，消失不见。莎伦转身朝房子里走去，但我停留在原地，在距离岸堤不远处继续等待着。没过多久，一只河狸再次露出了水面，先是一道棕褐色的驼峰，随后，就仿佛玩偶魔盒游戏一般，一颗脑袋猛然破水而出，直勾勾地盯着我看。它的表情似乎充满了疑问，同时也极为沉着宁静。我屏住呼吸。它会突然逃遁吗？它离我那么近，我伸出手去就可以够到它圆润的鼻梢，但我仿佛变成了一截僵滞的木棒，尽可能一动不动站在那里。河狸一闪身钻进了水下，随后再次现身。现在的它半坐在浅水之中，两支前爪握成杯子的形状，俨如一只手握坚果的松鼠。浓墨一般乌黑的手指间，我隐约看见一丝金黄的颜色。原来它手里满满握着一把玉米，此刻正将手伸到面前，快速咬了一口，随即又将手放了下去，以便继续盯视着我，慢慢开始咀嚼口中的玉米。四周万籁俱寂，除了自己砰砰的心跳声，唯一进入耳鼓的只有汩汩的流水声以及河狸咀嚼玉米的声音。它不慌不忙地吃着，同时不间断地审视着我。它注目凝视的目光是那么炽烈，竟然令我感到一丝不安。有那么一刻，我甚至担心，它会不会突然从水中一跃而出，径直冲向我。但这份凝视，并不像捕食者看见猎物时那种冷峻的眼神，也不像怯生生的群居动物遇警时那种恐惧的眼神。这只是一份河狸的凝视，而此刻的这一只河狸，看上去是那么悠然自得。

很快，湖面浮起一道棕褐色的轮廓，又一只河狸将脑袋伸出了水面。现在，呈现在我面前的，是两只聚精会神咀嚼玉米的河狸。相比先前那只而言，后来的这只毛色更加乌黑油亮。它躲过我的视线，紧张地瞥我一眼，随即迅速将目光移开，一会儿再瞥一眼，再然后将脖子一晃，警觉地四下观望。与它形成鲜明对照的是，第一只河狸依然我自如故，不慌不忙。它双手掬起一把玉米，猛咬一口，随即很快抬头望向我，一边咀嚼，一边直视我的眼睛。它离我是那么的近，每次伸手到水下捞更多玉米时所搅起的水花声，听起来都是那么真切。我暗自寻思，在它的眼里，我究竟是个什么样子：一个影子？还是一种从来不曾见过的形状？与其说它是在看我，不如说是在嗅我，因此，令它如此好奇的，或许只是我身上弥漫的各种气息：小瀑布镇、我的汽车、咖啡馆，或许还包括我在来的路上吃的那袋杏仁。

更多的河狸陆续浮出水面，池塘中这一刻到处都闪动着河狸浑身棕褐、光滑油亮的身影。在英语中，我们对成群结队的各种动物大多都有一个专门的量词来描述，比如，鲸游结伴（pods）、狼行拉帮（packs）、乌鸦为阵（murder）、猫头鹰合伙（parliament）。对于群集而游的河狸，我却找不到一个专门对应的词来形容，因为很少能见到它们像我面前所看见的这般云集于一方小小的池塘之中。河狸不停地潜入水下觅捞玉米，随后又将头露出水面怡然自得地享用。在这一过程中，它们难免彼此磕碰、迎头相撞，于是它们开始相互交谈，或喃喃私语，或嗷嗷呼唤，共同构成一曲难得一闻的交响乐，回荡在这寂静的池塘上方。几只加拿大雁从河狸身边悠然游过，不时也将尖尖的喙伸入水下找寻玉米，但后者对它们却视若无睹。陶乐茜曾提到，据她观察，河狸是一种感情极为细腻丰富的生灵，会经常长时间厮守在一起，用黑乎乎的小手为彼此梳妆正容。而据亚奇·贝兰尼所言，撰写《荒野的朝圣者》（*Pilgrims of the Wild*）一书的过程中，那只陪伴他渡过了小木屋里孤寂时光的河狸杰里·罗尔（Jelly Roll）会经常深情地凝视自己，形如一尊胖胖的小版佛陀。但今天，我面前的这些河狸却仿佛一群快乐的精灵，忙忙碌碌，煞是招人喜爱。它们时而伸出灵巧的小黑手，自水下抓起一把玉米粒送到嘴边，时而敏捷地潜入彼此身下或近旁，仿佛在亲密地嬉戏。赫布以及我所遇见的大多数毛皮捕猎人在检查所捕获的河狸时，如果看到身上有咬伤或抓痕，都会情不自禁地感叹河狸是一种领地意识何等明确、攻击性何等强烈的动物。但今天，在我面前这间三世同堂（我事后得知）的河狸居舍里，一家人却是如此和乐融融，为争食而大打出手的情形似乎并不存在。

突然，一只加拿大雁开始冲着河狸群快速游动，长长的脖子蛇一般向前伸张着，嗓子里还不时传出愤怒的嘶声。显然，这是发起挑衅和攻击的信号。刚才，其他大雁被驱离时惊恐的鸣叫和翅膀拍打水面的哗啦声激怒了它。众河狸敏捷地闪身潜入水下，只留下宽大的尾巴舵一般在水面剧烈晃动。但没过多久便再次露出了水面，而那只愤怒的大雁已经游开，找其他大雁挑衅去了。河狸再一次占据了塘面，有的继续抓起一把把玉米尽情享用，有的则开始啮啮杨树和树莓藤上的叶子，抑或啮啮池塘边缘水中漂浮的苹果屑，后者也是欧文抛撒给它们的美食。一声尖利的哨音打破了宁静。

"是林鸳鸯来了。"欧文说。片刻后，一对林鸳鸯落在了池塘中，五彩斑斓的头部耸立起来，警觉地在水面上游弋。与此同时，鹿儿也来到了水边，开始小心翼翼地卷起玉米啃食。我仿佛置身于一场自然大片的场景之中，而演职人员的大军却尚未登场。欧文的手指越过池塘，指指远处一个正朝我们方向游过来的棕褐色影子，呵呵一笑说道："我猜麝鼠们今天也赶来与我们会面了。"很明显，他和莎伦两人都非常喜欢眼前的情景。

"我之所以断定是麝鼠，是因为它们游的速度相对要慢些。"莎伦向我解释说，"屋子里有双筒望远镜，咱们进去吧。"

然而，我纹丝不动地站在原地，尽管无数的蜉蝣在脸前不断地盘旋和叮咬。晚霞将天空变成了一片五彩霓虹，水面俨如深紫色的绸布铺向远方。我仿佛给钉在了地上，几乎不敢呼吸。过去这一段时间里，周复一周，月来月往，我始终都在思念着家门附近那片水塘中河狸的身影，即使明知它们早已一去不复返，但隐隐的期待依然还是会不时浮现在脑海——它们会倩影重现吗？但这一刻，我就站在这里，一只活生生的河狸近在咫尺，距离之近，此生从来不曾经历；而且当我屏神注目凝视它时，它也对我深情回望。在它的面容之中，究竟是一种什么样的东西，看起来竟是如此似曾相识？我仿佛被某种东西击中了心扉：这种既充满信任又流露无限好奇的表情，我以前一定见过。时光开始倒流：我站在没腰深的池塘中，爱犬柯达在塘子另一端游弋，可能是因为游开得太远，我唤它回来，它立即转身朝我游过来。我仿佛又一次回到了那一时刻，默默地凝望着她那一张典型的猎犬面庞，眼神中写满无尽的爱恋。

一只蚊子将毒刺进了我的面颊，随后又是一只，但我依然一动不动。最后，一股剧烈的刺痒突然袭来，面颊上感到一阵烧灼，我忍不住伸手用力拍了一巴掌。河狸应声潜入水下，魔咒也随之解开。柯达已于去年夏天过世，但在那之前长达 14 年的岁月里，它始终都是引领我走进动物世界的大使。在林子中漫步的时候，每次首先发现河狸的都是它，带领我找到那么多新奇发现的也是它。在不同物种之间，究竟是一种什么样的因缘际会，才使得我们豁然洞开，意识到这世界是如此辽阔，远超出了我们仅仅依靠人类自身所能感知和认识的程度？将视线从河狸身上移开，转身快步去追赶莎伦和欧文那一刻，我的双眼竟一阵刺痛，心中略微升起一丝诧异的感觉。他俩早已走进了房间。

我们为什么会对某些动物热爱有加，而对其他动物却充满嫌恶？对于动物行为学家而言，比方说，对于《同兽不同命：有的得宠、有的招憎、有的沦为盘中餐》（*Some We Love*，*Some We Hate*，*Some We Eat*）这部经典巨著的作者海尔·贺佐格（Hal Herzog）来说，个中原因不言而喻。我们所喜欢的动物，大多都与婴儿时期的人类相类似：脑瓜硕大、双耳突出、眼睛溜圆。这一点似乎合乎情理。作为灵长类动物，视觉是我们最发达的一种感官，眼睛可以传递情感，而如果生活在一种复杂的社会体系之中，读不懂情感也便无从生存。贺佐格将其理论进一步阐发，提出了一个关乎生物需求的模式图。我们也喜欢对自己有用的动物，不喜欢对自己毫无用处的。腿也是一个关键因素，因为在这方面我们总是非常挑剔。有人喜欢毛毛虫这类长着很多腿的动物，但也同样有人喜欢像蛇一样压根没腿的动物。我们往往喜欢那些与我们之间存在某种关联的动物，因此，看见一只河狸（或者一条狗）盘腿而坐望着我们的时候，心中会情不自禁地产生出一种心心相印的感觉。当然也有例外的情况。

在他那部不走寻常路的纪录片《由多快好省至失控》（*Fast, Cheap & Out of Control*）中，埃罗尔·莫里斯（Errol Morris）跟踪记录了四位在各自领域堪称天才的人物。其中一位终生致力于研究生活在东非地区的裸鼹鼠，对这种动物情有独钟，仿佛从来不曾注意到它可能是人们所能想象得到的最丑动物：粉嘟嘟的身体又瘦又长，浑身不长一根毛发，四肢短小，脑袋尖尖，头上顶着一排弯曲的白牙，象牙一般长长凸在外面。他给这些东西起了一个昵称——小沙狗。这位研究人员将一只裸鼹鼠捧在手心，聊起这种动物来时常常是声带兴奋、目露倾慕。显然，他认为正在手里啮咬着自己手指的这种干枯瘦削的小生灵身上存在着无尽的魅力。他眼睛里闪着亮光，介绍说这种东西虽然属于哺乳动物，但生活方式却与昆虫类似。它们生活在庞大的地下巢穴中，像蜂群一样有着严密的组织形式，每窝只有一只雌性鼠王，管辖着规模庞大的工鼠队伍，有的负责守卫安全，有的负责打洞，有的负责觅食。鼠群中只有鼠王拥有繁衍生殖功能，当食物短缺时，它们会杀死年老体衰的鼹鼠，以确保年富体强的鼹鼠有充裕的食物供应。对于这种所谓的"小沙狗"了解越多，我也就越加确定，要是面前有一只这样的丑东西朝我跑过来，我一定会吓得仓皇逃窜。但如此近距离的观察过这些河狸、倾听过它们叽叽喳喳的声音之后——其中一只仿佛可以直视我的灵魂，我几乎无法驱使自己从它们身边移开脚步。这让我不免想起了陶乐茜、米尔斯以及亚奇·贝兰尼，因为他们都曾坚称某些河狸与自己结下了深厚的友谊。

莎伦和欧文在野生动物恢复方面有着良好的职业素养，似乎可以与河狸保持一定的距离。一走进房间，莎伦便立即坐下来，开始在她放在那里的一个本子上做记录。欧文则在远端窗户前一把折叠木椅上坐下，用双筒望远镜环绕池塘四下巡视。我走进来时，莎伦冲我指指推拉玻璃窗旁边的一把小凳子，从那里可以俯视池塘另一侧的景色。我在小凳子上坐下，看见两只……不，是三只……四只河狸正在杨树枝间忙碌地游来游去。更多的河狸游了出来，现在我已经数到了第九只。

"我还担心它们今天不会来呢。"莎伦自顾自说道。

但欧文用鼻子哼了一声，眼睛依然紧盯着望远镜："它们当然会来的。"

突然，一只河狸拿起一根树枝，缓缓向远处游去，另一只也效仿着紧随其后。

"它们是打算把这些树枝带回到居舍里，"莎伦简单说道，"很可能是带给河狸宝宝吃。我们去年看到下了两窝，现在居舍里应该有宝宝。"她接着介绍说，池塘里共有三座河狸居舍。"宝宝出生之后，它们似乎喜欢另外新建一座居舍。"她解释道。河狸们会在这些居舍间轮流居住。即使某一个季节里河狸不住在里面，居舍也不会白白空着，因为根据文献记载，麝鼠、水獭，甚至水貂，有时都会在废弃的河狸居舍里寄宿借住。

不久之后，我看见一只毛皮微微泛红的河狸朝紧邻岸边水面上漂浮的一根柳枝游了过去，随后开始慢慢进食。它先是吞了几片树叶，接下来做出的动作我仅仅在书本中才见过。它用双手抓起几片树叶，将它们团成热狗一样的形状，然后再送进嘴里。我简直惊呆了——它吃得竟然是那么讲究、那么享受，又是那么有条不紊。不到片刻，它已经将枝条一端的叶子吃了个精光，还咬掉了上面细小的嫩枝。又一次，它举起了那双神奇的黑色小手，转眼便啃光了树皮，就仿佛在咀嚼一根玉米棒。嫩枝吃光之后，它抛下树枝，接着到另一根上继续同样的动作。它进食的方法疯狂而不失条理。没过几分钟，整根树枝上的叶子和嫩枝就都已被剥得精光，只剩下一根光秃秃的干枝。现在，河狸将幼树光秃秃的干枝握在手中——透过澄澈的池水，我可以清晰地看见乌黑的小手指在竿子上来回移动，反复掂量，俨然就像商人正努力抚平一片布匹。它在掂量什么？它就那样反反复复持续了好几分钟，不停摆弄着手中的幼树枝干，动作一如乐队指挥般娴熟，最后才终于下定决心，将它从水中拿出来，缓缓送到脸前开始啃食。河狸尖利的牙齿啃食树皮的柔和的声音，顿时与周围其他的声音融为一体。

"看见尾巴上有疤那只大的了吗？"莎伦一边问，一边指向一只河狸。那只河狸尾巴上一侧一个大豁口赫然在目——形状仿佛一个巨大的箭头。"那是妈妈，个头小一点那几只大概是一年龄幼崽，在帮助照顾新生的河狸宝宝们。"莎伦说。

我后来得知，他们给它起了个名字，叫瑞芭，是根据著名歌手瑞芭·麦肯泰尔（Reba McEntire）的名字起的。

阳光穿透树林射过来。经过几乎一个月雨水的洗礼，世界洗刷一新，俨然变成了一枚璀璨的珍珠。我们静静地聆听着林中鸟儿的歌声、河狸潜入水下时发出的轻柔涟漪声，间或，也会有大雁的嘶鸣传入耳际。突然，一只河狸尾巴一甩，紧贴堤岸灵巧地潜入了水下。

"它是想干什么？"我问。

"说不准，"莎伦回答道，"它们可能不喜欢某些东西吧。"

我们现在看见水中出现了一些小小的影子。原来是河狸宝宝们游过来了，它们的样子非常可爱，形态和大小都与刚出生的小猫咪非常相似，脑袋小小的，时刻都保持着警觉，扁平的尾巴也极为小巧可人。每一只河狸宝宝的眼睛都非常明亮，它们游到其他河狸身边，在后者身旁不停地游弋嬉戏。它们才刚刚学会潜水，因此并不太急着潜入水下寻觅玉米。河狸宝宝们满心好奇地望着我们，却又不敢游得离我们过近。不久，三只河狸宝宝开始在三只一年龄幼崽身旁翻滚打闹，后者正忙着采集鲜嫩的杨树叶子。一只黑鹂鸟从头顶掠过，但河狸宝宝们依然在不停地哼哼唧唧，不停地撞进一年龄幼崽的怀中、潜入它们身下。无论从音质还是鸣叫的方式来看，宝宝们轻柔的叫声都与人类新生儿所发出的声音高度类似。但同时，这些宝宝也都是非常淘气的小坏蛋，其中有一只试图潜入到某只一年龄幼崽身下，但只往下潜了一点点，然后就猛然一蹿，再次撞向后者身体一侧，一边欢快地"吱吱"叫；紧接着，这只宝宝又开始去拉扯后者正咀嚼着的树叶。一年龄幼崽极为耐心，对宝宝的恶作剧视而不见，但这只淘气的宝宝现在开始变本加厉，不停地快速游向其他一年龄幼崽，在后者吃食的过程中猛然撞到它们身上。负责照顾宝宝的幼崽们实在是受够了——其中一只生气地用嘴叼起一根杨树枝，开始朝居舍方向游去。其他两只幼崽仿佛得到了某种暗示，也随即效仿，三只小宝宝也赶紧跟了上去。我随即目睹了一场壮观的河狸游行表演：大河狸、大河狸，紧紧尾随的是小河狸、小河狸、小河狸，第三只一年龄幼崽则游在队尾，负责断后。每只幼崽都拖着一根杨树枝。

在外围，五只大雁正静静地在水面游弋，像五艘洁白的大舰艇，又如同负责警戒的岗哨。当游行的河狸队伍靠近时，大雁悄无声息地划开，然后在旁边不停地转圈游动。与此同时，两只年长的河狸，也就是瑞芭和另一只很可能是她配偶的河狸，正在岸边自顾吃着东西，对河狸宝宝们生气走开的情形视若无睹。呈现在眼前的这一幕景象，是如此安谧祥和、如此滑稽可乐，同时也美得令人心碎。

暮色的阴影渐渐在林子上空聚拢，春雨蛙们开始了它们的聒噪，这是新英格兰地区春天已经来临的声音标志。刚开始，我们听到的只是几声孤独的鸣叫，这里一声长鸣，那里一声嘶叫，零零散散分散在林子各处，但不久之后，仿佛一道光亮刹那照亮了整片树林，这种个头小小的林蛙的大合唱便开始响彻四周。我看了一眼手表，时钟指向下午 6：50。莎伦问："咱是不是该回去了？"欧文加重语气回答道："对，该回去了，我都有点饿了。"我们穿过林子往他们家的方向走，在渐渐黯淡的天光里，不由加快了脚步。小鹿跟着我们走了一会儿，随后便失去了踪影。

一

在其回忆录中，陶乐茜曾描绘过他们在 6 月份的某个日子里初见两溪汇流处这座小小的农舍时内心里那份无比的欣悦。那是 1932 年，不久前，艾尔丢了在某木材公司的工作，他们夫妇于是决定返回故乡小瀑布镇，与陶乐茜的家人一道生活。经济大萧条的余波尚未完全消散，与当时大多数美国人一样，艾尔和陶乐茜夫妇日子过得紧紧巴巴，强烈渴望重新开启一份全新的生活。陶乐茜希望在乡下找个地方重新开始生活；自童年遭遇肺结核打击以来，医生一直都建议她尽可能多呼吸新鲜空气。艾尔和陶乐茜听说，在小灵境溪与中灵境溪两河汇流的地方，有一间废弃的农舍。于是，在 6 月份的某一个日子里，两人带着家里的两只波士顿斗牛犬——巴格西和高迪一道驱车前去考察。从视线初次落在这地方那一刻起，陶乐茜便深深爱上了这里的一切——凹陷的屋顶、腐烂的木梁、房子四周疯长的凤仙草和蕨类植物，都让她着迷；最为吸引她的是，房子依偎在双溪汇流形成的一座宽阔敞亮的小岛上，两侧都是溪流。艾尔一开始倒是不以为然，但每月租金只要 4 美元，而且陶乐茜坚持想要。更何况这里距离小瀑布镇仅 8 英里，往来都十分方便。那时这里还没有河狸，极目眺望，所见的只有寂静的林子；侧耳聆听，所闻只是两溪潺潺流过的声响。两条河自这里奔流而下，首先汇入灵境河，再依次与加拿大河及莫霍克河合流，最后注入波澜壮阔的哈德逊河。陶乐茜即刻便意识到，这里就是自己梦想中的栖居之地。

搬来之后的第一个晚上，由于床虱和蚊虫的滋扰，他们几乎无法入睡，但陶乐茜却彻彻底底爱上了这个地方。转年春季，她从母亲那里继承了一笔钱，于是买下了这处房产，另外还在周围购置了 100 英亩土地。她家的林子里当时还没有河狸出没，因为这种野生动物尚未回归阿迪朗达克山南麓地区。陶乐茜在小瀑布镇一天天长大的那段岁月里，河狸早已消逝不见。及至 1890 年，整个纽约州已知尚存的河狸栖息地仅剩一处，位于萨拉纳克湖附近。1904 年，纽约州从黄石公园引来 14 只河狸，并将它们分散放归于阿迪朗达克公园之中，截至 1932 年，该项河狸恢复工程已使得河狸种群数量明显增加。

得益于该河狸恢复项目，陶乐茜日后偶然间发现了河狸。1935 年，也就是他们搬入这里三年之后，艾尔在州保护局上班的几位朋友打来电话，说正在找一个合适的地方放归两只河狸。艾尔和陶乐茜表示同意。同年 9 月，两位男士来到了这里，每人带着一只粗麻袋，里面分别装着一只河狸。他们在林子中循小灵境溪逆流而上，找到一处水流相对平缓、相对更适合河狸生活的位置，因为她家房子附近的水流过于湍急。陶乐茜依然记得，两只河狸爬出袋子，抖抖身上的绒毛，滋溜一下便钻进了水中。此后，她没再特别关心河狸，直到两个月后，才与艾尔一道跋山涉水，回到放归地去察看情况。她在书中描绘了自己当时那种无比惊讶的心情，因为小溪面貌已经彻底改观，变成了一片令人赞叹不已的林中池塘。两只河狸已经筑起了一道水坝，另外还修了一座小小的居舍。

那年冬天，陶乐茜和艾尔担心河狸可能挨饿，因为它们没能有足够的时间积累起必要的储备粮垛。于是，他们开始踏着厚厚的积雪去看河狸塘，并在居舍旁留下一些苹果和杨树枝。尽管积雪深厚，陶乐茜还是每天都尽可能在池塘边待上一段时间，希望河狸能够出现。每天留下的食物消失了。转眼到了夏季，陶乐茜待在池塘边的时候，河狸渐渐开始现身，并一点点习惯了她的存在，先是敢当面吃她带来的食物，最后竟学会了直接从她手中取食。他们将这两只河狸分别命名为大力士和小妖姬。

接下来的两年时间里，陶乐茜白天去文具店上班，然后利用晚上一切可能的时间，为河狸送去胡萝卜和苹果，并陪它们坐一会儿。她在回忆录中介绍，她与艾尔达成一项协议：她每周陪他在小瀑布镇打一次纸牌，但作为交换，他得帮助自己照顾河狸。她讲述说，小妖姬与自己之间形成了一种尤其特殊的亲情纽带，每年春季都会带着新出生的河狸宝宝来给她看。在她这段时间所拍摄的照片中，我最喜欢的一张显示她坐在池塘岸边，双腿长长伸开，一排河狸整整齐齐坐在她腿边。众河狸半蹲半坐，样子就如同一排被当宠物饲养的狗。我可以明显看得出来，每一只河狸对自己所排的位次、前爪中所握苹果的数量，全都心满意足。陶乐茜双眼直视着相机镜头，满面灿烂的笑容。另一张照片中，她坐在平时勘察池塘时常用的那艘平底船上，结伴而行的是一只满心好奇的河狸，正瞥着眼望向一旁。望着这么多陶乐茜被河狸环绕着的照片，似乎很难意识到，这些都是她结交的野兽朋友。

随后，3 月初的某一天，陶乐茜和艾尔正冒着寒风前去河狸塘查看，突然发生了一件惊心动魄的大事。两人一走到塘边，就发现河狸居舍的屋顶塌了下去。他们将目光投向居舍周围涌动的流水，看见了一块类似浮木之类的东西。浮木在同一个位置上不停地露出水面，随后消失不见，一会儿再次出现。直到这时他们才反应过来浮在那里的东西究竟是什么——那块棕褐色的木板原来是一只河狸的鼻子！一只河狸被水下的某种东西绊住，每次浮上来的时候，鼻子刚刚露出水面，就会被下面的东西再次拉扯下去。来不及犹豫，艾尔一下子扯掉外衣，纵身一跃跳进了急流之中。很快，湍急的漩涡就漫到了他的胯部，随后上涨到胸部。靠近河狸身边的时候，他将手臂伸进水里，捞出一截圆木，上面系着一副钢制的捕猎套子，套子里卡着一只河狸。艾尔费了好大力气，终于将卡在套子上的河狸和猎套都带到了岸上。这时他们才意识到，那只河狸原来是小妖姬。艾尔把它从猎套上一解救下来，小妖姬便昏了过去。艾尔还得带着它越过小溪。他将重达50磅的河狸抱在臂中，蹚水走进了汹涌的河水中。在某一处，水甚至完全没过了他的头顶。陶乐茜记得自己不停地呼喊："回来，回来！"因为艾尔根本不会游泳。好在有惊无险，艾尔终于站稳脚跟，设法上了岸。陶乐茜将河狸包裹在艾尔的外衣里，他急急忙忙将它带回家中。陶乐茜四处寻找，看是否还有其他猎套，然后藏到了灌丛中，生怕捕猎人刚好在这个节骨眼返了回来。据她讲述，她久久地坐在池塘边，满心想到的都是这桩谋杀事件。

当天晚上，他们用羊绒毯子裹住小妖姬，将它放在楼上空着的一间卧室里，随后，精疲力竭的两人才躺下休息，心里祈祷它能挺过这一夜。半夜时分，陶乐茜突然被一阵噪声吵醒，随后又是一声巨响，仿佛什么东西被打得粉碎。她打开门，发现那只河狸正在忙忙碌碌搬动屋里的家具。原来是它咬掉了一张红木梳妆台的桌腿，致使桌子"哗啦"一声倒在了地上，现在又在接着啃食一张书桌。为了盯着河狸，避免造成更大破坏，陶乐茜悄悄钻进那间屋里的客床上。不等她反应过来，河狸就摇摇晃晃来到了床边，爬上旁边的一个箱子，定定地盯着她看。"它目不转睛地直视着我的双眼，"陶乐茜写道，"从我躺着的地方看，它的目光刚好与我的视线在同一个水平。它的表情和模样是那么温柔，我一开始时的恐惧感瞬间消失得无影无踪。"

小妖姬没有满足于仅仅凝视着陶乐茜，很快便决定爬到床上，俯身坐在她胸口。据陶乐茜所言，河狸随后开始在房间里四处寻摸。它钻进床底，发现了床垫底下的钢丝弹簧，于是开始不停挤压，致使陶乐茜仿佛躺在一张跳床上，上上下下不断起伏。再后来，河狸看见了地上待安装的水泵，于是使劲推了一把滑轮，看着轮子飞速旋转。它又是拖地毯，又是推椅子，在房间里忙个不停，将室内的家具布局彻底变了个样。直到那时，改变所处环境的强烈愿望得到满足之后，河狸才又一次爬回到床上，蜷缩着身子，与陶乐茜背对背躺下。再之后，小妖姬酣然进入梦境。

"我感觉，正是小妖姬不幸被套捕的那次经历，促使我整个余生都一直致力于河狸保护和研究。"回忆及这起惊心动魄的事件时，陶乐茜如此写道。随后那一年，她继续写道："等到 11 月份的坚冰封冻了池塘的时候，我已经被一步一步引领着走进了一种此前做梦都不曾想到过的生活。"

第二天，他们将小妖姬送回到池塘，但它没有在那里继续待下去。显然，整个河狸家族都已感觉这个地方不再安全，不久之后便举家迁移离去。陶乐茜记录下了看到空旷无物的居舍、想起那一晚温情的陪伴时，那种怅然若失的心情。其后没过多久，在陶乐茜 46 岁那年，她因腹部感染而大病一场，被人用担架抬着送到小瀑布镇，在医院住了几个月。就是在这段时间里，她读到了加拿大河狸保护先驱、自称"灰猫头鹰"的亚奇·贝兰尼的作品。在后者的感召和启发下，特别是他有关养育河狸宝宝的那段文字的感召之下，陶乐茜在康复之后致信保护局，申请领养两只河狸宝宝，进行圈养和研究。保护局同意了她的申请。

陶乐茜圈养河狸的目的是加深自己的研究深度，创建与公众分享相关知识的机会。那年4月，她终于从病榻上站了起来，一路艰难地走到了池塘边。令她无限惊讶和欣慰的是，小妖姬又回到了那里，并且带回了一窝小河狸宝宝。

他们从小妖姬的宝宝中选出两只带回室内饲养。不幸的是，第一对宝宝随后因故死掉，不过，艾尔和陶乐茜也从中吸取了教训，得知年龄过小的河狸宝宝可能从人身上感染病毒。因此，收养了另一对宝宝之后，在最初几周时间里，他们接触河狸宝宝时都小心翼翼地戴着口罩。这两只宝宝存活了下来，并于一年之后生产，从此之后，一代接一代的河狸便挤满了陶乐茜小小的房子，直到她最终辞世。一开始，他们在地下室为河狸提供了一个游泳区，随后又专门额外新建了一个 5 英尺 × 10 英尺的池子。陶乐茜在回忆录中讲述到，与河狸相处的时间因此大幅增加："那年冬季，我将绝大多数时间都花在了地下室中。我自己俨然也变成了一只河狸。我帮它们拦水筑坝、与它们一起打闹嬉戏、与它们交谈，也被它们完全接纳，成了它们中的一员。"

对陶乐茜影响最大的一个人就是亚奇，也就是自称"灰猫头鹰"那位作家。陶乐茜因病不得不卧床休息的那 10 个月中，大量阅读过后者的作品。1888 年出生的亚奇是位真实存在但身份却又不太真实的人物。他身上穿的手工鹿皮衣服总是显得一丝不苟，深褐色的头发被染成了纯黑色并编成两条辫子，看上去与他努力想要扮演的人设俨然没有丝毫差异——一位刚刚从加拿大蛮荒旷野中走出来的原住民。他面庞英俊，如刀削斧凿一般，头戴一条发带，其上还插着几根老鹰羽毛，完全满足了观众对他的期待：一位身份高贵的原住民，凭借自己的人生阅历和文化熏陶，终于成就了自己作为旷野代言人的权威地位。从回望的视角来看，他这种公然假扮"高贵的野蛮人"（这类事情在西方文化中有着悠久的历史渊源）的闹剧很难不令人发指，无耻地盗用美洲原住民民族身份的行为也很难获得人们的谅解。但尽管如此，颇具讽刺意味的是，正是这一虚构的身份，使得亚奇赢得了大批的读者和听众，而假如他以英国人的身份来为旷野蛮荒代言著书，则恐怕很难产生如此巨大的影响力。从多重角度来看，"灰猫头鹰"只是个虚构的传说，但却为他自己实实在在投身其中的事业赋予了几分真实性和可信度。

假借和盗用美洲原住民民身份的人物，亚奇·贝兰尼并非首位。亚奇主要活动范围在加拿大，而布法罗酋长"切尔德·朗·兰斯（Child Long Lance）"则公然频频现身于《水牛比尔的狂野西部秀》（*Buffalo Bill's Wild West Show*）节目中，借此在公众中引发了强烈的反响。直到他去世之后，人们才惊讶地发现，朗·兰斯原名西尔维斯特·克拉克（Sylvester Clark），出生于北卡罗来纳州，压根不是什么凯乃族酋长，而只是位脑子十分活泛、意志非常坚定的混血儿。"灰猫头鹰"只是拿自己美洲原住民这一身份推进自然保护事业；与其截然不同，朗·兰斯虚构这一身份则是为了躲避种族主义，因为按照当时南部地区盛行的《吉姆·克劳法》的"百分之一原则"，他只能被划定为黑人。此外，朗·兰斯本人也以布法罗酋长这一身份捞取了巨额的财富。

二

有关亚奇过往的资料我读得越多，越感觉自己仿佛在打开一套俄罗斯套娃。从来自英格兰黑斯廷斯的亚奇的照片上，我所看到的是一位出身于体面的英国中产阶层的学生，光滑油亮的头发整洁地梳向脑后，一条品种纯正的柯利牧羊犬俯首帖耳地站在身边，仿佛在等候主人随时发出命令。但亚奇当时正与几位年事已高的姑妈一起生活，虽然外表上看起来还算体面，但实际上爸爸是位酒鬼加花花公子，母亲则是位命运多舛的童养媳。亚奇还是个刚出生不久的婴儿时，就惨遭父母遗弃。就连身旁那只小狗，也都不属于他，而是属于姑妈，因为她喜欢养柯利犬。在他们的家族史上，连续几代男人都是花花公子。不难理解，为什么聪明伶俐却又孤独无比的少年亚奇要将童年以及少年时代那么多的时间都用于阅读有关美国西部的书籍；也不难理解，为什么十六岁那年他会感觉唯一的出路就是踏上开往加拿大的蒸汽轮船一去再不回头；同样不难理解，为什么刚一抵达，他就急于改头换面，重新打造自己。他非常崇拜北美洲原住民文化，而且没有人了解他的过往。因此，开始与一群奥吉布瓦人生活之后，他也便将这一文化当作了自己的原生文化。

固然，对于这位来自英国的白人男子所撒下的弥天大谎，对于他盗用原住民民族身份所享受的种种复杂的优越感，我们很难原谅，但对亚奇了解得越多，似乎也越能分明感觉到他自身的苦恼与困惑。不过，陶乐茜一开始读到《荒野的朝圣者》时并不了解他身份的真相，而他的作品却对她产生了巨大的激励作用，鼓励她勇敢地从病床上重新站了起来。

他那些发生在加拿大蛮荒旷野的惊心动魄、悬念丛生的历险故事，想必一定曾令陶乐茜沉醉其中，不能自拔。亚奇在书中编织了一套浪漫无比的冒险传奇，故事的核心主线则是一位荒野捕猎人蜕变成为一位河狸保护先驱的心路历程。在亚奇捕获并杀死一只河狸之后，他与自己的奥吉布瓦族妻子阿纳哈雷奥（Anahareo）分明听到了居舍中河狸宝宝的哭叫。阿纳哈雷奥坚持认为，他们必须担负起抚养河狸宝宝的责任，因为是自己杀死了河狸宝宝的妈妈。亚奇表示反对，但阿纳哈雷奥态度很坚决，于是他们将河狸宝宝带回自己的小木屋，一开始用柔嫩的枝条蘸上浓缩牛奶给河狸宝宝们喂食，后来又用汤匙喂河狸宝宝们喝粥。自然，河狸宝宝们不可避免地形成了对他们的强烈依赖，时常依偎在他们的怀里，而亚奇则很快便被宝宝们的叫声深深感化。据他描述，河狸宝宝的叫声与人类婴儿非常相似。在随后的章节中，亚奇继续为读者们提供了一篇接一篇的阅读盛宴，以栩栩如生的笔触描绘了他们的生活，而这些故事的主线则是麦金蒂、麦金尼斯这两只河狸成长历程中的诸多点滴趣事。他写道，以前对于河狸的了解仅限于自己的捕猎线路，而如今，河狸们则频频给他带来无限的惊喜："这些生灵同样拥有情感，而且也非常擅于表达；它们会说话，有爱心，懂得寂寞的滋味——俨然就是聪明可爱的小人儿！"

接下来的多年里，亚奇继续以"灰猫头鹰"这个名字撰写并发表了大量作品。耐人寻味的是，他所提倡的保育理念将旷野保护与"明智利用"这两个目标相互融合，而后者也正是西奥多·罗斯福总统所力主的观点。与罗斯福相同，他所深恶痛绝的是人们在贪欲驱使之下对这些资源的过度滥用。他曾写道："我并不认为应该以任何方式完全废止狩猎行为，但……捕猎过程中所采用的方式切不可过于残酷，不应将野生动物视作玛门财神祭坛上的燔祭。"自打小妖姬那次死里逃生的经历之后，陶乐茜就开始强烈反对任何形式的捕猎活动，我心下不免纳闷：促使她致函相关部门、申请在家中饲养河狸宝宝的动因，不知是不是因为从亚奇那段描写中受到了启发，因为后者曾讲述连续几个月在小木屋里饲养一只他给起名杰里·罗尔的河狸宝宝。她在回忆录中写道："他所写的每一个字，都进一步增强了我更深入了解（河狸）的强烈愿望。"

亚奇·贝兰尼与陶乐茜出生于不同的大陆，年龄相差八岁，彼此间还隔着性别角色定位的深沟巨壑，从表面来看，他们之间的差异原本较大。假如将两人并置对比，他们生活的轨迹似乎完全就是南辕北辙，唯一的共同之处在于，两人都终生致力于野生动物及河狸保护事业。从诸多角度来衡量，我们可以认为陶乐茜在一定程度上是继承了亚奇保护理念的衣钵。

三

第二天清晨，我们早早起了床。欧文已喝下了三杯咖啡，整装待发。只需罩上一件实验室白大褂，他就是十足一副狂热科学家的派头。话说回来，鉴于他多年研究和教授化学的经历，在一定程度上他确实就是一位科学家。莎伦的形象则刚好相反，文静寡言，机警敏锐，堪比一只棕色的小鹪鹩。我们跳上车子，很快便开到了目的地。呈现在我面前的，就是河狸灵境。

脚步一迈出车子，我便听见了陶乐茜在书中所描写的小灵境、中灵境，两条溪流潺潺的声响。房子四周荒草丛生，给人一种破落凋敝的感觉。有一处，荒草几乎没过了窗户下边框。房子旁边，一度曾被陶乐茜用作户外池塘的地方已然干枯，同样湮没在萋萋荒草之中。陶乐茜从两条小溪的名字中得到启发，给这个地方起名为河狸灵境。这里两溪环抱，远处是一片幽静的林子，呈现出一幅浓郁的田园风情。我可以明显看出，陶乐茜何以对这个所在一见倾心，恨不得立马就搬进来。

我扒着窗户里张望过去，第一感觉仿佛自己正在朝拜一个圣地——陶乐茜的高背扶手椅、她与"闹闹"共进午餐的那张小桌子都依然静静地摆在那里。穿过门厅是间逼仄的厨房，还有通往二楼卧室的楼梯，小妖姬曾在那间卧室里兴风作浪，然后躺下来依偎在她身边。如果说我正在进行一场朝圣之旅，那么这里便是我的天堂之轴（axis mundi），然而，我反应过来之后发现，房子实在是太过逼仄——与 14 只河狸共同生活在这狭小的空间里，陶乐茜究竟是如何做到的呢？我突然想起了保罗说过的那句话，说感觉河狸是被囚禁在这里的。但尽管环境不像自然环境，但它们却在这里生生不息，繁荣兴旺。"闹闹"一直活到十四岁，其他很多河狸也同样活到高龄。在旷野环境下，河狸的平均自然寿命仅为十年。我猜想，假如被恼羞成怒的某只河狸咬伤或攻击过，陶乐茜一定会将这一经历记录下来。莎伦和欧文与她共处的时间很可能比其他任何人都长，但从来没发现河狸表现出过攻击人的迹象。但陶乐茜观察河狸的场所不是在大自然旷野之中，而是在人类的家居环境之下，这一客观事实不免让人对其观察所见的某些情况的科学价值打上一个问号。显然，在人为环境下生活的过程中，河狸将可能学会调整和适应。"大块头"对陶乐茜是那么依恋，很长一段时间里甚至就睡在她的床上。而"闹闹"则如同一位事事模仿父母的乖宝宝，曾试图模仿陶乐茜在厨房做饭时的一举一动，而且无论陶乐茜到哪里，它都会影子一般紧随在她身后。

我凝视着那把高背扶手椅，陶乐茜就是在这把椅子上拍下了众多照片，河狸要么依偎在她怀里，要么两腿直立，站在椅子旁边的凳子上，孩子一般将爪子放在她的膝盖上，乖乖等待着她变魔法般拿出一颗苹果来。她手边时常摆放着一木碗爆米花，作为对河狸的奖励和款待。椅子旁边还有一面小木鼓，那是经常到访的某位半易洛魁血统男子赠送的礼物。欧文讲过，这里常常是个充满欢乐和喧闹的场所，河狸们频频拖走陶乐茜的地毯与她逗乐；或者为了吸引她的注意，将身边的家具搬来挪去。陶乐茜显然与它们非常亲近，因为"闹闹"去世之后，她曾深更半夜打电话给莎伦诉说心中的悲伤。

"重返这里真的令人感伤。"到这所房子一会儿之后，莎伦喃喃说道。我问是否可以沿溪走走，一直走到最初那两只河狸放归自然的位置。我们循路出发，但没过多久就迷失了路径。莎伦解释说，自陶乐茜过世、土地托管机构接手这里之后，他们也就很少再回来过。我们走过一片区域，左侧是个采石场，还有伐木的迹象。莎伦看上去情绪低落。土地托管机构运营出了问题，他们希望新近接手的尤蒂卡动物园能更好地管护好这片田产。

我们尝试往下走，到林子中看看，但荒草湮没了小径。我本想亲眼看一看陶乐茜曾日复一日在旁边坐过的河狸塘，甚至希望看到那里再一次遍布河狸。但莎伦和欧文看上去情绪极为低落沮丧，因此我也不忍心继续坚持。我们转身又朝陶乐茜的房子走去。前院里挂着一个空荡荡的小鸟喂食器，顶盖倾斜在一侧，看上去恰似一个风车。欧文走过去，将顶盖恢复到水平状态，随后，我们钻进车子，启程离开。

四

陶乐茜 83 岁那年出版了自己的回忆录。她写作的过程非常艰难，最后还是在好友、野生动物插画师霍普·索耶·布约克米希（Hope Sawyer Buyukmihci）的帮助下才完成了这一任务。后者几年前曾拜访过陶乐茜，深受鼓舞，因此回到新泽西后也建立了她自己的野生动物庇护所。但《河狸灵境》却自此跻身于有关河狸的众多书籍之列，与 19 世纪至 20 世纪期间多位自学成才的美国自然学家所著的同类作品遥相呼应。自刘易斯·亨利·摩根以及米尔斯以来，她是唯一一位如此长时间连续、密集研究河狸的人士。陶乐茜后来还通过举办讲座的形式将研究所得与人分享，并且将自己的家向访客开放。消息传开之后，人们纷纷与她联系来访，有的人则直接登门，在每天朝九晚五的开放时间里参观。莎伦如今担起了河狸灵境档案管理员的职责。据她估计，这些年来，到访客人的数量已经超过 10 万。

自打接手陶乐茜的衣钵以来，莎伦和欧文始终都站在前沿，引领了一大批数量与日俱增的河狸爱好者，这些人甚至给自己起了一个专门的名字，叫"河狸信徒"。这一群体的成员包括民间科学家、环境咨询师、工程师以及研究人员，分别效力于美国林务局、美国海洋与大气协会（NOAA）或各州的渔业与野生动物管理局。他们之中也有专攻地貌学、野生动物生物学的大学教授。大家共同的目标就是加强公众教育，传播河狸在帮助应对环境问题方面所能发挥的作用，尤其是应对因气候变化而持续加剧的问题，如野火、生物多样性减少、干旱、洪灾等。20世纪90年代以来，河狸信徒们每两年一次齐聚俄勒冈州南部，召开名为"河狸现状"的大会，但整体并未引起人们的广泛关注。随后的2018年，环境记者本·戈德法布（Ben Goldfarb）出版《闹闹：河狸神秘而又惊人的生活以及河狸为何重要》（*Eager：The Surprising，Secret Life of Beavers and Why They Matter*）一书，就全美各地河狸信徒所开展的项目向读者进行了精彩的概要介绍。次年，电影制作人莎拉·柯尼希斯伯格（Sarah Koenigsberg）发布了其扣人心弦的纪录片，片名为《河狸信徒》（*The Beaver Believers*），特别展示了俄勒冈州、华盛顿州、科罗拉多州以及加利福尼亚州各地受河狸启发而开展的项目。

"河狸就是希望。"有一天我打电话询问她的这部纪录片时，柯尼希斯伯格如是评论，"我们正目睹西部地区的熊熊大火以及东部地区的滔天洪水。气候变化已然来到我们身边。我们可以抱怨哀叹，也可以努力改变现状，让局势有所改善。"柯尼希斯伯格和戈德法布两人都加入了河狸信徒运动，加入该运动的还包括一些全国性组织，例如：加利福尼亚州的"一狸值一坝"、俄勒冈州波特兰的"河狸联盟"，还有新英格兰这边由迈克·卡拉翰（Mike Callahan）领衔的"河狸研究所"。

　　起初，率先发起河狸恢复项目的是西海岸，但近年来，在东海岸这边以及中西部地区，利用河狸实现环境修复的项目也已蓬勃兴起。其中最雄心勃勃的项目之一位于密尔沃基，由 1996 年成立"密尔沃基河保护人"组织的鲍勃·鲍彻（Bob Boucher）发起。在密尔沃基河流域 900 余平方英里的土地上，鲍彻及其研究伙伴们发现，这片栖息地可以容纳大约 4 563 只河狸。项目计划在该水系上游条件最理想的地方放归河狸，让他们兴建河狸塘及湿地。让河狸种群数量得到完全恢复可能需要 25 年时间，但他们的水坝工程每年有望存储下来的水资源将高达 17 亿加仑。据密尔沃基城市污水处理部门估测，该项目所提供的雨洪存储功能价值将高达 33 亿美元。

　　2021 年发布的《密尔沃基河流域河狸栖息地恢复项目的水文影响》（*Hydrological Impact of Beaver Habitat Restoration in the Milwaukee River Watershed*）概要介绍了鲍彻关于密尔沃基河流域恢复项目的计划。这本厚厚的研究报告内容十分全面，涵盖了海量数据、现场实践作业流程及雨洪建模，历时 9 个月才撰写完成。鲍彻的合作伙伴包括两位来自威斯康星大学的科学家——土木工程师兼水文学家廖倩和地理系主任吴长山，参与项目的还包括其他多家环境保护组织、密尔沃基城市污水处理部门，后者为项目提供了经费支持。研究人员利用建模对 52 道河狸水坝在洪峰时期可能产生的水文效果进行了推演。结果显示，这产生的效果十分显著，密尔沃基洪峰时期的水量可下降 37%。研究结果预测，相比人力工程项目而言，河狸所提供的水存储能力成本至少便宜 100 倍。此外，密尔沃基河流域拥有 961 座桥梁、1 027 个涵洞。由于洪峰流量降低、来自洪水的冲击相应减少，鲍彻预估这一项目将有望让这些桥梁及涵洞的使用寿命延长20%，进而额外节省数百万美元的维护及建设成本。

"假如遭遇飓风，"鲍彻介绍说，"你会增设百叶窗挡板来预防窗户被吹走。按照我们当前的气候条件来计算，在大地上放归河狸就相等于你在房顶安置更多2×4规格的遮挡板：这样做可以预防暴风雨、净化水源，还可以增加生物多样性。最重要的是，你必须记住，所有那些湿地中，每一块在功能上都类似于一个吸纳和滞留雨洪的池塘。"他将河狸比作阻隔暴风雨的百叶窗，这一说法极具说服力。为了避免窗户被吹飞，你会在暴风雨来临之前安装百叶窗挡板；同理，在暴风雨来临之前你也应在大地上引入河狸，因为它们所栖息的湿地可以形成一个个巨大的"海绵块"，将汹涌而来的洪水接纳并吸收。

鲍彻的计划借鉴了格林尼斯·胡德（Glynnis Hood）等人的研究成果。胡德是加拿大阿尔伯特大学野生动物生物学家，专攻水生哺乳动物。在其2011年出版的《河狸宣言》（*The Beaver Manifesto*）一书中，她对自己的研究成果做了概要介绍，提出了让河狸像"水中超级英雄"一般发挥作用的诸多方法和途径。她分析梳理了1948年至2002年间阿尔伯特省中东部寒冷地区湿地的航拍影像资料，确认在干旱季节里，河狸让开阔水域的面积翻了9番。

假如陶乐茜今天依然健在，那么，在得知胡德的研究成果以及鲍彻密尔沃基河流域愿景规划等雄心勃勃的恢复项目时，想必她一定会欣喜不已。她的成就和贡献，也对当时全美国顶级的自然学家、野生动物摄影师埃德温·韦·蒂尔（Edwin Way Teale）产生了巨大影响。出于好奇，蒂尔曾于1943年拜访过陶乐茜并深受后者影响，回家后便与来到他自家林子中的河狸结下了深厚的友情。虽然这一切我现在还无从得知，但在秋天的某一个日子里，我竟发现自己正站在蒂尔的池塘边，亲眼见证工人尝试在池塘中装入一个池塘水位保持仪，以便蒂尔的河狸家族能继续在那里繁衍生息，长久存续下去。

第 7 章

刘易斯·亨利·摩根
及河狸大坝

　　他们在寒带森林中披荆斩棘，艰难前行，两侧挺拔茂密的云杉、铁杉、枫树和白杨渐渐被一片黑压压的松林取代，再往前走，但见落叶松枝干扭曲，虬枝劲舞。走在队伍最前面的几个人挥舞着手中的砍刀，将拦路的灌木一一清除，后面的人排成一行，紧随其后。虽然背负着沉重的辎重，食物、工具、帐篷、经纬仪和视距测量杆，还有一箱箱必须轻拿轻放的摄影器材，但队伍行进的速度并不缓慢。脚下的土地主要由冰川残渣、冰碛等沉积物构成，崎岖不平，人走在上面只能缓步慢行，但所幸，在他们单薄的靴子下面，地面尚算干燥，即便周围湿雾弥漫、微雨霏霏，也并不对通行构成太大障碍。尤为幸运的是，他们不再需要像前几周那样饱受斑虻、蚊虫及瘴气等的侵扰，在密歇根的晨光里，面前的这片森林显得清凉舒爽，毫无虫患滋扰之虞。

　　他们前一天从采矿小镇马奎特启程出发，当天晚上在苏必利尔湖大坝露营，那里是刚开通的马奎特—昂托纳贡铁路线的最后一站。队伍成员昨晚休息得很好，因此大家都士气十足。太阳依然像个橘红色的圆盘，远远地漂浮在东边大湖的边缘之上。片刻之后，它将爬上湖岸旁耸立的前寒武纪变质基岩悬崖，映亮巍峨的山石与凸起的巉壁。亿万年之前，在地壳构造作用力的影响下，飘移的大陆板块相互碰撞挤压，巨大的挤压力致使地球深处的岩石不断抬升，形成了如今环绕湖岸周围的悬崖峭壁和嶙峋山石。在十月份的那一个早晨，风儿显得异乎寻常的平静，辽阔的苏必利尔湖水面波平如镜，泛起一层淡淡的蓝光，令人感觉炫目。

一

那天是 1862 年 10 月 1 日，周三。美国历史上第一位人类学家、易洛魁文化研究专家、著名社会理论家、铁路公司法务律师兼实业家摩根正在执行一项重大使命。他下定决心，要用镜头记录下一个旷世奇观，借用他本人的话来说，记录下"苏必利尔湖地区建筑形式最完美、结构最具艺术特色的一个景观"——河狸大坝。自 1855 年首次到访马奎特小镇以来的七年期间，对于摩根来说，观察和研究河狸，尤其是跟踪记录河狸水坝、居舍、运河及池塘等（他将所有这些统称为"河狸工程"），始终都是让他的激情熊熊燃烧的一项事业。

摩根决心将他自认为"所见过之中最为漂亮的一座河狸水坝"拍摄下来。他从丹尼尔·威尔逊（Daniel Wilson）船长口中获知了这一水坝的存在。后者是位经验丰富的毛皮捕猎人，与当地另两位奥吉布瓦族捕猎人一道为摩根提供了大量关于苏必利尔湖区域河狸分布状况的一手信息。那天夏季，在威尔逊船长的陪伴下，摩根曾跋山涉水，匆匆到访过那里，两人顺大坝拉开卷尺，测得大坝宽度为 488 余英尺——约 1 英里。大坝原始质朴的美，以及错综交织的树枝结成的坝墙近乎完美的结构，都曾令摩根惊叹不已。他迫切希望赶在铁路公司线路延伸之前将水坝拍摄下来，因为铁道工程师当时惯常的做法都是摧毁水坝，赶走河狸。大多数铁轨都被铺设在地势低平的河狸草甸之上。在地势低洼、表面平坦的地区，河狸常常会将上面的大树清除，筑坝拦水将它淹没，过段时间之后又会将之放弃，致使河狸池塘水面逐渐萎缩变成林沼，最终演变成为品质上乘的草甸，被浓密、肥美的野草厚厚覆盖。

在长达数十年，甚至一个世纪的漫长时间里，河狸是如何构筑并维护其规模庞大的水坝网络的呢？这一问题始终都是摩根心中的一个心结。由于其尖利的门牙能够持续不断地生长，河狸通常被划归"恐怖可憎的动物"之列。依据乔治·居维叶（Georges Cuvier）经典巨著《动物王国》（*Animal Kingdom*）中所提出的生物分类体系，河狸属啮齿类，在哺乳动物高低等级顺序中排名倒数第五。河狸大概是北美最大的啮齿类动物，但脑体重量比极低。

除却人类之外，河狸也是能够显著改变其生活环境的动物。它们会在河流或溪涧上宽度最窄的位置修筑水坝；而如果是在既有池塘中筑坝，则总会找到一个关键点位，以便最轻松地将水截断。同理，如果河狸想要开挖一条运河，将两片池塘连接起来，或者想要开通一条水道，将从林子深处伐倒的树木运回到栖居的池塘中，则通常都会展示出惊人的地理空间理解能力：它们总是会在两片池塘间距离最短的位置上开挖运河。咬断和搬运树木、对流水的声音作出快速反应、用泥巴和树枝修筑拦水墙，所有这些能力或许只是本能，但河狸在决策的过程中似乎表现出了一定程度的特殊能力。摩根及其他一些人认为，这种特殊能力即便称不上智力，起码也算一种"推断力"。

摩根希望弄明白河狸究竟是否具备推理能力。一种迫切的使命感驱使着他，因为他知道，留给自己研究和记录这些历史悠久的河狸水坝、水塘的时间已经非常有限。不久之后，马奎特地区的人类活动，尤其是采矿业活动，将会把所有这一切都统统毁掉。摩根开始从事自己的研究之时，铁路还只是将三个最重要的冶铁中心连了起来。摩根的队伍可以乘坐火车到距离马奎特镇 23 英里的苏必利尔湖矿场站，但从那里开始，到达水坝之前还剩余的 6 英里路就只能徒步行进。及至 1865 年，在付出了 150 万美元的巨额成本之后，铁路开始一路向西延伸，直通至密歇根湖以西数英里的位置。

作为在纽约罗彻斯特工作的一位铁道公司法务律师，摩根早听说过密歇根地区的铁矿投机生意。1843 年，一块重达两吨的昂托纳贡巨型铜矿石被运往底特律，两年后，第一家矿山在马奎特以西的尼戈尼正式开业，由此奠定了产业三角区的雏形，最终将马奎特、底特律、俄亥俄州克利夫兰连成一体，随后又继续延伸至宾夕法尼亚州东部地区。北部半岛的矿山成为全美国最主要的铁矿来源之一。北部半岛的戈吉比克、梅诺米尼及马奎特三大主要矿产带之中，马奎特发现和开发得最早。摩根不久之后便成为一位投资家。

第一次到访马奎特时，研究河狸并不在摩根的行程之列，他发现河狸纯属偶然。在罗彻斯特的时候，他结识了塞缪尔·埃利（Samuel Ely），而后者的家族刚刚投资建设了马奎特—昂托纳贡铁路线。摩根因此成为一位投资人，后来又进入董事会。1855 年，当马奎特还只是个仅有两条主街、一家教堂的小镇时，摩根曾到那里参观。到后不久，塞缪尔·埃利便专程为他安排了一次鳟鱼垂钓之旅，因为知道他是名狂热的飞竿垂钓爱好者。然而，这次行程期间真正令摩根惊叹不已的不是鳟鱼数量之丰富，而是沿途在卡尔普、埃斯卡诺巴两河沿岸所看到的河狸工程。无论走到哪里，他们都不得不频频弃船登岸，好绕过一座座规模宏大的河狸水坝。摩根满怀敬畏地凝望着河狸居舍那形似印第安人帐篷、堪称完美无憾的结构，其中有些甚至高出水面 12 英尺，于是开始对几乎覆盖了整片林子的庞大河狸运河水系进行思考、研究。那次垂钓之旅回来以后，他声称自己已经脱胎换骨，"由一位鳟鱼人变成了一位河狸人"。随后 12 年期间，一待春风吹起，密歇根森林中的积雪消融，他就会从罗彻斯特赶往马奎特，将整个夏季时光都用于探索那里密密的森林。每到一处，他都会发现一个由河狸打造出来的独特生态系统。

刘易斯·亨利·摩根日后加入美国伟大的思想家、政治家以及知识分子之行列，与本杰明·富兰克林、托马斯·杰斐逊、亨利·大卫·梭罗等人物并驾齐驱。这些人虽然都从未接受过多少正式的科学训练，却都对自然世界进行了一系列严谨、深入和系统的研究。在成为一位专门观察和研究河狸的自然博物学家之前，摩根也曾是位民族志学家，在这一领域做过大量研究，并且著述颇丰，因此赢得了美国首位人类学家的美誉。他对纽约州中部地区的易洛魁民族尤为着迷，投入了大量时间和精力，呕心沥血研究其语言和文化，并于 1851 年发表了《易洛魁部落联盟》（*The League of the Ho-De-No-Sa-Nee*）。该书是首部从民族志学视角对易洛魁文化展开严肃研究的作品，由此奠定了摩根作为一位人类学家的声誉基础。（不过，对于 19 世纪期间美洲原住民民族的困境，对东部地区大规模的森林破坏，对河狸、熊以及狼等动物在该地区几近灭绝的现实等问题，他却似乎无动于衷。）他是罗彻斯特商业建制中的一员，最后还担任了本州的共和党派议员。他通过婚姻关系跻身社会名流，深深根植于盎格鲁–美国文化中的特权例外论思潮。1843 年，他创建成立戒律甚严的"大易洛魁社"兄弟会，一帮白人身着剽窃而来的易洛魁民族服饰定期聚会，载歌载舞。摩根私下的名字叫"斯克南多亚"，后来又更名"特卡里霍赫亚"，意为"最尊贵的酋长"。他在自己的人类学著作中提出了一个观点，认为人类最早的家庭制度起源于母系氏族，而非父系氏族。他提出了一种单向线性进化理论——主张人类进化经历了由狩猎—采集向农耕再向以书写为标志的最高文明过渡的历程。虽然这一理论如今已受广泛质疑，被视作欧洲中心主义思想而遭到批评，但他至今依然是 19 世纪美国人之中唯一一位高引作家，当时最具革命意识的思想家达尔文、马克思以及弗洛伊德等均曾引用其人类学著作中的观点。

对于摩根将长达 12 年的时间专门用于研究河狸的决定，他的同僚、同伴均感觉意外和不解。但由此而形成的成果，也就是 1868 年出版的《美国河狸：自然历史及生态学经典》（ *The American Beaver：A Classic of Natural History and Ecology* ），却成为同类作品中首部最权威的著述。摩根这部作品问世之前，河狸往往都只是文化魔幻作品中才会涉及的话题。1835 年，《纽约太阳报》（ *New York Sun* ）连续刊发一系列完全子虚乌有、凭空杜撰的新闻，声称月球上发现了生命，河狸就是这一惊天虚假新闻中的一部分。这一系列所谓新发现中，第三篇专题介绍的就是月球河狸，说它们可以用两条腿走路，用双手将孩子抱在怀中。

与 19 世纪重视分类学的传统一脉相承，该著作开篇就讨论了河狸的生理解剖结构。不过，摩根真正关注的焦点在于对河狸水坝、池塘、运河及居舍等进行研究、命名和分类。他付出巨大心血，将所遇到过的水坝划分为以下类型：草堤坝、实心堤坝、泉水坝、高坝、低坝、湖泊外流坝、峡谷坝、河岸坝等。摩根最关注的是河狸身上所表现出来的一个核心矛盾——脑体重量比极低，但却拥有实施复杂工程奇迹的能力。长期以来，河狸显而易见的社会合作能力都曾激发了西方世界无穷的想象。在其成书于18世纪的巨著《墨西哥乡村》（*Rustication Mexicana*）中，墨西哥耶稣会人文学家拉斐尔·兰迪瓦尔（Rafael Landívar）从河狸身上观察到了一个乌托邦社会的影子。他在该书第六卷中描绘了河狸的分工状况："它们齐心协力兴建了巨大的储存室，然后在其中填满枝条和树皮；它们无休无眠，将食物整理得井井有条，以便其他同志们能够轻松享用大家集体采集来的食物。"

在兰迪瓦尔（毫无疑问受维吉尔有关蜜蜂生活的描述影响）所想象的河狸世界中，"任何鲁莽、冲动与不和谐都不会侵染它们的家园……相反，这些温顺平和的公民热衷于抚育和缔造和平"。

摩根似乎无意思考河狸在社会公平与正义方面可以为我们提供什么样的宝贵启示，但却率先意识到，除人类之外，河狸实际上是唯一一种懂得去刻意且长期改变其生活环境的动物。在全书结尾，他以一整章篇幅探讨动物心理学，鼓励读者予以河狸更多的尊重，珍惜它们在大地景观中所发挥的作用。虽然他对达尔文关于进化问题的那部极富争议的新作有所耳闻，但却刻意忽视了这些观点，反而只用一句极为模棱两可的话总结概况了自己有关河狸智力问题的思考："每一种动物都拥有自己独特的禀赋，自有其生活和思考的法则。"

二

日近半晌时分，摩根的拍摄特遣队依然还在距离大坝半英里的茂密丛林中劈径开路。他担心不能及时赶到，趁合适的天气条件完成拍摄任务，因此一方面不断敦促队伍加快脚步，一方面又总是提醒大家小心，以免损伤那些娇贵易损的装备。那天同行的一共有十一个人，其中有两位是业余摄影师，分别为沃尔特·基德尔（Walter Kidder）先生和马奎特圣彼得教堂的乔西亚·菲尔普斯（Josiah Phelps）神父。摩根之所以邀请神父同行，是因为他有一套"不错的设备"，而且使用得非常熟练。临行之前，两人仔细盯着手下将化学显影剂、设备等一一打包装点。

他们终于抵达了目的地，摩根特地在书中记录："一切材料和设备均安然无恙。"大坝确实恢宏壮丽，堪称一座适合拍照的完美建筑，与夏天和威尔逊船长同来时匆匆一瞥所留下的印象基本一致。大坝优雅地延伸开去，形如美丽的半月，蜿蜒流畅的坝体流线几乎占据了25英亩之阔的水体的一整个侧边。在池塘周围，枯死的树木魅影森森，巍然挺立，俨如森林巨大的骨骸，而在堤岸附近，新割伐下来的灌木整整齐齐堆在水下，那是河狸越冬的储备粮垛。摩根注意到，除却那些枯死的大树之外，池塘四周的林子中都密密长满了雪松、云杉和落叶松，地势较低的地方则为密集的白杨、柳树所覆盖，这些树富含营养的树皮都是河狸不可或缺的食物来源。摩根随即意识到，展现在自己面前的景象，乃是"一代又一代勤勤勉勉的河狸经年累月、辛勤劳作才打造出来的劳动硕果"。大坝本身便极为宏伟壮观，是一座用枝条、木棍等"以能够想象得到的形状和方式相互交织、精心布局"而建成的建筑杰作。居舍立面底部临水部分宽约 10 英尺，上立面宽约 4 英尺 9 英寸。池塘堤岸处开挖了众多运河，由此形成的水道仿佛一条条大动脉，直通林子深处，借此通道，河狸就可以安然无虞地远赴周边深林，并在那里采伐树木。

在环绕苏必利尔湖周边森林中徒步探索的过程中，摩根也曾遇到过规模更为宏大的水坝，但这一水坝近乎完美的形制尤为令他难以忘怀。精心扒光了皮的每一根树枝直径从半英寸到一英寸不等，同样被去除了树皮和侧枝的立柱则被均匀地截成 2~3 英尺的长度。河狸将这些枝条和立柱精心编织起来，构成了一个复杂而又统一、厚度与高度都均一整齐的建筑结构，从远处遥望，层层叠砌的立柱形成了由一个个人字组成的规则图案，从而使坝体俨如一道编织而成的斜纹墙壁。

鉴于其规模如此宏大，坚固结实的泥浆座基上某些地方的树枝早已腐烂，被新抹上了一层层的泥巴，摩根推测这道大坝的年龄很可能在百年以上。单靠一两代的河狸，即便他们每年春季都能生下 5 只河狸宝宝，也绝不可能建起，或者更准确地说，绝不可能维护好如此庞大的一个结构。摩根有理由对此感到兴奋不已。呈现在他面前的，是从河狸界时代流传下来的古老遗存之中所剩不多的几处之一，而所谓河狸界时代，指的就是北美大地广袤的森林依然完全由河狸打造和控制的那一时期。当时，我们今天所能见的河狸，也就是北美河狸，构成了大地景观中不可或缺的组成部分，自 11 000 余年前的上一次冰河纪以来，河狸就一直在不停地创建水系、砍伐森林。由于密歇根北部半岛的旷野素以环境险恶、不适人类居住而闻名，因此在早期向西不断迁徙的过程中，拓荒者们大多都对这一地区避而远之。直到 19 世纪中叶，在这一地区因发现了铁矿而迅速开发之前，这片广袤的寒带硬木森林都始终人迹罕至，不曾遭到打扰。摩根所见的景象，全然就是北美大地前殖民地时代的原始样貌。

摩根对他在北部半岛发现的这座河狸大坝感到非常自豪。他在后来的书中写道："无论从规模还是数量角度来看，北美其他任何地方的河狸分布区都未能超越它们这一工程。"不过，他首先得把这些都拍摄下来，以便雕版画师能够基于照片为他即将出版的书制作版面。摩根相信，假如读者能够从图片上充分领略到河狸大坝的壮美景象，如同他自己目前亲眼所见一般，那就一定可以理解河狸真正是何等聪明。

为了拍摄下第一道大坝，他们需要砍掉部分大树，为照相机留出必要的视线区域，然后再搭建起脚手架，摩根打算将相机安置在脚手架之上。他们已经计算过，要想尽可能广地将大坝不同部位都收进镜头，所搭建的每一个脚手架距离大坝边缘的距离就都不能少于 62 英尺。站在这么远的位置上，他们在每张 10 英寸的感光胶片上就可以捕捉到 50 英尺宽的景象，也就是说，他们一共需要拍摄 7~8 个镜头。摩根手下旋即开始干活。天黑之前，除扎好营寨，搭好冲洗感光胶片的暗室帐篷之外，他们还搭起了第一座脚手架，在脚手架和大坝之间清理出了一个三角形的视野区，而且还在第一座与第二座脚手架之间清理出了一片 10 英尺宽的空地。

当微雨初歇，落日的余晖穿透森林，照亮被雨水漫浸得透湿的蕨类植物时，林子中顿时充满了鸟儿短暂的欢鸣。其后，随着暮色笼罩下来，鸟儿的欢歌也骤然消歇。据摩根记录，接下来便是一片无边的静默，感觉却又是那么美好。关于这一天的经历，他大部分都记录得冷静写实。但在其中的几行里，却笔锋一转，陡然变得极具抒情色彩，对眼前神秘壮美的景象、这座缘起人类定居之前河狸界时代的宏伟大坝予以了极尽浪漫的描绘。

第二天一清早，天空澄澈明丽，摩根让手下的人们早早起了床。由于清晨阳光透过树林的角度，他们首先拍摄了大坝第二部分，随后又开始拍摄第一、第三部分。所有胶片拍摄得都非常顺利，摩根对获得的影像非常满意，但拍摄第四部分时却遇到了巨大的困难，他们不得不连续尝试了四次，最后只好放弃收工。在天色未晚之前那段时间里，他们继续伐树、清理场地。

摩根第一天玩命催促手下加快速度的做法非常明智。当晚十点左右，天空突然阴云密布，大风、骤雨紧随而至。摩根在满心忧虑中进入了梦乡。他的担忧不无道理，因为第二天一大早就起了薄雾，紧接着便暴雨如注，一直下到傍晚才稍稍停歇。现在他们已经进入本次探险活动的第四天，日程仅剩明天上午的一段时间，但仍有3张胶片待拍摄完成。那天是周五，摩根答应过神父，一定让他在周六晚上之前赶回到马奎特，以便他能如期履行安息日的礼拜义务。

午夜时分，薄薄的雨雾突然加剧，天空一时电闪雷鸣，大风也随之而至。破晓时分，摩根笔下所描述的"肆虐的飓风"开始拍打和撕扯营地周围的树木，不久之后，一棵棵高大的落叶松便开始轰然断裂，落在他们的周围。摩根赶紧安排人收拾起珍贵易损的照相装备，围成一团，瑟瑟发抖地挤在河狸大坝旁边的开阔空地上，心想这样至少可以不被倒地的大树砸伤。最后，暴雨终于停了下来，仿佛奇迹一般，大风吹开了乌云。一俟太阳微微露头，摩根和他的团队便立即紧锣密鼓投入了工作，顺利完成了另

3 张胶片的拍摄任务，并且全都成功冲洗了出来。令费尔普斯神父大感宽慰的是，他们总算及时赶到车站，搭上了返回马奎特的最后一班列车。

在最终出版的书中，令摩根最为自豪的就是其中大量的精美插图及展开式地图，这些地图和插图详细列明了 64 座大坝的精确位置，每一座都标有编号，同时配有标签说明与之对应的池塘、运河以及水道。他们历时 5 天拍摄完成的 7 张感光胶片也被印了出来，一张接一张拼出了一幅高 9 英寸、宽 36 英寸的大坝全景照。刚一回家，摩根便立即将照片交给了雕版画师，后者据此制作出了令人叹为观止的插画，也就是最后成书中的第 7 块图版。

三

我们驱车穿行在所剩无几的寒带森林之中，阳光在白杨、枫树、落叶松色彩艳丽的黄叶上不断跳动，也洒落在大片的云杉、铁杉及松林之上。我追寻着摩根的脚步，看是否可以找到 19 号河狸池塘，也就是他在展开式地图中精心标注出来的那一块椭圆状小斑块。最重要的是，我希望他费尽心力拍摄的那座恢宏壮丽的河狸大坝依然还能有所残存。假如它仍挺立在那里，那无疑将是整个北美大陆上完好存在的最古老的一座河狸坝。而假如依然有河狸生活在那里，那将是现存最古老的一个河狸族群，延续时间足足超过了 200 年。

我这次探索的向导是杰夫·科赫（Jeff Koch），一位身材修长的年轻小伙，在北部半岛森林探险方面有着极其丰富的经验。

杰夫是位驻站科学家，供职于本州规模最大的环境保护组织"苏必利尔流域合作伙伴"。他将大部分时间用于监测苏必利尔湖流域的环境状况，包括从该地区依然在运行的矿山采集地下水、地表水以及污水样本，检测其中的重金属含量。按照法律规定，矿山在将污水排放进入流域之前，必须首先将其中所包含的重金属清除干净。

我坐在飞驰的银白色越野车中，看着车窗外一闪而过的一排排房屋、一家家商超购物中心和一片片森林，感觉与摩根之间有种莫名的亲近感。假如我此刻就与他面对面坐在餐桌前，想必一定会与他展开无穷无尽的辩论：我无法原谅他身上那种 19 世纪式的家长作风，也无法原谅他那个时代典型的认知矛盾：一方面宣称热爱自然世界，另一方面却又积极投身于全方位破坏大自然的过程之中。然而，他在观察、记录这一怪异的啮齿动物并努力提出相应的解释理论这一过程中所表现出来的激情，我却十分理解。每当我触摸到他书中所附那张颜色泛黄的展开式地图，心中就既充满仰慕，同时又有一丝淡淡的嫉妒。令我嫉妒的是：摩根有缘亲眼看见河狸与前殖民时代那样活生生地栖息于北美洲大地之上。那些日子固然早已逝去，但假如他在书中煞费苦心描绘的景象能够有哪怕一部分依然留存在今世，那将是何等美妙的一件事情！

摩根和他的队伍用半天时间才赶到马奎特—昂托纳贡铁路线终点所在的苏必利尔湖矿区，然后又用整整一个上午才从林子中开辟出一条小径，历尽千辛万苦达到河狸池塘。我们上路才刚刚过去 30 分钟，却已经穿过了尼戈尼小镇，即将抵达伊什珀明。我低下头，目光再次掠过地图，手指在摩根标注大坝方位的地方轻轻摩挲。我们沿 28 号公路向西疾驰，如今这条公路的走向与摩根当时所乘坐的铁道线路大体平行。摩根当时曾预言，马奎特一定会成为一座欣欣向荣的城市，毫无疑问，倘若知道今天这条公路的存在，他一定也会感觉欣喜不已，并对它善加利用。我们经过指向热门旅游景点达优普尔斯（Da Yoopers）的一个巨大路牌，牌子正面下端做成了链锯的形状，上面写着"大格斯电锯（Big Gus）"几个蓝色大字。此前我们已经看到过一个指向铁矿博物馆的路牌。摩根于 1855 年至 1867 年曾无数次穿越其中的那片壮阔美丽的北部半岛森林，如今其已然成为当地旅游业的重要支柱。

摩根常年醉心于河狸研究，但在资源采掘方面却表现出了典型的实业家态度，最终导致河狸栖息地几乎遭遇彻底毁灭。能够将这两种矛盾的特点融合于一身，这成了令人难以理解的悖论谜团。就在摩根那次行程之前 5 个月，在 1862 年 4 月一个寒风萧萧的早晨，梭罗站在康科德公理会教堂门前的台阶上，大声诵读着如今家喻户晓的名句，"保护荒野，就是保护人类自己"，以呼吁美国人不要再继续破坏森林，以免悔之晚矣。但对于全美国绝大多数人而言，大自然仍然是那么辽阔无垠，进步才是时代的主旋律，而所谓进步，其内涵不过是"谁能快速征服和占有大自然，谁便将拥有财富"。

片刻之后，道路两侧铁矿业的遗存开始渐渐变得明显起来。我面前的景象，看上去像是一段蜿蜒连绵的山麓，但每一道脊岭却又都方方正正，仿佛有人在那里放置了一排巨大无比的多米诺骨牌。"那是从露天矿坑挖出来的覆盖岩层。"杰夫仿佛预感到了我心中的疑问，赶紧开口说道，并接着解释了露天采矿的过程。在这一过程中，地表层被几乎像扒皮一样挖开，在下面留下宽达一英里、深逾千英尺的一道道沟痕。挖起来的表层土和岩石通常被称作"覆盖岩层"，矿石采完之后，矿工们会用巨型机械设备将这些覆岩一层层重新再码放回去，由此便形成了一道道均匀对称的人工山麓。这便是对自然界的大规模操控——虽然令人敬畏，但对环境而言则是灾难性的悲剧。20世纪60年代，某些矿山关闭之后，露天矿坑变成了巨大的湖泊，里面充斥着有毒的重金属。所有这些现在从空中依然可以看到，一同映入眼帘的还有尾矿池中铁锈色的池水。截至20世纪60年代，采矿过程中所使用的汞已给苏必利尔湖带来了巨大的污染，即便是在今天，在大多数矿山都已关闭长达50年之后，如果每年食用4条以上产自该湖的鱼，也仍可能导致巨大健康隐患，这已是尽人皆知的消息。而其他来源导致的大气污染沉积物，也已成为公众担忧的另一严重问题。

右侧波澜翻滚的水面映入我的视线，下一块路牌上的文字令我心中陡然驿动：蒂尔湖。书中的内容与眼前的地貌完美地融为一体。我们驱车所经过的地方，正是摩根在地图上认真标注过，并以他隽秀的字体逐一命名的众多湖泊中的一个。我顿时坐直了身子，矿山所带来的不快一时被抛在了脑后。"我们就快到了。"杰夫将车拐上一条小路，一边说道。据摩根描述，途中所经之处，到处都是铁杉、云杉以及松树组成的密密丛林，他的手下整个上午都不得不频频停下来，伐树开路。如今，茂密的森林已消失无踪，取而代之的是一片规整有序、芳草如茵的坡地，即瓦纳康达高尔夫球场。

四

　　紧邻池塘的一片土地上有座房子，正门上挂着一个黑衣女巫玩偶，大概是主人为即将到来的万圣节准备的。我们敲敲门，屋内深处传来一阵哈士奇犬的吠叫。杰夫自信已经尽了事先告知主人的义务，径直将车子停在马奎特—昂托纳贡铁路旧线一侧，铁路如今已被改造成为供行人、全地形车 ATV 及雪地摩托车使用的一条休闲小路。透过林中的间隙，我先是看到一片开阔的草地，随后看到一片波光粼粼的水面，在池塘另一端，几棵枯树灰白的顶梢耸立在水面之上。这是一个明显的征兆，表明河狸曾到过这里，即使不是最近刚刚来过，至少也是近 10 年之内的事情。这是一个很好的兆头。我快步走过去，低头仔细审视从草坪边缘通往水中的一条泥泞小径。毫无疑问，这是河狸频繁往来于林子而留下的一条拖轨。我顺着小路继续仔细察看，希望发现河狸的足印，但泥面却出乎预料地光滑平整。随即我想起了前天那场巨大的暴风雨，就算河狸曾留下过脚印，也肯定早已被暴雨冲刷得一干二净。我返身走回水边，开始按照赫布教过的方法仔细察看堤岸，希望找到河狸用于标记领地、喷洒有其独特河狸香气味的泥巴堆。没有河狸泥巴堆进入视线。我又察看了光溜溜的堤岸近旁的浅水区，希望发现棕褐色的小球——河狸粪便（因为河狸通常在水中排泄），但同样没有找到。尽管如此，这条小路的规格之大依然还是令我惊讶不已。

　　在康涅狄格的丛林中，赫布曾指给我看过无数的河狸拖轨和河狸小径，但即便是种群数量非常密集的池塘，小路规格也都不及这里的一半。根据这条小径的宽度判断，频繁拖着幼树苗及树枝在这里来来回回走动的河狸，体形想必足有小熊那么巨大。这些轨迹和滑道或许是河狸很久以前留下的。要想证明他们现在依然生活在这片池塘里，唯一的证据就是找到新鲜的咬痕、被从根部咬断的幼树或灌丛。假如没有树木，河狸倒是也可以依靠塘草、蕨类植物、香蒲、睡莲等维生，但这片塘子很深，并不适合睡莲生长，即使边缘部分也不适合。

不久之后，我们就在针叶树之间发现了一片长势正旺的白杨和白桦。河狸一般不喜欢针叶树，因为这些树汁液浓，显得黏黏糊糊，但它们却喜欢桦树，尤其喜欢树皮中富含糖分的白杨。果不其然，低头察看时，我们发现了一圈被啃得只剩下了残桩的幼树苗。不过，啃啮的位置已被风雨剥蚀得有些泛白，估计距离河狸将其尖利的门牙插进树皮，已经过去了数月，甚至数年。但我钻进一片苍苍的落叶松林子时，却分明地看到了心中久已期待的景象：一圈被啃咬过的幼树苗和灌丛，每一棵都颜色鲜亮，上面还流淌着潮湿的汁液。这里竟生有新鲜啃啮的植被！杰夫扒开一片低矮的灌丛，更多新被咬断的幼树苗随之显露出来。

我俩都惊呆了，只是默默无言地站在原地。摩根所描绘的那片 19 世纪河狸池塘幸存了下来。即便在他 1855 年初次发现这座池塘时，就已经对其沧桑古老的样貌惊叹不已，不停感慨它不知已经历了多少年的风霜。

我们从谷歌地图上发现，一条绵延曲折的浅色线条从河狸池塘一侧向外延伸，估计是河狸大坝残存的轮廓，但我们无从明确判断，这座建筑究竟有多少部分还依然存在。我在池塘边缘发现，一条窄窄的土墙将池塘一分为二，左边是深深的池塘，右边及下游水位明显略低，逐步过渡成为一片林沼。这就是摩根那座河狸大坝。从曾经很可能就是水坝坝顶的位置上可以看到，一丛丛高草拔地而起。我分开密密的高草，朝一块看着滑溜溜的地面踩过去，却不料一脚陷进松软的泥浆中，冰冷的塘水旋即充满了鞋子。慢慢地将脚步由一片草坪挪向另一片草坪的过程中，我分明感受到了脚下的张力，每移动一步都非常吃力。我想起了当时穿越林沼和水坝过程中赫布曾给过的忠告：千万不要盲目相信直觉以为可以落脚的地方，踩上去之前，务必先用木棒探探，以准确判断软泥和水的深浅。我弯下腰，从水坝下游方向抓起一枝久已被风雨剥蚀的幼树，树枝一端已被啃咬得仅剩一个尖顶。有了这根树枝帮助探路，迈起步来时我心里一下子踏实了很多，开始小心翼翼、一步步朝池塘中心挪移。

呈现在面前的与其说是道水坝，不如说更像是道拦水浅堤。站在水坝下方一侧可以明显看到，纵横交织的树枝和立柱都已严重风蚀、变得腐烂朽损，但至少坝体幸存了下来。流水漫过坝顶，形成一道道小溪，或者穿过坝体上的漏洞喷涌而出，仿佛一面硕大的筛子。但周围仍有新鲜的河狸咬痕。水流动的声响，无论是潺潺流动的声音、汩汩奔涌的声音，还是浪花击石的哗哗声，都是提醒河狸紧急动员的信号。研究人员曾用事先录制好的流水声刺激笼养的河狸，发现他们一听到声音就会立即抓起树枝，或嘴叼、或手握、或胸荷，匆匆赶到录音声发出的位置，开始抢建拦水墙。

那么，这里的河狸为什么不对水坝进行维护了呢？我一边挪动一边暗自寻思。

我环顾波光粼粼的水面，池塘是那么的安谧静寂，感觉仿佛置身于另一个时代，一股莫名的欣喜瞬息间充盈着我整个的身心。池塘对面有一片枯死的树木，后面紧接着便是无垠的森林。当食物供应告罄之时，便是河狸搬迁另觅新居之时，但眼前目之所及，是一片无边无际的森林，似乎可以为河狸提供不竭的食物来源。走近池塘中央位置时，我抬眼看见了大坝下游一侧一抹明黄靓丽的颜色。我朝那里走过去，越过边缘仔细审视。一根根新近采伐的树枝，整整齐齐码放在坝体上一个巨大的漏洞前方；每一根树枝顶端都被啮咬得尖利无比，而且从头到尾，树皮都已剥得光秃秃的。水依然在奔涌而下，但至少修缮工作已经启动，也可能是中途因故停下。无论情况究竟如何，可以肯定的是，今年秋季时节，河狸曾经在这里生活过。

我们顺池岸跋涉了不远后，便发现了更多生命的迹象：一座河狸居舍。居舍就建在堤岸上，背后是一片参天的针叶树林。从尺寸上来看，说它是座居舍似乎略微有点过小，也有点过于低矮。居舍顶端满满地覆盖着一层新剥掉树皮的幼树苗，更奇怪的是，还盖着一捆捆的塘草，这使得整个建筑上面仿佛撒了一层绿色的头发。我曾见过各种各样的河狸居舍，比方说，在一片玉米地边上，就曾见过一座几乎完全用玉米棒壳和石头筑起来的居舍，但却从没见过一座用新鲜塘草包裹起来的。

五

"他们应该是刚刚开工修建。"杰夫捡起一把草，仔细察看了一下切口位置处刀切剪铰般整齐的断口，然后说道。以前每次跟赫布一起出去捕猎时，他也总会低下头，留心观察河狸留下的蛛丝马迹，不过，随后他会抬头观察，仔细察看头顶的树、天空、远处的林沼，或者站立位置所在的池塘，进而了解宏观环境的整体样貌。透过某棵枯树上鱼鹰的巢穴，我们可以判断出河狸在当地生活时间的长短；如今，野生动物学家们已基本可以明确判断，河狸池塘越古老，周围的生物多样性也肯定越丰富。眼前这片辽阔的池塘只告诉我，它的大小与摩根当初首次发现时相差无几，时至今日，水面也足有 25 英亩之广。我再次低头审视。这是一座小型居舍，很可能是由刚刚迁入此地的一群年轻河狸所建。但密歇根这边的捕猎季尚未开始。我留心察看过，并没发现捕猎套；除非能够找到储备粮垛，证明存在近期活动的迹象，否则，不久之前还曾生活在这里的河狸有可能已经消失。河狸在非捕猎季被射杀或捕杀的情况，这可能并非首例。杰夫刚才一直在用手机查看测量所得数值，现在抬起头说道：“我觉得这道水坝大约有 500 英尺长。”据摩根的记录，大坝长约 488 英尺，显然，大坝历经岁月风霜挺了下来。

如果说河狸现在依然还生活在这里，那么，附近就一定会有新鲜采集的树枝从水面下伸出来。我和杰夫几乎同时发现，就在堤岸旁边，树枝的末梢大量从水面之下露了出来，隐藏在密密的塘草之中，不留意看几乎很难发现——河狸储备粮垛！时隔 157 年之后，摩根所拍摄过的“宏伟湖坝”居然幸存了下来！而河狸——很可能已是这里曾生活过的第 15 代——它们依然生活在这里。

这一刻，杰夫给我带来了一个大大的惊喜。早晨出发之前，他再次用谷歌地图进行了查询，自认为找到了摩根书中所记录的另一处河狸工程的遗址，即坐落于卡普河某支流上的 23 号水坝。

我们循着一条满是深深车辙的土路出发，不久之后便来到一片由一家造纸厂所有的地盘。杰夫将车子停在路旁。透过右手边的林子，隐约可以看见一片巨大的池塘。又一次，我们没费多大劲便找到了水坝：半月形状的水坝几乎同样美丽壮阔，笼罩于其阴影之下的水面辽阔无边，一直延伸到远方的林子中。我沿着池塘边缘前行，一直走到再也无法安全通行的位置，但并未发现河狸近期活动的踪迹。不过，当我的视线越过水面，在距离池塘中心大约一半的位置上，却看见了一座经典锥桶状的大型河狸居舍，高约8英尺，雄奇地凌驾在塘面之上。与在前面池塘中所见的一样，令我们深感惊讶的是，在如此辽阔的池塘中，居然只有孤零零一座河狸居舍，假如河狸种群兴旺繁盛，水坝一定会被维护得十分完好。一定是人为活动限制了其种群数量的正常发展，要么是狩猎活动，要么是捕猎行为，再或两种行为兼而有之。

2014年，来自明尼苏达大学的科学家卡罗尔·约翰斯顿（Carol Johnston）对这一地区的河狸池塘进行过一项研究，将摩根在1868年绘制的地图与该地区的卫星影像作了对比，并得出了惊人的研究结果。尽管土地利用模式历经变化——采矿、新建开发、道路施工等均极大程度地减少了河狸栖息地的范围，但在摩根所标注出来的64座水坝之中，有46座依然清晰可辨，占比达72%。她的研究并未提到我们刚刚发现的这两座中任何一座。地图下半截所示的地区，也就是10~15号水坝所在的东部和南部地区，几乎已全部被尾矿掩埋。但尽管如此，河狸栖息场所中还是有相当大一部分至今犹存。

返回岸上后，我借用杰夫的相机，拉近距离将河狸居舍察看了一番，希望可以捕捉到新鲜啃啮的幼树苗的迹象。突然，杰夫轻轻拍拍我的肩膀，说道："别出声，千万别出声，慢慢把相机递给我好吗？"在池塘对面，就在陆地伸向水中形成一个小小半岛的位置上，一个硕大的黑影从林子深处显露了出来：是一头雄性驼鹿。杰夫悄无声息地从我手中接过相机，开始拍照。尽管隔着这么远的距离，我们依然可以清晰地看出驼鹿体形甚是巨大，盘根错节的鹿角傲然挺立，看上去仿佛脑袋上面顶着一个大小堪与自行车相比的烛台。我暗自寻思，托着那么沉重的负担，不知它是怎么做到保证行动不受影响的，随后又看见了它结实、健壮的肩颈。它款步缓缓移近水边，仰头从一棵小树上扯下几根嫩枝，一边不紧不慢地咀嚼，一边朝我们所在的方向眺目凝望。又有两头驼鹿从林中走了出来，体形都相对较小，毛色相对较淡，头上也都没有角。其中较小的那头径直走进水中，直到大半身子都没入了水中，才慢慢开始吃草，硕大的脑袋时而隐入水下，时而露出水面，一缕缕的水草还垂挂在扁平、巨大的鼻子上方。杰夫示意我不要说话。保持安静对我来说不是什么困难。面对如此狂野美丽的景色，我们有什么可以多言呢？我们就那样静静坐着，举目凝望。雄鹿现在似乎有所警觉，挺起头上高傲的巨角，身体一动不动，目光越过塘面，朝我们所在的方向张望，而它的两头同伴，则依然在悠闲地啃食着青草。

杰夫不停地快速按动着快门，欣喜之情显而易见。最后，雄鹿转身离开，身旁的另两头仿佛受到无形的绳子牵引，也紧紧跟在身后。很快，它们就消失在茫茫的林中。

我与杰夫返身朝越野车走去，但几乎就在同一时刻，发现路上不远处有辆卡车，也同样停在水坝旁边。没过一会儿，车子朝我们开过来并停了下来，司机没有熄火，副驾一侧车窗降了下来。我们看见车内坐着两位男子，都穿着户外服——花格衬衫、深色夹克，头戴鸭舌帽，脸上长满络腮胡子。气氛瞬间变得浓稠凝滞。杰夫不知道他们究竟是什么人，也不明白经过我们身边时为什么停下来。座位后面一排枪赫然在目。副驾上的人定定直视着我们，怠速的发动机轰鸣作响。

他将头探出窗外，手臂斜倚在车子一侧，洪亮的声音打破了空气的宁静："哈，感觉怎么样？"浓重的北部半岛口音中流露出一丝明显的兴奋之情。

"嗯，太棒了，简直令人难以相信。"杰夫回答道，紧张的情绪显然放松了许多。

"没错，它们喜欢那个地方。"司机探出头，接腔说道，"三头你们都看到了，包括幼鹿和母鹿，是吧？"

"对，看到了。"杰夫兴奋地回答，略略思考后接着问："你们在这里常看到驼鹿吗？"

"嗯，没错。"男子回答道，语气中的密歇根口音变得越发明显，"我们经常看见，对，就在那块儿。我们特地开车过来看它们。"

就在这一刻，我突然想起来一件事。我静静等着，看杰夫会不会问河狸的事，但他没有作声。

"看样子这块儿可能有人在捕猎河狸。"

一阵沉默随即袭来，重重地笼罩在我们周围，两位男子似乎变得有些紧张。捕猎人通常都显得有些神神秘秘。随即，他们转头慢慢朝我看来，眼神定定注视着我，显然感觉非常意外。但正如我们放松了对他们的警惕一样，他们也渐渐不再那么紧张。我们彼此都已基本弄明白了对方的底细。"底下那边有一个规模不小的居舍，"我接着说道，"但看样子像是有人一直在捕获河狸。这么大一片池塘，感觉不应该只有一座居舍……了解是谁在这片捕猎吗？"

"噢，对，是我表哥！"方向盘后面那位男子开口说道。他将视线转向车窗外，郑重地朝池塘方向指指，笑容也随即绽满他的面庞。"我们都捕猎，嗯，是的，不过他在这一片捕……对，自打我记事以来每年都捕。基本都是河狸，非常棒的河狸……"他将视线再次转回到我身上，缓缓点点头，"今天早晨就在那边看见了一只河狸，对，非常大一只……就顺着居舍顶上跑了过去。"

六

19 世纪 60 年代，当摩根为撰写他那部河狸专著进行考察研究时，全美国毛皮捕猎人每年捕获的河狸数量仍然可以达到 50 万只。但随后，及至 1900 年，河狸却已基本消失不见。如今，得益于机遇、明智的环境政策，人们在野生动物恢复方面的努力付出，再加上河狸自身固有的韧性和适应力，在这一系列因素共同影响之下，这一物种正在卷土归来，同时也带来了其他野生动物的蓬勃回归，而正如春江水暖鸭先知，毛皮捕猎人已率先捕捉到了这一讯息。

第 8 章

吉泰吉斯茨塔基与河狸
锦囊的故事

第1节　河狸机器人

在1855—1867年长达十二年的时间里，摩根披荆斩棘，频频出没于密歇根北部半岛的丛林间，考察和研究河狸建筑，试图弄明白河狸何以能够成就如此伟大的工程杰作。他甚至还四度远征西部地区，沿密苏里河逆流而上2 000英里，穿越蒙大拿州，以观察河狸在落基山脉、北部大平原等不同地理景观条件下从事工程建设的情况。然而，除了日益惊叹于河狸即使在干旱环境下也能够打造出庞大的水系工程这一超凡能力，他在"河狸拥有智力吗？"这一核心问题方面似乎并未取得什么实质性突破。

一

从密歇根回来以后，我怀着极大的好奇心开始探寻摩根苦苦求索而未果的问题，即河狸是否拥有智力，但却很快发现，当今绝大多数研究人员关注更多的是河狸在环境方面的影响。纵观20世纪整个历史，欧洲的动物行为学家、医生以及其他研究人员也都曾偶有尝试，努力对河狸的智力进行测量。其中最为有趣的就是由俄罗斯、波兰的研究员共同实施的一项研究，旨在测试河狸是否具备推断能力，也就是根据既往经验进行预判的能力。作为实验对象，他们选择了 15 只加拿大河狸、23 只欧洲河狸。据认为，欧亚河狸与主要分布于北美洲的加拿大河狸属于近亲，因为两者样貌相近，均为一夫一妻制食草动物，所具备的拦河筑坝能力也均相似。然而，这两个物种之间并不能实现杂交，因为它们所拥有的染色体数量并不相同。该项研究所涉及的河狸多数为人工圈养河狸，尽管也有少数几只欧亚河狸为自野外捕获的品种。实验实施地为俄罗斯沃罗涅日国家保护区下属的河狸养殖场及波兰科学院的野外站。他们发现，受试河狸中的大多数（加拿大河狸中约 85%、欧洲河狸中约 65%）都表现出了一定程度的解决问题能力，具体到本研究案例而言，也就是可以基于既往经验预测食碗移动的方向，尽管它们本身并未看见食碗。基于该项研究结果撰写的论文题为《欧洲及加拿大河狸智力状况实验性研究》(*Experimental Study of the Intellectual Ability of European and Canadian Beavers*)，发表于莫斯科。

　　研究人员证实河狸具备推断能力，而这一能力通常被认为是智力中的一个基本层面。伯尔尼大学大脑解剖研究所的意大利裔瑞士神经学家乔治·皮莱里（Giorgio Pilleri）也对加拿大河狸表现出了强烈的研究兴趣，并于 1959 年发表了一篇关于其大脑形态结构的重量级论文。数年以后，他开始就河狸筑坝方式的不同侧面展开详细研究，以此来测量该动物的智商状况。1983 年，他发表了题为《河狸考察研究》(*Investigations on Beavers*)的一系列论文。但这些研究大多都只不过进一步支持了人们早已通过观察得知的一个基本事实——河狸具备良好的建筑能力。至于他们是如何做到这一点的、第一只河狸最早开始拦河筑坝的理由又是什么，这些问题都依然是未解之谜。

动物智力与大脑高级别区域面积增大、神经元多样性增加、不同神经元之间交互情况复杂程度提高等现象直接相关。相比其他啮齿动物而言，河狸大脑的前额叶，尤其是大脑皮质层发育程度更高，但你很少看见河狸能够像挪威鼠那样成功地穿行迷宫、猜出疑难谜团或者拉扯杠杆等。对河狸进行深入研究的难题部分在于研究的组织和管理，因为河狸多数情况下生活在水中，它们在陆地上行动笨拙，而且视力极差，另外还主要在夜间活动。雅克·库斯托（Jacques Cousteau）于 1975 年拍摄了一部有关加拿大河狸的纪录片《卡吕普索》（Calypso）。该影片是这方面早期尝试的代表之一，并引发了极大反响。该片摄制过程中，导演的儿子及剧组其他成员身着潜水装备，潜入萨斯喀彻温省厚厚的冰层之下，对蛰居于冬季居舍中的河狸进行了拍摄。然而，他们只看到了一只惊恐万分的年幼河狸，其他的都早已游遁而去。

后来我看到一则新闻简讯，报道说哈佛大学材料科学与机械工程学方向一位非常有才气的在读博士生独辟蹊径，找到了研究河狸的一种全新思路，似乎有望揭开有关河狸智力问题的谜团。在研究河狸的过程中，乔丹·肯尼迪（Jordan Kennedy）突发奇想联想到了白蚁。白蚁这种动物非常渺小，体形甚至不及米粒，小到几乎没有大脑。然而，凭借集体的力量，它们却建起了巍峨高耸的白蚁丘，高度甚至可以达到 12 英尺。如果以人类作为类比，就相等于人居住在高出地面一英里的摩天大楼之中。在肯尼迪看来，摩根及其身后的一批科学家之所以未能妥善回答河狸智力这一问题，原因在于他们所提的问题本身就不正确。"你希望通过观察个体找到答案，但实际上它的智力以及工程杰作来自群体的智力。"当我把电话打到剑桥镇，在她办公室联系上肯尼迪时，她这样解释，"这些杰作来自群体的力量，来自同一水道上数以百计，甚至上千只的河狸，它们彼此独立，各自干着自己的工作，最终的结果看起来显得非常聪明。摩根所研究的那些河狸大坝，都是数代河狸集体心血凝聚而成的成果。"

二

说到童年在自家肉牛农场帮忙干活的经历时，肯尼迪脸上露出一丝恬淡的笑容。她年幼时生活在蒙大拿州东北部的黑脚保留地，爸爸是黑脚部落南派岗族阿姆斯卡皮·皮库尼（Amskapi Pikuni）分支中的一名注册会员。肯尼迪的妈妈祖籍是瑞典，她继承了妈妈这一方的血统，金发碧眼，但她自幼却深受黑脚文化的熏陶。"河狸在我们心目中占据着一个非常神圣的地位。"她说道。她接着向我介绍了黑脚传统仪式非常重要的一个源头——河狸锦囊。"在黑脚文化中，河狸锦囊就好比历史教科书，因为其中包含了很多物件，而每一个物件都相等于一首歌或一则故事。你得到一个锦囊时，也便学到了所有相关的故事和知识。"她接着解释道。河狸锦囊就恰似一座图书馆，里面装满了以物理形式承载的各种知识，就那样被层层包裹起来，代代相传，生生不息。

在哈佛大学，肯尼迪隶属于 L. 马哈德万（L. Mahadevan）教授领衔的软数学实验室。马哈德万成果卓著，屡获大奖，其中包括搞笑诺贝尔[①]（Ig Nobel prize）物理学奖，旨在表彰其在应用数学研究领域杰出成果的麦克阿瑟学者奖（MacArthur Fellowship）等。声望卓著的软数学实验室将数学、物理、工程、演化生物学等众多学科融于一体，专注研究自然世界的各种现象。肯尼迪的前任导师、现供职于普林斯顿大学的拉迪卡·纳格帕尔（Radhika Nagpal）同样赫赫有名，曾基于前人在生物学领域有关群体性昆虫的研究成果开发出了"千机系统"——一套可以让"数量众多的"机器人协同工作、共同完成某项高级任务的机器人系统。

"一开始思考河狸是如何拦河筑坝时，我首先想到了蚂蚁、白蚁等是如何建筑巢穴的这一背景。"肯尼迪解释道，"是白蚁启发我真正开始认真思考这一问题的。最先发起白蚁丘兴建活动的那批昆虫，并非最终见证完工时刻的那一批。而且，有充分理由可以证明，单个的白蚁其实根本算不上聪明。单独一只白蚁无法解决复杂的问题，但假如它们齐心协力，按照某一套简单的规则一起作业，比方说，因为我的朋友们都在这里大兴土木，所以我也要在这里动工兴建，那么，就可以建筑起规模宏大的结构——远远超出任何一只个体力所能及的程度。"

白蚁、蚂蚁以及蜜蜂（此外，如肯尼迪的最新研究所示，还包括河狸）等并不会围绕某一个核心权威人物进行组织；相反，它们在建筑的过程中仅仅只是遵循了某一系列简单的规则，而激活这些规则的往往只是来自周围环境的某些启示——学界将这一行为模式称为"隐式交互"。法国生物学家皮埃尔-保罗·格拉斯

---

① 是对诺贝尔奖的有趣模仿。——编者注

（Pierre-Paul Grassé）于 1959 年率先采用这一术语，以描述白蚁在环境中留下蛛丝马迹（例如一小堆土或其他标志性讯号）、供其他同伴借鉴效仿的这一习惯。这些蛛丝马迹就是一种明确的信号，将提醒其他白蚁在同一点位继续修筑，以便白蚁丘能够不断增长和扩展。肯尼迪现在相信，河狸身上也会表现出这一隐式交互行为，并且已隐约了解了所有这些环境信号中至少一种的可能表现形式。她发现，河狸开始修建它们那复杂的水坝系统时，通常都是感应到了体积流率的变化，也就是感应到了水流。肯尼迪刻意选择了每年开春都可能被冲垮的河狸坝址。由于保护区内的河狸种群数量相当稳定，每年开始独立生活的年轻河狸夫妇只好选择在条件相对次的位置筑坝，而这也就意味着，每年春汛来临的时候，它们的水坝就都会被冲垮。

"我无意像摩根那样研究历经数代的老坝，因为我希望了解的是河狸新建水坝时会选择什么样的具体位置、何时开始。"肯尼迪解释道。她发现，当河中的体积流率低至每秒 250 升时，河狸便会立即开始行动，或拦河筑坝、开挖运河，或兴建陆上通道，以用于觅食或采集建筑原料。将一整个季节中每周一次现场勘察所获得的数据输入计算机并生成图形之后，肯尼迪发现，河狸开始兴建的规律与体积流率变化的规律刚好形成反比。而在此之前，在关于河狸倾向于在何时、何地建筑水坝这一问题上，居主导地位的一种假定认为，是水流动的声音启发河狸开始兴建，而且声音越大，它们兴建的积极性也便越高。尽管肯尼迪的研究并未完全否认这一假定，但却清楚表明，启发河狸开始行动的讯号远不只限于声音。这一点完全合乎情理，因为河狸并不会尝试在尼亚加拉瀑布等地方拦河筑坝，尽管这里提醒它们动工建坝的声音信号最为巨大。肯民迪认为："我们无从了解河狸究竟是如何思考的，但从力学的角度来看，这一点不难理解，因为如果水流的剪力差过大，大坝肯定会垮塌。"

肯尼迪一开始时关注的焦点并不在于河狸的智力，甚至都不在于其行为。当初确定博士研究课题时，她打算对自幼成长所在地附近，也就是黑脚保留地内的河狸水坝进行一番研究。蒙大拿州中北部地区的黑脚保留地包括了冰川国家公园的大部，而该公园被租赁给了美国政府。这也就意味着，肯尼迪一开始着手准备研究的水坝体系坐落在世界上最重要的分水岭地区。三岔峰位于落基山脉蒙大拿州境内一段，被誉为整个北美地区的"水塔"。源自这里的冰川水顺着三个不同方向注入三个不同的江河体系，最终汇入三个不同海洋。

初时，肯尼迪的研究思路与一个半世纪以前摩根的思路大体相近，旨在对特定区域内的河狸水坝进行系统性记录、绘制并拍摄。但在她首次对该地区实地勘踏并确定项目地时（中途曾与灰熊、狼群等猛兽狭路相逢），她计划趁夏季时节利用无人机对各个河狸居舍点位进行拍摄，然后再借助摄影测绘学原理，基于这些照片构建一系列三维影像。所谓摄影测绘学，就是采用点云设备确定位置，并将不同照片拼接起来的技术。

"作为一名力学工程师，一开始时我对这些水坝非常感兴趣。"她解释说，"在一个流动、不稳定的环境下，利用一些质量并不算好的材料，你如何能够建立起一个具备稳健力学结构的建筑，进而打造出一个生物体系？即便我们人类，在这一方面也不算特别擅长。"整整一个夏天，肯尼迪都在利用无人机勘察和拍摄 20 多个河狸栖息地，幅员跨度超过 100 余平方英里。"无人机一升空，我的思路便发生了改变。"她说，"我意识到这些水坝体系是何等幅员辽阔。水坝其实很渺小，真正震撼人心的反而是运河。"

为解释清楚，肯尼迪给我发送了一张研究过程中生成的图片，拍摄地是米尔克伍德溪。图片中的水坝网络规模非常令人震撼。运河极大程度地扩展了溪流的范围，周围陆地上布满了纵横交织的河狸通道，俨然如同一座迷宫；每一个水坝体系都是一片面积巨大的绿洲，点缀在周围干燥、灰褐色的景观氛围之中。

肯尼迪的这一系列发现回答了许多耐人寻味的问题，比如：一个隐式交互系统究竟可以扩展到多大程度？相比白蚁而言，河狸按照去中心化方式成功运行的规模和范围要大得多。理论上讲，基于河狸所遵循的简单建筑法则，或者基于它们在成功地进行陆上探索过程中所遵循的简单法则，我们可以建立起一个规模庞大的算法体系，并以此来编程驱使机器人。或许将来某一天我们有望见到一个由河狸机器人组成的庞大编队。一组大小与河狸相似的机器人协同作业，说不定可以打造出对我们人类极为有用的某种东西。对于自己的研究给机器人研究行业可能带来的启示和影响，肯尼迪显然感到非常振奋；不过，她对河狸建筑结构研究可能带给我们的更实用的影响和意义也同样兴趣盎然，比方说，更好地管理我们的水系，尤其是通过改进水坝设计来提升水系应对洪灾的韧性和抵抗力。

"有人说河狸无法阻止洪灾，"肯尼迪说，"但从我研究现场所获得的信息来看，它们完全可以做到。只要放手让河狸兴建运河，它们甚至可以预防大型洪灾。"肯尼迪坚信，除了在我们的水坝体系中增设运河、帮助控制洪水外，我们还可以效仿河狸筑坝的方式，大力改进现有水坝设计思路——河狸从来不会只修建一座单独的大型水坝，而是会分层级修建多座水坝，以增强水坝体系整体的韧性。她补充说道："另一点值得我们思考的是水坝周期性垮塌的价值。河狸水坝通常会持续稳定地存在一段时间，然后会周期性地垮掉，从而释放出营养成分，供鱼类、野生动物或植物使用。如果在设计时可以让水坝周期性地泄水，那将可以为我们提供另一种不同思路，以更好地管理我们的水系。"

展望未来，肯尼迪希望进一步拓展自己的研究，增设一个地理定位系统，以追踪水坝系统建设期间每一只河狸的运动轨迹。她说："每一只河狸在这一协同合作过程中具体都做些什么？谁具体负责干什么？它们之间存在具体分工吗？有人问我河狸都在干些什么，而我则不知从何回答。这可以说是我研究中的一个重要缺憾。"事实上，在整个研究期间，肯尼迪因为主要都是在白天用无人机拍摄，所以压根就没看见过一只河狸。她开始曾有意将追踪河狸也纳入研究范畴，但其中一位导师不鼓励她这样做，因为这将涉及活捕河狸，然后再设法在它们身上安装应答器（河狸脖子很短，无法佩戴无线传输项圈），或者植入微芯片，所有这些都既耗时间又耗人力。

三

1973 年，波士顿大学的彼得·布什尔（Peter Busher）教授在美国所有科学家之中首次尝试利用地理定位系统追踪河狸。他将一个无线发射器系在河狸尾巴上，然后利用尼龙网加以固定。但鉴于这一过程极为耗时，最终放弃了这一做法。在布什尔教授带领下，他的团队针对某河狸种群实施了全美国历时最久的一项研究。自 20 世纪 60 年代末期以来，科学家们就一直在对栖息于马萨诸塞州中部夸宾水库的河狸进行每年一度的数量监测。该州之所以对夸宾水库感兴趣，是因为波士顿大部分的水源均来自这里。每年 11 月，布什尔都会与数家机构和志愿者合作，对该地区进行实地勘踏，清点处于活跃状态的河狸居舍数量。

欧洲人将放归河狸的努力称作"再野化过程"，起步比北美晚 20 年，但尽管如此，欧洲如今已成为河狸研究的中心。不过与美国相同，当今多数河狸研究项目的焦点都在于河狸管理以及利用河狸进行环境修复。格哈德·施瓦布（Gerhard Schwab）是德国巴伐利亚一位野生动物经理，人送外号"为河狸播撒希望种子的约翰尼"，欧洲大部分的河狸放归项目均由他率先发起。在英国，德里克·高尔（Derek Gower）及其同事，还有"河狸托管基金会"等组织在这一方面均走在前沿。作为几年前发起的一项绿色行动的一部分，英国和欧洲均致力于江河恢复，而在所有这些努力之中，河狸日益成为重要的一环。欧洲目前最前沿的研究正在挪威开展，实施机构为挪威东南大学以及坐落于泰勒马克市的挪威自然研究所。挪威东南大学的弗兰克·罗塞尔（Frank Rosell）是世界最顶尖的河狸科学家之一，迄今已发表论文数百篇，目前正率领其研究团队通过耳签、微芯片等地理定位手段追踪研究欧亚河狸。他的研究团队在河狸居舍入口处架设了天线，借此收集数据、了解个体河狸的行动规律。在 2022 年发表的最新研究中，他们在 33 只欧亚河狸身上安装了速度纪录仪及地理定位系统，并发现河狸潜水的频率低于先前人们认为的程度，而且，其潜水的深度、待在水下的时间也都远低于人们以前所理解的水平。

至于第一只河狸究竟是在何时又因何开始修筑第一道水坝，同时还研究浮木堵塞河道现象的肯尼迪也提出了一套她自己的理论。在蒙大拿中北部地区，当某条河流的体积流率降至每秒 250 升，也就是达到提醒河狸开工筑坝的同等速率时，浮木堵塞河道的现象就会发生。或许，在远古时期，因浮木堵塞河道而在溪流上游形成的水塘机缘巧合吸引了河狸的注意，后者发现这里既有充裕的植物资源，又可以提供充分的安全保障，因为深水可以保护它们免遭熊、狼等天敌的猎杀。于是，在随后的某一天里，某一只河狸无意间在淤堵的浮木上增加了一根树枝，由此拉开了河狸拦河筑坝的历史序幕。

"没有任何一种动物能够像河狸那样善于大兴土木。"在结束我们的电话访谈之前，肯尼迪补充说道，"至少在规模上没它们那么宏伟壮观。"其他几种动物及鱼类也会筑巢、挖洞，从某种意义上而言，这两种结构也算是一种建筑形式。河豚会在沙滩上开挖形如曼陀罗的壮美巢穴，以吸引异性前来交配。据我们所知，在澳大利亚，至少有一种章鱼会修筑类似于中世纪古堡的建筑结构，某些研究人员称之为"章鱼卫城"。但坐落于加拿大阿尔伯特省、已知跨度最宽的那道河狸大坝，才真正堪称是世界上规模最大、由动物兴建的建筑结构。即使置身于太空，我们也依然依稀可以辨别其形貌。

第 2 节　食树兽

　　"在黑脚族的语言中，提到某一棵树、某一块岩石、某一头野牛，抑或是某一只河狸时，你都仿佛在讨论人类同胞中的某一个人。"从我们的电话访谈一开始，肯尼迪就开门见山说道，"说起这些名词时，你根据语法规则酌情调整语言形式和结构的方式，其分量与讨论另一个人时并无二致。"略作停顿之后，她接着补充道："失去了你的语言，你也便失去了相应的世界观，因为语言可以直接影响你组织思想的方式，也直接影响你与这个世界互动的方式。"

　　在黑脚民族的语言中，河狸对应的称呼为"吉泰吉斯茨塔基"，意思就是"食树兽"。黑脚印第安人是北美原住民民族的后裔，数千年以来一直生活在北部大平原，因此对当地的地貌和环境知识谙熟于心。他们了解民族植物学、植物，对蛋白质含量甚高的各种羊茅草尤其熟悉，正是这种肥美的植草支撑起了北美地区丰富的野牛生态系统。他们对野牛生态学有着非常深刻的认识，因此能够成功地捕猎这种动物。此外，他们还学会了如何在

干旱的环境下生活和栖居。尤为重要的是，他们非常清楚河狸在
维持易干旱地区水资源方面所发挥的关键作用。据黑脚人的宇宙
观，他们在这一方面的知识大多数都来自河狸的先祖"吉泰吉斯
茨塔基"。他们称太阳为"纳皮"，也就是"太阳公公"的意思。
在后者创造这个世界的过程中，"吉泰吉斯茨塔基"甚至还给予了
一定的帮助。

　　世界混沌初开之时，大地一片汪洋，除了漫天洪水
以外，几乎什么都看不见。一条小小的筏子在水面上漂
浮，上面坐着太阳公公和众兽。太阳公公希望能够打造
出陆地来，于是命令河狸潜到水下去取些泥巴来。河狸
一摆尾钻到了水面之下，在下面待了很久，但却怎么也
到不了水底。然后潜鸟、水獭先后作了尝试，但水实在
是太深了，它们也都无法够到水底。最后，太阳公公派
出了麝鼠。麝鼠潜了下去，但大家等了又等，始终都不
见它再次露出水面。就在大家以为它一定是被淹死了的
时候，它终于出现了，奄奄一息地漂在水面上。大家赶
紧把它拉到筏子上，并仔细察看它的爪子，终于在爪子
中发现了一点点泥巴。太阳公公将泥巴晒干，然后将它
四散撒在水面，于是便形成了陆地。

第 3 节　河狸锦囊的故事

某一年"斯陀耶"期间，也就是在一个"天寒地冻、万物凋敝"的冬季时节，一个人因冒犯族人而受到众人的羞辱，不得不暂时离开家园。就在他感到无依无靠、无处可以栖身之时，"吉泰吉斯茨塔基"河狸向他伸出了援手，邀请他到他们的居舍中去度过严冬。于是，这个人来到水下世界，与河狸人一起熬过了漫漫寒冬。当冬天终于过去，这个人再次返回族人之中时，也带回了从超自然世界——河狸的水中世界学来的知识和经验。从它们那里，他学会了如何栽种、培植以及采收 piistaahkaan，也就是当地的烟草。从河狸那里，他还学会了唱歌，可以用歌声给野牛施咒，让野牛心甘情愿走到近处，从而确保将其成功猎杀。他还带回了河狸赠送的树枝，并且学会了利用树枝计时。

人们将这个人称作"河狸人"，而他的首项义务就是制作一个"河狸锦囊",并在里面装满各种各样的物件,分别用来代表自己从河狸那里学来的各种知识和经验。据说,一开始时,这些物件中包含各种飞鸟、野兽的毛皮,分别对应于某一首特定歌曲、某一个特定动作,或某一特定仪式。每次打开这个锦囊,河狸人也便将河狸们所拥有的超自然力量"萨摩(saam)"或医药传播给了人类。"河狸锦囊"堪称一种最古老的仪式,黑脚族人的其他一切仪式统统都由此衍生而来。

在2017年出版的《隐形的现实:讲故事者、听故事者以及黑脚人的超自然世界》(*Invisible Reality*:*Storytellers*,*Storytakers*,*and the Supernatural World of the Blackfeet*)中,这本书的作者、黑脚部族注册会员罗莎琳·R. 拉皮尔(Rosalyn R. LaPier)讲述了黑脚人所信奉的两种不同知识:基于现实世界实证经验所获得的知识;通过与超自然力量结盟而获得的知识。这两种知识都同等重要。通过"河狸锦囊",河狸们得以将来自水世界的某些神秘力量传授给人类;与此同时,通过这一交易,人类也与河狸达成了某种契约,作为回报,人类必须履行对河狸的某些特定义务。从历史来看,北部大平原地区包括了落基山脉以东、加拿大边界以北几乎全部的肥美草原,黑脚人以及栖居于这一地区的其他民族都奉行着严格的禁忌,不得伤害或食用河狸。姑且抛开其他不谈,所有涉及河狸的宗教故事都蕴含着对河狸角色的深刻认同,均高度颂扬河狸在涵养和保护珍贵的水资源方面的关键作用。黑脚人及北部大平原其他民族所信奉的宇宙观导致了他们对河狸保护的高度重视,进而构成了环境保护理念的根本基石。这其中的道理与印度教重视保护圣牛基本类似。印度的地理景观同样属于干旱性地带,牛既可以提供牵引、负重的功能,同时其粪便又构

成重要的燃料来源。因此，牛在这两方面的价值远远超出其作为
食物来源的价值。久而久之，印度教便开始强调，忌杀伤牛或食
用牛肉乃是一种神圣的义务。

黑脚人"河狸锦囊"之类的传统故事均将河狸塑造为人类
的保护神，北部大平原地区的考古记录也表明，历史上栖居在
那片地区的人并不猎杀河狸。人类学家乔治·伯德·格林内尔
（George Bird Grinnell）曾于 1915 年收集并出版了有关黑脚人及夏
延人的诸多故事（比其初创首家"奥杜邦学会"大约晚 20 年）。
甚至就连这位著名的人类学家也注意到，黑脚人及北部大平原地
区其他民族的传统故事都将河狸奉作一种神圣的动物，这与河狸
在稳定和维持干旱地区地表水资源方面所发挥的重要作用密切
相关。虽然阿尔贡金文化中有关"大河狸"的故事也同样将柯
西·阿米斯克瓦刻画为一个威力无比的角色，但这一角色对人类
却称不上很友好，总是恶作剧，以致最终遭到了创世主的责罚。
与此截然相反，"吉泰吉斯茨塔基"则被誉为人类的伟大保护神，
是一位仁厚的师长，并教给了人类对其生存至关重要的知识。在
其脍炙人口的著作《河狸、野牛与马》（*Beaver，Bison，Horse*）
中，人类学家 R. 格雷斯·摩根（R.Grace Morgan）认为，对于生
活在大西洋沿岸林地的原住民群落而言，比方说以生活在东北
部地区的阿尔贡金族为例，由于河狸数量过剩，因此对待河狸的
态度也相对更加矛盾，因为河狸时不时会淹没他们的牧场，或者
淹没某些他们赖以为食的动物或飞鸟的栖息地，如鹿、麋鹿、驼
鹿、火鸡、兔子及松鸡等动物的栖息地。生活在林地的原住民民
族往往倾向于允许猎杀河狸，但前提是必须对其予以必要的敬
重，善待其尸骸。

黑脚人将河狸视作威力无比的神灵，他们一切的礼俗仪式都自"河狸锦囊"衍生而来。在西北部地区，有一个民族自称河狸，并相信河狸乃是人类之中一个堕落的族群。切诺基人、阿尔贡金人，还包括奥吉布瓦人等很多原住民民族均自认是河狸的传人。在整个北美大陆尚且属于河狸界的那个年代，居住在那里的人们都保持着诸多约束，甚至完全的禁忌，禁止对河狸进行过度捕杀。然而，面对来自毛皮贸易的严峻压力，所有这些信仰最终都被渐渐淡忘，乃至刻意抛弃，至少在某一个至关重要的时段内，这种淡忘乃至刻意抛弃的情况曾出现过（而这一时段的延续长度，足以导致河狸几乎彻底灭绝）。在北部大平原地区，从19世纪早期毛皮贸易商的记录中，几乎普遍可以听到一些抱怨的声音，声称无法说服黑脚人及与他们比邻而居的格罗斯文特人、布拉德人或派岗人拿出河狸来进行交换。而在稍微偏南地区，毛皮贸易商人们也有类似的抱怨，抱怨的对象则是夏延人、希达察人及克劳人。生活在那里的原住民会拿出狼皮、狐狸皮以及野牛皮来交换，但尽管毛皮贸易商们一再明确表示希望得到河狸皮子，他们也拒绝拿出这种皮子。不过，随着几乎所有原住民民族都加入了欧洲毛皮贸易的热潮之中，对捕猎河狸的抵触情绪也渐渐淡化，原住民们开始变得乐于与贸易商们合作。

在其里程碑意义的杰作《规则守护者：印第安人—野兽的关系及毛皮贸易》（*Keepers of the Game：Indian-Animal Relationship and the Fur Trade*）中，作者卡尔文·马丁（Calvin Martin）提出了一种令人信服，同时却也令人心意难平的解释，说明为什么多数原住民民族最终都放弃了崇拜河狸人这一世界观，转而开始投身于对这种动物的无情杀戮之中。他以克里人、奥吉布瓦人及奇佩维安人为例指出，在这些原住民的世界观里，大自然也是由一个个的社群构成的：每一种动物、鱼类以及植物都生活在某一社群之中，运行的方式也与人类社会基本平行。每一个物种都有其首领，可以称之为"规则守护人"或"兽界大佬"。相比其他动物而言，这些首领体形通常都更加硕大，比如说大河狸"柯西·阿米斯克瓦"。

假如一位猎人因亵渎众兽而惹恼了某兽界大佬，比方说滥捕滥杀，或者以河狸为例，未对其尸骸予以善待，便可能遭遇风险，要么是下一场捕猎活动被搅黄，要么罹患重疾。据马丁分析，当奥吉布瓦人和其他不同部族的人因接触了首批来到北美的欧洲殖民者、身患诸多疾病而濒临死亡之时，当地的原住民将疾病归咎于河狸，认为是河狸给他们带来了疾病，并且认定这是一种形式的惩罚。因此，作为对这种惩罚的回应，他们勃然大怒：既然河狸抛弃了我们，那么，我们也可以抛弃与河狸长期以来达成的契约，开始毫无节制地捕猎河狸。当然，这种以偏概全、对任何一个民族妄加论断的做法不免令人质疑，就好比断言存在某种单一的美洲原住民文化一样不可靠，因为基本可以肯定地说，压根就不存在这样一种单一美洲原住民文化。在欧洲人到来之前，北美大地上曾经居住着数百个不同的部落，而且他们中的很多至今依然生活在这里，每一个部落都有其独一无二的语言与文化习俗。另外还有其他的压力，比如，很多种类的贸易品自身就非常实用，不参与贸易可能带来诸多不利后果等。具体而言，不加入贸易，也就不可能得到枪支弹药，而为了加强自我防卫，枪支弹药又很快成为一种不可或缺的东西。

"自世纪之交以来，我们已陷入某种危机状态。"肯尼迪以一种就事论事的态度评论道，"我们依然不得不应对殖民化进程给原住民部落带来的长期影响，将他们的生活局限于保留地狭窄的空间内所带来的诸多负面影响也依然存在。保留地的生态倒是得到了很好的保护，但归根结底，其设计依然像是某种形式的监狱。我们所面临的是文化流失、语言流失等众多问题。当下，从生态角度来看，已然形成一股强大的推动力，呼吁我们努力去重新找回业已丢失的知识。"

这些丢失的知识之中，某些正在逐渐回归，而且，河狸再一次充当了知识回归的媒介。在一项名为"吉斯茨塔基（河狸）项目"的前瞻性保留地环境修复工程中，多个利益相关方已达成广泛的合作伙伴关系，致力于在各大江河堤岸上安装一种名为"河狸水坝模拟器"的装备，同时大力推行植被恢复。这一工程旨在模拟河狸水坝在降低地表水流速、保持水分、修复受损江河等方面的积极作用，让那些地表植被不足以（至少目前不足以）支撑河狸种群旺盛发展的地方也可以从中受益。与此并行不悖的另一个目标在于，充分调动黑脚民族年轻人的参与积极性，深入挖掘原住民的环境知识，从他们与"吉泰吉斯茨塔基"，亦即河狸和谐共存并不断从后者身上学习的优秀传统中汲取启示和借鉴。

第 9 章

水下人

第 1 节　康涅狄格州尤宁镇耶鲁森林

丹尼斯·伯克斯特德（Denise Burchsted）博士专攻水体形态学，更准确地说，专门研究河流穿行于大地景观之中并改变地貌的方式和途径。"要是在一般性聚会场合，我会简单说自己从事河流研究。但如果房间里济济一堂，与会的都是科学家，我会说自己是一名河流地理地貌学家。在整个新英格兰地区，与我从事同类研究的同行我猜大约有 12 名。"当我将电话打到新罕布什尔州基恩州立学院她的办公室与她取得联系时，她这样跟我解释。在她看来，河流乃是将我们所在的大地连为一体的血脉和筋骨，而它们日益退化的现状是当前我们所面临的一个迫切环境问题。这不仅是我们新英格兰地区面临的问题，更是整个北美乃至全世界都面临的严峻挑战。极具讽刺意味的是，对于水体的研究却将她带到了一些根本不存在水的地方，或者，至少是看不见明显流动水体的地方。在对新英格兰地区的河流进行研究的过程中，她无意间接触到了河狸草甸，而我一开始之所以对她的研究工作产生强烈兴趣，也是因为河狸草甸的关系。"河狸草甸就是河狸水坝，说它是水坝，但又不完全是水坝。"我们初次通电话时，她曾如此向我解释，"这些景观有着令人难以置信的用途，但同时，有关它们的研究，却也少得令人难以置信。"

得知我正在研究康涅狄格州东北部某个河狸栖息点，而且位置距离她当初博士研究课题项目地耶鲁–迈尔斯森林仅有 8 英里之后，伯克斯特德博士主动提议带我参观她的项目场地。她已经大约 10 年没回去过那里，因此迫切希望有机会重访故地。我简直不敢相信自己居然如此走运：终于在东海岸找到了一位从事河狸研究的专家。

有关水的话题充斥于新闻报道之中。某地雨水泛滥，引发了极端洪灾；而另一个地方则因雨水严重不足而出现了极度干旱。与此同时，冰雪融化导致的海平面上升还在导致海岸线不断迁移。水以降雨的形式进入江河流域，然后在大地上不断穿行，要么途中被后者吸收，要么顺着江河滚滚流逝，最终汇入大海。假如想要了解水，你就不能不了解江河。当然，我们这里所说的江河，指的并非寓意时光匆匆流逝的那个耳熟能详的隐喻概念，而是指一种实实在在的水文系统，而大陆上一切有生命的物体，一刻都离不开这一系统。

所有这一切不免令人思考一个问题：是否可以将河狸放归康涅狄格河流域，从而降低哈特福德等城市所面临的洪水威胁？阿尔贡金印第安人自更新世末期以来就一直生活在东北部地区，他们之中源远流长、备受尊崇的一则故事便与混世魔王大河狸柯西·阿米斯克瓦相关。据传说，这只大河狸曾放洪水淹没了大片的区域，影响范围从新罕布什尔之北端开始，一直波及佛蒙特州、马萨诸塞州和康涅狄格州等地。阿尔贡金人深知河狸的威力及其对宏观环境的重要性，也深知这种动物对大地景观的影响。

康涅狄格州人口密度排名全美第四，河狸是否能够帮助有效恢复这里的江河生态呢？河狸的重新回归令毛皮捕猎人们兴奋不已，后者都在积极采取各种措施保护其栖息地，但他们的优先关注点在于保障河狸毛皮的"可持续收获"。而在很大程度上，我所在小镇的高速公路管理部门依然将河狸视为一种"祸害"野兽，全州其他各地也大多持类似观点。我终于迎来了机会，可以将自己家门口不远那处深深钟爱的河狸栖息地向一位身兼地质学家、工程师以及生态学家等诸多头衔的科学家展示，而且，这位科学家刚巧对河狸草甸也有着深厚的见解。一想到这一点，我便感觉喜不自禁。

我紧紧跟随伯克斯特德博士走进密密的丛林，每次看见一湾小溪、一段小涧，一条河、一道江，甚至只是树林中的一汪止水，她那一双素来温和宁静的棕色大眼便会闪现出一道坚毅的光芒。不等你反应过来，她就已经分开密密麻麻的低矮灌丛钻了进去，抑或径直闯进纵横交织的棘林，即使芒刺丛生也毫不畏惧。无论是茂密的桤叶荚莲棘丛、蕨类植物，还是缠满野葡萄藤蔓的灌木丛、锋利的锯齿草叶片，甚至是杨梅尖利的芒刺，都无法阻挡她前进的脚步。"我就喜欢这种披荆斩棘、劈林开路的感觉。"在那年8月时一个炎热的日子里，我俩并肩站在旷野，凝望着面前密密的耶鲁-迈尔斯森林时，她这样对我说。她虽然脸上蒙着一层尘埃，但面容秀美，笑意盈盈，活脱脱一副刚刚从巴塔哥尼亚（Patagonia）时装目录中走出来的模特模样，只不过衣着上没有那些花哨、时髦的标签而已。我回她个软绵绵的微笑，感觉疲惫不堪，燥热难当，双腿仿佛浇筑了橡胶一般沉重。每次一个趔趄，差点掉进水汪汪的沼泽，或者脚下打滑，险些被藤蔓绊倒在地，我都深深后悔没随身带一根拐杖来，要是手头能有把大砍刀，那才感觉更好呢。每到一处溪边，她都会仔细察看水道中的石块，观察它们的形状和大小，然后一脚踏进溪中（要是在夏季，林间探索时她脚上通常会穿一双袜子和一双特瓦牌凉鞋），去感受水的温度。她时不时俯下身子摸一摸石头，看上面是否有黏糊糊的感觉。这是一个明确的信号，表明上游来水流速相对缓慢，而且其中富含营养成分，往往是因为附近存在河狸水坝。不止一次，我看见她从溪流边上抓起一把泥土，随后听任它在手指间缓缓滑落。她可以靠感觉准确判断一把土究竟是源自 15 000 年前的冰川沉积物，还是后世侵蚀沉积形成的土壤。

伯克斯特德博士最初学的专业是土木工程，曾多年负责为江河恢复工程设计水坝拆除方案，然后决定转行攻读地质学学位。环境修复工程总是寄望于将已遭破坏的生态系统恢复到某种接近于其自然状态的程度。但伯克斯特德博士提出了一个非常简单的问题：何为其自然状态？美国每年实打实用于江河恢复的投入高达数十亿美元，但直到最近，尽管我们始终都在努力地恢复，却并不明白恢复工作所参照的究竟是一种什么样的状态。我们无从知道北美江河的原始样貌到底是什么样子，因为我们所研究的江河，都是在长达 300 年的历史进程中由于没有河狸来打理和管护而严重退化的江河。

地质学家艾伦·沃尔（Ellen Wohl）博士致力于研究科罗拉多州各地的河狸草甸及江河系统，他将 1600 年至 1900 年这段时间——基本也正是毛皮贸易最为鼎盛的 300 年称为"大干涸时代"。一旦河狸从密林覆盖的水源地及其他地方消失，不仅湿地将干枯，而且整个江河系统的形态和功能也都将随之改变。据科学家们当前估测，在北美洲及欧洲，超过 80% 的江畔林沼、草泽、湖泊、池塘以及洪泛森林均已消失。在河狸界时代，北美大陆上曾经生活着 6 000 万至 4 亿只河狸。我们只需考虑到这一点便足以明白这其中的道理。如此庞大的种群数量也就意味着，在任何一条江河中，每隔 3 英里左右的距离，就可以见到至少一个河狸族群。按照这一密度来计算，整个北美洲每一个流域都应该有河狸栖息。没有人能说得清楚今天生活在北美地区的河狸准确数量有多少。估计数量大约在 600 万只上下，相比数千万年以来曾一度生活在这里的河狸的数量而言，占比不足 0.05%。

从历史上来看，美国的江河恢复工程一直聚焦于清除水坝，伯克斯特德博士等工程师研究的重点在于如何最高效、最安全地将这些人为设置的障碍清除掉。伯克斯特德博士大多数的研究工作主要关心的就是所谓的河流不连续性问题，她将之称为"自由流动的江河之迷思"。第一次听她在电话上提到这一个表达时，我在笔记旁标记了一个大大的问号。江、河、溪，甚至最微小的山涧，所有这一切最基本的定义难道不就是"你可以看见流水的地方"吗？

地质地貌学就是研究地貌及其形成和发展历史的科学。河流地质地貌学家研究的对象包括江河的物理形貌、它们输送水及泥沙沉积物的方式、由此形成的地貌，更广义而言，还包括水的运动与大地景观之间相互作用的方式。与世界上其他多数地区一样，美国这边的江河恢复工程既是一项迫在眉睫的任务，同时也是一门庞大的生意。江河洪灾每年都会带来生命损失，也给城市、乡镇以及基础设施带来数十亿美元的经济损失；此外还可能会对宏观生态环境以及我们种植粮食的能力造成极大破坏。每年数量惊人的优质表土顺着退化严重的江河系统被冲刷流走，最终进入海洋。说江河是将我们所栖居的大地景观连为一体的脉络和筋骨其实并不足以反映其真正的重要意义。翻开一张反映北美洲五大河流系统的地图时，我发现这些大江大河更像是整个大陆的主动脉，沿着每一条主要支流的两侧，一道道更密集、更细微的线条不断伸展蔓延，直接或间接地抚育了生活在其沿岸的一切生命——植物、动物，还包括我们人类自身。

纵观历史，我们在运输、灌溉、能源以及各行各业的发展方面都高度依赖于江河。然而，由于未能够充分意识到在维护宏观生态系统健康方面我们对其是何等的依赖，因此我们对于江河的滥用也同样由来已久。

攻读博士学位期间，伯克斯特德博士一开始研究的对象并非河狸对江河系统的影响。"读硕士时，导师给我了一篇有关河狸草甸的文章。"她说道，"我感觉非常有意思，这种动物实在是太神奇了；不过，真正启发我把这一切拼接起来，形成一个完整研究项目的，还是我丈夫。"就在她苦苦纠结博士研究课题究竟该确定在什么方向时，她丈夫有一天刚好到耶鲁-迈尔斯森林地区附近的布朗奇溪玩皮划艇，傍晚回家时跟她讲述了一段有趣的经历。每次沿着河道把船划出没多远距离，他就不得不下水把皮划艇抬起来，以越过阻挡在河流当间的河狸水坝。丈夫这次经历证实了她从一开始心里就始终存在的某种隐隐不安之感，对于江河修复工程中过于强调通过清除水坝而将江河连接为一体的做法，她总感觉有些什么地方不太对劲。

"在江河修复方面，经典的思路认为，是人修建了这些大坝，因此我们必须将它们清除掉。这些水坝就是问题的根源……但问题在于这中间存在太多的灰色区域。"她略作停顿,"我们思考问题的过程中总是持一种二元对立的观点——既然水坝不好,那么没有水坝就一定好。可实际情况要远比这复杂得多。"伯克斯特德博士于是开始思考如下问题:假如我们认为东北部地区的江河全都是自由流动的水系这一观点,其基础并非是江河的自然原始状态,而是对业已退化的江河多年的研究,那么,会出现什么样的情况呢?换而言之,要是我们研究的江河在(自肆虐泛滥的毛皮贸易将河狸赶尽杀绝以来)长达三百年的时间里都没有河狸存在呢?她希望搞清楚,在河狸灭绝之前,原始的江河究竟是何种模样。

2010 年,伯克斯特德博士与人合作,在《自然》杂志上联名发表了一篇文章,对江河修复工程中过于强调河流连通性的主导性观点提出了质疑。基于自己在康涅狄格州尤宁镇耶鲁-迈尔斯森林所做的研究,她与合作作者在文中提出了一种截然不同的观点,认为"江河及岸堤的非连续性"对于维护江河系统的健康至关重要,因河狸水坝的存在而导致的非连续性特征尤其如此。假如希望弄明白伯克斯特德博士及其他地质学家口中所说的"非连续性"到底是什么意思,你不妨想象一下:在经历一场倾盆大雨,或者经历像艾达飓风(在不到 24 小时的时间之内,艾达铺天盖地降下了 7 英寸的豪雨,洪水冲进了纽约市地铁站,并造成了人员伤亡)那样的强烈暴风雨之后,你家当地的溪流或江河是个什么样子。大量枯枝、树叶以及草皮顺着湍急的洪水冲刷而下,在两侧河岸近旁淤积汇聚,再或者,由于洪流极度高涨、流速极度加快,甚至溢过堤坝,冲毁大片区域。也许会有一棵大树的主干被卡在了河床之上，由此构成了一个微缩性浮木拦水坝的基本构架，在激流的冲刷之下，大量树枝、树叶及其他各种东西在它上面不断累积，最终导致河床形成堵塞。在这种情况下，水流就会向阻挡在河床中间的这一障碍左右两侧分流，致使漂浮在河面上的障碍物形成一个临时性小岛。原本水岸分明的一条小溪，骤然间变得水土难辨、一片狼藉，河水纷纷越过堤岸，形成一股股水流四散流淌。在其标题为《不连续的江河：在森林覆盖的水源地修复工程中，应将河狸因素纳入基础参照条件确立环节》(The River Discontinuum：Applying Beaver Modifications to Baseline Conditions for Restoration of Forested Headwaters) 的论文中，伯克斯特德博士与其他三位合作者认为："为确保达到可持续性高、符合生态规律的修复效果，首选的模型必须将前殖民时代河流及岸堤的非连续性特征纳入其中，也将因河狸而致的非连续性特征纳入考量范围。"换而言之，他们认为，要想妥善地修复一条江河，你必须放弃单靠清除人造水坝恢复水体流动性的执念，转而采用一套更加综合和宏观的方法。你必须认真分析水流究竟是在何处，又是如何遭遇了临时性阻碍，尤其是遭遇了河狸的阻碍。

伯克斯特德博士做了翔实的文献跟踪研究，揭示了1914年康涅狄格州放归河狸项目实施80余年以来，河狸在显著重塑江河体系方面所发挥的作用。结果显示，这一思路大有希望获得成功。根据她对耶鲁-迈尔斯森林这一项目点的研究记录，即使在人口高度稠密的康涅狄格州，借助数量相对较小的一个河狸种群的帮助，也可以实现江河自我修复的目标。在不到一个世纪的时间里，耶鲁-迈尔斯森林的河狸已经对这里的河流进行了显著重塑,让它恢复到接近河狸界时代原有样貌的水平。

在这片部分已经得到恢复的河流生态系统中,不仅超过三分之一的面积已被河狸水坝占领,而且还有三分之一形成了河狸草甸。换句话说,虽然河流中仍有三分之一的水体处于自由流动状态,但大多数的流动水其实都已经被水坝拦截、阻挡、分流或降速,整体上被分散到了林地之中形成漫滩。在这一条已受河狸大幅重塑的河流系统之中,相当高比例的水其实都是存储在河狸草甸之下。尽管这些草甸乍一看非常干燥,但正如伯克斯特德博士及其他多位科学家在随后研究中所发现的,其实草甸像湿地一样在发挥着很大的作用,仿佛一片片巨大的地下海绵,吸收并存储了体积巨大的水资源。洪患发生时,河狸草甸将发挥吸纳洪水的作用,削弱洪流的冲击力,进而降低后者破坏大地景观、冲走宝贵土壤的风险。而当降雨偏少,不断升高的气温致使植物、大树等因蒸腾作用而流失更多水分,进而导致严重旱情时,河狸草甸又好比一片片秘密的水源地,可以保护河流系统免于陷入彻底枯竭的状态。

时光回溯到2010年,如果有人在那时提出江河河道内需要存在异质性,需要借助河狸水坝、浮木及枯枝落叶等阻碍物才能发挥其正常水利功能;新英格兰地区的河狸草甸在宏观江河体系中发挥着重要作用,这些见解一定会被人视作标新立异的奇谈怪论。但事实上,那些无阻无挡、一泻而下的江河溪流其实并非江河的原始自然形态,只是一种人为打造出来的产物,是欧洲殖民活动以来人工干预和操纵的结果。在17世纪末期直至20世纪早期约300年的历史之中,在全美国各地,大量的水坝、水车等水利设施曾被用于驱动锯木厂、冶铁炉、锻造厂以及采矿作业。在康涅狄格州这个偏远的角落以及马萨诸塞州某些地区，截至 1840 年，磨坊的数量曾达到 12 000 座。新英格兰地区的每一条溪流上，几乎都有某种形式的水坝存在。

科学家们对河床沉积物做了研究，发现最上面是一层细沙、淤泥和壤土，主要都是大约 300 年前河上出现了磨坊和水坝以来沉积下来的物质，但再往下挖，就会发现很厚的一层富含有机物质的土壤，其起源甚至可以追溯到全新世时代更早期。这一层被掩盖起来的含水层（湿地）表明，被磨坊水坝冲刷下来的沉积物掩埋起来的区域曾经是湿地。换言之，在欧洲殖民活动兴起之前，新英格兰地区的溪流并非只是顺着一条单一的河道倾泻而下，而是由广袤的湿地系统上众多的细小支流和漫滩汇聚而成。这些湿地（如伯克斯特德博士的研究所示，这些湿地也包括河狸草甸）不仅存储了大量水分、减缓了水速，阻止了冲刷所致的土壤流失，而且还存储了大量的有机碳元素。

“我觉得就是这条路。也许在那边稍微往上点？”

“不对，不是这条路。对不起，咱们得绕回去。是这里吗？”

“呣，不敢肯定，也许是吧。这里吗？”

“不对，印象中不是这样子。这边看看？”

“不对，咱再绕回去，这里？”

“大概是。”

“这里吗？”

“不确定……”

“那边上面怎么样？”

"喔……跟我上次来这里时比，很多地方都已经被荒草湮没了……"

我抬起头，炎热的天气、不停往前赶路的辛苦折磨得我头晕目眩。伯克斯特德博士站在前面不远处，努力地寻找辨认着着方位。十年前，她曾在这片跟踪记录过一系列河狸水坝和林地中的一个大池塘。站在她一侧的是安迪·法伦（Andy Fallon），康涅狄格大学地球科学系的一名在读研究生。安迪从手机上调出一张地图，正研究着它们的方位。尽管两人离我只是几步之遥，但茂密的森林却似乎将他们严严实实地包裹了起来。我虽然看不到他们的身影，却可以清晰听到他们开心的戏谑和调侃。我开始意识到，迷路、在林子中反复绕圈子或许都是这一过程中在所难免的环节。我不再费心琢磨究竟身在何处，转而将目光投向双脚，努力不让自己想那些无处不在的鹿蜱。这些家伙一旦从树叶或枝干上蹦下来，就非常擅于钻空子，甚至可以穿透厚厚的毛皮或衣物，直接咬到我们的肌肤。我感觉仿佛正行走在威廉·布莱克笔下的绿色帷帐中，但就在我艰难跋涉前行，一边不停拍打着蚊虫，一边小心翼翼扒开不断拉扯着双腿的荆棘刺钩的过程中，脑海中挥之不去的唯一感受却是：真搞不明白，这森林哪里有一点点圣灵栖居之所的样子。突然，前方一声欢呼传入我的耳膜。

"没错，就是这里！"伯克斯特德博士大叫一声，声音因强烈的激动而显得有些高亢，"就在那边，那就是我说的那条河。"我向前紧赶几步，旋即看见了他们两人。他们正出神地望着面前一片嵌入林子中间的长方形草地。我没有看见河，甚至压根没看见水。"很多事情都可能搅乱我的脑子，"伯克斯特德博士开心地说道，"但这一点肯定没错。这就是那条河。看到那些绿乎乎的东西了吗？"她拿起一根树枝，挑起表面上的浮草，一条潺潺流淌的水线瞬间映入我的眼帘，"这不是一片草甸，而是一条河！"

"这是条河？"我盯着眼前的一片区域问道。她和安迪此刻都已俯下身子，用手感受着水花温柔的抚摸。

"对。你得记住，文字其实是种了无意义的东西。"伯克斯特德博士解释道，"江、河、溪、川，所有这些文字所指代的，不过就是多少带点流动性的地表水而已。"

我向前挪动一步，瞬间便明白了她的意思。积水一下子没过了我脚上的运动鞋，片刻之后，双脚都陷入了泥水混合的液体之中，顿觉一丝凉意。我俯下身子，发现就在密密的芳草之下，积水已经形成了一个小小的水潭，而在潭中央，依稀可辨的水流泛起圈圈涟漪，在阳光的照射下发出柔和的波光。

"你看那个。"伯克斯特德博士满面笑容，指指水顺着一棵大树的根部涓涓流过的地方，"我们当下正经受着今年夏季第二波旱情的袭扰，而河狸在这里干的事就是将落在这里的雨水存储下来。要不是因为有河狸在河中这片位置修建的水坝，这里估计现在就只能剩下一条涓涓细流了。对于两栖动物以及其他很多生灵来说，这是一份无比珍贵的馈赠。"

安迪和伯克斯特德博士开始说他们自己的专业行话：水流速率、地下水储量、碳及氮循环、养分交换等。听他们聊起氮循环时，我顿时竖起了耳朵。伯克斯特德博士指着脚下一小片棕褐色的潭水说道："这里不久之后就会长满无法在含氧水环境下正常生长的微生物。如果我们再往下游水流动的地方走走，氧气就会进入水中，但这里属于厌氧环境，因此一旦硝酸盐进入潭中，那些适合生活在低氧水环境中的细菌就会开启净化的过程。本质上讲，这个净化过程分两步。"因大量施用化肥而导致的氮污染是一个备受关注的污染问题，但根据她描述的情况可知，湿地具有清除水中氮含量的功能。

"大体类似于你们当地的水处理厂。"安迪说道。

"或者说类似于污水处理系统，"伯克斯特德博士补充道，"这里正进行着大量的氮循环和水净化过程。"

河狸水坝可以改变氮元素的生物化学转化过程。生活在河狸池塘及小潭等湿地中的细菌可以将进入水中的高达 80% 的硝酸盐予以清除。它们不仅可以进行大量的新陈代谢，而且，持续流经河狸池塘的溪流就仿佛一条水上高速公路，可以将分解后的有机碳氮源源不断输往下游。

伯克斯特德博士继续往前走去。当她停下脚步，转头朝我望来时，面庞上露出明媚的笑意。"我就知道一定可以找到的，"她说道，"一汪清凉的水潭就在这个位置。"

安迪和我走过去观看，果然没错，在密密的蕨类植物的包裹之下，一汪漂亮的潭水赫然在目。透过清澈如镜的潭水，我可以清晰地看到铺满卵石的潭底。当有洪水发生，或者降雨过多时，多余的雨水就会沿着低洼地段汇聚到这里，形成一个漩涡，随着时间的推移，不断将表层土、落叶以及其他杂屑一一冲刷而去。

"你会把这个称作小型河狸池塘吗？"我问。

"我觉得看起来更像是一个觅食区。"安迪答。

伯克斯特德博士表示同意，同时俯身下去审视水坝。坝体结构依然牢固，但却看不到近期活动的迹象。

"咱们回头往那上边走走看。"伯克斯特德博士说道，指指地面略略抬升处的林子。透过树木间的空隙，我看到了一圈褐色的泥土，随后看到树枝白色的尖顶，树皮已经被啃得干干净净，而且明显经过了风霜的洗礼。

很快，我们便站在了一道窄窄的河狸水坝上，瞭望着一片广袤的水域——一片河狸池塘。十年前，伯克斯特德博士跟踪记录下了在这里生活和工作的河狸，不过现在似乎已经看不到它们仍在活动的迹象。既然水坝完好无损，安迪在他的手机上记下了其定位信息，以便回头可以通过卫星影像查看，说不定可以在周围某个角落发现一处河狸居舍。站在这个位置略高的有利点位上，我们可以清晰地观察到流水蜿蜒穿行的路径，时而昭然在目，时而隐入浓密的芳草之下，并在这里、那里形成一系列褐色的池塘，每一个池塘前面都有一道用泥巴和树枝修筑起来的水坝。

"是河狸完成了这一切。"伯克斯特德博士郑重地说道，"这既不是地表水，也不是地下水，而是一条河——一种独一无二的存在形式。"仿佛为了回应我脸上疑惑的表情，她接着解释道："江、河、溪、涧之间其实并无区别——从河流地貌形态学角度而言，每一种其实都不过是看得见的地下水而已。"

泉水汩汩喷涌，将地下水带至地表，而且通常不仅仅局限于源头之处，而是涵盖水流所走过的整个航程。随着时光推移，流水在土壤中冲刷出道道的沟壑，冲走沉积物，显露出岩块和巨石。然而，随后又有更多的力量参与到塑造江河体系的过程之中，其中就包括我们今天在此所亲眼见证的河狸。这种动物阻断溪流，让这里形成了池塘，同时也形成了眼前所见的景象。本质上而言，这里其实也是溪流，只不过是分散撒落在了如此广阔的一片地域之上，因而看上去如同一大片缓缓流动的漫滩。

　　我们所看到的，正是河狸界时代江河系统的形貌——四向辐射、错综无序、分布广泛，有时似乎又很灵活机动，但最为重要的是，时刻都充满了令人难以置信的动态张力。它俨然就是一根流水做成的巨型魔杖，时刻游走穿行于大地之上，润泽了所过之处的一切生命。我真想纵声大笑：在数千年的时光长河之中，河狸都与当今时代的城市居民一样，始终兢兢业业、辛勤劳作，不停地浇灌着草坪，以便草坪时刻都能芳草如茵、萋萋如盖。不过或许还有一个更加恰当的类比，那就是将河狸比作这个世界上最早的水培作物农民，它们辛勤打造出了一片片湿漉漉的土地，以便喜欢食用的水生植物能够旺盛生长。

第 2 节 河狸草甸

等我们终于走出耶鲁-迈尔斯森林，驱车赶往八英里之外的讲经石路（Pulpit Rock Road）时，太阳已经垂垂西沉，所看见的只剩下树梢上一条炽热的光带。我们站在桥上，俯瞰着泰勒溪及河狸草甸，静静地聆听着各种昆虫单调的鸣唱。整个世界披上了一层橘黄的光泽，连日的阳光暴晒和热浪，已让草儿变得枯萎无神，溪流也仿佛变成了记忆中模糊的影子，收缩成为一条几乎看不见的细线，在萋萋如盖的草地上蜿蜒穿行。

在远处河狸修筑了第二座居舍的地方，我看到了芦苇碧绿中略带一抹蓝色的嫩梢。这是一种入侵性野草，挤走了营养价值相对更高的香蒲，给美国东北部地区的生态带来了极大混乱。曾经辽阔壮美的水体，如今仅剩下一片浑浊不堪的小水潭，一块棱角分明的巨石傲然挺立在潭中，仿佛一颗突出的巨型牙齿。巨石的周围稀稀疏疏长着几株盛开的睡莲，俨似零落搁浅的蒲公英。我注意到，池塘四边已经新长出了灌丛和低矮的植株，形成了一圈生机盎然的植被带。看到这些新长出来的植物，望着它们在风中摇曳的柔嫩枝条，我的第一反应就是：这些可都是河狸的美食呀！不过，这一念头随即情不自禁地被另一种想法取代：眼前这片草甸看起来似乎有点滑稽，就仿佛周边环绕上了一条羽毛编织的围巾，进一步加剧了我心中"胜景不再、故园凋敝"之感慨——我所钟爱的河狸池塘，如今俨然就是一位风华已逝却依然头佩桂冠的选美皇后。一种想要好好呵护和关爱它的冲动一瞬间袭过我的心头。不知不觉间，我开始如数家珍地向他们讲述这里曾经的美丽：池子辽阔无垠，一直延伸到林子深处，站在脚下所在的位置，根本无法望到池子的另一端；池水深不见底，足以让河狸修筑并精心维护两座巍峨耸立、形如印第安人帐篷的巨型居舍。我告诉他们，曾经无数次亲眼见到水獭悠闲地游到桥边，并在那里惬意地嬉戏打闹，还有一次，一只麝鼠径直朝我游过来，仿佛一片棕色的面包漂浮在水面之上。我还在池塘中看见过成群的林鸭、绿头鸭、苍鹭、野火鸡、北美红猫及丛林狼等。在白雪皑皑的冬日里，也曾无数次见过雪地上错综交织、环绕反复的兽迹和脚印，并一次又一次兴奋地大声呼喊。有一次，我还同时看到了多种不同动物的蹄印在同一块土地上，它们行动的方式各不相同，奔走的速度也大相径庭，我仿佛走进了一场盛大聚会宴尽人散之后狼藉的现场。尼普姆克人及美洲其他原住民部落的人频繁往来于河狸水坝之上，将水坝与他们广阔的路网融为一体，仿佛一张巨大的蛛网，散布在新英格兰南部地区的每一片林间、每一个村落。我们身后的这条路现在叫讲经石路，但其起源却可以追溯到首批殖民者时代，是他们循着当时既有的尼普姆克人小径，开拓出了这条重要的交通要道。而在欧洲殖民者抵达之前，尼普姆克人或许早已学会因地制宜，将河狸水坝当作他们无所不至的路网中的天然桥梁。

伯克斯特德博士一边听我讲述，一边频频点头。突然，她探出身子，朝涵洞中仔细观察了一阵，然后起身告诉我们，路下涵洞底部大约有一英尺的积水，为穿路而过的小溪提供了一条便捷的通道，让水顺坡而下，流进东、南方向的田地之中。"鉴于我们现在正面临今夏第二波旱情的袭扰，可以判断这股水流量相当不小。"说完之后，她转身离去，消失在旁边的林子之中。安迪和我在桥上等候。我的心中依然有一丝焦虑，但她所表现出来的强烈好奇心是个不错的征兆。无论如何，我希望得到她关于这一片场地的评价。按照河狸草甸的标准来衡量的话，她会如何给这片地打分定级呢？最关键的是，我迫切希望知道，这片地还算不算一块上好的河狸栖息地，因为如果是这样的话，河狸某天或许还会再次卷土归来。

伯克斯特德博士从林子中爬上来回到我们身边时，只是简单说道："我看到了不少的食物。你瞧，这里甚至还有一棵柳树……有大量可以食用的野草，不光是没人愿意吃的锯齿草，还有其他很多种球茎植物——对河狸来说，这些可都是美味。"

"要我说，这是一片相当不错的河狸适生地。"安迪补充道。他指指两侧高高隆起的山丘，两丘之间形成了一道小小的峡谷："这里的地貌十分完美，非常适于形成一片池塘，而且还有流淌而过的小溪，因此可以形成连续的水体。"

"你刚才说河狸是什么时候离开的？"

"算起来得有 5 年了。"

"这就有点奇怪了……这片草甸健康状况很好，而且食物也很充裕。"伯克斯特德博士喃喃自语道，"我见过一些基本没多少植被的草甸，你可以大致判断河狸不会再来，但这里的食物供应却很充沛。"

"你觉得它们可能还会回来？"我问，努力不让语气中流露出过高的希望。

"麻烦的是，每一个具体的场地都各有自己的独特情况，很难一概而论。"伯克斯特德博士再次环视草甸，"不过根据我的经验，如果回到河狸草甸来，它们可能会修筑些小规模的水坝，实在是种奇怪又令人费解的东西。它们很可能不会认真地重构整片池塘。"

换句话说，伯克斯特德博士大概的意思是，河狸或许可能给这里带回来足量的水量，形成一个适于水生植物生长的环境，但未必足以形成大片生机盎然的水体。在东部地区，睡莲是河狸最主要的食物来源，但这种植物的管状长根会使劲往水下扎，因此只有在 3 英尺深的水里才能旺盛生长，不过，倒也不是一年四季都需要这么深的水。此外，浮萍也是河狸钟爱的一种食物，只需要浮在水面上就可以很好地生长。河狸研究所的迈克尔·卡拉翰（Michael Callahan）花费了大量时间，频频出入于康涅狄格州、马萨诸塞州各地的河狸栖息地，发现在某些地方，河狸仅靠蕨类植物和一些小型草也能生存。

"你得切记，"伯克斯特德博士接着说道，"世界上最长的水坝其实也不过只是一种地下水的漏斗。人们会努力寻找一个合适的临界点，然后在那里修建一座规模最大的水坝，并且总是尽可能地把它修在高处，但河狸的工作方式却刚好相反。我见过的情况是，它们每到一个地方，都会尽可能把坝修低。它们希望开始时在低地修建，修得长一点也不在乎。它们往往会寻找类似这样的

位置。"她指指桥边的一块大石头："一个有某种东西可以充分利
用的地方。"

我完全理解她的意思，因为我曾见过一张照片，上面显示的
是一座环绕林子中间遗弃的一辆皮卡而修筑起来的河狸水坝。不
过，仿佛是为了修正刚才的话，伯克斯特德博士瞭望了一眼草
甸，补充说道："尽管如此，我眼下看到的可以说是一个非常棒的
所在，水、食物，各方面条件都很好。我得说，如果河狸在这样
的情况下仍然还是没有回来，那一定是因为存在某种人为因素的
影响。"

她的话如同巨石落在我的心头——某种人为因素。我想起以
前的一次经历。我在河狸池塘中发现了一只仅剩三条腿的河狸，
已经死掉，于是拍了张照片发给赫布，他也感觉非常纳闷，说不
清河狸究竟遭遇了什么样的经历。我也想起，在无数场合，柯达
从路上突然蹿出去，却在林子中发现了被射杀后遗弃的死鹿。还
有一次，我在河狸水坝上方那片野地里发现了一头没脑袋的丛林
狼。某些猎人的确很邋遢，也极缺乏职业素养。我解释说，这
条路底下那几家邻居的地产包括一大片湿地，上面有一座河狸
居舍，几年前，他们曾诱捕过那里的河狸。有天晚上回家的路
上，我还看见过一只硕大的河狸，大摇大摆地走到了湿地旁边的
路上。我在盯着被汽车前灯强烈的光线照射得有些不知所措的河
狸那一刻，满脑子都是怎么把它逮住。假如我能将那只河狸捉起
来，驱车送到泰勒溪，或许它就会在那里安家落户定居下来；假
如它还有家人，它可能会返回去把它们也接来此地。我们那边有
一片完美的河狸栖息地，而且只是一山之隔。要是手头有一个粗
布麻袋就实在太好了。不过，我不确定自己有能力徒手抓住一只

河狸，更别提用麻袋将它包裹起来，并开车走过一小段路程了。

我那时仍然觉得河狸是种多少有点危险的动物，更何况，不管具体情况如何，自己如何才能鼓起勇气，去面对那条奇形怪状、橡胶质感的大尾巴？就算可以勉强将河狸弄进车里，翻过山丘，并放进池塘里，它会愿意在那里待下来吗？由于担心存在传播疾病的风险，即便是给人造成困扰的河狸，州里的相关法律也严禁随意将它迁移。但我们的场地离得这么近，你完全可以辩解说两个地方同属同一条水系，只不过两溪中间隆起的小鼓丘将水各分一边而已。就在我坐在方向盘后、不停盘算着自己的计划的当口，河狸突然后腿直立站了起来，向后仰坐在硕大的尾巴之上，仿佛想要努力看清楚朝自己射来的强烈光线究竟是什么东西。随后，它甩甩尾巴，摇摇晃晃走到路边潺潺流过的小溪旁。随着飞溅的水花一声巨响，河狸逃遁消失在一片漆黑之中。尽管如此，我回到家里时还是非常兴奋的，心下不停寻思：既然路那边就有河狸，与我这里只是一山之隔，那么，或许终有一天，它们之中的某一只一定会发现山这边有一大片相当棒的河狸栖息地在恭候着它们大驾光临。这一天一定会到来，只是时间早晚而已。从 2016 年开始，我们就时不时可以听到从道路尽头、河狸生活的湿地旁边传来定向射击的声音，在一个周日的午后，宁静频频被连续的来复枪巨响所打破，声音是那么刺耳，那么令人恐怖。天黑之后听到射击的声音时，我们曾打电话向州里的驻军报告（我们所在的小镇没有警局），但他们说这并不违法：我们的邻居有权利在自己的地盘上开枪射击。从历史角度来看，在我们这片地方，射杀河狸是一项常见的乡村消遣活动，就好比镇上垃圾场的人经常以射杀老鼠为乐一般司空见惯。

"你没法把河狸带回到这里，这太遗憾了。"安迪打断我的思绪，说道，"这当然是违法的事，不过，这里看起来的确是一个非常适合它们的栖居之地。"

伯克斯特德博士沉默不言。显然，她仍在沉思草甸所发挥的作用，尤其是当下时刻，尽管旱情严重，却可以将水保持下来。

"要是手头有几段钢筋，能在这周围戳一戳看，那一定很有意思。"她说道，"我们将这一做法称为'检查废弃物'。随便在周围戳两下，看看淤泥有多深、河床底下究竟在发生些什么现象。我敢保证，你会发现下面全是大石头。"

刚才在耶鲁·迈尔斯森林的时候，安迪讲述过他当前正从事的研究项目。他所在的地质地貌形态学研究实验室正致力于研究康涅狄格州各河狸栖息地沉积物的分布规律，以便能够在确定河狸塑造江河系统方式的同时，搞清楚它们究竟在这里存在了多久。安迪的团队从各河狸栖息地采集了沉积岩岩心的样本，分析它们的粒径大小和有机物含量。他们还将采集来的岩芯进一步切分为更小的样本，进行放射性碳、铅和铯–137 等地质化学分析，从而确定沉积的时间。1963 年，美国核试验的峰值沉降物在到处都留下了放射性粒子的痕迹（如果在某处沉积物中检测到了铯–137，就可以据此判断此处沉积的时间是 1963 年）。

尽管在俄勒冈、加利福尼亚以及华盛顿等地，科学家们已通过研究河狸草甸的沉积状况获得了大量信息，但在东北部地区这边，研究的难度则相对更大。由于历史上受冰川影响较重，东北部地区整体的沉积情况差异甚大。当冰川于大约 21 000 年前开始向北逐渐收缩时，大地景观曾遭受了巨大的破坏，地表沉积物中大部分都被刮去，剩下的大多为冰碛，也就是一堆大小不一、难以归类的沉积物。此外，这里有着人类利用土地的悠久历史，其中包括毁林开荒、拦河筑坝驱动磨坊等，从而使这些流域的沉积情况更加复杂、受损更加严重。复杂多样的土地利用模式、深受冰川活动影响的漫长历史，两种因素相互叠加，使得这里的沉积模式差异巨大。而且，相比西部的落基山等山脉而言，东部的阿迪朗达克山脉、卡茨基尔山脉等的历史均更为悠久。

安迪的团队希望能够明确判定，在康涅狄格州这片土地上，河狸活跃地拦河筑坝的历史究竟有多久远，从而加深我们对河狸草甸在整个江河体系中所发挥作用的认识。直到不久之前，大多数人，甚至包括不少科学家都依然倾向于认为，河狸池塘的作用和价值大于河狸草甸。池塘转化为草甸之后，河狸栖息地不久就可以长满萋萋芳草，随之相继而至的便是灌木、乔木等各种植被——这一变化将带来益然生机，为野兔、松鸡、驼鹿、梅花鹿等动物营造出良好的栖息环境，因为这些动物均需要干燥的土地生活。只是到了当下，当我们对森林生态的复杂性、树木间相互交流的方式、枯死树木在真菌网络中的重要价值等有了更深入的了解，对森林生态系统构成的全球网络有了更科学的认识以后，才真正逐渐开始了解河狸所做工作的全面价值。

对此我自感愧疚，因为我内心里依然对道路尽头我家那片池塘中曾经栖息过的河狸念念不忘。我依然不能忘记，它们俨如池塘的信使，频频在它们自己的世界与我的世界之间穿梭，感觉想要露出水面时，就会自由自在地浮上水面。阿尔贡金人将河狸称之为"水下人"，对它们与人类之间的联系和距离都有着深刻的见解。而在我看来，河狸乃是一个永恒的难解之谜，时刻都在提醒着我，在那一汪深邃的池水之下，存在着一个自己或许永远不可能完全读懂的世界。

假如我使劲想象，或许可以让自己的视线穿透草甸上密密的芳草、苔藓、摇曳的野花及厚厚的蕨类植物，在脑海中构筑起一个由微生物组成的奇妙世界，无数的微小生命此刻正在那里快乐地环绕、扭曲、折卷、舒张，抑或将土壤牢牢地固定在大地之上——那是一片人类刚刚发现的生命之海，科学家们将之命名为"土壤生物群落"。但哪怕只是为了对所有那些微生物有个粗浅、初步的了解，我也首先需要拥有一台功能无比强大的显微镜。

我们离开池塘之前，安迪和伯克斯特德博士漫不经心地聊起来，说要是能够断定沉积层的生成年代，就或许可以找到证据，证明河狸早在历时 11 700 年漫长岁月的全新世就已经生活在这片土地上。仅仅听到"全新世"这一个词，便足以打开我思绪的闸门，我的脑海里很快闪现出远古时代、体大如熊的河狸形象，它们与乳齿象比邻而居，纵横驰骋于更新世晚期。在上一个冰河纪末期发生的生物第五次大灭绝过程中，这些巨型河狸已消亡殆尽，但鉴于这里的地质条件，我们现在似乎有理由可以推测，当今我们所能见到的这种出现时间相对稍晚、体形相对适中的河狸品种，也就是北美河狸，或许早已在两道隆起的鼓丘之间这条堪称完美的峡谷中繁衍生息了数千年。早在第一批巨轮启程离开欧洲之前，河狸就早已生活在这里。这些巨轮漂洋过海来到这里，先是为了寻找肥美的鳕鱼，然后是河狸毛皮，而在如此数量众多的河狸毛皮被发现之前，人们寻找的则是那种做成硬币状的圆形皮子，由此开启了跨大西洋贸易的序幕，也挑起了河狸战争，侵略者先后搅乱和摧毁了世代生活在这里的原住民民族的文化及经济，使得这种皮子成为这片新征服的土地上通行的货币，即"河狸元"，为美国资本主义点燃了首批巨大的驱动引擎。假如时光可以回溯，让历史回到 300 年前，就在脚下的这条路上，我们也便回到了北美洲的洪荒时代，耳际或许还可以听到神秘的"大河狸"与格鲁斯卡普在密林中打斗的声音——在某些古老的印第安故事中，后者诞生于虚无缥缈的太空，经常代表创世主追逐和驱赶"大河狸"。1600 年之前，在整个这片大陆之上，除却少数几段沙漠，从东部大西洋海岸，到西端太平洋之滨，大地连成一片无垠无际的河狸界。当今时代，河狸能够帮助我们在一定程度上恢复大自然那份柔韧与活力、生机与弹性吗？

几周之后，我通过 Zoom① 云端会议与伯克斯特德博士再次相遇，希望她给我展示正在新罕布什尔州基恩市附近的阿舍洛特河进行的一个项目资料。1940 年，联邦政府从康涅狄格河支流阿舍洛特河流域一片广大的地区中迁移出了大量人口，目的是为了打造一个防洪区。自人口迁出以来的 82 年间，河狸已经重新占据了这片领地。从一张拍摄于 1940 年、质地粗糙的黑白照片上可以看见，这条河仿佛一条巨大的蟒蛇，蜿蜒穿行于大地之上。但接下来一张幻灯片上呈现的是该河 2002 年的红外影像，从照片中可以发现许多条细小的水线四向蔓延，并在有的地方扩展成为长方形的水泡子，时而完全消失无踪，时而却又突然显现。这片地区已然形成了一系列的河狸池塘，仿佛一粒粒珍珠，串联于阿

---

① 美国一家提供视频、语言内容共享和聊天平台的公司。——编者注

舍洛特河之上。

"假如没有人的干预,江河上就会出现这样的情况。"伯克斯特德博士兴致勃勃地说道,"你将不会看到单一一条溪流绵延不绝穿过草甸的情形;相反,溪流会隐入大地景观之中。"我想起了在耶鲁-迈尔斯森林中见过的景象:在一片低矮的草寇掩映之下,布朗奇溪河道若隐若现。一片河狸草甸,就是一座有其功而不见其形的水坝。这句话清楚阐释了伯克斯特德博士的观点:阿舍洛特河依然在绵延流淌,但由于它分散辐射到了周围的大地之中,所以看不见显而易见的河道。

与其他众多国家一样,美国每年用于江河治理的经费高达数十亿美元,而治理的主要手段就是修建和养护水坝这一类工程解决方案。此外,与其他很多事情一样,科学界也并非完全不受所谓的时尚和潮流左右。据科罗拉多州立大学的河流地质地貌形态学专家艾伦·沃尔博士(Ellen Wohl)介绍,很长一段时间以来(可以追溯到"河流连续体"这一概念诞生之日),"绵延不绝性"俨然就是当今江河恢复领域最热门的时髦词。

然而,纵观历史,"绵延不绝性"这一愿景不免存在"见经不见纬"的弊端——它忽略了江河生态系统与周围冲积平原及流域彼此依存、彼此关联的客观事实。沃尔博士就有必要建立一种不同的"连续观"这一话题撰写了大量文章,呼吁从"纬度"视角考量江河系统,将它视作与岸堤、冲积平原以及宏观生态相互关联的一个水文通道。以康涅狄格州为例,这里的大地被世界上最大的峡谷之一,也就是康涅狄格河谷一分为二。这也就意味着,我们必须将康涅狄格河视作两岸幅员辽阔的大地中的一个有机组成部分。沃尔博士在其专著《不连续的江河:将江河融入大地景观》(*Disconnected Rivers*:*Linking Rivers to Landscape*) 中指出,江河并非一成不变,相反,它时刻都在受天气、地质条件等因素的影响,因此不可避免地会随时做出调整,变得越来越不符合传统上的"水流滔滔、奔涌不息的单一水道"这一典型江河意象。实际上,假如我们听任它自然发展,河流将自然而然地不断拓宽,而且,随着泥沙持续堆积沉淀,河床也会变得日益平坦,成为一系列辫子一般的通道——特别是在洪水发生时,泥沙一定会顺流而下并沉积,经年累月形成一座座小岛,水只能绕过小岛继续前行。将一条江河视作一个生态系统,也就意味着不仅需要将这一流水通道与它所流经的大地相互关联起来,而且还必须充分考虑到生活在江河各不同区域的各种微生物的需要及健康状况,尤其是考虑藻类植物、细菌等光合类微生物的需要,同时也需要考虑其他相对默默无闻的原生生物的需要,因为所有这些因素共同构成了食物网络的基础。

我们不需要太过高深的科学知识,也可以领会到这一局势的严峻性和迫切性。没有水藻就没有昆虫;没有昆虫就没有鱼类,也就不可能有两栖动物。没有青蛙及鱼类,也就没有熊、浣熊、渔猫、北美红猫等哺乳动物或各种飞鸟。失去了昆虫、青蛙、鱼、飞鸟或各种哺乳动物,人类也就失去了食物供应。而没有食物供应,何来人类?

然而,在大多江河治理工程中,生态连通性却并非项目所追求的目标,因为自古以来,江河治理重点关注的都是如何让江河像运河一般运行。原因很简单:摊开一张美国大陆地区的地图,看一看五大河——圣劳伦斯河、密西西比河、哥伦比亚河、科罗拉多河和格兰德河流域的沿线情况就不难发现,整个大地就是一个由无数城市、乡镇及道路组成的网格。康涅狄格河发源于新罕布什尔州北部一个名为第四康涅狄格湖的池塘，终于康涅狄格州莱姆老城，全长 410 英里，主河道沿途建有千余座水坝。另外，为了控制各支流的水速，支流上还另有 14 000 余座水坝。在其如今已成经典的《征服大自然》(*The Control of Nature*) 一书中，约翰·麦克菲 (John McPhee) 曾讲述过一则令人悲喜交织的故事，反映的就是人类妄图征服密西西比河的历史过程中最著名的一场环境灾难。更重要的是，北美洲并非孤例：当今时代，世界上绝大多数江河上都已筑起了水坝或被迫改道。再明显不过，我们已经建起了太多的基础设施，形式从城市、铁道、工厂到四通八达的道路不一而足，让众多的江河回归其原始自然样貌基本已经没有可能。举一个当地的例子：依康涅狄格河岸而建的哈特福德市能够迁往哪里？

伯克斯特德博士坚信，在维护江河整体健康的过程中，河狸，尤其是河狸草甸依然可以发挥一个重要的作用。她解释说："根据在阿迪朗达克山脉开展的一项研究计算结果显示，那里的河狸水坝在建成 4~10 年后就会垮塌，但河狸草甸延续的时间要长得多。这也就意味着，这些草甸可以在江河系统沿线提供数量众多的小型储水站。涓涓细流汇成江海，所有这些小型储水站叠加起来，其数量将不容小觑。"

"这么说，河狸在控制洪灾方面可以有所作为？"我问。

"问题在于，我们在本该行水的地方建起了城市。"她缓缓答道，"因此，问河狸是否可以控制洪灾或许本身就是一个错误的问题。"她关掉 PPT 演示文稿，她眉目含笑的面庞瞬间占据了整个屏幕，"咱们在耶鲁森林里所看到的那些不过都是些小儿科的玩意儿。你得去看另一个地方，那里的河狸才可谓是真正让一条河流彻底改变了模样。如果你不在意开车远行，哪天我带你进白山里参观参观我的另一个项目地。"

第 10 章

白山中的河狸

　　整整一年之后，我才有机会赴伯克斯特德博士之约，将期待已久的白山之行付诸行动。当我们终于在新罕布什尔州基恩南高速公路上一个休息站见面时，两人依然都还戴着口罩。那时，新冠全球大流行的阴霾仍未完全散去，每个人心中都依然弥漫着一种不曾感受过的焦虑和恐惧，但由于刚刚接种过疫苗，心中充满希望，我们还是跳上了伯克斯特德博士的车，一路朝北疾驶而去。我们的目的地是哈伯德溪实验林场。这片林场坐落在白山之中，占地面积 7 800 英亩，由美国农业部于 1955 年兴建，是东北部地区一家重要的水文研究中心。

　　研究中心位于一条土路的顶端，海拔约 1 400 英尺。驱车向上攀爬的过程中，我和伯克斯特德博士两人都非常激动，甚至有点不能自已：终于有机会上路，而且结伴而行的是自己平常新冠疫情防控"安全小圈子"之外的一个人；德尔塔变异毒株尚未席卷而来。由于新冠疫情的影响，伯克斯特德博士的研究项目仍然处于搁置状态，但中心现在已经重新开放，她希望重访九曲溪。新冠疫情发生之前，她和她的研究生团队一直在这片标记枯死树木及濒死树木，以跟踪记录树木从腐烂到最终倒地的速度，同时也研究枯树倒地之后在河面上形成障碍的方式和过程。

　　关于这次出行，尤为令她激动不已的一点在于：这片由国家海洋和大气管理局出资、国家公园管理局经营管理的林场位置非常偏远闭塞，长期不受人打扰，让研究人员有机会一窥北美洲地区远古时期河流的样貌。这些河流属于古老的河狸界时代。

我们的计划是首先接上斯科特·贝利博士（Scott Bailey），他是坐落在那里的哈伯德溪生态系统研究中心的首席科学家。随后我们将启程继续向前。整片林场均位于哈伯德溪流域，而这条溪是佩米奇瓦塞特河的一条重要支流。我们把车停下后，贝利博士立即从门里迎了出来。他是位个头高大、和颜悦色的男子，身着深色长袖衬衫、黑裤子和长靴，看上去像名公园管理员。他的面容非常开阔，周围是一圈卷曲的棕色头发。他一边肩上斜挎着一个巨大的背包，袜子一直拉到小腿肚子位置，手里拿着一根拐杖。他显然已经做好了钻老林、涉溪谷的准备，敏捷地跳上车子。

我们沿一条蜿蜒陡峭的小路向前开。在一个拐弯处，贝利博士指指窗外，玩笑说道："就是那里，那就是你该躬身跪拜的地方——一切都从那里开始，流域研究就肇始于那里，他们在那里发现了酸雨。"我朝窗外密密的林子望去。1963 年，环境科学领域最伟大的发现之一就发生在这里。当时，达特茅斯学院的三位教授发起了一项目标宏大的研究项目，旨在研究某一特定流域的水流状况，在此过程中无意间发现了酸雨。这种雨水对植物、乔木毒性极大，以致整片的森林，尤其是大片云杉树开始枯死。三位教授进行了进一步跟踪记录，得出一个确定无疑的结论：化石燃料，尤其是石油、煤炭等焚烧过程中所排出的二氧化硫、氮氧化物等进入大气层之后便会形成酸雨。这些气体中的某些部分转化为酸，以雨水的形式落回大地。研究人员评估了酸雨对北美各地森林所造成的破坏。形势极为严峻，促使国会制定和出台了两项至关重要的环保法令——《清洁空气法案》《清洁水法案》，由此开启了联邦政府通过法律规章减少排放的历程。

在国家科学基金的支持下，哈伯德溪生态系统研究项目至今还在持续。1988 年，该地区被列入长期环境研究项目地，超过60 位科学家长期在此从事研究，其中就包括伯克斯特德博士。

一

装好防蚊虫喷剂，带上水瓶，我们启程出发。我们的计划是首先沿九曲溪前行，看看沿途伯克斯特德博士的研究站点，然后循哈伯德溪走访更多研究点，最后再折返回到这里的停车点。伯克斯特德博士脑子里已勾勒出了一个详细的计划和线路图，清楚知道打算带我们去哪些地方，但这些地方具体在哪里，我却一无所知。很快，我们便进入一片密密麻麻的蕨类植物丛，草长得很高，几乎达到我脖子的位置。伯克斯特德博士走在最前面，贝利博士紧随其后。他俩十分清楚目的地所在，因此走得很快，而我却根本看不到前面有路。地上铺满厚厚的一层林中落物、苔藓、树叶等，每迈出一步，都仿佛踩在蓬松软绵的海绵之上。我简直不敢相信，森林是如此苍翠茂盛、生机蓬勃。有关酸雨的景象浮现在我的脑海：参天云杉灰白、枯萎的尖顶，一排排在初夏时节叶子就已落得光秃秃的枫树。但这里丝毫没有类似的场景。目光所及之处，我看到的都是几近原始丛林的景象。没过一会儿，溪水潺潺流过的声响传入耳际，我们已开始沿溪前行。贝利博士用手指指一处，说那是驼鹿刚刚觅食走过的地方。果然，苍翠碧绿的密密灌丛，已被拦腰咬断，切成了整齐划一的高度。他用手杖扒开草丛，露出一大堆褐色的粪便："没错，刚刚来过这里。它们特别喜欢桤叶荚蒾这种植物。"

对于在林子中见到鹿粪我已见惯不怪，但这些粪便却出奇的大，足有棒球那般大小。继卷土重来之后，东部地区驼鹿的数量又开始逐渐减少。冬天渐渐趋暖的势头给很多虱子带来了安全越冬的机会，以致来年春天会有大量的虱子攻击驼鹿，几乎吸干了它们的血，让驼鹿虚弱不堪，难以生存，年幼的驼鹿尤其不堪忍受。

贝利博士刚才一直忙着在手机上的地理定位地图上标记驼鹿觅食的位置，这时，他抬起头，见我在用手杖不停地扒拉着这一大坨鹿粪，于是开玩笑说道："你想要这个？在康威镇上，你可以买到用虫胶清漆加工过的驼鹿粪便小摆饰和挂件。"

我们沿九曲溪一侧继续跋涉前行。伯克斯特德博士突然停下脚步，指指前方几棵倾斜的大树，其中有些已经倒进了溪中，有些垂垂欲坠横在水面之上。侧倾的这些都是成年大树，胸径足有棒球那么粗。

"这些算是不连续性江河中浮木隔阻水流的样例吗？"我问。

我们望着溪中水流一分为二、随后向右折转的位置。伯克斯特德博士点点头，补充说道："在这里，这是河流的常态行为，也就是一点小小的交通堵塞，不过是小儿科。"她向前一步，指指倒落的大树上一枚蓝色小标签。那是她和学生在新冠疫情暴发之前标记过的浮木，目的是监测其腐烂的速度、发挥的功能以及延续寿命。伯克斯特德博士急切地希望知道，自那时以来，标记过的树木中是否还有其他也已倒落。

"我喜欢这些浮木。"她走了过去，一边满意地伸出拇指表示赞叹，一边说道，"不过，咱得继续往前走，让你看看真正的不连续性究竟是个什么样子。"

当伯克斯特德博士说林子中的河流是一种动态系统时，我立即便明白了她的意思。在她所站立的位置处，小溪豁然变宽，成为一段宽阔的石岸，宽度足有 15 英尺。显然，这里曾经是一股湍急、宽广的激流奔腾而过的地方，但在当下 7 月时节，溪水已然变窄，成了一股缓缓流淌的水舌，窄到我几乎一步就可以跨过去的程度。

"从生态角度而言，这些侧边水道非常有意思。"她指着一道道目前已经干涸的水道解释道："在一条宽广的江河中，这些小细流彼此间隔可能达到一英里，你会发现，生活在两条不同水道中的昆虫其实同属一个生物群落，尽管它们现在生活的地方彼此相去甚远。"在一条河流下面沉积的淤泥中，往往生活着数量惊人的水生昆虫——黑蝇、蜉蝣、石蝇、蜻蜓、石蛾、蚋（蠓）和蚊子等。这还不包括大量微小的无脊椎动物，它们或摩擦、撕咬、啃啮着水下的有机物质，或在浑浊的泥水中不停游弋，寻觅各种细微的食物。

我指指岸上几枚橙色的标签。

"不，那不是我的。"伯克斯特德博士说道，"我猜是某蝾螈研究项目组设的。"

贝利博士停下在手机上标记植物位置的活计走了过来："对，是蝾螈研究组的。在这里，只要你看到了某种生物，就一定有人在研究它。这个地方挤满了科学家。"他仔细查看了几枚标签，接着说道："如果你想找一个科学家们的栖息地，那就到这里来——随意观察几截朽木，或者翻起几块石头。我敢保证，你在下面肯定能够发现一位科学家。"

前面不远处就是一幅令人过目难忘的景象：一棵体形巨大的树横亘在河流之上。贝利博士走到树下，用手指摸摸斑驳的灰白色树皮。"是黄桦。"他淡淡说。

"树龄有多大？"我定定地看着这棵树，心下琢磨，不知自己双臂合拢起来能不能抱住它的一半。

"200 年。"他漫不经心地回到。我内心一时满怀敬畏："可谓是棵妈妈树了。"

"更像一棵奶奶树。"伯克斯特德博士此刻已经站在我身边，一边凝望着树干，一边插嘴说道。

沿新罕布什尔州际高速公路开车来的路上，我和伯克斯特德博士大部分时间都在讨论苏珊娜·西马德（Suzanne Simard）博士所做的研究，这位林学家过去 20 年来一直致力于研究树木之间彼此交流的方式。西马德博士采用无线电同位素追踪的方法，发现同处一片森林中的树木之间不仅会通过菌根，也就是真菌网络来交换养分，而且还会传递一系列化学信号，相等于某种复杂的交流方式。西马德博士及瑞士几个研究小组做的研究已不容置疑地证明，森林的组织方式类似于人类基于亲缘关系组成社会的方式，其中年龄最老的树发挥着关键的作用。西马德博士将这些老树称作妈妈树。即便是同属一个树种，一棵妈妈树也会越过非亲缘株，将养分传给亲缘株，而且，假如附近出现了入侵植物，妈妈树会向亲属发出警示信号，或者向入侵植物释放毒素。如果了解了这一研究，你也便将明白，阿尔贡金人有关"大河狸"的故事中将树视为"树人"，这确实自有其道理。

被阳光切割得斑驳的林子；沉稳却雄浑的溪水；侧倾的桦树。我们默默地站在原地，尽情领略着这片土地上迷人的景致，倾听着溪流哗哗的声响，同时出神地凝望着那棵大树：它巨大的躯干上依然覆满翠绿的叶子，仿佛悬停在半空。还需要多久，它才会彻底倒下？

贝利博士轻轻拍拍大树，仿佛在与它道别；伯克斯特德博士长叹一声，然后朝流域下游方向继续走下去，边走边解释道："这就是为什么我说'江河一定要一泻千里、无阻无拦'这一观点是种迷思，因为它根本不是那么一回事……万有引力才是定律。引力只是让事物往下坠，而垫在最底下的是河谷。一棵树倒下以后，地球引力将发挥它的作用，让树最终落入河中。"

溪流蜿蜒回环，因此得名九曲溪。我们顺着一个接一个的溪湾跋涉前行，不久后便终于抵达它汇入哈伯德溪的入口。（江河或）溪流的"口"指的就是其终点、水流倾泻而出的位置，而"源头"指的是其发源之处。我们已来到九曲溪口。在它与哈伯德溪交汇的地方，水流从几块棱角分明的巨石上撞击而下，填满了下面的深潭。伯克斯特德博士俯身观察潭水，并伸手在几块巨石上小心摩挲。

"有点黏糊糊的，"她说道，"这里的水有养分滋养。抬头往前看，你就会看见河狸草甸。"她指指前方高大乔木疏散开来的地方，然后将视线收回，赞许地看着颜色微微泛红的潭底。

"附近应该有铁元素溢出。这是有机物质存在的良好征兆。草甸下面依然存有的水滋养了硅藻和其他藻类植物。而这些植物进一步为昆虫提供了食物，鱼儿则靠吃这些昆虫生活。"

向前继续走的过程中，我总是不时地低头观察，生怕在石头上一不小心滑倒，但抬起头来时，却透过树木间隙看见了贝利博士。他正站在一片高出溪面足有五英尺、看上去像道水坝的地方，满面都是笑意。

"你觉得这里怎么样？"他问，"还记得这里那座河狸居舍吗？"

"绝对记得。"伯克斯特德博士欣喜地回答，再次见到这片河狸栖息地，她显然非常开心，"要是上头远处那里没有河狸居舍，我就把我帽子给吃了。"

我们爬了上去，很快便穿行在一片由一枝黄花、绣线菊和锯齿草等各种植物的尖顶构成的迷阵之中。伯克斯特德博士向我解释了草甸演化的进程——一如往常，森林的健康状况一直要追溯到地面以下所发生的情形。

"草在竞争过程中往往可以胜过乔木，因为当水位下降之后，菌根也就会随之消失。"她在解释过程中又一次提到了真菌网络，"这种东西的生成需要一段时间，实际上，正是得益于草地上哺乳动物的活动，孢子才能得以传播，才能带来真菌。根据这一原理，乔木将循着小型哺乳动物的脚印接踵而至。"

她继续往前走，却不料被锯齿草尤其锋利的叶片划伤了手。她爽朗一笑："哎哟，太锋利了。根据我自己的理论，锯齿草之所以会演化得如此让人头疼，目的就是防止哺乳动物进入，进而将乔木阻挡在外。"

贝利博士指指一丛幼树苗，开心地说道："是黄桦树。它们需要受到这样的打扰，才能有机会萌蘖生根。林地上覆盖的落物、枯叶层太厚了，种子根本没机会萌蘖；但在这样的泥滩上，树根就可以穿透地被，渐渐茁壮成长。"

近期的旱情使得河水仅仅剩下一层浅浅的水皮，间或有一两处稍深，形成一片泥浆围起来的水潭。我们绕一个水潭看了看，发现了边上一个巨大的黑色兽蹄印，非常粗大，而且脚趾有分叉。是驼鹿的脚印！蹄印是新踩的，几乎有我手掌那么宽。我不觉绷紧了神经，眼睛迅速朝树际线瞥去。低灌实在是太过浓密，除了最近的一排树之外，我们几乎什么都看不见；但假如有驼鹿的话，它们就可以分明地看见并听见我们。假如它们感觉受到了威胁，或者说纯粹只是心情不好，驼鹿就会勃然大怒，发起攻击，我们听说过，有人因为走得离它太近，曾被严重撞伤。但贝利博士跟伯克斯特德博士却似乎毫不担心。他们现在开始向下走，去看一个地方，那里曾经有过很深的水，堤岸上有一部分冲刷严重，露出一层层的沉积物，颜色深浅不一，有的灰白，有的棕褐。

"我们看到的是冰川河流沉积吗？"贝利博士问。

伯克斯特德博士伸手摸了摸，答道："感觉都是细沙和淤泥。能积起如此多的沉积，说明这个池塘在这里存在了很久。"她指点着不同的淤积层，贝利博士也越听越兴趣盎然。

"我们所看到的这些沉积物很可能经历了数百年，甚至数千年。这些土也许是一万四千年前冰川消退期时就沉积下来的。"

伯克斯特德博士从背包中掏出一根白萝卜，在返回停车点之前，这是我见她吃过的唯一一点食物。"对不起，我错过了午饭点。"她"咔嚓""咔嚓"嚼着生萝卜，眼睛却依然盯着土层，"按我的理论判断，这是冰川作用的结果，不是河狸造成的。河狸影响所及的，或许仅限于这些细沙和淤泥上面那几层薄土。"

我静静地听着，不过，现在再听到某一处冰川及沉积层形成时间可以追溯到全新世早期对我来说已经不再新鲜。我也掏出自己的午餐，是一块鸡蛋沙拉三明治，此刻已经被压成了扁平的一块，俨然就像我的平板电脑，并匆匆吃了下去。就在我坐在那里吃饭的时候，一只蜻蜓刚好落在附近一块岩石上，几何图案形状的黑色翅膀一张一合，仿佛一架极具未来气息的小型无人机。

我们折返回到哈伯德溪旁，缘溪继续向前。我看见伯克斯特德博士将头埋向溪面，此刻，溪流的速度似乎有所加快。我也低下头，听见了流水撞击底下岩石发出的低沉轰鸣。"好啦，我们差不多到地儿了。"她说道，声音中有一丝难掩的兴奋。贝利博士早已走到了前面。我们拐过一个弯，见他正站在一个东西上，那东西乍一看很容易被误以为是一片水中景观小品。

呈现在我们面前的，是我所见过的最漂亮的河狸建筑，构造十分复杂精巧，让人很难一眼尽收眼帘。从一侧望过去，进入眼帘的是一堆粗壮的圆木，牢牢地嵌在巨石之间，将水流拦江截断。水流有的漫过坝顶，有的从坝体中间无数的裂隙和沟槽中穿透过来。但在溪流的另一半位置（片刻之后，我才真正看清了眼前的景象，没错，这依然还是哈伯德溪）阻断溪水的却是一个用树枝编织而成的篮子。水流形成了一道道波纹，温和地打着旋，仿佛被卷入了一个巨大的鸟巢。在很多地方，溪水穿过树枝编织的矩阵汩汩而下，而在其他地方，则漫过障碍倾泻而下，形成一道道微缩瀑布，跌落在下面的石潭之中。水流汩汩的奔涌声、漫堤而过的"哗哗"声、飞身撞击岩石的激越声，各种不同的声音交汇于一体，俨如森林、河流、岩石之间一曲美妙无比的交响曲。在窄窄的水坝顶端，我看到一抹由树枝组成的翠绿色褶边，被啮咬过的白点魅影一般时隐时现。放眼向后方望过去，一直到远处的森林深处，水坝两侧各有一个巨大的水塘，水面仿佛蒙得紧紧的鼓面。那里依然属于溪流的一部分，只不过变得非常开阔，足足有 40 英尺宽，以致水体仿佛将附近的树木统统都包裹了起来。我曾在照片上见过苏必利尔湖地区规模更大的河狸水坝。威斯康星州北部一座水坝高 12 英尺、阔 9 英尺，蓄水面积达 50 余英亩。但看见面前的景象时，我只想开怀大笑——一切都显得那么戏谑、那么奇怪，俨然就像一个河狸的水上乐园。

谁说河狸没有幽默感？

伯克斯特德博士莞尔一笑。这就是她最想带我看的栖息地之一。"河狸无意在这条溪上拦河筑坝。"她不得不抬高声音，以盖过流水声，"这条溪水流过急，也过大。"

"这简直就是一场阴谋。"贝利博士朗声笑道，"你看，那边碰巧有两三棵枯死的杉树，刚好聚拢到了一起，上面堆起来一堆落物；这边的大石头上也有一棵枯树，双方赶巧聚到了一起，于是，河狸就开始动工了……实在是场巨大的阴谋。"

面对河狸以浮木为基修筑起来的这一个建筑奇观，我们每一个人都希望拍下属于自己的照片。但拍完照片之后，伯克斯特德博士和贝利博士便如同机警的猎犬一般，循着溪流留下的印渍走开了。在这些目前已经干涸的水道上，潮水曾在河两岸的森林中奔流穿梭，留下了一道道印迹，仿佛标记着春潮来袭之时或旱季来临之前这条溪流的样貌。他俩仔细观察着地面，时而指点一下蕨类植物被踩压过的地方，或指指地表已被冲蚀、仅剩下砾石堤岸的位置。在某一处，贝利博士突然大声叫道："快来看这个胳膊肘样的河湾。快看这个牛轭湖。"

我看他们不停指点着河水冲刷的痕迹，或者指点顺流而下的枯枝落叶在溪流拐弯处积聚成堆、树叶被岩石或灌木拦滞的位置。相比在我们身后安谧、祥和地流淌着的河水而言，他们似乎对干涸的河道更感兴趣。在远处，我看见了一座建在堤岸上的河狸居舍。几棵枫树已被咬折了一半。这说明河狸一定还在附近的某处活动。

我追上伯克斯特德博士和贝利博士时，他俩正在热烈地讨论着距离溪流 20~30 英尺的几片地方，那里是河狸采集食物的区域。

"它们不久前应该刚在那边那棵红枫上啃过。"

"对，这边还有更新的咬痕。"

"这么说，它们还在附近？"

"不太敢肯定。"伯克斯特德博士说，"它们也许在上面更远处那个池塘里，我们到时候就知道了。"

18 世纪末期时，新罕布什尔州曾罕有河狸现身，尽管它们在这里灭绝的准确时间从来没人记录过。至于它们是哪一年又再次回归来到这里，同样也没有准确记录。大约 60 年以后，当亨利·大卫·梭罗发现在马萨诸塞附近华尔登湖周围再也不见河狸（或狼群）的踪迹时，曾表达了极大的担忧。在 1856 年 3 月 23 日的日记中，他写下了广为人知的一段话："每当想起曾经生活在这里的那些高贵动物们都已被猎杀殆尽——美洲狮、黑豹、猞猁、金刚狼、狼、熊、驼鹿、梅花鹿、河狸等，我都会情不自禁地感觉自己生活在一个俯首帖耳、仿佛已被阉割的国度之中。"

不像康涅狄格州、纽约州以及其他很多州，新罕布什尔州从未开展过正式的河狸放归项目，不过，一些河狸还是从缅因州及加拿大等地迁移来到了这里。据官方正式记载，有人 1912 年首次在白山中发现了这一动物。截至 1915 年，全新罕布什尔州各地生活的河狸数量估计约为 240 只。1926 年，一位保护局官员从新罕布什尔州匹兹堡附近捕获了四只河狸，并将它们放归到了康科德地区。1930 年，有人将一对河狸生擒活捉，并在罗切斯特博览会上进行展示，随后将它们放归到米德尔顿地区。截至 1940 年，河狸已经完全适应了新的环境，开始繁荣兴盛。据估测，全新罕布什尔州河狸的种群数量当年已达 7 000 只左右。同年，新罕布什尔州渔猎管理部门仅在一个地区放开了对捕猎行为的限制，允许在特定季节内进行有限制的捕猎活动，57 名捕猎人共捕获 369 只河狸。1943 年，全新罕布什尔州均开始放开河狸捕猎。但哈伯德溪研究中心所在地区依然全面禁止套捕和猎杀行为，因此河狸得到了 60 年的休养生息期，最终在该流域内站稳了脚跟。没有人统计过这里生活的河狸的具体数量，但显然，其密度仍远未达到历史上一度曾达到的程度。在全新罕布什尔州范围内，捕猎季于 10 月份开始、来年 4 月份结束。在每一位捕猎人允许捕获的河狸数量方面，并没有明确的限制。

二

最后，我们终于找到了托皮多鳟鱼塘，这是伯克斯特德博士起的名字，因为几年前，她每次外出研究时，当时还在上小学的儿子都经常跟着她，并且就是在这里抓到了他的第一条鳟鱼。那时，这片池塘面积非常辽阔，河狸几乎随处可见，鳟鱼的数量显然众多。现在，池塘看上去不过就是林子中间一抹幽幽的波光、一片开阔的空间。我们都停下脚步喘口气。我们已在密林中披荆斩棘穿行了一个多小时，一路上一直都是伯克斯特德博士一马当先，贝利博士随后，我则紧紧跟着贝利博士的脚步断后。我非常感谢和庆幸，因为他大踏步走的过程中踩倒了茂密的野草，而且还经常用手杖扒开矮灌，为我开辟出一条前进的道路。每往前迈一步，都是一次单调机械的重复：茂密的低灌丛、参天的乔木、炙热的阳光、恼人的蚊虫。但这一刻呈现在我们眼前的景象则全然不同，是一片清一色的针叶林。望着我满脸迷惑的表情，贝利博士解释道："1880—1910 年间，这片地区覆盖的估计全都是洼地云杉，当这些树被砍伐殆尽之后，你现在所看到的冷杉也便趁势而入，很快长了起来。"

"那些云杉都用在了什么地方？"

"这种木材很轻，而且质地坚硬。"贝利博士说，"他们就是用这种木材建起了波士顿。"

这一刻呈现在我们眼前的，正是 19 世纪末期欧洲殖民者大规模毁林的现场，继河狸被赶尽杀绝之后，这是第二波大规模环境劫难。截至欧洲人抵达新罕布什尔及新英格兰地区其他内陆地区兴建家园之时，毛皮贸易以及由此引发的河狸灭绝现象已是如火如荼。突然，我的双脚开始渐渐下沉。我们已踏上林中湿地，也就意味着我们已接近目的地。随后，拐过一个弯之后，我们不约而同停下脚步，尽情领略着眼前壮美的画面。一望无际铺开在我们面前的，是一片青翠碧绿、绵延起伏的草地，周围是一圈墨绿色的针叶林，我们仿佛不是置身于新英格兰，而是来到了科罗拉多。极目远望，唯见青山隐隐，峰峦竞秀。

"这一端通常都是草地，"伯克斯特德博士说道，"但远处有一座河狸居舍和一片依然在用的池塘。我猜这就是河狸种群的源头，刚才在下面看到有活动迹象的那些河狸，估计就来自这里。

咱们要去找找吗？"

这一刻谁都不甘就此停步。继续往前走的过程中，我们路过溪中的一系列小型水坝，一直通往池塘中央。

伯克斯特德博士低头看了看其中一座，开玩笑说道："我有一种感觉，河狸白天的时候会把幼崽们给轰出家门，就仿佛过去的农家会将十来岁的孩子踢出去修筑石墙一样——它们于是走出去，修筑起了类似这玩意的东西。在河狸池塘周围，你可以发现很多这种小水坝，并没有什么实质性功能。"贝利博士插嘴说道："啃老的熊孩子，我家里就有几个这样的熊孩子。"

"我家也一样。"伯克斯特德博士接着说。我们接着聊了一会儿，说新冠全球大流行的局势是如何如何改变了大学年龄段孩子们的生活。伯克斯特德博士随后补充道："河狸可以搬回来，在同一片池塘中共同生活。它们只需要在居舍中另外增加一个单元就可以。如果拆开一座河狸居舍来看，你会发现其中有很多不同的区域，就是年轻河狸回来后住的地方。"

聊天过程中，我突然想起在康涅狄格州能源和环境保护局网站上看过的一张有关河狸种群数量增长情况的图表。从图表上可知，河狸通常以啮齿类动物典型的繁殖速度繁衍生息：一对河狸夫妇每年产 4 只河狸宝宝，不久之后就成了 16 只，随后数字开始激增。我所认识的毛皮捕猎人在捕猎培训课程及示范活动中经常援引这一信息，以支持很多人通常持的一种观点：每年捕杀 30%~50% 的河狸有助于维持其种群数量相对稳定。问题在于，这些数字都只是一种假设数据。两年龄的河狸的确会离开居舍去寻找配偶，但由于某些无人知晓的原因，某些会再次返回家中，心甘情愿地在家里充当保姆，照顾下一繁殖季出生的河狸宝宝。当食物短缺时，河狸的生育率也会下降，再或，某些宝宝会夭折。人们对河狸修筑的水坝、居舍以及运河已进行了非常深入的研究，但正如我越来越明显地意识到的情况，聚焦这一动物本身的研究却相对较少。

我们继续往前走，但不久后就开始爬一段土坡，我们都意识到，这个土堆其实是一座被荒草湮没的水坝。就在那里，在那块形如一截圆骨、高高耸立的裸露巨石不远处，一座河狸居舍赫然在目。但却不见活河狸的踪迹。

伯克斯特德博士在周围仔细观察了一会儿，然后走回来。她耸耸肩。

"或许这就可以解释，河狸为什么在下面那么老远处干得那么卖力。"贝利博士试着解释说。

"有可能。"她回道。他们讨论着河狸弃此地而去的各种可能原因，与此同时，贝利博士也在他手机上添加了一个标记，准备秋天时再次回来察看个究竟。

当我们一路跋涉回到车边，在研究站放下贝利博士，然后向下继续开去的时候，太阳已经低垂到了地平线上。我们沿着路默默地开了一段，伯克斯特德博士突然兴高采烈地说道："前面上坡就是佩米奇瓦塞特河，想去看看吗？"

"那必须去呀。"

她拐上一座桥，我们俯身向河中看去：一条着实瘦削的水带，裹挟在两侧宽阔的鹅卵石河滩之间。我们站在那里，享受着这一刻清凉舒爽的空气和水面上太阳的余晖。伯克斯特德博士接着说道："我们总有一种感觉，实际上，这种感觉深深根植于我们当今很多环境问题的根子上——我们总以为，所谓大自然，就是没有人类生活的地方：首先，这种感觉本身就是个认识误区；其次，这种观点本质上是种种族主义思想，因为它抹杀了原住民的存在。实际上，千百万年以来，原住民们一直在守护和照看着那片大地。"

她的这一观点突显了种族、美国历史等问题领域一种新兴的（虽然说有点姗姗来迟）对话方式，这种对话构成了北美洲环境问题方面当今诸多重要作品的核心基调。将辽阔的北美旷野视作文明对立面的这一理想（秉承拉尔夫·沃尔多·爱默生、亨利·大卫·梭罗、约翰·缪尔和奥尔多·利奥波德等环境保护先驱及最执着的斗士的精神）要想成立，就离不开一个前提，那就是将那些千百年以来一直生活在而且至今依然生活在这些土地之上的原住民统统都抹除不论。

"佩米奇瓦塞特"一名源自阿尔贡金人的语言，意思就是"边流所经过的地方"。这条河一路奔腾向南，汇入梅里马克河，并最终注入大西洋。17世纪末期，这里曾是对美洲原住民进行种族灭绝式屠杀的另一处现场。短暂却血腥的菲利普国王战争期间，来自康涅狄格、马萨诸塞等地的尼普穆克人、佩科特人曾与梅塔科姆人并肩抗击英军。战后，大批逃亡的尼普穆克人和佩科特人乘着独木舟，沿该河流域一路向北。他们的目的地就是康涅狄格河的源头，也就是"大河狸"神秘的故乡——遥远北方的两片大湖。他们相信，只要到达那里，就可以开始享受安宁的生活。然而，逃亡的路途中，无数赏金猎人都在虎视眈眈等待着他们落入圈套，其中托马斯·贝克尔中尉就是一例。他的军队因为摧毁了一个佩米奇瓦塞特人村庄而获得一笔不菲的"头皮赏金"。在随后从山里走出来的路上，我和伯克斯特德博士将去寻找一个

标志性景观，也就是由"美国革命之女"组织阿斯夸姆丘马克分
支机构修建的贝克尔纪念馆。那次偷袭成功之后，这位赏金猎人
被提升为上尉。

"该走了吧？"

"该走了。"

我们默默地向前开了一阵，尽情观赏着阳光在佩米奇瓦塞特
河鹅卵石堤岸上闪烁、跳跃的景象。感受并亲眼看见这段恐怖的
历史发生地之后，似乎沉默才是我们最恰当的反应。殖民运动给
人类带来了沉重的代价，也给环境带来了沉重的负担。

没过多大一会儿，我们便开进了新罕布什尔一个秀丽、可目
的夏日小镇，夏日旅游业繁荣、喧嚣的景象依然历历在目。遮
阳篷撑了起来，各色彩旗、五彩霓虹明亮炫目，上面写着"营
业中"几个字，鳞次栉比的咖啡馆、烘焙店门口的街边摆满了餐
桌，人们悠然地逛着，有的脚穿休闲凉鞋，有的则武装上了利落
的靴子，一副整装待发、即将跋山涉水的样子。道路两侧停满了
一排排的车子，在层层皮划艇和自行车的掩映下，车身几乎看不
见。在林子里经历了数小时宁静安谧的时光之后，身边突然多了
那么多的喧嚣和熙熙攘攘的人流，让人有一种恍如隔世的奇妙感
觉。我们跳下车子，匆匆忙忙买了些食物，准备在接下来南下的
行程中慢慢享用。

再次上路后，我问伯克斯特德博士："如果想让佩米奇瓦塞特
这样的江河恢复其自然形态，都需要做些什么？"我脑子中想到
的是沿河伸展的公路以及刚刚穿过的小镇。"你得首先往后退一
步，"她答道，"你得这样问，我们与江河之间恰当的关系是什么
样子？在这一方面，我们的认识才刚刚起步。据我所知，哈伯德

溪是为数不多的几个地方中的一个，河流可以在较大程度上自由流淌、自由蜿蜒。那里的河狸拥有一条宽阔的河谷、充裕的觅食机会。底线在于，如果你希望看到一条江河像江河该有的样子，那就必须远离公路。公路的问题在于它需要充分的稳定性，而在大自然中，我们唯一可以确定无疑的却是变化。"

我推开面前的简餐，准备将这段内容记录下来。1948 年，奥尔多·利奥波德在写《沙乡年鉴》时，就已对修建如此多公路可能导致的环境影响表达了深深的担忧。吊诡的是，为便于美国国民走进旷野，公路却又必不可少。伯克斯特德博士面色沉重地补充说："我认为，我们正走在一条重新思考的路上，因为当前所走的，是一条不可持续得令人震惊的道路，而且，对此我们早已心知肚明。"

到家时，月亮已明晃晃挂在了天空，此起彼伏的蝉鸣让夜色中增添了一丝狂乱的气息。我在院子中静静站了一会儿，从闷热、潮湿的户外靴中解放出来的脚丫尽情舒展开来，脚下是有点扎脚却清凉舒爽的柔草。

三

今天所见到的情形令人不免深省。不过，还不止于此，它也让人充满希望。哈伯德溪流域是片正在日益疗愈的森林，曾经历过至少三波人为加剧的环境变迁，或者说得更直白一些，经历过至少三波环境劫难：第一波是对河狸的滥捕滥杀，导致湿地"大片干涸"、江河系统严重退化。第二波是大规模毁林及森林进一步干枯。随着欧洲殖民者到来，疯狂采集木材的热潮也随即涌现，大片森林遭遇无度砍伐。此外，锯木厂、锯木厂水坝的大量涌现也对江河系统产生了更进一步的影响。第三波是工业污染的损害，特别是酸雨给树木所带来的严重破坏。上述讨论还没将当下依然在上演的气候变化所产生的冲击纳入考虑范畴。及时付诸实施的明智政策，比如在共和党对环境保护问题的兴趣和热情尚未消弭之时，由时任共和党政府主导通过的《清洁空气法案》《清洁水法案》等法律，曾发挥过极为关键的作用。

然而，从郁郁葱葱的新英格兰森林中可以显然看到的是，只要给予合适的机会，自然世界便将表现出令人难以置信的强大恢复及适应能力。而在这一重生过程中，河狸起到了一个非常关键的作用。我不禁回想起我们一起走出森林、返回那条土路那一刻时的情形。就在车子的正前方，贝利博士用手中的拐杖扒开面前的蕨类植物，指点给我们看他的发现。"我说感觉像是看到有双翅膀扇动了一下。"他淡淡说道。距离他靴子不远处的茂密草丛中，隐藏着一个乱麻一般的鸟巢，里面躺着三枚明艳鲜亮的蓝色鸟蛋，每一枚都只有我大拇指指甲盖那般大小，看上去极为纤巧精致。原来是画眉的秘密巢穴！

第 11 章

比邻而居的河狸

　　我总会情不自禁地想起伯克斯特德博士说过的一段话：河狸可以让溪流改变整个流域的状况。"河狸可以随意驱使水，想让它去哪里，就能让它到哪里，甚至还可以让它流向按道理不该流到的地方。它们打破了一切的自然成规。"略作停顿后，她继续补充道，"我可以随意拿出一张某山区的卫星影像图，从上面可以明显看出一道道山梁，将一个个不同流域泾渭分明地区分开来。但过不了 15 分钟，我就可以从图里给你找出一个河狸池塘，而且这个池塘居然把水给送回到了山上，甚至送到了山坡另一面。"

　　一有机会，我就赶紧找出自己收集的卫星影像图，图片上是泰勒溪上、我家附近那片河狸池塘的景象。目前，这里已经演变成了一片河狸草甸。从图片上可见：2009 年时，这里还是掩映在两行乔木之间的一大片狭长绿色斑块，也就意味着，这里没有高大乔木，只是一片草泽。随后到了 2010 年，你会发现那片浅绿色的斑块上面开始出现了水，一片深色的水体从小溪穿过桥下涵洞的位置处慢慢延伸出来，看上去仿佛一片墨渍。2010 年年末，那片墨渍般的水体已经覆盖了将近一半的面积，而等到 2012 年，则已发展成为一个溢满的池塘，长 0.42 英里，宽 0.49 英里。

　　直到我展开当地的激光雷达影像图（一种用红外线技术拍摄的照片，上面只显示地理地貌，不显示地面植被覆盖情况）时，

才突然发现了一些其实原本显而易见的事实。从这张灰白色的图
上看，各种地貌仿佛一个个用陶土精心雕刻出来的景观，而我家
那片河狸塘，就坐落在一片由多条峡谷相互交汇形成的平地上。
池塘两边都是高耸的圆丘，高出海平面约 600 英尺。难怪，有这
条从两侧圆丘之间穿越而过的小溪，再加上从两侧圆丘上汇聚而
下的大量雨水和冰雪融水，这里的水量自然十分充沛，因此吸引
了河狸来此安家落户。它们唯一需要做的，就是筑起一道简单的
水坝，于是，仿佛乐章中一段紧锣密鼓的急板小段。不久之后，
整个峡谷也便充满了积水。

　　地质学家们对伍德斯托克镇的地理影像往往都是垂涎三尺，
将其称为东北部地区著名的"冰川圆丘之乡"。究其原因，是在
该镇 64 平方英里的总面积上，几乎全部都是绵延起伏、由冰川
雕砌而成的山丘，如今上面都覆满了郁郁葱葱的树林。在密密麻
麻的圆丘之间，一条条河川、一道道溪流潺潺而下，共同构成了
奎纳博格河流域的版图，而后者则进一步构成了幅员辽阔的泰晤
士河盆地中，一个重要组成部分。

　　通过这张激光雷达影像图，我发现了泰勒溪是如何从我家附
近的河狸池塘处一路向南流淌，并与依偎于绵延圆丘之间的一道
道其他溪涧汇集，进而汇聚成为一条宽广的河流的。从图上我可
以清晰看得出它奔腾南下的轨迹。从一条公路下穿越而过之后，
泰勒溪与另一条溪流再次交汇，后面这条溪流其实也就是我家门
口那条道路尽头的那条小溪，距离河狸池塘不过半英里之遥。再
往南，两条溪流再次汇入一条更宽阔的峡谷之中，后者两侧是气
势宏伟的大型圆丘，是地图上这片区域中最雄伟的一座。

　　伯克斯特德博士曾指出，在圆丘密集分布的地区，水通常会

顺着某一条峡谷穿行。另外，由于冰川磨蚀山丘的过程往往是随机的，并没有固定的规律，所以顺峡谷而下的河水奔流一段之后，很可能会与另一道圆丘迎面遭遇，在这种情况下，河水就只能向左或向右转弯，并循着山坡的走势向低洼处继续流淌。在她解释这段原理的过程中，我不禁联想到一个巨大的弹子球机器，水顺着机器上一道道的反弹杆不断盘桓而下，时而被弹向左边，时而被弹向右边，其间不时发出"乒乒乓乓"的反弹声。但在接下来的解释中，她指出了河狸是如何根据自己的意愿而让水流方向发生改变，进而使得水流路径更加复杂难料的。水流原本只受地球引力、惯性以及山坡走势的影响，但现在却进一步受到了一种浑身长毛的"工程师"的干预。如果河狸可以随意操纵水流的走向，那么谁又能够准确判断一条条的溪流将通往哪里，或者哪条溪流将溢满、哪条溪流又将干涸枯萎呢？更重要的一点是，在我从激光雷达影像图上所看到的各条峡谷之中，假如某几条现在已经充满了积水，情况又会怎么样呢？假如其中有水，那么也便可能有河狸栖居于那里。

　　我抓起地图，开车出门去追寻泰勒溪奔腾南下的踪迹。我认识面积最大那座圆丘的主人，并且早已获得了他的允许，可以在他所有的、幅员300英亩的草甸和旷野上随意行走，因此，我决定就从那里开始自己的探索之旅。果不其然，刚上路没多久我就发现，溪流在沿着河道流淌一小段之后突然变得非常开阔，形成了一面池塘。这面池塘显然是人造的，呈椭圆形，四周摆放着精心布置的巨石和一丛丛紫色斑茎泽兰草，样子十分美观。我在池塘中没见到有河狸。不过，我曾不止一次跟邻居们在这面池塘上滑冰，清楚记得他们说有时会看见一群水獭在那里喧闹和嬉戏。

与水貂一样，水獭往往会追随河狸的足迹，因为河狸池塘和湿地上往往生活着丰富的两栖动物及鱼类，可以为它们提供充沛的食物。

　　我在圆丘边缘静静站立片刻，尽情吮吸着空气中野生紫莺、"安妮女王"蕾丝花（野胡萝卜花）秾丽馥郁的芳香；草甸上缀满各色漂亮的野花，仿佛有人刻意在草地上撒下了大把大把的彩色纸屑，明黄、亮紫、雪白，五彩缤纷，不一而足。发现溪流越过池塘之后继续向南流去后，我开始继续缘溪而行。脚下的土地崎岖不平，遍布泥泞，溪流与林子交接处密密麻麻长满了灌木棘丛。我不管不顾一头扎了进去，但剃刀般尖利的荆棘芒刺很快便迫使我停下了脚步。我小心翼翼地摘除掉扎进裤子里的尖刺，一簇利刺还扎进一条手臂，鲜血顷刻间流了出来。我拔掉利刺，慢慢从荆莽丛中退了出来，从一侧绕过，贴着圆丘的边缘继续前行。终于，郁郁葱葱的乔木渐渐隐去，视觉豁然开朗，眼前呈现出一片开阔的沼泽地。我再次一头扎了进入，所幸，这次勉强涉水穿过了密密的高草。溪水在这里突然向四下扩散漫延，形成一片漫滩，仿佛林子中间突然多出来了一块湿地；一棵棵高耸入云的乔木长势依然旺盛，但周围却已被积水包围。阳光从水面上折射回来，斑驳零落，切开了树木的浓荫，也迷乱了我的距离感和空间感，但尽管如此，我还是看见了它。在遥远的那端，在一棵参天耸立的枫树掩映之下，一座由灰白色树枝和泥巴共同组成的建筑影影绰绰，拔地而起：那是一座河狸居舍。我简直不敢相信自己的眼睛。

　　居舍不算特别宏大，看上去有种摇摇欲坠的感觉，我没看见有储备粮垛，但居舍却分明耸立在眼前。这足以证明，河狸就生活在那里，或者说，曾经生活在那里。

我绕水边转了一圈，水渐远渐深，一直延伸到树线尽头，并在那里突然一个转弯，形成一个圆形池塘，周围是一圈草地。风轻柔地抚着水面，漾起一圈圈的涟漪，水面颜色微微发暗，表明塘水不浅。我暗自寻思，这面池塘会不会也与刚才看见的那面一样，原先也是人工湖，只是后来才被河狸占据并不断扩充的；抑或，塘子完全就是由河狸从无到有一手打造出来，然后用引来的积水填满了低洼地带？

池塘远端的边缘是一段堤岸，一条农场小路沿堤坝通向远方。溪水越过堤坝漫上小路，但只是形成薄薄的一层，并不影响车辆通行。我俯身细看，发现了拖拉机走过的辙印。河狸非常聪明，选择了在这个位置将溪流部分截流，让水刚好填满池塘，但并未将水完全拦腰斩断——一股流水溢过堤坝汩汩而下。我还是没发现储备粮垛，也没有看到供它们往来通行的滑道，但水坝保养状态良好，顶端精心抹上了一层泥巴，形成一条整整齐齐的平线。河狸一定还在这里，只是云水茫茫，无从判断它们准确的位置。我往前迈了一步，一脚踩在崎岖不平的地面，兴奋之中险些一个趔趄绊倒。

溪流继续在林间蜿蜒穿行，顺着地面缓缓下降的坡势向南一路流淌。突然，仿佛受到了某种神秘的提示，溪流再次骤然向四下辐射开来，形成一片覆满柔草的宽阔沼泽。这片沼泽塘很浅，我用了10分钟时间才走到其尽头，但在尽头处，水中密密麻麻长满了睡莲。我看到了另一道水坝。这一次，河狸将水坝修筑在了水流因遭遇圆丘边缘阻挡而突然向左折转、开始顺坡而下的位置。

　　这简直令人难以置信——河狸实际上相等于硬是让水流改道向东，顺着圆丘陡峭的一面倾泻而下，形成了一段湍急的林中激流，样子与我跟伯克斯特德博士在白山中所徒步跋涉过的那种一级或二级缓流小溪并不不同。自然，我跟跟跄跄走过蕨类植物，爬下堤岸，顺着溪流继续向前走去。这座圆丘名叫乱石坡，是镇子上这片区域中面积最大的一座，最高处较海平面高出约 900 英尺。这段溪流奔腾而下，尽头处等待着它的则是另外一场惊喜。透过长在下方远处位置的树木的间隙，我看到一片银色的光泽。溪流再次摇身一变，形成一道飞瀑，飞身跃入瀑下一面长方形巨塘之中。

　　我返身走回车边，循路继续向下，去寻找那面巨塘。在下一个路口，道路突然向右一个急转弯，将我带到了池塘的面前。展现在我面前的，是一面蔚为壮观的池塘，塘中耸立着一座同样蔚为壮观的河狸居舍，紧紧依偎在另一端岸堤的旁边。一阵湍急的涛声传进耳鼓，我低下头，看见了公路下面的一个巨型涵洞，溪水穿洞而过，继续向东奔流，直至汇入远处的林子之中。我怎么竟没发现这一点？随后，我丈量了这面池塘的面积，长约半英里，宽略低于四分之一英里。借助公路上岔道口的地貌，这一刻我终于认出了这面池塘。几年前的一个冬季，受气象条件影响，塘面上机缘巧合结起了一层厚厚的黑冰，在很长一段时间里，这里都曾是我们最为心仪的滑冰场。

　　这里距离我家不过也就一英里之遥，直线距离则更近。如此近的距离，足以让河狸从泰勒溪上的栖息地迁居于此。据记录，河狸甚至可以翻山越岭，跨越近百英里的路程去寻找水体。我家那几只河狸或许就来自这里。抑或（这种想法在我脑海中挥之不去，因为我是多么希望事实果真如此）如今生活在乱石坡圆丘那片区域，或者栖息在新瑞典路旁这面池塘中的河狸，就是从我家池塘中穿越而来。是的，它们曾遭遇猎杀，但其中的一些河狸幸存了下来。再或者，河狸家族中一两岁龄的年轻一代告别父母，开始独立上路，在此途中发现了这一片河狸天堂，于是就此定居了下来。

在驱车返回的过程中，我感觉仿佛心中的一块巨石终于被移开。并不是说我们家的河狸已经全然消失，只不过我需要变得更加聪明，需要更加用心地寻找。与往常一样，河狸再次带领我日益深刻地理解了某些事情，而在此之前，我要么对这些事情存在认识误区，要么压根儿就从不曾注意过。我必须以河狸那样的方式来理解溪流系统——将之视作一个互联互通的高速路网，只要存在低洼的土地、木质的材料和水，就一定可以带领它们走向更加广阔、更加丰饶的河狸草场。我观察所见的，并非只是一个孤立、隔绝的河狸栖息点，而是一个兴旺的河狸种群，它们共栖于同一个江河、溪涧系统之中。

讽刺的是，这一全新发现与我所认识并且生活在这里的毛皮捕猎人们看待河狸的方式彼此相通：河狸并非生活在某一特定点位的孤立个体，而是更大的种群中的一员。正是基于这一理据，他们才强烈主张可以按照一定的比例，对生活在某一特定地区的河狸进行适度捕猎。他们所关心的是维持恰当的"承载力"。这是野生动物管理领域的一个专门术语，意指某一特定地域内所能养活并且为之提供充沛的食物及活动范围的河狸的合适数量。他们不愿意看到一片片的林地被开发、一片片栖息地惨遭破坏。他们游说将城镇及州所属的土地保持开放状态，并善加管护。之所以如此，目的其实就是保护本州的河狸。

我无意于从事任何毛皮捕猎活动。一想到可能是某一名盗猎分子杀死了我们的某些河狸，我的心中就充满了愤怒之情。但同时我也清楚知道，很多事情其实远比表面所见的情况更加复杂。迈克·卡拉翰（Mike Callahan）致力于推广河狸教育及保护，是一位狂热的河狸信徒。即便是他，也曾在多个场合公开表态，表示在东海岸这片地区，在某些情况下，河狸不应该继续留在某些特定的点位，必须予以"移除"。这其实也就是隐晦地表示应将河狸"捕杀掉"。

在伍德斯托克这个角落，河狸有着广阔的生存空间、充沛的食物供应，而且它们的水道也不会给人类带来任何祸患。它们在默默地从事着河狸该做的事情，减缓水流速度，将之存储和净化，从而充盈地下含水层，并且在这一过程中，始终都在提升着邻近地区的生物多样性。尤为重要的是，我发现自己因痛失河狸而哀伤不已的状态终于可以走向终结。我们的河狸并未彻底消失。人类的袭扰并未将它们从大地之上彻底抹去。我找到了证据，证明河狸依然生活在这里。或许，它们不再如我所愿那样生活在我家附近，让我随时可以看见，但距离并不遥远；它们新建的居舍和水坝，依然构成所谓"河狸网络"中的有机组成部分。假如得知我终于找回了自己的河狸，妈妈一定会开怀大笑。越是在这样的时刻——每当我看见或听见某些精彩的事情，迫切希望与她分享之时，我对她的思念也便益发强烈。

河狸不会创造长途迁徙的惊天壮举，不会像大西洋鳗鱼那样穿越萨迦索深海（Sargasso Sea），也不会像王蝶那样凭借一双柔弱如纸的翅膀飞越数百英里，但它们的迁徙旅程却丝毫不逊色，因为，假如你循着它们的踪迹，就会发现，你自认为无比熟悉的地方，会骤然之间变成一片仿佛从来不曾见过的领地。河狸改变了我看待一切事物的方式。道旁的那一片林沼，在我眼中不再仅仅只是一片混乱无序的水体。如今，每当看到一面河狸池塘时，我所看到的都是一片富含生物多样性的湿地，它们与更加广阔的江河体系相互连通，仿佛一个巨大的肾脏，不停地净化着地球上的水质。我们身边所残留下来的，或者说正在重新组合为一体的，恰恰是远古河狸界时代风貌的一抹微光。

第 12 章

石墙

河狸总是引我走入山重水复疑无路的境地。它们当然会如此：将问题复杂化，让事情遭遇阻滞，这仿佛是它们与生俱来的秉性。它们有能力让山涧、溪流，甚至大江大河为之改道，引导流水漫过堤岸，汇聚成浅塘；它们有能力让河道分流，形成一条条纤细的水线，散布于周遭辽阔的大地。每每想到北美洲大地上的江河溪流，我们脑海里浮现的多半可能都是深谷幽壑之中越滩过石、淙淙流淌、绵延不绝的水流。但正如我从伯克斯特德博士那里所获知的那样，这往往只是没有河狸活动的江河溪流的样貌。从高空俯瞰下去，拥有健康河狸种群的江河系统其实更像一张巨大的蛛网，错综交织、回环往复的一条条水线往往时肥时瘦，呈现出有规律的变化。以我们新英格兰南部这片土地为例，想要循着林子之中某一条被河狸加工过的溪流前进，不仅需要拥有坚韧不拔的勇气和毅力，也需要具备披荆斩棘、越滩涉水的旺盛体力。有时，在一条有河狸存在的溪谷之中，能够证明你正在缘溪而行的唯一证据就是：双脚每迈出一步，都会出乎预料地踏入一片松软的淤泥之中。

我的想法再清晰不过：既然发现了一岭之隔的近邻处就有河狸生存，这一片区都同属一个河狸栖息区，那么我最强烈的愿望就是马上返回家门口道路尽头的那一面河狸池塘旁，勾勒出一条人类与环境交流互动并对后者产生影响的时间演化脉络。我将以殖民活动和欧洲殖民者定居村落的兴起为起点来梳理这条时间轴。但早在首批欧洲殖民者抵达之前，阿尔贡金人就已经在这片土地上繁衍生息了近万年，因此，对于他们通过有节制的烧荒方式经营和管理土地的传统、狩猎的方式、农耕习俗以及宏观监控猎物数量的传统智慧，我也不能置若罔闻。就现有资料推测，早在全新世初年，河狸很可能就已经开始在这一片圆丘鼓岭间的峡谷中繁衍生息。不过，关于河狸池塘，我也注意到了某些非常蹊跷的特征：池塘周围环绕的石墙。实际上，河狸甚至会因势利导，将溪中摆放的三块巨石当作拱顶石，并以此为基础筑起水坝。我仿佛一位案发现场的考古学家，将所有那些石墙作为证据，开始对它们详剖细解：筑墙用的石块、修筑的方式、墙体规格及形状等，无一不是我深入研究和考证的对象。只到后来很久之后，我才豁然意识到，将这里的石墙视作犯罪现场，这一比喻是何其合理和精当。

一

伍德斯托克镇兴建于 1686 年。当时，如今属于康涅狄格州偏远一隅的这个地方仍归马萨诸塞湾殖民地管辖。关于小镇翔实历史的最早一部作品发表于 1926 年，编著者为克拉伦斯·鲍文（Clarence Bowen），因此该书也被称为《鲍文版伍德斯托克史》（*Bowen's History of Woodstock*），书中对小镇成立早期的诸多史实及土地交易情况做了明确记录。我有幸找到了殖民时代流传下来的、有关小镇建立情况的记录，另外还找到了两张分别源自 18、

19世纪，内容详细得令人惊叹的地图。这张地图由约翰·S.莱斯特（John S. Lester）绘制，绘成于1883年，堪称是一份极为珍贵的资料，因为其中涉及了美洲原住民居住点、宅基地、道路和溪流、锯木厂及商家门店等诸多信息。当时，小镇人口已经激增至3 610人，拥有两家酿酒厂、三家酒馆、一个贸易站、一家陶器厂、一家砖厂，还拥有包括一家车厂、一家马鞍厂和一家制革厂在内的诸多小型企业，另外还拥有三家磨粉厂及多得不计其数的锯木厂。莱斯特还将当地的地貌也绘制了出来，并以精心绘制的细线条标注出了每一道圆丘鼓岭的坡势和走向，使得整张图看起来仿佛一张巨大的五线乐谱。在小镇当时记录在案的59.5平方英里面积上，他用细头笔精心绘出了一百多条冰川山脉。图上的每一片草甸、每一条道路、每一道圆丘鼓岭都标注有清晰的名字。有些是我们通常所能想象到的常见名，诸如"狐山""马山""林山""栗子山"等，也有一些蕴含着深厚典故的名字，尽管如今已没人能准确记起这点典故背后的故事。其中有一道鼓岭叫"明努克浣溪沙岭"，大概是源自阿尔贡金语，也可能是根据原住民语中的某个词作出的英文解释；另外还有一道坐落在小镇酿酒厂旁边的鼓岭，却被起了个令人百思不得其解的名字，叫"无主岭"。大概是因为就这个地方的归属问题曾发生过乡村冲突和械斗，由于某些无法解释的原因，最后哪方都不愿认领，故此双方达成妥协，才起了这样一个名字。地图上迷宫一般密密麻麻绘满了溪涧河谷，有些有名字，有些则只是一道道隐约可见的线条。

耐人寻味的是，大多数的林沼都有明确的名字，比如"大林沼""黑沼泽""大荒沼""女巫林"等。毫无疑问，每一个名字背后都各有其轶闻和典故。我们家住在河狸池塘西侧高高耸立的一道鼓岭上，名字叫"韦福尔斯坡（Weavers Hill，直译为纺织者坡）"，而池塘另一端那道鼓岭却叫作"费舍尔坡（Fisher Hill，直译为垂钓者坡）"。与美国早期所有的史书一样，鲍文版小镇史中也记录了镇子上每一位大人物的名字及成就（包括他们各自的婚姻状况、子女等）等信息，但无论是从小镇早期的通讯录，还是从鲍文百科全书式的小镇早期史中，我都没找到姓氏为"韦福尔斯"或"费舍尔"的人。不过，附近其他镇子上有姓"韦福尔斯"或"费舍尔"的家族，因此，也有可能，这些家族在镇子上只是短暂逗留过一段时间。

随后到了 1886 年，身兼医生及业余史学家双重身份的乔治·克林顿·威廉姆斯对莱斯特地图进行了进一步标注。他用红笔在地图上添加了"印第安人墓葬地""印第安人坟墓"等字，其中，用红色大写字母写的"印第安人"几个字刚好位于河狸池塘上方的那道鼓岭位置上。有一片地势相对较高的草甸，名字叫"城堡坡"，据鲍文版小镇史及小镇民间传说介绍，这里曾是原住民聚集的地方。至于究竟什么时间，原因又是什么，传说对两者均未明确说明，只是含含糊糊提到以下内容：多年以后，在"菲利普国王战争"期间，随着美洲原住民与殖民者之间的紧张对峙情绪日益高涨，伍德斯托克早期的居民们在听说可能遭遇偷袭之后，赶紧撤退到了山顶，并在那里修建起了一座木质城堡。

从一开始，让原住民皈依基督教始终都是马萨诸塞湾殖民地使命中一个不容忽略的组成部分。殖民地的徽标便充分说明了这一切——从图中可见，一位原住民手持弓箭，除几片树叶勉强遮住裆部以外，几乎全身赤裸；从他的口中流出了"快过来帮帮我们"一连串文字。英国牧师约翰·艾略特抱着满腔热情接受了这一使命，并建立了所谓的早期皈依者祈祷小镇，兢兢业业地向美洲原住民传经布道。艾略特是首位正儿八经学习马萨诸塞语，也就是新英格兰东部地区原住民所讲的阿尔贡金语言的英国人。截止到1663年，艾略特不仅将《圣经》翻译成了阿尔贡金语，而且还出版了好几种不同语言的版本，同时还准备了大量的小册子供发放。

1674年，约翰·艾略特陪同英联邦执政长官丹尼尔·古金长途跋涉来到这里时，他的身份是马萨诸塞13座欣欣向荣的祈祷小镇的奠基人。然而短短十年之后，他却成为一位激烈的反对者，对英国人残酷对待原住民的行径进行了犀利的抨击，曾公开声明"他们所遭受的经历比死亡还要更加恐怖"。不过，开初时，资助他归化原住民、让后者皈依基督教一系列努力的经费，却主要来自马萨诸塞湾殖民地，而且目标也非常明显，那就是彻底抹除当地原住民的文化习俗。生活在各个"印第安人基督徒"小镇中的原住民被称为"红皮肤的清教徒"，艾略特希望这些原住民不仅皈依基督教，而且还要全面英国化，并提供给他们英式服饰和教名。尤为重要的是，殖民者还鼓励原住民放弃在山中坡地上耕种玉米、南瓜以及豆子"三姐妹作物"的这一传统农耕习俗（实际上，这是一种极为高效的农耕方式，因为豆子可以顺着玉米梗很好地生长，而南瓜宽大的叶子则可以遮挡住土壤，使其在炎热、干旱的季节保持凉爽）。长期以来，原住民们早已形成了传统，每年春夏时节在适于耕种的地方搭建窝棚，而在秋冬时节迁往狩猎条件相对更为有利的地区。为鼓励原住民放弃这一随季迁徙的传统习俗，殖民者为他们提供了种子和家畜，希望他们按照英式农耕方式生活。

对这段历史的了解越深入，对约翰·艾略特这位"印第安人的福音使徒"及其在这里建立基督教社区的努力了解得越多，我越发现，所有这些都与河狸之间存在诸多密不可分的关联。我家旁边那片林子中的河狸池塘坐落在通往镇子的一条小路边上，而这条小路之所以得名"讲经石路"，恰恰就是为了纪念这段历史。据自鲍文以来的每一本史书及镇上口口相传的各种民间传说称，这一名字与坐落在道旁的一块巨大的冰川漂渍物有关。故事声称，1674 年，约翰·艾略特曾在这里纵身一跃，跳上这块巨石，开始对新皈依的原住民侃侃而谈、传经布道。故事中的主角激情澎湃、机敏过人，居然能够突发奇想，将一块硕大无比、平坦如席的冰川遗石当作讲经布道的教坛。此外，故事中的主角同时也魅力四射、口才卓越，即使身居密林深处的人们，也会被吸引前来听他讲经。然而，透过艾略特与古金两人之间的往来信函，我们发现的则是另一套截然不同的掌故和轶事。

居住在这里的阿尔贡金人瓦巴夸赛特分支并不愿在艾略特的教堂中集会。他们愿意崇拜基督教的上帝，但只愿意以自认为合理的方式来崇拜。也就是说，他们更希望在他们所珍视的户外进行礼拜活动，这样做符合当地的传统——将大地视作圣灵栖居的场所。瓦巴夸赛特之所以选择在这片池塘边集会，是因为他们非常珍惜这一地点。会是因为河狸吗？与其他很多原住民民族一样，阿尔贡金文化在捕猎河狸方面有很多约定俗成的仪式和特定的行事方式，这些礼仪构成了一种有效的约束机制，可以避免过捕滥杀。此外，他们知道阿米斯克瓦的池塘可以带来猎物。更何况还有"伟大河狸"的故事，正是后者淘气、恶作剧的行为，才促成了康涅狄格河峡谷的形成。

虽然有关讲经石路的典故将约翰·艾略特塑造成了一个卓有成效的牧师，他即使随机在林子深处一块偏远闭塞的巨石上讲经，也能够吸引大批原住民前来听他布道，但现实的情况却极可能刚好相反。他选择在那里布道，是为了以此吸引当地人的注意。据 1674 年各基督教小镇的人口普查资料记载，约翰·艾略特到访此地时，已有约 150 名皈依基督教的瓦巴夸赛特人生活在这里。换言之，在他来到这里的时候，这里已经是一个十分繁荣昌盛的美洲原住民定居点。鉴于这里紧邻溪流河谷及肥沃的冲积平原，另外还有很可能河狸遍布的密林，出现这种情况完全合乎情理。假如艾略特真的曾经一跃跳上过这块巨石，那也是为了达到向原住民布道的目的。他必须主动走近他们，并且选择一个后者极为看重的地点，比方说，选择一片河狸池塘。

一块巨大的冰河时期化石、一片河狸池塘，还有生活在这里的瓦巴夸赛特人，他们彼此间以某种独特的方式相互关联在一起，而只有当我再次仔细审视那张源自 19 世纪的莱斯特地图、看到有人在上面赫然写下的"印第安人"一词时，我才真正开始了解到这一关联的意义。为什么要在河狸池塘东侧那道巍峨耸立的圆丘鼓岭处写下这几个字，而且全部用醒目的大写字母？关于小镇历史的众多书籍之中，没有一本包含有关其原住民居民的多少重要信息，即便偶有提及，我发现大多数也都仅与各种形式的土地交易有关，表明某块土地的所有权转移给了殖民者。

在日后成为新英格兰地区的这片土地上，原住民均为阿尔贡金人，其中很多都同操一种共同的语言：马萨诸塞语。但在这一人口群体之中，又存在着诸多不同分支——佩科特人、莫希干人、瓦巴夸赛特人便是其中的几个代表。每一个分支的名字通常都与其所生活的环境间存在某种形式的联系。尼普穆克人居住在马萨诸塞、康涅狄格以及罗德岛等地的内陆地区，如果就字面理解，他们的名字意思就是"淡水人"或"淡水表亲"。在伍德斯托克这片地方，尼普穆克人自称"瓦巴夸赛特"，意思就是"草垫之乡"，因为（得益于河狸及其所创建的湿地之功），他们生活的地方富产灯芯草，而这种草是种非常宝贵的资源。瓦巴夸赛特人经常用它编织篮子，或者用它来修筑窝棚的墙壁。

雷·古尔德博士（Rae Gould）现任布朗大学"美洲原住民及原住民文化研究项目"执行主任。2005 年，她还在康涅狄格大学人类学方向攻读研究生学位。撰写硕士论文期间，她开始尝试是否可以找到 17 世纪时约翰·艾略特在伍德斯托克讲经集会的具体地点。她确定了伍德斯托克镇的几个尼普穆克人定居点，其中一处极有可能可以确定为"祈祷村寨"。不过，她的研究最重要的收获在于，17 世纪末期时，伍德斯托克曾居住着众多尼普穆克人家族，到处都是他们的定居点，因此，艾略特将不同原住民民族召集起来共建了一个定居点的说法从根子上讲就是一种讹传。尼普穆克人早在那时之前就已生活在这里，而且分布范围极为广阔。

不过，古尔德博士大致划出了原住民定居点中的一个区域，认为该地极有可能曾是艾略特祈祷小镇中的一部分。得知她划出的这片区域包括了那块著名的巨石、日后成为讲经石路的一片狭长地带，还有从河狸池塘位置开始向外延伸的一大片湿地时，我的兴奋之情简直难以言表。

这条道路的历史的确构成对古尔德博士研究结果的有力支持。从莱斯特地图上看，讲经石路所在的位置被标注为"萨默收费公路"，而据鲍文版小镇史记录，这条路由当地一批业主共同修建，随后多年间一直被当作一条收费公路经营管理，直至小镇管委会最后将之接管。但在将之升级改造成为一条19世纪的收费公路之前，这条路曾是传奇般的"康涅狄格古道"中的重要一段，将这片土地与波士顿、哈特福德、纽黑文、纽约等殖民点紧密地连成了一体。与殖民地时期大多数道路一样，康涅狄格古道也大体沿袭了当时既有的美洲原住民商路网的走向，这张路网密密匝匝分布在深林之中，当时的拓荒者及毛皮贸易商称为"新英格兰大道"。

河狸池塘极有可能位于祈祷村寨所管辖的范围之内——构成了约翰·艾略特到来之前就已存在的美洲原住民定居点中的一部分。但自那以后，生活在那片土地上的是何人、河狸对它又发挥了怎样的重塑作用呢？假如你循着泰勒溪向南走，就会发现它相继汇入其他几条溪流，直至最终弥漫扩散成为一片狭长的池塘，莱斯特在其地图上对此池塘作了明确标注。从这张地图上可见，这几条溪流沿岸绘制了多家锯木厂。当时的殖民者利用既有河狸水坝驱动锯木厂的情况并不罕见，而且，在后来修建规模更大的磨坊的过程中，这种情况也很多。假如坡度合适、溪流足够宽广，则河狸水坝往往就可以蓄积起足够的水量，帮助他们让磨坊首先转动起来，然后他们再同时修筑规模更大、使用期限更加长久的水坝。再后来，20世纪50年代期间，某开发商在那里修筑了一道混凝土大坝，由此形成了如今夸塞特湖的雏形。

康涅狄格州保存有拍摄时间可以追溯到1934年的航拍照片，还有签署于17世纪时的地契。这些航拍照片以编年的方式记录了80余年间河狸活动的轨迹。从某些照片上看，某条溪看上去可能只是峡谷中的一条影影绰绰的细线，而在其他照片中，溪水看上去却急剧膨胀，浩浩汤汤填满了整个峡谷。这些照片所反映的情况与我从邻居及镇上的捕猎人那里得知的情况相互印证：河狸在那片池塘中已经生活了很久，时间远远超出了任何人的记忆。某些纸质文书可能早已化为乌有，很多的法庭记录很可能也已在百余年前的一场大火中付诸一炬。但据 1850 年的农业普查显示，河狸池塘所在的那家农场当时的估值高达 9 000 美元。这家农场包括 95 英亩改良田，年产 50 蒲式耳[①]玉米、40 蒲式耳燕麦、200 蒲式耳土豆、20 蒲式耳大麦及 8 蒲式耳小麦，还饲养着大批母猪、奶牛、耕牛以及羊群，当年售出的羊毛重达 640 磅。

这次普查证实，河狸池塘周围的林子当时并未留下来作为用材林，而是被砍伐一空。我再次走回到河狸池塘，努力希望找到一些蛛丝马迹，以弄明白这些坡地是否曾用于耕种粮食作物，或用作牧场。就在这一过程中，我突然注意到一些非常蹊跷的事情。我曾连续观察过的那些河狸在修筑水坝的过程中，居然巧妙地借用了从峡谷一侧延伸出来的一道石墙，而且，在水坝与溪流交叉处的坝体中央，还有三块平坦的巨石也被河狸赋予了用场，把它们当作了水坝的拱顶石。在历史上某个年代，一定是人类在溪中摆放了这些平坦的巨石，因为这些巨石极为沉重，河狸不可能搬得动。虽然这片地区的林子中随处都遍布着冰川遗石，但这些石头显然是有人刻意精心摆放到了这里，彼此间互有重叠，可以让石下的水流顺利通过。我定定凝望着这拙朴简陋的石桥，脑

---

① （美国）1 蒲式耳 ≈ 27.216 千克。——编者注

海里开始浮想联翩：是何人在此修建了石桥？修建的时间是何年何月？人们为什么要在河狸池塘周围修建一道石墙？这道墙与石桥是同时修建的吗？假如不是，那么，又是孰先孰后呢？

曾经生活和穿行于此的美洲原住民跨越溪谷时不会需要借助石桥。实际上，他们很可能会充分利用原有的河狸水坝坝面渡河。

然而，欧洲殖民者来到这里，随身也带来了牛、马以及推车。他们需要某种形式的桥面，以免小车轮子被卡住。可是，环绕池塘的石墙却令人费解。在河狸池塘浅浅的峡谷中，或者在有溪流潺潺而过的河狸草甸上，为什么要设置这隔离障碍呢？毕竟，即便没有河狸在此活跃，这种低洼的沼泽也会周期性淹没。

像1850年普查这样的一系列农业普查记录显示，19世纪时，这里的农业曾达到鼎盛时期，随后，农业渐渐让位于工业，新英格兰农场也随之缓慢走向陨落。截至1870年，新英格兰南部大部分地区都已经重新被森林覆盖。这是一个意义非凡的变化，因为17世纪殖民运动所导致的最显著影响就是大片森林遭遇急剧破坏。来到这里的首批欧洲定居者们大批大批地砍倒树木，用于修建房舍、谷仓、桥梁、会议厅，另外还要修建一座教堂，因为根据他们与马萨诸塞湾殖民地达成的协议，修建并妥善维护教堂是他们必须承担的一项义务。此外，他们还砍倒大片的树木，以便开垦出广袤的农田，开展英式农耕作业。再之后的数十年间，随着早期工业革命兴起，树木成为一种重要燃料，为早期的冶铁炉提供了重要的能量来源。不久之后，新英格兰南部地区具有标志意义的森林景观中，80%以上的树木就都已被采伐殆尽。

随着大片森林惨遭砍伐，土壤温度开始升高，大地变得日益干燥。这一地区的土壤多为贫瘠的坡地土，厚度几乎不能完全掩盖住底层坚固的岩石，因此，严重的土壤流失问题接踵而至。土层变得日益贫瘠，河流很快被泥沙淤积填塞。为蓄积充足的水量，使其池塘及运河免遭被泥沙淤积的厄运，那时的河狸工作想必一定非常辛苦。另外，它们还需要努力躲避猎人和捕手，以免遭遇不测。威廉·品钦（William Pynchon）曾是普林菲尔德毛皮交易站一手遮天的实际控制人。据他记载，1652—1658 年，他儿子约翰一共从康涅狄格河谷的原住民手中弄到 9 000 张河狸皮子。不过，从 18 世纪开始，这里的毛皮贸易量便开始逐渐萎缩。鲍文版伍德斯托克史中记录有一家名为"科尔本"的贸易站，位置距离河狸池塘不过一英里，就专门负责从原住民手中收购毛皮，不过书中并未明确说明所交易毛皮的具体类别。截至 1790 年，随着毛皮购买商纷纷将业务重心转移到纽约州中部、宾夕法尼亚州以及更远的内陆地区，或者转向北边的加拿大，毛皮贸易也已整体西移。尽管如此，在官方于 1890 年正式宣布河狸已在本州彻底消亡之前，河狸皮子依然是当地农场主所谓"鸡蛋钱"的重要来源，常常被卖给当地的毛皮买主，换些可以现支现兑的活钱。换而言之，河狸或许在这里幸存了下来，不过，更可能的情况是，它们确实曾被捕杀殆尽，直到 20 世纪开展的一系列保护努力，才让它们再次回到了这里。

河狸具有惊人的韧性和适应力。随着气候变化使得北极苔原地带大片地区变暖，有人曾拍到河狸夜间在阿拉斯加北部山脊攀爬的照片。它们几乎是翻过悬崖峭壁的，以便能够到达山那面的草泽区域。但在新英格兰南部，在殖民运动期间，除大片森林被毁这一问题之外，河狸还需要面对另一层挑战，那就是推广英式农耕作业所导致的土壤变干、变暖问题。数世纪以来，欧洲农业的基础就是将农作物种植与家畜饲养相结合。以为人类提供食物为目的的畜牧业是一种高度土地密集型产业，因为除了需要有辽阔的草场之外，还需要大量土地来种植玉米及牧草，以便牲畜有充足的食物来源。除非采取必要措施，采取作物、植物轮作等方式，确保土壤有机会恢复和再生，否则，土壤中庞大的微生物世界便可能开始死亡，进而雪崩一般引发大量问题。

当然，英国殖民者并非首批对这里的森林环境造成重大影响的人。为开辟优质狩猎场地，阿尔贡金人也曾烧毁林子，以打造开阔的草地、降低矮灌密度。而在其他场合，他们往往还会对高大乔木进行打枝、修剪等一系列操作。从公元前 1 000 年起，他们开始种植玉米、南瓜和豆子，并采用烧荒方式耕种。不过这里有一个关键的区别——原住民肉类食品的主要来源依然有赖于狩猎和捕鱼。17 世纪末期，英国殖民者抵达这里时，除了帮助原住民清理土地的耕牛、马等大型牲畜外，还带来了鸡、肉牛、山羊、绵羊以及猪等小型禽畜。为将大、小两种不同动物分隔，同时也为避免禽、畜走失，他们必须修建隔离围栏。为了拥有充裕的牧草和草场，他们需要更多的土地，这也就意味着必须伐掉更多的林子。猪通常采用散养方式，任它在林子中随意践踏植被。1812 年以后，针对英国商品的禁令导致羊毛供应严重短缺，牧羊业开始加速发展，对草场的高强度啃啮使得土壤进一步变得干旱。上述各因素相互叠加，给河狸草甸（因为基本可以假定，河狸那时已彻底消失）带来的综合影响就是江河、溪涧中的泥沙淤积益发严重，甚至填满整条浅浅的峡谷。新英格兰南部地区土壤流失问题达到极为严峻的程度，据地理定位系统研究结果显示，在某些地方，河床抬升幅度高达 6 英尺之巨。

引入的动植物使得问题雪上加霜。除家畜之外，随欧洲殖民者而来的还包括各种偷渡动物，后者很快便攻陷了整个北美大地。耗子或许算是其中最广为人知的一个例子，但即便再小的动物，也可能带来重大的影响。除耗子之外，欧洲殖民者还给这片新世界带来了样子相对不那么丑陋，而且如今已经几乎无所不在的家鼠；另外还有蚯蚓，这种虫子很快便侵入森林土壤，彻底颠覆了土壤底下深藏的那个庞大微生物生态系统，进一步改变了土壤的化学结构。

二

讽刺的是，及至我开始留心观察它们时，这里的石墙却已经开始在抵挡环境常年退化问题方面发挥至关重要的作用：这些石墙如今已然成为无数动物栖息的圣境，为林地植物提供了一个全新的微气候环境。继 1972 年颁布的《清洁空气法案》开始降低酸雨所导致的腐蚀性破坏以来，地衣（由真菌和藻类共同组成的一种神秘的植物，对维护森林生态健康具有极为关键的作用）开始在坍塌的石墙缝隙中茂盛地生长起来。河狸草甸两侧鼓岭的半坡上，一道道按照南北走向平行排列的石墙阻挡了土壤的流失，使得河狸草甸幸免于被沉积的泥沙淤塞和填没的命运。我所居住的小镇极为珍视这些石墙的价值，制定了严格的区划规章，严禁任何人拆除石墙或取走石块。在我家所处的那条道路及其他类似道路近旁，禁令尤其严格。我家门口那条路已被州政府登记为"风景名胜区"。

对环绕河狸池塘而建的石墙的史实及现状思考越深入，人类与河狸各自发展历史之间的密切关联也便越发凸显：两者的出现究竟孰先孰后，是先有石墙，还是先有河狸池塘？目前看来，河狸已经在这里生活了数千年这一推论极有可能非常正确。但首批殖民者到来时，河狸或许也曾短暂消失过。或者这片地区曾是一片广袤的林沼，殖民者们发现了其中蕴含的农业或牧业商机之后，便开挖运河，将其中的积水排干。再或者这里的溪流曾被截断并用于兴修水利。当时对锯木厂的需求曾是那么强劲，因此，一条溪流但凡有一定的水量，足以为某移动锯木厂提供足够的动力来源，想必便一定会被予以充分利用。虽然并无直接证据，证明殖民者的确曾开挖运河排干过这里的林沼，但历经三百年的沧海桑田，运河被淤塞填没并重回其原貌，成为一条宽阔的浅溪，这也有可能。

在 19 世纪时的新英格兰地区，绵延无尽的石墙的总里程数多得令人咋舌。1871 年，美国农业部开展了一次为期一年的调查，发现这里石墙的总长度达 240 000 英里。仅在康涅狄格州，石墙的长度就达 20 500 英里，而在小小的罗德岛，石墙的里程数甚至达到前者的 7 倍。与新英格兰其他地方类似，这里的墙多数都是"单层墙"，仅用一排石头简单堆垛而成，但也有双层墙，有的工艺拙朴简陋，有的精铺细砌，有的砌成了图案规则的虎皮墙，有些顶端还铺有珊瑚石。绝大多数墙体所用的是片麻岩，但所有石头本质上均是远古时代的泥浆，在大洲板块分离之前，这些泥浆经历了掩埋、挤压、剪切、加热等一系列过程，最终冷却形成新英格兰地区著名的坚硬基岩。这里的地质条件令人赞叹，单看其里程数，我家乡所在地的石墙便足以令人瞠目。19 世纪时，在康涅狄格州一家普通农场周围，石墙的平均长度就长达 5 英里。

随后我注意到了大多数石墙的修建时间——总体在 1775 年至 1825 年。这一时间比首批英国殖民者抵达这里的时间至少晚了 80 年。我一直以为，这些墙都是首批来到这里的扬基佬农场主们修建的，毕竟，在他们开荒辟地、创建家园的过程中，这些老农们曾展示了他们勇敢刚毅、坚韧不拔的一面。我曾以为，每一道石墙都自有其独有的特征，是某一家农场及其主人以当地独特的石材一点点亲自手工垒砌而成。因此，从这个意义来说，它们堪称是一种独特的民间艺术形式。

不过当然可以理解，首批来到这里的农场主们，也就是果敢地抛下位于波士顿附近的新罗克斯伯里殖民地总部、只身来到深处内陆的这里的那 30 位"闯将"，他们想必一定整天忙于开荒辟地、修建栖所以及耕种首批粮食作物，不可能有功夫从事这耗时耗力的修墙工作。联邦总部答应为他们提供经费支持，不仅赦免了他们的税赋，每年还为他们发放 100 美元现金，周期为 5 年。但他们需要这笔启动基金，以购置设备、马、耕牛、鸡、母牛以及种子。他们肩负使命，不仅要建立农场，还有义务在首年之内就修建起一座教堂、一间议事大厅，更何况，曾经忍饥挨饿的痛苦记忆仍然还深深地印刻在他们的脑海之中。尤其让局势雪上加霜的是，继 1630 年第二批移民潮让更多的殖民者来到这里以后，殖民地曾一度出现食物短缺现象，而且经常还是严重匮乏。1635 年的一场强烈飓风，再加上随之而至的那个堪称小冰河纪的严酷寒冬，让英国殖民者及美洲原住民的粮食作物都同样遭遇了严重浩劫。

首批英国农场主们需要隔离围栏，以保证自己的肉牛、马、耕牛、山羊、绵羊等家畜不会走失，不过修建这些围栏用的主要都是木材。这些围栏形状蜿蜒曲折，因此得名"蠕虫栏"。它们的建造和制作过程十分简便，只需要将两个由一系列原木组成的木排按照特定的角度相互倚放在一起，围栏便可以自动保持站立，省去了打桩支撑的必要。耕地和播种过程中，从地里清理出来的石块被简单扔在一边，形成一座座巨大的石堆。石墙情结深深地根植于每一位英国殖民者的基因里——数百年来，英伦三岛的人们早已习惯了在农场周围环植围篱和石墙，但直到多年之后，这里的扬基佬农场主们才拥有了必要的资源，可以同样地将自家的农场围拢起来。

假如实际情况果真如此，那么修建这些石墙的又是何许人呢？答案随即变得既昭然若揭，同时却也令人心头升起一种彻骨的恐怖。这些美丽的石墙，居然与美国深深的原罪之一——奴隶制之间存在着密不可分的渊源。

一切都与河狸，或者说与河狸毛皮有关，其间的这种关联既了然在目又令人心生不安。1636 年春，在附近的米斯蒂克小镇，比邻而居的佩科特人遭到了英国人的残酷屠杀，因为后者需要控制佩科特人及其贝壳串珠制作工艺，进而扩张他们在毛皮贸易中的影响范围。这场短暂的战争之后，掳掠原住民俘虏的情况开始泛滥成风。数以千计的佩科特人遭到奴役，被送到新英格兰的殖民者家庭从事苦工，更多的则被装上轮船运往加勒比海地区，并当作"人力动产"出售。

我以前听说过原住民曾遭遇过外敌入侵、流离失所、深爱的土地沦为他人财产等种种厄运，但对这一令人不寒而栗的事实却一无所知：数量众多的原住民在这一过程中曾惨遭奴役。

2015 年，玛格丽特·纽厄尔（Margaret Newell）出版了反映殖民地时代美国奴隶制的《本是同根生》（*Brethren by Nature*）。书中简要介绍了美洲原住民及随后被运来的非洲人惨遭奴役的种种方式，认为这些奴隶构成了支撑新英格兰地区众多小镇经济的重要支柱。1641 年，马萨诸塞湾通过了英控大西洋新世界的首部奴隶法，总体目的就是明确界定继佩科特族战争之后被发配到各殖民者家庭中的数百名惨遭奴役的佩科特人的法律地位。1700 年以前，美洲原住民构成了非白人劳工中的主力队伍。一俟新英格兰—加勒比奴隶贸易拉开序幕，康涅狄格州便一马当先，抢占了领先地位。及至 1774 年，在哈特福德、诺维奇、纽黑文等相对大型的城市中，超过半数的牧师、律师及官员家庭都拥有奴隶。三分之一左右的医生家庭也同样如此。据康涅狄格殖民地的公开记录显示，我所在的小镇就有 42 名登记在册的奴隶。美国革命前夕，康涅狄格州共有 6 464 名遭到奴役的人口，为新英格兰各殖民地之最。与此同时，据约翰·塞恩斯伯里（John Sainsbury）估测，1771 年时，在邻近的罗德岛，美洲原住民之中约 35.5% 的人口生活在非原住民家庭中，沦为后者的契约奴仆。

首批遭遇奴役的佩科特人还发挥了另一重历史作用——他们被远送他乡售卖的经历助推了新英格兰地区非洲奴隶贸易的开启。1638 年，"欲望号"运奴船抵达波士顿，为联邦带来了首批非洲囚徒，由此揭开了令人恐怖的新英格兰—加勒比线路奴隶贸易的序幕。但少有人知道的是，这只是这艘巨轮的返程之旅，此前的去程中，它已将一批"人力动产"送往了目的地，而船上装载的，就是从康涅狄格州抓获的 17 位佩科特人，后者被运到加勒比，用于那里的奴隶贸易。

历史仿佛成了一个巨大的万花筒。新获得的信息移动了棱镜的位置，我亲眼看见眼前的图案开始分崩离析，随后再次重组——同样的形状、同样的色泽，但重组之后的景象却已是迥然相异。河狸曾是北美最早的贸易商品，创造了天文数字般的巨额利润，但将所有这些土地占据为殖民地需要的远不止数额庞大的资金，还需要数量众多的劳工。

艾伦·泰勒（Alan Taylor）及其他多位史学家曾做过翔实的文献考证，结果表明，从殖民过程一开始，对劳工的巨大需求就使得我们有关美国人身份的叙事体系变得纷繁复杂。但我从来不曾意识到，对美洲原住民的奴役与毛皮贸易以及家乡这里的石墙之间，居然存在着如此直接的关联。有关小镇历史的记载中，唯一提及美洲原住民情况的场合，要么与所谓的"印第安人问题"有关，要么就是为了着力渲染原住民对殖民运动的抵制情绪。

生活在这里的很多瓦巴夸赛特人一开始曾幸免于英国人的侵略，因为他们是祈祷小镇的成员，但在美洲原住民努力抵御英国人控制的下一波浪潮中，也就是在1675—1676年菲利普国王战争期间，尼普穆克人站在了（被英国人称作"菲利普国王"的）梅塔卡姆一方。梅塔卡姆被击败之后，尼普穆克人从战场返回家乡，却发现自己的祈祷小镇已被解散，他们甚至失去了更多土地。与以前的佩科特人战争一样，很多人惨遭奴役，要么在当地从事苦力，要么被运往加勒比地区。少数有幸保住了自由身的人之中，很多也都因五花八门的"罪名"遭到逮捕——酗酒、举止邋遢、偷窃，甚至还有"游手好闲"（而最后这种情况并不罕见，因为他们的土地、文化以及赖以维生的手段都已统统被剥夺）。

被捕的人通常有一条路可选，那就是"以工代罚"。某些史学家将这种现象称作"司法奴隶制"——以奴役的方式惩罚犯罪。这一制度将更多的美洲原住民卷入了美国早期强迫性劳工的队伍之中。

1784 年，康涅狄格州以一种渐进式废除的方式废除了奴隶制，随后又于 1848 年全面废除。但尽管如此，直到 1924 年国会通过《印第安人公民权法》之前，美洲原住民并未获得美国公民身份。而在此之前的漫长时间里，他们在法律上被视作"次等公民""行为能力受限群体"，未经允许不得购房、借贷或拥有土地。由于这个原因，不止一位美洲原住民宁愿以其他方式申明自己的身份，如自称"黑人"。

某天午后，在康涅狄格州立图书馆数字档案馆，正当我使劲破译着殖民地时代有关非洲人及原住民被奴役状况的统计数据时，无意间找到一张已经褪色的对开版报页——某著名律师于 1805 年刊登的一则广告，而这位律师的家族史可以追溯到该镇最早的奠基者之一。广告以醒目的黑色粗体大字写道："10 美元悬赏！"下文详细描述了他家正在寻找的一位在逃奴隶，一位年龄 18 岁、教名为凯撒的奴隶。我认识这位 19 世纪律师的后代，他们就住在我家附近。我曾多次从门口那条路走下去，走过他们家那座历史悠久的农场的围墙。每次看到我的金毛犬"柯达"从身边一跃而起，顺着他家果园、田地周遭高高的石墙顶端疾跑而去的情形，我的心中都曾欣喜无比。骤然之间，对于自己所居住的地方的恐怖历史，我不再仅仅只是旁观者。这份突然的感觉让我感到一阵恶心和眩晕，同时却也是一场不该缺失的觉醒。

三

早春三月，在我写下这段文字的时候，远方传来猫头鹰鸣叫的声音。昨天，一只短尾红猫从田间飞奔而过，它头颅高高地仰起，仿佛在追寻某种气息，宽大的爪子灵活地一蹦一跳。我突然非常怀念家门附近的河狸，于是开车出门，前往最近在南边鼓岭旁发现的那片河狸池塘。与我同行的是家里新添的一条小狗。继失去柯达之后，我们经过了很长一段时间的调整期，才终于下定决心领回了这条小狗。我们在那里静静地等了很久，一个人、一条小狗，与好多年前我和柯达在家门口那片河狸池塘前静静等候时的情形如出一辙。暮色渐渐拢合，春雨蛙的鸣叫让林间瞬间充满了生机。就在那一刻，我看见了水中泛起的一圈圈涟漪，还有一个棕褐色的小脑袋；与往常一样，面前的景象让我的心中充满了敬畏。一只河狸开始在面前的池塘中绕圈游来游去，没有一丝的恐惧。显然，没有了厚厚冰层的禁锢，能够在池塘中自由地游动，此刻的他想必也同样陶醉其间。小狗开始使劲吠叫，但他只是一条小小的英格兰牧羊犬，天生就适合于与牛群、羊群打交道，尽管跑起来可以如疾风一般，但却不擅于游泳。对于他的高声吠叫，河狸没有丝毫的怯懦，只是自顾自地转圈游动着。

在新英格兰这片土地上，早春时节是石头最为"躁动不安"的季节。受冬季霜冻的影响，它们在土壤中不断地隆起和抬升，而渐暖的天气却起了刚好相反的作用，致使它们深深陷入冰雪消融之后的第一寸春泥之中。早期殖民者们不断地清理着田地中的石块，然而每到春季，却发现一冷一热的天气将更多的石头从地底下拱了出来，因此不得不再次清理。他们将这些石块称为"撒旦的土豆"，并将之码放在田地边缘。

　　每一个地方都各有其故事与传说。这么多年来，每次从河狸池塘周围慢慢走过，我都感觉这些石墙仿佛一首首古老的诗篇在林间穿梭，构成了古老的过去及我们悠久的农业传统的美丽遗存。我向来对这些坍塌一地的神秘石头情有独钟，认为每一块都是来自远古洪荒时代、大地初成之时的一尺素笺。而现在，面对同样的石墙，我心中涌起的却是不寒而栗。就这些经过了远古冰川和时光磨蚀的石块而言，它们本身或者依然充满神秘，每一道石墙或许也依然构成一种由工匠们娴熟的双手修筑起来的古老民间艺术形式。但如今的我，已了解了它们背后令人恐惧的秘密——侵略、驱逐、谋杀、对环境的巨大改变、文化抹杀、奴役、苦力，如此种种，不一而足。不管这些石墙还有着什么样的其他象征意义，不容否认的是，它们同时也是一座座永恒的纪念碑，记载了殖民者对北美原住民在文化和环境方面的扼杀和对非洲人民的绑架和奴役。

　　我家附近的河狸草甸为什么被用石墙围了起来？当时的农场主或地主或许曾在此监过工，但真正将所有那些古老的石块抬起来并安放于墙体的人，却十有八九是那些契约劳工或被奴役的人们。后世之人或许曾管护过石墙，对它们做过某些修葺。与其他很多更加声名显赫的美国地标结构一样，这些石墙无疑十分精美，但其历史却纷繁复杂，从根本上改变了我对它们的看法。面对这一份全新的认识，我感到悲哀、愤怒、震惊、恐惧，但与此同时，却也感到一份深深的谦卑感——对此我或许该心怀感激。

　　本书的撰写工作无疑还将照此方式继续下去，就仿佛即便身在书案之侧，我的心却依然在缘着河狸溪流踉跄前行。前脚或许踏在了一片坚实的大地之上，后脚却突然迈进一摊松软的泥潭。不断前进的唯一办法，就是循着流水继续走下去，毋庸置疑，流水也将不断地被修改和重塑，而负责修改和重塑的，恰恰是河狸——一种看似毫不起眼却又居于一切中心的小小动物。

第 13 章

以流域整体观思考问题

第 1 节

"准备好打开衣橱，走进纳尼亚世界了吗？"

斯科特·麦吉尔站在切萨皮克流域长青涧岸边。我能听见风吹树叶的沙沙声、小鸟叽叽喳喳的啼鸣声。随后，老鹰高亢嘹亮、极具王者风范的鸣叫传进我的耳鼓。

"我准备好了。"

麦吉尔是一家极具前瞻性的环境修复公司的创始人，其公司名叫"生态通"，总部位于马里兰州森林公园内。他身材颀长瘦削，身穿绿色 T 恤和牛仔裤，浑身洋溢着满满的激情和自信。麦吉尔快速点了一下头，随即消失在密密的柳树丛之后。我离他不过几步之遥，但密密麻麻的灌丛几乎完全吞没了他的身影。有那么一阵子，我只能凭借声音判断方向，听着他厚重的靴子涉水时发出的"哗啦""哗啦"的声响，紧紧跟在后面。他妻子莫伊拉是位轻松随和、乐观旷达的女性，跟在我后面断后。

纳尼亚是麦吉尔给这里的一片湿地起的名字。长青农场坐落在巴尔的摩以北 15 英里，一条清澈的小涧从农场上淙淙穿过，河狸在涧上修筑了水坝，由此形成了这片湿地。一脚踏进湿地，眼前的景象便发生了显著的变化，我感觉仿佛滑进了刘易斯那部著名的童话中神奇的衣橱世界。片刻之前，我们还站在一条狭窄的农场小路上，两旁都是一望无际的田地，上面种满了大豆和牧草，现在却已穿行在林子中间一片典型的湿地景观之中。空气倏忽间变得十分清凉舒爽，眼前的地面被一层银色的水体所覆盖。在湿地中央、这片水汪汪的大地之下某个位置，长青涧正在静静地流淌。不过，除非涉水走到湿地那端，亲眼看到河狸在那里修筑起来的水坝，否则，你将很难意识到这条小涧的存在。间或，一棵枯死的高大乔木尖塔般的树冠打破了视野的连贯，上面落满了各种各样的小鸟。环顾四周，目光所及之处全都是形态各异的青草、莎草及其他水生植物。麦吉尔转过身来，笑意盈盈。我庆幸自己穿了防水靴，因为水几乎没过了我的膝盖。走进衣橱，也就是通往纳尼亚世界的那道著名门户之后，孩子们便与河狸夫妇迎面相遇，后者双腿直立，热情地向孩子们打招呼，并成为他们的向导。我们今天将寻访的河狸大约 6 年前迁入这里。

麦吉尔满面喜悦地环视着水面，说道："每次一走进这里，便仿佛来到了另一个世界。"

一

在环境修复行业，麦吉尔被人们称作"河狸语者"，对此他感到非常自豪。他俨然就是一位福音使者，坚信河狸可以帮助人类解决环境问题。他认为，河狸曾是我们历史中重要的组成部分，但却未成为我们文化中的一环，这实在是场悲剧。在切萨皮克流域这片地区，他的业务主要涉及马里兰、宾夕法尼亚以及新泽西等地。他从 2016 年开始便一直致力于向人们展示他所谓的河狸"生态服务"的价值，从而帮助人们改变有关河狸及江河修复等问题的文化认知。"让这种啮齿动物发挥它的作用"是他的一句座右铭。河狸这种怪异得令人赞叹的动物，在诸多方面曾创造了美国，如今，在帮助拯救大地方面，它又可发挥关键的作用。对于这一观点，我一直非常欣赏和喜欢，而且真心希望这一梦想能够成为现实。毫无疑问，河狸在历史上曾塑造并维持了北美的江河生态，但在帮助拯救我们当今饱受患难的江河方面，它们能够再次发挥关键的作用吗？做到这一点需要多少只河狸？在东海岸这片大地上，我们有足够的开阔土地让它们施展拳脚、减慢江河流速，让水流四方漫溢吗？创造出必要的条件，让河狸种群站稳脚跟并繁荣兴旺，又需要付出多大的成本和代价？

在十月份的一个阳光明丽的清晨，我来到马里兰州海迪斯，只为给所有这些问题找到答案。如果你顺着大西洋海岸上上下下仔细寻找，就会发现河狸辛勤工作的痕迹。只要给予足够的时间，不对它们进行任何打扰，短短几十年之内，它们就可以重塑一个区域内水流动的方式，让江河恢复远古时代一般丰富的生物多样性。但那些区域中大多数都是开阔的土地，或者是专门辟出来供科研或保护研究之用的小片林地。在大规模江河修复或人口稠密地区的防洪抗洪工程中，河狸的作用也可以得到成功应用吗？

我沿连接纽约、新泽西、特拉华及马里兰的州际公路一路驱车南来，因此很难想象，该如何彻底恢复沿途所越过的一条条江河；更无法想象，该如何去让千百年以来一直充当着这些江河守护者的河狸得到完全恢复。继续维持我们舒适的美式生活方式离不开所有那些绵延的路网、工厂、电厂以及码头，也离不开摊大饼般不断扩张的城市。此外，我们基本已经进入一个气候高度不稳定的新时代，已直接让地球上超过半数的不冻土地发生了沧海桑田式的改变。

在其颇具黑色幽默意味但却发人深思的《白色天空之下：未来时代的大自然》（*Under a White Sky：The Nature of the Future*）一书中，伊丽莎白·科尔伯特（Elizabeth Kolbert）指出，在 21 世纪里，"控制大自然"这种说法听起来都会令人感觉奇怪；当今时代，人类能否继续生存下去，取决于我们能否控制住自己对控制大自然的强烈欲望。但正如我不久后将发现的那样，麦吉尔坚信在东海岸大地上"重新播撒河狸的种子"完全可行。迄今为止，他已利用河狸完成了大量的修复工程，这足以证明所有这些努力确有成效，而且的确可以带来显著的成果，为其来自各行各业的客户（如个体土地所有人、农场主、乡镇以及大都市管理部门等）节省下巨额资金。在全美各地，环境修复工作如今已然成为一个产值动辄数十亿美元的庞大产业，但马里兰州的情况尤甚，这部分是因为这一地区令人难以置信的发展速度，几乎每一个县都面临着来自环境保护局的巨大压力，迫切需要对流入切萨皮克湾的水进行净化。

切萨皮克是大西洋海岸面积最大的流域，占地面积 6.4 万平方英里，其间纵横交织着超百条大江大河及数以千计的小涧小溪。该流域几乎占据了整个东海岸地区面积的六分之一，落入其中的每一滴雨水最终都统统流入切萨皮克湾。由于切萨皮克湾地跨 6 个州，且每个州都已被高强度的开发天翻地覆地改变了模样，居住人口总规模高达 1 800 万。因此，与世界上任何一个体量大体相同的水域相比，这里受土地利用方式影响的程度都要更高。这一惊人的事实尤其令人担忧，因为在各条淡水河流入大西洋的地方，往往会形成一个个面积巨大的河口，其中淡咸交织的混合水对生活在这里的 350 种鱼类的生存和繁衍都具有极为关键的作用，更别说对栖息在海洋的各种生物的重要意义——这些海洋生物包括牡蛎、蛤蜊，还有用于制作著名的马里兰蟹糕的珍贵蓝蟹。切萨皮克河口绵延 200 英里，容纳了 18 兆加仑的水量，但如今正面临着污染和泥沙淤积的双重威胁。湾区更广阔范围内的水体也面临风险，因为它正经历着大片"死亡区域"日益扩大的情况，由于水中含氧量极低，水生生物大批窒息而死。5 年前，环境保护局就已发出预警，要求处于该流域范围内的各县必须立即采取行动。

麦吉尔建议从长青洞开始我的寻访之旅，因为他认为，对于如何让河狸发挥其作用这一议题，这里可谓是典型。不过，最令我兴奋的是，我将有机会参观河狸溪上的生态通公司项目地，因为在沿溪 20 英亩宽的土地上，他的公司正在安装 67 个模拟河狸水坝。一旦这种人造河狸水坝安装就绪，他们就会在溪谷两岸种上速生柳及河狸非常喜欢的其他美味植物。他们的最终目标是让河狸迁入该区域，并开始修筑它们自己的水坝和池塘等。项目运作所遵循的基本原理就是：假如你建好了它（水坝），它们（河狸）自然就会寻踪而来。

二

当我开车穿过长青农场修剪打理得整整齐齐的入口时，煦暖的秋日阳光已透过葡萄藤间隙照射下来。我沿农场小路继续开下去，不久便看见了道侧停放的一辆白色卡车。我们约好了早晨 8 点见面，我到得稍微有些早，但麦吉尔和莫伊拉已经等在那里，做好了出发的准备。我们顺农场小路快步走着，朝低洼处溪水潺潺流淌、形成一层薄薄漫滩的地方走去。

此刻我们已迷失在河狸世界的魔咒中，靴子在水中"哗哗"蹚过，发出一声声有节律的声响。我们谁也不再讲话，默默感受着周遭静谧的氛围，憧憬着面前幽幽水光将带给我们的惊喜，也为水中星星点点、随处散落的"树岛"油然感慨。林沼与草泽之间唯一肉眼可见的区别在于，前者包括高大的乔木，而后者则主要由碧草如茵的湿地构成。走到一个转弯处时，麦吉尔用手指点着一群枯死的乔木说道："一棵枯木所提供的生态服务价值有时甚至超过活树。"这句话让我大感意外。我们略略停下脚步，出神地凝望着面前枯骨般耸然挺立的死树。对于森林中那个无形的宇宙世界——土壤中广泛分布、有时能延伸 6 000 英尺的真菌网络而言，死树具有极为重要的价值。据预测，我们在地球上任何地方每迈出一步，脚下就会踩过 30 亿个隐形真菌。这些真菌网络的生存高度依赖于分解木材，从中吸收碳元素，并将之与从植物叶面通过光合作用从大气环境中吸收而来的一氧化碳中所提取的碳一并储藏在土壤当中。西方科技界如今可日益精准地快速记录下真菌网络发挥作用的过程。真菌网络又被称为菌根，不仅可以固定大量的碳，还可以确保森林的宏观健康状况。对于我们大多数人而言，认识真菌往往都是在它长成蘑菇这种"果实"的时候，但实际上，其生存有赖于木材降解过程中，进入土壤的营养元素和矿物质。

我们三人凝视着枯死的树木，静静站立了一会儿，因为这些树上今天充满了生机，形态各异、羽色纷繁的鸟儿在上面跳来跳去，不停啄食着隐藏其间的各种虫子。虽然现在已不再有人付费请麦吉尔来跟踪监测这一项目地，但他和莫伊拉仍会定期回来看看河狸。另外，他还与这片土地的主人达成协议，可以从这里采集柳枝，用于在其他地方扦插栽植。生态通公司拥有自己的乡土植物苗圃，用于江河溪流堤岸的种植绿化工作。发现一簇不认识的草时，麦吉尔立刻弯下腰，用手机拍了张快照，随即开始用"爱自然"小程序查询。

"太棒了，是杯盏草。想着它应该是这种草。"他开始给我们解释，说这是湿地莎草中非常特殊的一个类别。我问这池塘大概有多深，因为看上去感觉相对较浅，麦吉尔回答说："这片地区的河狸仅需要大约 2 英尺深的水就可以越冬，不像在新英格兰那边需要足足 3 英尺深。我们这里不需要应对结冰的问题。"

他俯身看另一丛柳枝，对所看到的情况显然非常满意。"只需插下一丛柳枝，"他说，"五年后你再回来看，会发现已经变成了 50 丛。"

不久后，我们来到灌丛间的一片空隙，麦吉尔略作停顿，随后迈出超大的一步。"当心，这里有条河狸运河，很深。"他边说边轻轻一蹦跳了过去，"我有一次径直陷了进去，另外还有几位来访的摄影师也中了招。"

我看看水面，但没发现明显可见的运河。麦吉尔远远地站在对面，伸手示意我跟上。我将手中的笔记本朝他扔了过去，随后也轻轻一跃跳了过去。我们继续涉水而行，不久后便到了河狸居舍的近旁。这座居舍看上去非常宏伟，却出人意料地显得十分凌乱，就仿佛河狸不屑于把它建成经典的印第安人帐篷形状，而是玩闹一般，很随意地把一堆泥巴和树枝胡乱扔在了一起。莫伊拉开心地大笑起来，随即跟我们分享了自己以前当学前班老师时遇到过的一则小趣事。有一次，她带一群小孩子来到这里，其中一位小男孩郑重其事地问她，他们是不是到了大海边。因为他以前从没到过林中湿地，也没去过海边。莫伊拉现已退休，但她和麦吉尔依然会花大量时间从事教育和推广活动，向人们介绍恢复生物多样性的重要意义。

"我工作的一部分内容就是将人们的某些迷思明确摆到台面上，然后对其提出质疑。"麦吉尔后来告诉我，"我总是告诫人们，'千万不要对自己以为的一切东西都深信不疑'。"

有关河狸的迷团之一就是它们会不会对鳟鱼产生不利影响。鳟鱼捕捞是很大的生意，历史上曾得到过很多强烈的支持；此外，将河狸水坝拆除、将河狸捕杀，以保护鳟鱼栖息的溪流，在20世纪初期河狸回归以来的漫长时间里，这都是很多野生动物保护部门通行的标准政策。尽管马里兰已经不再有本土原生的淡水鳟，通过渔业部门引入这里的褐鳟还是被当作一种冷水栖品种而得到严格的保护。与鲑鱼一样，鳟鱼也需要冷水才能很好地生长，也需要砾石堤岸才能产卵。有人认为，河狸会让水温升高到鳟鱼不能承受的水平，另外还会用淤泥填满砾石堤岸。不过，过去二十年间的研究已开始表明，这些根深蒂固的观点大多都建立在一些奇闻轶事式的传言之上，根本没有科学研究作为支撑。

我们继续往前走。过程中，麦吉尔每隔一段时间就会转过头来看一看，确保我俩一切都好。他说："在州一级层面，渔民通常持这样一种观点，如果是河狸池塘，那么其中的水温一定就会相对高点儿。因此，河狸与鳟鱼不可能共存。但事实上，它们肩并肩繁衍进化了数百万年。因此，只要稍微用脑子想想，你就会发现这说法实在是荒诞不经。"

麦吉尔在前面不远处停下了脚步，我和莫伊拉追上了他。现在的水变得非常深，我们无法再往前靠近，但我们可以欣赏欣赏河狸居舍，同时耐心等候。我们知道河狸有昼伏夜出的习性，通常会在黄昏时分出现；但也有一种理论认为，这是一种随着毛皮贸易兴起而后天习得的行为习惯。早期的探索者们曾讲过在大白天看见河狸的经历，目睹过它们或坐在居舍上方，或在入口处的水中游动。

"我就在大白天来这里时碰见它们四处游动。"麦吉尔说道，"它们使劲地拍打着尾巴，但似乎并不害怕。"

我们都迫切地巡视着水面。你根本无从预测河狸什么时候会现身。也许突然之间给你带来一个大大的惊喜：一个棕褐色的脑袋露出水面，随后是方方正正的鼻子，小小的、熊一般的耳朵，双眼如鳄鱼一般与水面保持齐平。会不会正是这种突然现身以及无法预测它何时可能浮出水面的特征，使它们身上充满了谜一般魅惑的力量？我突然想起了自己所了解的一些有关河狸的奇奇怪怪的冷知识：河狸从来不会倒着走；它们吃东西时会分两步；它们不会狗刨式游泳；它们橘红色的牙齿会不断持续生长；河狸宝宝会发出凄婉哀怨、如同人类婴儿一般的声音。据说，美洲原住民有一种习俗，假如某位妈妈不幸失去了孩子，人们会给她送上一只河狸宝宝，以帮助她解除心中的悲伤。早期的欧洲探索者们看到河狸在某营地周围拖着沉重的脚步走来走去时，曾感到困惑不已。我暗自寻思，会不会正是因为这种怪异的特征，再加上那种恍若异世的意外惊喜，才促使刘易斯将河狸的人设定位为精灵向导，带领孩子们走进了神秘的纳尼亚世界？撰写纳尼亚三部曲时，刘易斯刚好在牛津生活，但在 1949—1954 年期间，河狸还尚未被"重新野化放归"到大不列颠全境。自 16 世纪欧洲人开始狂热追求河狸毡帽以来，河狸早已在英国的乡间完全消失。刘易斯或许是在普林尼的作品中偶尔看到了有关河狸的内容，并由此产生了强烈的兴趣，进而从牛津大学博德利图书馆找到了著名的动物典藏集及其中有关中世纪时期河狸的华美插图。但他对活生生的河狸知之甚少，因为在纳尼亚故事中，他居然穿插了一段河狸夫妇吃鱼的情节，但实际上，河狸是种食草动物。

"咱是不是该往回走了？"麦吉尔的话将我唤回现实中。今天恐怕不会有河狸出现了。莫伊拉和我都点头表示同意，跟在他身后朝外走去。往外走的路上，麦吉尔跟我们讲某年夏季他们曾在这里安装过温度检测设备。整整一个夏季，他们每隔半个小时就会记录一次温度读数，并未发现河狸水坝上游和下游的水温存在差异。

麦吉尔解释说："其实，我们真正发现的是，河狸池塘在塘子中间会形成一片冷水区。假如我是条鳟鱼，那我可能不会喜欢 7、8 月间的河狸运河及浅水区，但在春、秋两季，这里食物供应的充裕程度与单河道溪流中的情况根本不在一个量级。而且，如果生活在河狸池塘中，你还可以深潜到水下，从而避免沦为蓝苍鹭口中的美食。"

与很多同龄人一样，我认为蓝苍鹭是种极其稀有的鸟，因为在我们成长的 20 世纪 70 年代末期，它们曾经非常稀有。如今它们已是几乎无处不在，泛滥成灾，不断觊觎着年幼的鳟鱼。我用指尖触摸着水面，感受着其带来的清凉舒爽。

麦吉尔有关河狸池塘有利于鳟鱼的发现，得到了另一项针对同类洄游鱼——太平洋鲑鱼的研究结果的有力支持。在其有关鲑鱼的环境史巨著《鱼中之王》（*King of Fish*）中，大卫·蒙特哥马利（David Montgomery）讲到，捕猎人和早期拓荒者都发现，西北部地区的很多水道中都充满了巨大的古树。从树上掉落的木质枯落物降低了水流动的速度，进而形成了优质的鱼类栖息地。河狸水坝也拥有类似的功能。

讽刺的是，麦吉尔对长青涧的兴趣缘于他对垂钓鳟鱼的炽烈热爱。与日后成为美国首位河狸专家的摩根一样，麦吉尔曾经也是位"鳟鱼达人"，因为喜欢飞竿钓鱼而在机缘巧合下发现了河狸。1994 年，麦吉尔担任"鳟鱼不竭（Trout Unlimited）"组织马里兰分会资源部副总裁期间，偶然听说了长青这一片狭长的地带。无论从哪个角度来看，这里当时的情况都相当破败。小溪从一家奶牛牧场上蜿蜒穿过，由于没有大树遮阴并给河水降温，岸上也没有本土植被保护堤岸免于冲蚀，溪水因此变得很温煦，河岸也被冲刷得极为陡峭，这条溪几乎成了一条狭窄但蜿蜒曲折的运河。麦吉尔联系上了这片土地的各位主人，跟他们商量是否可以用围栏将奶牛阻挡在外，并在溪岸沿线竖起几千英尺长的围栏。长青农场的主人们同意了这一提议，在一笔数额有限的经费和一支志愿者队伍的支持下，"鳟鱼不竭"组织用围栏将奶牛阻隔开，并在溪岸种上了速生柳。这一项目给小溪带来的改变不算特别显著，但至少标志着一个开始。

到了 2000 年，麦吉尔新组建的生态通环境修复公司迎来了一位客户，后者希望在该县某地开展一系列湿地修复工作。麦吉尔想到了长青涧的这一段，于是提议该客户出资用于这里的溪流修复项目。在那次初始修复项目中，麦吉尔沿用了该行业当时通行的标准工程方案：他们先用重型设备将这条小涧的岸堤坡度降低，以便高水位时水能越过岸堤，随后又在某些关键点位安装了木质障碍，迫使水流变得蜿蜒曲折，进而降低流速。生态通公司随后在小涧一侧修建了两个浅浅的蓄水池，为迁徙的野鸭和大雁提供一个中途歇翅的落脚点。所有这一切完成之后，他们沿岸堤两侧种植了濒水植被——柳树、桦树、槭树以及红枫。

三

就在我们即将穿出柳林、回到路上的时候，麦吉尔突然转过身，满脸带笑说道："那时我们并不知道，但栽植下的却都是河狸最爱的美食。这些植物开始快速生长，河狸很快就迁了进来。我们歪打正着，无意间打造了一个奇妙的河狸栖息地。"

麦吉尔讲话的过程中，我回身最后环视了一圈这片湿地秘境。阳光打在密密的树叶和枝条上又反射回来，倾泻在四周各个角落，将一切都连起来，抹除了彼此间的界限。交相辉映的鸟鸣声中，一阵强烈的躁动似乎让林子突然间膨胀起来，各种各样的爪踪蹄影飞来漾去，令人眼花缭乱。农场总是这样，四处充斥着生态与进化需求之间强烈的冲突和张力——一方是自然世界狂野的本性，另一方则是人类驯服那种狂野本性的蠢蠢欲望。但站立在这里，置身于这片口袋湿地的包围之中，我恐怕永远都无法想到，就在大约 91 千米开外的地方，我将走进一片整饬齐整的田地、一片浓荫蔽日的葡萄园，然后是一组谷仓。每隔一段时间，这里便会摇身变成川流不息的品酒会场，随处挤满碌碌的与会者和往来车流。我也无法想到，就在半英里之外的下游，小涧将重回原先那种冲蚀得很深、严重退化的运河状样貌，仿佛一条通道，将滚滚而来的泥沙淤积及污染物冲入河口海湾。大自然恢复和重生的威力（本例中，则是得益于河狸之功）着实神奇。第一次，我仿佛真正明白了麦吉尔将这片土地喻作纳尼亚的含义。

不久之后，我们重新回到了卡车边。我脱掉防水靴，穿上舒适的运动鞋。莫伊拉则横穿过小路，顺着小涧朝下游方向走去。麦吉尔斜倚着卡车，露出一种难得一见的悠闲神色，开始向我讲述这个地方的故事。

开始时，这片土地的主人们曾担心地上的树木，另外，正如麦吉尔率先坦言承认的那样，河狸推动改变的速度非常快。当河狸开始啃啮新栽植的树木时，土地的主人甚至专门聘请了捕猎人，以将河狸全部捕尽赶光，但每一年，河狸都会卷土重来。

到了 2015 年，这家人中的年轻一代站出来，问家人是否可以停止捕猎河狸的行为。这些年轻人热衷于捕捉水上的禽鸟，发现在河狸修建池塘的地方捕猎野鸭总是收获丰硕。猎鸭人对他们这项运动的热情和认真劲丝毫不亚于鳟鱼垂钓者，在大西洋沿岸中部地区，出售猎鸭许可证（即每年在某一特定地区进行 3~4 周捕猎活动的专享权利）的收入每季可高达 1 万美元。于是，这家人将步道从水边稍向高处移动了一点，允许河狸留下来。没过 3 年，河狸就建起了第二座居舍，还另外修筑了一道规模更大的水坝，原先小小的口袋湿地，也扩张成一片面积达 8 英亩的池塘，既存储和净化了水，也成为服务于猎鸭人及河流双重利益的一笔珍贵资源。

1994 年发起小溪修复项目时，最初的目标只是打造一片浓荫，以便降低水温，让它变得适于鳟鱼生长。后来，通过调整坡度、修建岸堤等一系列工程，溪流在当地那段的速度被降了下来，进而避免了洪水滚滚而下，将土壤冲刷进入溪涧，然后依次注入长青河、大火药河，并最终冲进河口海湾。但河狸池塘一旦建立起来之后，便开始发挥另一项价值更高的服务功能：净化水中的氮和磷。

第二次世界大战以后，氮、磷化肥开始广泛使用，由此引发了农业生产领域的"绿色革命"。在不到 50 年的时间里，这些化肥的使用量便以天文级数字的速度急剧增长，导致严重的水污染。破坏切萨皮克流域环境的污染现象中，超过半数都来自农业生产所排出的废水。据计算，进入该海湾马里兰州区段的氮和磷成分，分别有 40%~50% 直接来自该地区那些风景如画、田园特征鲜明的农场。麦吉尔的目标之一就是加强河狸在各农场修复工作中所发挥的作用。

但河狸如果生活在农业用地上，则往往可能带来冲突，因为从某种意义上讲，河狸也是农夫，会经常与人类争夺位于低洼处的土地。人类需要江河、溪涧沿岸的低洼土地种植作物，而河狸则需要用这类土地兴建它们自己的水上牧场。长青农场的河狸也不例外。及至 2018 年，水已开始漫进农场种植牧草的田地，并且深深地没过路面，在一年中的某些季节里，甚至连拖拉机都难以通行。这家人打电话找到麦吉尔，后者又打电话找到马萨诸塞"河狸解决方案"公司的迈克·卡拉翰，请他帮忙为该地设计一套池塘水位控制仪，将水位控制在可以接受的程度。到目前为止，这套水位控制仪确实发挥了很好的作用：农场主人非常高兴，河狸家族也很兴旺，从这些田地中渗漏出来的废水在经过湿地的过程中被滤除了沉积的泥沙和污染物，而且，从各方面来看，鳟鱼的发育状况也势头喜人。

麦吉尔略略停顿一下，目光注视着我，仿佛在说"事情呢，就是这么个情况"，随后提议我们站在湿地一侧观察农场小路另一边的情形，那里是下游。他的公司也修复了溪流，但至今还没有允许河狸在那里栖息定居。我们沿着小涧走了下去，去参观他沿河岸修建的一系列木质结构，目的是强迫溪流变得蜿蜒曲折，以增强堤岸的稳定性。这里的修复工程采用的是工程方案，麦吉尔现在认为这种方案往往存在导向性错误。参观这些木质建筑结构的过程中，他指出，虽然这种方案在一定程度上也的确起了些作用，但借助加固堤岸的方式将涧水锁固在指定位置的做法最终恐怕适得其反，因为江河、溪涧的本性就是要流动。

"在政策监管领域，衡量和评价江河修复工程成果的单位是英尺。"麦吉尔指点着堤岸向我解释道，"但你一旦开始与河狸合作，恐怕就得以英亩为单位思考问题。"

我俩同时转过头，视线越过农场道路落在对面密密的柳丛上，就在柳丛背后，河狸已建起了一个巨大的水池，水面足足有

8 英亩之阔。

　　麦吉尔坦言，想要让人们眼睁睁看着河狸把水带到某一个地方而不感到紧张确实不容易做到。它们能保证控制好水、不引发洪灾吗？麦吉尔反复向他的客户们讲，保持河流稳定性的关键在于增加其生态连通性，即堤岸及冲积平原上的植被与河道中的流水两者间的互动关系。

　　"实际情况是，河狸池塘通常都超级稳定。"为证明自己的观点，麦吉尔指指河狸池塘下游的涧水。那里的水面现在已足有四英尺宽，但水流依然保持着单一通道的状态。随后，他将手再次指向河狸池塘。

　　"而在那边的池塘里，"他解释道，"水呈四下漫溢状态，因此势能较低。"（也就是说，它可以让泥沙沉积下来，而不是裹挟着泥沙冲进下游）"另外，我们还创建了不少的鱼类栖息地。"

　　生态通公司的业务发展得非常快，麦吉尔手下现在雇用着一大群工程师、地质地貌学家、环境咨询师、研究员及建筑专家。他于 2000 年购置了自己的第一台差速转向轻型铲车，如今已拥有数十台大型前向铲车及数量众多的挖机。生态通公司近期与某家大银行达成合作伙伴关系，现可提供咨询、设计、实施、建设、融资等门类齐全的服务，并致力于帮助客户寻求和申请各类资助经费。我去参观的那一天，生态通公司同时在建的项目就有 10 项，另外还有 2 项正在筹划。麦吉尔已无法到现场监管每一个项目，因此将业务中的这一部分交给了手下的项目经理格雷格·吉本斯，我下午与后者见面。正在进行的项目中，4 项都积极发挥了河狸在修复工程中的作用。"目前我们正在做一个 6 英里长的修复工程，没有使用一台推机或挖机。"麦吉尔解释道，

"我们管它叫'低柴油项目'。"生态通公司倒不是说所有工程都采用了以河狸解决环境问题的方案，但如果全由麦吉尔来决定的话，估计绝大多数会这样。

我问麦吉尔，他认为需要多少只河狸才可能对马里兰州的水质产生实质性影响。他的回答让我大感意外："据资源部估测，捕猎人每年捕杀掉的河狸数量大约为3 000只，相较我们在这一片土地上现有的数量来说，估计还需要再增加3 000只。因此，只要我们调整一下政策，稍微在这些数字上做些改进，那么，对于流进海湾的水来说，质量的改善将非常显著。"

麦吉尔为马里兰构思了一个宏伟的愿景，希望农场主们不仅可以因为保护土地而得到补偿，而且可以因为允许河狸在其土地上生存，并发挥其生态修复功能也得到相应的补偿。

"这里的空间够用吗？"我问，视线越过周围的田地望向道路。早些时候开车进来的路上，我路过了数量众多的露天市场及居民区，它们星星点点地散布在一家家农场之间。麦吉尔毫不犹豫地给出了答案。显然，这问题他已有过深入思考。他指出，针对如何更好地利用土地的问题，政府当前支付给农场主们的各种激励措施可谓名目繁多，并接着说道："我们为什么不也给农场主们提供一定的补偿，鼓励他们不去打扰土地上生活的河狸？假如我们告诉他们'让河狸留下来，让它们修池蓄水，我们将给你提供一份价值一万美元的赁金'，那情况将会是什么样？同样面积的土地，如果用于种植玉米或牧草，你肯定永远都不可能挣到那么多。如果我们给农民、地主支付报酬，鼓励他们在自有土地上保留河狸，估计人人都会说'好吧，我选择河狸'。"

麦吉尔的提议听起来完全合理——为什么不针对河狸可能带

来的生态效益而补贴农场主呢？不过，我马上又想到了我们美国文化中有关狩猎及捕猎的历史传统——狩猎权甚至明确写进了很多州的宪法。

"还有毛皮捕猎活动，这部分又该如何协调呢？"我问。

"问题的关键在于，"他郑重地说道，"我们当前的政策路径表明，我们只是将河狸视作一种商品。我们需要转变有关河狸的思考方式，探索共生共存的策略。'野鸭不竭'组织也好，其他猎鸭组织也罢，他们都应该支持恢复河狸的倡议。"

麦吉尔说得没错，毛皮捕猎人与野生动物保护激进人士之间其实有很多共同之处，这些共同诉求超过了双方各自以为的程度。比方说，双方都希望河狸能够兴旺繁盛。生态通公司之所以能够成为一家举足轻重的环境修复公司，就是因为麦吉尔身上显然拥有一种难能可贵的复合型特征，既有生意人务实的品质，同时又不乏理想主义者的高远志向。不同之处在于，如果是在 20 年前，遇到跟河狸有关的洪灾问题时，他的第一反应可能是打电话向捕猎人求助；而现在，他则会首先考虑其他备选方案。"人们的担心在于，河狸可能会占据我们自己希望栖居的地方。"麦吉尔仿佛读出了我的心思，接着说道，"某些时候，的确需要将它们迁走或捕杀掉，但捕猎现在依然是我们的首选方案，我们应该将它排到备选方案中的第 3 位。"

当然，问题在于，河狸不可能遵守任何法则或规章，也不会遵守所谓的地产边界。它们认为哪里合适，就会在哪里拦河筑坝。如果河狸希望在某个地方栖居，但这个地方刚好存在污水系统或铁道线被淹没的风险，或者某人刚好打算在这里种植作物，那么，假如能够让河狸心甘情愿搬走，那便实在算是走运。然而，花钱请捕猎人将河狸从某一特定栖息地弄走最终往往沦为一桩费钱却又徒劳的傻事，因为正如长青农场所遭遇的那样，河狸还会卷土重来。麦吉尔鼓励深受河狸之患的人首先考虑安装一套池塘水位保持仪，或者采取其他调整措施，然后再考虑将河狸从现场清除。

展望未来，像麦吉尔这样的河狸信徒们希望出台相应政策，禁止在环境修复区捕猎河狸。我所见过的其他很多人，尤其是在西部地区见过的很多人也都持类似观点，西部地区的经验证明，河狸既可抵御旱灾，也可打造至关重要的生态庇护所，即便在爆发大规模野火时也同样如此。假如有人胆敢挖掉为稳固江河堤岸而栽植的全部树木，则肯定会被指责蓄意破坏公物并因此获罪；那么，对于辛勤工作、造福于环境的河狸，为什么不予以同样的保护呢？麦吉尔讲话的过程中，我的脑海中闪过了大家司空见惯的"防火预警熊"等各种形象，正如威风凛凛的小熊可以警诫我们不在森林中用火一样，一张笑意盈盈的河狸图案或许也可以告诫我们不要打扰他们的工作。

四

我们缘溪返回，走到路上，在卡车边与莫伊拉再次会合。麦吉尔看看手表，说他们恐怕得走了，但暖洋洋的阳光让我们的一切行动都变得缓慢迟滞。连日的阴雨之后，有机会沐浴在这暖意融融、明丽灿烂的阳光之下，那种感觉简直难以言表。我深吸一口清新的空气，尽情地陶醉在"安妮女王"野胡萝卜花和野紫菀花芳香迷人的气息之中。

我们几个人都倚车而站，享受着马里兰的阳光，感觉依然还像在夏天一般。我又问起麦吉尔是怎么发现河狸重要的生态价值的。他的回答既令我感到意外，同时似乎也在预料之中：与狼群有关。他的回答很好地诠释了公司的座右铭：像大山一样思考（think like a mountain）。生态通公司每一本精美华丽的宣传册上都印着这句话。《像大山一样思考》是奥尔多·利奥波德一篇广为传颂的文章的标题，而作者本人也被誉为野生动物生态学之父。本文首发于利奥波德著名的《沙乡年鉴》一书。作者在文中讲到，继北美大陆狼群被大规模捕杀清除之后，麋鹿、梅花鹿等的种群数量出现了急剧增长，进而导致了毁灭性的生态系统崩溃，大量有蹄类动物被活活饿死。这一现象在我们尤为钟爱的一座国家公园，也就是黄石公园中得到了深入研究和完整记录。用野生动物管理领域的行话来说，黄石公园中所发生的这种现象被称为"营养级联"：某物种，通常是诸如狼之类的顶级捕猎动物的消失，往往可能随之引发一系列不利的后果。

讲述狼—麋鹿—河狸之间存在的、如今已得到充分证实的这种互依互赖的关系时，麦吉尔的脸上流露出兴奋的神情——在明尼苏达州探险者国家公园，一项雄心勃勃的扩展版狼群研究项目正在开展。

"将狼群重新放归黄石公园所耗费的成本估计在 100 万~200 万美元，但节省下来的资金却高达数十亿美元。"麦吉尔解释道。

对于麦吉尔来说，与他在马里兰州这里所从事的工作密切相关的就是某一物种消失引发的营养级联效应以及恢复宏观江河生态系统的经济价值。如今在马里兰州基本已找不到顶级捕猎物种，除非你把"智人"这种生物也算进去，但河狸的种群数却在持续增长。

当初在切萨皮克流域这里开展环境修复工作的过程中，麦吉尔开始意识到，有必要从考虑宏观生态系统着手，来找到涵养水源、防汛抗洪、河流修复等问题的综合解决方案。那时是2016年，出于自身健康状况的原因，麦吉尔不得不开始考虑不同的诊治和疗愈方案。他患上了严重的莱姆病，通行的抗生素治疗方法根本没有效果。病情逐步演化成为长期慢性病，他的身体日渐衰弱。这个病给他的生活带来了严重不利影响。某天，他无意间看到一张关于灵气自然疗愈的传单，想着反正试试也无妨，于是便试了试。他坚信，正是灵气自然疗愈及其他非传统疗法医好了自己的慢性莱姆病。至今他的左手手腕上还戴着灵气串珠。至于为什么灵气自然疗愈对有的患者灵验，而对有的患者不管用，麦吉尔有一套非常简单的答案："心诚则灵，对于各种替代性思维方式，你首先得持一种开放的态度。"

为扩展自己在鳟鱼溪修复方面的见解和视角，麦吉尔决定参加了一场会议，会议的主题是另一种相关的冷水鱼类——太平洋鲑鱼。他在会上得知俄勒冈州中部地区开展了一项开创性研究，证明鲑鱼的健康生长与河狸之间存在关联。他也得知了乔·惠顿在犹他州所做的工作，后者开发了一套"河狸修复评价工具"，具体内容包括一个用于计算某江河体系能够承载多少河狸的公式，以及一个可用作江河修复工具的东西，名字叫模拟河狸水坝。借助模拟河狸水坝，俄勒冈州的研究人员修筑了一批人工水坝，该水坝可以存储起充裕的水量，从而在俄勒冈中部极度炎热干旱的地区打造出适于河狸生存的栖息地。在桥溪等地，在人们的帮助下，河狸已经重归并繁衍生息，取得了显著的成功，使干旱地区的水源得到了恢复。

说完后，麦吉尔瞭望了一眼周围的田地，随后掏出手机，开始查看办公室助理给他安排好的各种事项。突然，我们听到一阵马达嘈杂的声音，一辆白色高尔夫小车从山坡上"蹦蹦跳跳"开了过来。"是这片地的主人。"麦吉尔边说边挥手致意。一位春风满面的男子从车上跳了下来，后面紧跟着一条黄色拉布拉多犬。

"你好，月光。"莫伊拉边说边伸手拍拍拉布拉多犬。

"这是月辉。"主人爽朗一笑，随即说道，"月光如今太老了，没精力跟着到处跑了，所以只能待在家里。"莫伊拉的情绪丝毫没受影响——显然，这两条黄色拉布拉多犬长得太像了，继续轻轻拍打着狗狗的脑袋。麦吉尔介绍了我，随后，他们开始把填充野生动物池塘的计划过了一遍，又聊了会儿农场上的事。主人开车离去之前，我问他对河狸持什么看法。

"一开始，我们把它看作敌人，因为它们总是吃掉我们栽植的树木……但现在，是这么回事……"他看我一眼，微微一笑，用一种不带丝毫嘲讽或揶揄语气的声调说道，"（它们）确实是一种有趣的生灵。"

看着高尔夫小车一蹦一颠越过山丘、黄色拉布拉多犬在一侧飞奔而去之后，我问麦吉尔他们说填充池塘是怎么回事。麦吉尔示意我跟他走，于是，我们跨过田地，朝小涧一侧走过去，很快就站在了两个正方形的浅塘前，其中一个完全是干的。在 2000 年进行小溪修复工作时，麦吉尔用平整堤岸过程中富余出来的土修筑了一个护堤，然后又挖了两个池塘，并将土壤夯实，以免水渗漏出去。这两个池塘充当了野鸭、大雁等候鸟在迁徙途中落脚的地方。当时，设计、使用重型机械设备开挖和压实，以及加固池塘一共花费了大约 10 万美元。

麦吉尔瞟了一眼空荡荡的池塘，不久之后，主人就会用从小涧中抽来的水把它添满，然后又用手指指林子后面那片区域，河狸在那里蓄积了 8 英亩之广的一片水域。他想表达的内容很简单：虽然这两个供野生禽鸟歇脚的池塘起到了一定的功效，但在吸引鸭子和大雁、丰富生物多样性、净化水质等方面，其根本没法与河狸池塘相比拟，而且夏季时还经常会干涸，每年秋季都得重新加水。这时，刚才走开去观赏某些野花的莫伊拉也重新加入了我们。麦吉尔又一次指向河狸生活的方向。

"要想修建一座拥有那么大蓄水能力的雨洪管理池，费用得100 万~200 万美元。"

这一报价令我大吃一惊，惊讶之情明显地写在了脸上："100万~200 万美元？"

"对，没错。"麦吉尔答道，"你得修建堤坝、核心区、排水设施，还得认真设计和规划好一切。我们曾修建过这些东西；我们和马里兰州各县都签订了合同，项目都是一个接一个的单独过程。但河狸却是一下子就把什么都干了……"他挥手画了个大大的圈，以示强调之意。一直在旁边静静听着的莫伊拉这时满脸带笑地插嘴说道："而且还一块钱不用花！"她爽朗地大笑一声，麦吉尔也同样笑出了声。这一想法让他们两人都感觉兴致勃勃、满心欢喜。

河狸可以打造出功能强大的雨洪蓄水池，而且造价比他公司的报价少一百万美元。不知麦吉尔会不会担心因此丢失了生意？反正他脸上没有流露出来这种感觉。

　　"我们做雨洪管理、建设、翻修、防火区等工程，也做大量溪流湿地修复工程，"他接着说道，"但问题的关键在于，河狸池塘在水质净化方面的价值与我们在人工雨洪管理池塘中所希望看到的程度高度类似。"

　　一说起利用河狸可能节省下来的经济价值这个话题，麦吉尔便有说不完的案例可以分享。他聊到了生态通公司 20 年前曾做过的一项潮汐溪修复工程。"每隔 10 年左右，各县以及州里就要花费数百万来疏浚这些小溪。"他解释道。当某镇负责人给麦吉尔打来电话，希望他采取些什么措施来应对刚搬进来的河狸时，麦吉尔成功地说服了他们不用清除河狸，而是考虑安装一套流量控制装置。安装并运营一套流量控制装置的花费大概在 8 000 美元左右，但麦吉尔心下合计，生活在那里的河狸所提供的生态服务价值很可能值好几百万美元。

　　"我们努力采取一种有利于我们和谐共存的方案。"他接着说，"我们总是说，'咱尽量让河狸待下来，以便可以坐享其所提供的生态效益'。在涵养水源、拦截泥沙沉积方面——使用河狸的成本收益比简直就是天文数字。"

　　当我问运用河狸的主张为什么仍未得到广泛的支持时，他脸上的神情变得甚是忧郁；对于即将启口所说的内容，他似乎半带自豪、半带腼腆："在我们这个行业，我基本还有点儿独角兽的意思……我仍然……"他略略停顿一下，似乎在努力措辞，然后缓缓说道，"哦，在我们这部落里，现在又增加了少数几头独角兽，但绝大多数人都依然深陷在工程方案里难以自拔。"

　　与往常一样，我拿出笔记本，用尽可能快的速度记录下他的话。麦吉尔或许在斟酌哪些话他愿意白纸黑字写下来、哪些不愿意，随后缓缓说道："现在已经形成了一个庞大的生态产业复合体。"他又停顿了一下，"有某些大公司，他们觉得河狸威胁到了自己的生存。"

第 2 节

　　不到一个小时，我便来到了马里兰州西部，生态通公司的项目经理格雷格·吉本斯正在这里负责监督河狸溪修复工程。我一走下车，便听见重型机械设备的声音在林中回荡。不远处停着的一辆卡车打开了车门，一位魁梧壮硕的男子走了下来。他身穿一件反光安全背心，头戴一顶安全头盔，行为举止沉着冷静。

　　"你还真找到了。"吉本斯招呼道，声音中满是愉悦，同时递给我一件同样的背心和安全头盔。看我套好背心、戴好头盔后，他满意地点点头："咱们尽可能保持一点距离，但务必确保工友伙计们能看得见我们。里面那片儿非常危险。"

　　在我往外掏笔记本的当口，另两位男子走了过来，格雷格向我作了介绍：一位是埃尔默·韦伯利，另一位是他的助手马克。两人都是从华盛顿县土壤保护区赶过来视察的，为的是确保项目进展与计划相符、从这里流出去的水清洁干净。

　　他们两个人走开后，我和吉本斯开始穿过草甸朝小溪方向走去。我立即注意到了刚刚退去的洪水冲刷的痕迹，高大的草苗都倒伏了下去，变成一张厚厚的毯子。上周时，整个场地全都被淹在了水下。他们非常担心，因为自打项目差不多一个月前开工以来，那已是第二次因暴雨而不得不停工。按照项目计划，一共需要安装 67 套模拟河狸水坝，但截至那时，他们才刚刚安装了三分之一。这也正是最近让麦吉尔兴奋不已的那场暴风雨；现场几乎全部被淹没了，但模拟河狸水坝已经开始发挥作用，像真正的河狸水坝那样减缓了水的流速，让洪水均匀地扩散到了周围区域。

我们走上一条蜿蜒穿过树林的新修道路，吉本斯指指带刺铁丝网旁边的一个位置。这就是这片地产的边界，小溪就是从那里流出了邻近那家奶牛场的地盘，进入这片面积为 20 英亩的保护区。按理说，对于溪流严重退化的景象我早应该见怪不怪，但看到面前一条狭窄的运河蛇一般穿过草地、溪岸被深深切割、几乎看不到流水的情形时，我还是感到十分震惊。

"这就是那条小溪，"吉本斯面色严峻地说道。我们转身穿过一片林子，沿着小溪向下游走去。这片地区 10 年前被划定为保护地，并栽植了柳树、槭树及红枫。

在下一个转弯处，吉本斯停下脚步，指指地上。随后我便看见了它——模拟河狸水坝的建筑结构。一根根原木被顺长横置在小溪之中，周围用一连串桩子固定住，原木之间是纵横交织的树枝。我俯下身子，仔细察看。我以前只是在书中或演示幻灯片中见过模拟河狸水坝，因此对正在建设中的现场颇感好奇。河狸总喜欢将树枝按照与水流平行的方向摆放，让它朝下游方向凸出，靠流水的力量将它们牢牢地固定在恰当的位置；但面前的这种人造河狸水坝不需要用这种加固方法，因为周围的柱子已被深深地打进河床，可以将原木和树枝牢牢地固定在原地。我看见水从坝体顶端和两侧汩汩而下。

"我们希望溪水在这里汇聚成一个水潭，"吉本斯解释说，"而不是湍急地冲刷而过。"他说，他们发现，将模拟河狸水坝两两并排安装，效果往往最佳。"在出现类似上周那样的高水位洪水时，你最希望实现的效果就是让水喷射到这里。"他俯下身子，向我展示水是怎么在原木后面汇集成一个水潭的，尽管仍有大量的水穿过坝体流了下去。

他指指溪流弯曲成胳膊肘形状的位置，说道："水的冲力会将某些沉积物冲起来，随着水流到下一组建筑结构。"顺着他手指的方向，再往下大约 12 英尺的地方，我看到另一组模拟河狸水坝，大小和形状都与面前这组基本相同。将河狸所做的事情原样复制出来的工程居然出人预料的复杂。

"在这里，我们希望水能冲到这里，把这边的一部分土壤冲起来并随水带走。沉积物将被下一组模拟河狸水坝阻拦。我们刚开始做时，这里还是一条非常细小的溪流，大约也就 2 英尺宽，但现在已经大大地拓宽了。"吉本斯说。

我朝下游方向望过去，溪流渐渐散开，并在下一个接口处分为两股。果不其然，我们走上近前时，发现了一系列的模拟河狸水坝结构，随后又看见了一些略略有所不同的东西：一组由原木堆摞起来的障碍，用一些粗壮的雪松柱子固定在原地。格雷格解释说，他们称这东西为"柱撑原木结构"，简称 PALS，"我们希望让溪流穿过这里时尽可能蜿蜒曲折。溪水流经这里所用的时间越长，让水质充分净化的机会也就越多。"

吉本斯转头朝路那边望望，指指一个方向，我仔细观察，看出那里大概是一座谷仓的屋顶。"对于那些农场来说,这个项目场地的作用就好比一个巨大的滤水器。"他说道。透过他的声音,我分明听到了一丝越来越兴奋的感觉。我们现在所处的位置位于本州的西北部,距离宾夕法尼亚州界不过30英里左右。溪水顺着一条宽敞的峡谷流淌,两侧都是低矮的山脊。在这道长长的峡谷之中,一块块的农田顺着道路绵延伸展,长达数英里。再往下走,这条小溪也便成了人们所熟知并广受欢迎的鳟鱼溪。溪水很深很凉。但在这里,夏天时小溪常常变得干涸,因此如今常被人视作一条"下沉溪",意思是溪在夏季时可能会干枯掉。他非常细心地向我解释道,溪依然在那里,只不过地表径流暂时变得不可见了而已。他解释的过程中,我突然想起了在江河形态学101课程中从伯克斯特德博士那里学过的内容——江河系统的形态极为多种多样,时刻都处于动态变化之中,而且变动形式非常灵活。

水障一旦安装到位之后,生态通公司就会立即在这里栽种上柳树及其他多类速生树种,以确保栽下的树能够在入秋之前开始扎稳根并自主生长。他们这么做是为了打造出理想的河狸栖息地,也就是说河狸需要充沛的食物和水体。我们静静地听着溪水从新安装的水坝顶上"哗哗"流过的声音。我问吉本斯,鉴于溪水在夏季可能干涸的过往历史,他觉得河狸会不会来这里。他沉稳地说道:"就算这里最后确确实实成了干涸的水系,河狸可能也仍然会来,它们可能说,'时机目前还未成熟,等过几年之后我再回来看看'。"

事后某一天,在浏览生态通公司网页上列出来的项目地时,我看到他们2018年时曾修复过马里兰州森林坡熊屋支溪沿岸直线长度大约为 3 675 英尺的一段河道。熊屋支溪曾经出现过退化极为严重的状况，溪水在被切割得非常陡峭、幽深的堤岸之间奔涌。在很多地方，堤岸与河道上的冲积平原几乎完全隔绝。出现水位高、水量大的情况时，洪水不会从河道中向周围散溢，而是会在狭窄的河道中奔流而下，流速变得越来越快，不断冲刷堤岸，将长期积聚的沉积物冲起来顺水流走。该工程设计加施工的费用高达 1 169 126.73 美元，但这天价支出却带来了实实在在的效益。每年，河水中的氮含量降低 216.75 磅，磷含量降低 31.96 磅。如今，在那一段溪流上，截流下来的泥沙年均重量达 10.5 吨。

一

我们继续往前走，耳畔虫鸣啾啾、鸟声悠悠，间或看见一只飞鸟翅膀振动，从林子中迅速掠过，但重型机械设备的声音也越来越近。行走过程中，吉本斯解释说，具体到目前这个项目来说，最重要的目标就是拦截泥沙沉积，不让它流入下游，"简单来说，我们有三条平行流淌的溪流。最核心的点子就是让这整片区域尽可能地吸饱水分"。

河狸溪在马里兰州一路蜿蜒流淌，最终越过州界汇入波托马克河，后者则进一步汇入切萨皮克湾。泥沙淤积是这里由来已久的一个问题，可以追溯到首批殖民者初到这里那个时代。为了获取木材，他们伐光了大片的森林，同时大力推广欧洲式农耕作业方式，因此很快便破坏了江河流域的稳定性，致使大量土壤被裹挟冲入下游，由此积起的厚厚土层有时甚至达 2~3 英尺深，淹没了湿地，淤塞了河道及河口。早在 19 世纪，大量的港口和河口就已经出现堵塞状况。今天的巴尔的摩之所以得以建立，部分原因就是泥沙淤积导致的环境破坏。1707 年建立的英国殖民小镇约帕镇就坐落在大火药河河畔。这座小镇因圣经故事中的圣城雅法镇而得名，并很快繁荣起来，成为一个极为重要的港口城市。1717 年时，它甚至被指定为巴尔的摩的第三个县址所在地。但在不到 50 年的时间里，上游地区大面积的森林砍伐和农耕作业，致使大量的泥沙被冲刷进入江河溪流，最终进入并淤塞了港口，使得船只再也无法通行。失去航运业之后，该城生意顿时一落千丈，经济陷入严重萧条。于是不久之后，也就是 1768 年，县址便迁到了水位相对更深的巴尔的摩港。

泥沙淤积是切萨皮克湾所面临的一个紧迫问题，因为沉积物不仅堵塞港口和江河，对航运业及旅游业（尤其是游船生意）也会造成重大不利影响，而且会直接威胁渔业及湾区整体生态健康。如果被沉积的泥沙掩埋，牡蛎、蛤蜊及蓝蟹等栖息于海底的生物就会窒息死亡。在层层堆积的淤泥之下，鱼卵也同样无法旺盛生长。虽然说过量的氮、磷等污染物是致使湾区藻类大量繁殖的主要根源，但泥沙沉积也同样难辞其咎。

问题的根源主要在于流域中水流的速度。在从更新世开始直至 300 年前的漫长历史中，滴落到大地上的一滴水到达切萨皮克湾往往需要数月的时间。河水缓缓流淌，沿途需要经过数以百计的河狸池塘和湿地。这也就意味着，进入切萨皮克河的泥沙沉积很少，少到几乎没有。换句话说，在河狸界时代数千年的岁月里，由于河狸作用，来自每一条溪流、江河中的水流都放慢了流速，就像我们面前这条小溪一样。因此，整个流域俨然变成了一块生机盎然的巨幅拼图，由一片片郁郁葱葱的湿地拼接而成。

　　格雷斯·布鲁什（Grace Brush）是约翰·霍普金斯大学的一位古生态学家，她通过分析和研究从切萨皮克湾深处钻取出来的沉积土芯，率先证实了该流域以惊人的速度日渐干涸的事实。20世纪70年代，她开始研究这些圆柱状土芯，期望从中找到蛛丝马迹，判断历史上各个时期中该流域曾经茂盛生长的植物和树木类别。她的研究解开了一段可以回溯到数千年前的历史记录，证明19世纪初以来曾出现了显著的变化。据土芯样本显示，数千年以来，淤积的泥土中间都充斥着大量林沼植物的花粉，但自19世纪中期开始，这类花粉却突然消失，取而代之的是旱地植物的花粉。这就充分证明，该流域中的湿地（及水）量出现了急剧减少，同时也证明，这一变化出现的速度非常之快——全都发生在欧洲殖民运动兴起之后那短短三百年间。格雷斯·布鲁什的研究成果进一步支持了其他州以及加拿大某些研究人员的研究发现——在毛皮贸易鼎盛期及随后大片森林遭遇毁灭的数十年间，大片湿地被抽干，用于兴修水利或用作农田，致使河狸基本走向灭绝，所有这些因素共同作用，构成了当今我们所面临的诸多环境问题的重要根源。没有了河狸，洪灾、表土流失等问题的发生频率也大大增加，而在切萨皮克湾，数量高得达到毁灭性程度的泥沙则堵塞了整条河流。

　　不久之后，我们脚下传来了脚踩木板桥的回响。我们在咚咚的回响声中走到桥的另一端，左拐后便来到了另一处在建场址。我看见一辆差速转向轻型铲车正铲起岸上堆码着的雪松柱子。与此同时，另两位男子正站在另一组"柱撑原木结构"上，弯腰朝着水面。随后，两人跳回到岸上，其中一位高高地举起了手。挖掘机随即发出巨大的轰鸣声，操作员娴熟地舞动着巨大的挖斗。他操纵着挖机，从一棵枯死的白蜡树上方缓缓越过，巨大的挖斗张开巨齿，牢牢抓住原木，随后将它高高举起，越过溪面，放在那里早已摆好的另外两根原木之上，从而构成水坝的基础。岸上那位男子再次跳回坝体上。他所站立的位置距离空中移动的原木不过 10 英尺，原木随时都可能掉下来将他压在下面。他指挥着操作员，示意对方从什么位置往下降落。原木稳稳当当地落在了坝体结构上。"好！"地上那位男子大声喊道，同时举起拳头示意停下。现在，他和刚才等在旁边的另一位工人快步走向差速转向轻型铲车，每人抓住一个粗壮的雪松柱子。柱子的长度几乎是他们身高的两倍，但他们将沉重的柱子一甩，便扛到了肩上，然后轻轻松松走回到坝体结构上。

两人将柱子朝下游方向摆好位置，随后，男子再次向挖掘机操作员发出了手势。巨大的挖斗又一次缓缓升起，不过，这次它只是在头顶缓缓移动，直到位置刚好垂直于一根柱子上方时才停下。站在地上那位男子用手势指挥操作员往下降，巨大的金属挖斗开始缓缓落下。我们静静地看着人与机器之间这场配合默契的对话，两人谁也没有言语。略微一个小小的闪失，或者起重臂一点点轻微的震动，都有可能致使挖斗移动速度过快，或者移动幅度过大，从而将下面打手势那位工人压成肉泥。他们团队间的配合与彼此间的信任是如此令人难以忘怀，一如他们工作的进展速度令人赞叹不已。每次间隔不过短短几分钟，他们便会将上述动作重复一次。我们观看的过程中，他们已在下游和上游方向分别装好了 6 根和 5 根柱子。机器随后熄了火。休息时间到了，工头抬起头。

"又一个搞定！"他喊道。

"太棒了。"吉本斯回喊一声，脸上满是笑意。

"一共还差 17 个！"

我看看手表——建筑队工作效率极高，从将最后一根原木摆放到位，到将 11 根柱子牢牢打进河床，整个过程耗时不过 20 分钟左右。我和吉本斯开始往外走去。刚走出没几步，还没回到主路，机器的轰鸣声便再次传进了耳朵。他们已经再次开始干活，着手打造另一套人工版的河狸水坝。

二

在 1995 年出版的《希望、人类及荒野》（*Hope，Human and Wild*）一书中，比尔·麦克吉本（Bill McKibben）曾如是描绘他家附近的一座河狸水坝，称它是"后乌托邦时代"现实主义与希望的样板。在马里兰州、在白山中，甚至在家门口附近耶鲁-迈尔斯森林中各条小溪、小涧看过了这么多之后，我终于深切体会到了他所表达的含义。在东海岸上上下下残破不堪的大地景观之中，你可以发现环境在河狸的帮助下一点点得到修复的证据。

自梭罗以来，美国多位著名作家以及思想家都注意到了我们大地景观中的河狸，麦克吉本同样跻身于他们这一伟大的行列。米尔斯、亚奇·贝兰尼和陶乐茜等都曾满怀热情地支持河狸保护事业，但可惜的是，他们有关河狸的见解和卓识却一次又一次地被漠视或遗忘。坦然承认一种脑容量远比我们人类小得多的哺乳动物对宏观环境具有极为重要的意义，这点莫非真的就是一种我们根本无法接受的事实？

麦吉尔说得非常正确，虽然我们与河狸有着悠久的历史渊源，但却仍未能建立起一种能够与它们和谐共存的当代文化。这并非仅仅是因为我们生活在一个被殖民运动及随后一波又一波大规模开发彻底改变了样貌的大地景观之中，因而患上了生态失忆症；由于某些不便言说的原因，我们依然无法允许自己郑重其事地对待河狸。

首批传到欧洲的北美河狸影像诞生于 1671 年，由阿诺德斯·蒙塔努斯（Arnoldus Montanus）绘制并出版。蒙塔努斯是位荷兰学者，足迹从来未曾踏上过北美洲。他所绘制的河狸有着绵羊一般的躯体，只是四肢末端长着尖利的爪子，脑袋很小，就仿佛正在苦思冥想的滴水嘴怪兽。在他那幅名为《新世界的奇观》（Wonders of the New World）的雕版画中，一头雄鹿头上顶着一副几乎与身躯等同大小的鹿角，一头王者般霸气十足的独角兽站在两只河狸的近旁。但即便是那些来自 17 世纪时期神秘莫测的美洲、浑身充满魔幻气息的河狸，看上去也依然给人一种滑稽无比的感觉。河狸身上既没有雄鹿那样夸张的鹿角，也没有独角兽那么霸气的头角，更无狼、熊一般令人望而生畏的獠牙；它们所拥有的，只是一张傻里傻气的面庞，面庞两侧熊一般的耳朵倒是有点招人喜爱，毛茸茸的嘴巴时刻都处于微微上翘的状态，仿佛挂着一丝恒久的笑意。

河狸可以帮助修复我们身边的大地景观，但我们能够修复出来足够的土地空间让河狸兴旺繁衍吗？说得更直白一点，如果听任河狸在家门附近打造属于它们的湿地，对其后果我们能够坦然接受和面对吗？我们都不喜欢改变，尤其是发生在自家后院里的改变，但让自己所栖息的环境发生翻天覆地的改变却是深深印刻在河狸遗传基因中的秉性。它们俨然就是动物世界中的湿婆，为了创造出全新的事物，常常不惜将一切挡道的东西都统统毁灭。

第 14 章

蒂尔的河狸

萨拉·海明威（Sarah Heminway）是康涅狄格州"奥杜邦学会"东北区分会的主任。一听到河狸水坝决口的消息，她便预感到自己可能遇上了麻烦。紧接着，电话铃声大作，海明威顿时明白了这个麻烦究竟有多么大。一夜之间，大约九百万加仑的水从河狸池塘中倾泻而出，在汉普顿溪中引发了一场微型海啸。奔腾的洪水撕开林子，咆哮着漫过小溪，冲毁了特雷尔林保护区门前的车道，随后又依次冲毁了邻居门前的车道、当地公路，直至冲毁了下游半英里之外的州级公路。所幸没有人员受伤。交通被迫分流，一车一车的石料给运了进来，终于将受损的设施修复如初。但人们开始纷纷打来电话，要求海明威将河狸给杀掉。

"我意识到这是一起公共安全事件。"海明威说道，"人们纷纷说，你得有所行动，解决好你们那些河狸。但我跟他们说，首先，这些河狸并不归我们所有，它们属于野生动物。其次，就算你把它们捕杀掉，估计也就能解决 2~3 年的问题，再之后它们还会卷土重来，因为这里是它们完美的栖息地。"

另外，这些河狸也比较特殊。它们的池塘坐落在特雷尔林内，也就是埃德温·韦·蒂尔纪念保护区。这里曾是著名博物学家埃德温·韦·蒂尔的故居，他 1980 年过世时将这片面积 150 英亩的保护区捐赠给了"奥杜邦学会"。每年，数量众多的游客都会专程来到特雷尔林，徒步走过草甸，穿过林子，走到下面去参观蒂尔写过的那片河狸池塘。

海明威给"河狸解决方案公司"的迈克·卡拉翰打了电话，约请他来实地考察一下。卡拉翰是位名气很大的专家，善于通过安装池塘水位保持仪解决洪灾问题，如果涉及的是涵洞堵塞问题，则安装导流水坝。使用池塘水位保持仪的目的在于在河狸水坝中形成一个永久性的渗漏口，降低池塘中的水位，从而阻止塘中水位上涨得过高，增强水坝抵御洪灾的能力。卡拉翰提议安装两套池塘水位保持仪，一套装在池塘的主水坝上，另一套装在下游不远处的次级坝体上。

河狸喜欢借溪流走向的坡势修筑一系列彼此邻近的水坝，以避免发生类似于我们刚刚看到的那种重大险情。假如上游的水坝决了口，还有下游的次级水坝可以将漫溢下来的水截住，以便给河狸留出充裕的修复时间。在过去 60 年间，蒂尔中心的水坝也曾出现过决口的情形，但后果从未如此严重。受气候变化影响，东北部地区发生暴风雨的强度和频度都有显著增加，从而增加了洪灾暴发的频次。今年夏末，两场连肩接踵的暴雨引发了洪水，随后飓风艾达又不期而至。大量的雨水在很短时间内涌进池塘，因此导致了水坝决堤。负责管护的人亲耳听见了大坝决堤的声音，据他描述，当时就听"轰"的一声巨响，就仿佛一辆失控的载货列车冲进了林子。

安装和养护这两套池塘水位保持仪大约需要花费 4 000 美元，蒂尔中心的经费预算非常紧张，但海明威毫不犹豫地下定了决心。卡拉翰在等 15 英寸口径的黑色塑料涵管到货，由于新冠疫情影响，发货出现了延误，但他答应，一旦到货就将立马开始安装。

等待的过程令人十分焦心；要是坝体其他部分承受不住水压也出现垮塌，那么就会有更多的塘水泄出，从而造成更大的破坏。"人们不停地打来电话，劝我赶紧把那些河狸给解决掉，一了百了。"海明威说，"但我们希望河狸能在这里继续留下来。我们需要河狸给带来的丰富生态多样性，也需要水。夏季初期旱情严重的时候，我特别感激有河狸在那里——它们蓄下了那么多我们迫切需要的水资源。"

蒂尔中心的河狸同时还拥有一份特殊的历史渊源。汉普顿溪位于尤宁市以南不过 10 英里的位置，而后者就是 1914 年康涅狄格州将首批河狸放归自然的地方。随着河狸族群规模不断扩大，河狸开始在邻近的水系迁徙，其中就包括了汉普顿溪。根据当时实施的野生动物放归计划，一对从俄勒冈州运来的河狸被放归到了这里。如果从首批放归的那两只算起，蒂尔在书中所描述的那一批河狸很可能已是第四代后裔。让河狸重回北美大地堪称是 20 世纪环境保护方面最成功的一个案例，而这些河狸就是这一案例里的明星。另外，这里的河狸还有另一份特别的渊源——蒂尔曾亲自拜访过陶乐茜，也就是著名的"河狸夫人"。

1959 年买下汉普顿溪畔这片面积 150 英亩的农场时，埃德温·韦·蒂尔已是一位享誉甚广的博物学家、作家及摄影家。读者们都很熟悉他为《通俗科学》（Popular Science）杂志撰写的一系列文章，也熟悉其随后出版的一系列专著。1943 年，蒂尔曾亲赴阿迪朗达克山南麓，拜访了陶乐茜，并参观了河狸灵境。后者所从事的工作以及她饲养的河狸均给他留下了极为深刻的印象，于是他专门为《自然史》（Natural History）撰写了一篇文章介绍这次拜访之旅。多年以后，当他发现河狸搬进了自家的农场时，那种兴奋之情简直难以言表。

"我们的狂野农场看上去又增添了几分野味：河狸来到了特雷尔林！"他在《博物学家收购老农庄纪事》（*A Naturalist Buys an Old Farm*）中如是写道。

与陶乐茜一样，蒂尔也开始在每天傍晚造访河狸，确认它们均安然无恙。他给池塘周围自己最中意的观赏点位逐一起了名字：河狸石、杜鹃花溪畔、蚊子湾等等。当地有人曾建议他捕捉这些河狸，遭到他严词拒绝。池塘一天天不断扩展。蒂尔的河狸们在林子中溪水流经的一片低洼、平滩处修筑了水坝。上游一侧是座陡峭的鼓岭，因此，当这片区域充满了水以后，俨然便成了一座巨大的露天圆形剧场。一代又一代的河狸栖居在池塘之中，并将水坝不断延伸，直至下游一侧的宽度达到 150 英尺，池塘水面绵延超过 10 英亩：恰似一粒镶嵌在林中的宝石。

在 9 月这样一个清冷的早晨，我与萨拉·海明威冒着纷纷细雨，并肩站在蒂尔的河狸池塘岸边。海明威还在与打电话来的人周旋。海明威感觉很紧张，因为雨水虽然已经不算太大，但天气预报说将有大风，这也就意味着她很可能将不得不关闭自然中心，暂停下进行中的安装工作。迈克·卡拉翰的侄子约翰现在全职跟卡拉翰干，此刻正站在池塘中水坝近旁。他在检查水流经过处哪里最深，最深处也就是他们希望安放池塘水位保持仪的位置。约翰往前迈了一步，水几乎要没过他的颈部。"我觉得差不多找到合适的位置了。"他喊道，"比我预期的要深！"岸上的卡拉翰点点头："好，那咱就给它放进去。"他正忙着将铁丝网笼子系到池塘水位保持仪上。一位身穿防水雨靴和雨衣的志愿者在水坝上俯身察看。我和萨拉蜷缩在雨衣里瑟瑟发抖，但面色红润、胡须花白的卡拉翰看上去仿佛一位专业渔民，早已习惯了浑身湿漉漉的状态。他身上那件印有"河狸解决方案"徽标的橘黄色 T恤早已湿透，裤子也早已湿透，但他仿佛根本没有注意到。

我们站在池塘边，塘中的蓄水已经流失了近 30%。池塘四面都是泥泞的土坡，溪水从坝体上一段很宽的豁口上倾泻而下。我注视着池塘一侧倒伏在地的两棵成年大树，主干已被啃啮成了细细的尖顶，其中一棵上面还在流淌着新鲜的黄色汁液。周末再次回到这里察看池塘时，我量了一下这两棵树，每棵的周长均为 59英寸，几乎达到 5 英尺。虽然树上的主枝都依然完好如初，但小侧枝都已被剥得精光。与多数人所以为的不同，河狸其实并不需要靠不停啃啮大树来避免牙齿长得过长；闲暇时分，它们会经常磨牙，一来为保持牙齿锋利，二来为让牙齿长度保持在合理的程度。很奇怪河狸为什么要放倒这两棵成年大树，因为池塘里长满了它们最喜爱的食物——睡莲。毫无疑问，树的主体已被拖入水下，被添加到庞大的冬季储备粮垛之中。在居舍近旁，粮垛上方伸出水面的部分清晰可见。但树干上很长一截横亘在水坝之上，也许，河狸之所以放倒那棵大树，就是希望用它来加固经历了第一轮风暴洗礼的水坝。环绕池塘周围的大树中，绝大多数都没被动过。

池塘水位保持仪又称"流量控制仪"，基本也就是一截能够承受重压的黑色塑料波纹管，另一端接着一个铁丝网笼子。经过多年的不断摸索尝试，卡拉翰发现，在规模较大的池塘中，如果想让水通过坝体流出，那么管子的最佳长度为 40 英尺，最佳口径为 15 英寸。圆形的笼子由镀锌的铁丝编织而成，网格规格为 6

英寸。编好并安装到管道一端之后，铁丝网笼子就仿佛一个巨大的仓鼠滚轮。涵管的一端将插入坝体，用铁丝网笼子保护起来的另一端则平放在池塘底部，发挥着进水口的作用。将涵管插进坝体的高度决定着池塘内水位的高度。卡拉翰发现，如果将管道入水口的位置放在距离坝体 40 英尺远的位置，河狸一般不会去管它。同样，如果将铁丝网笼子的规格控制在 5 英尺，河狸一般也不会尝试去把管子堵上，就算听见了流水声也不会。笼子还有助于防止河狸或其他动物爬进管子里。

约翰在坝体上标出了插管子的位置，然后涉水走回岸边。志愿者从坝上跳进水中帮忙。"好了，咱给它弄进去。"卡拉翰满心喜悦地说道。三个人小心翼翼地将管子和铁丝网笼子挪进水里。笼子浮在水面上，因为上面系了聚苯乙烯泡沫浮子，约翰拉着它缓缓向水坝方向移动，巨大的黑色塑料管被拖在他身后。片刻之后，水位保持仪被拉到了刚好合适的位置，他举手示意卡拉翰自己即将撒手，随后开始撕掉上面附着的浮子。笼子开始微微倾斜，随即沉入水下，激起"哗啦"一声巨响。志愿者齐声欢呼，每个人的脸上都漾起灿烂的笑容。

约翰托着管子上准备插入坝体的一端，卡拉翰手里拿着几块水泥砖涉水走了过去，并将砖系在黑色塑料管子上，好让管子也沉入水下。确认笼子和管子都已沉入塘底、效果令人满意之后，他们开始在穿过坝体的管子上面覆上树枝和泥巴，以确保管子已牢牢固定入位。水立即开始涌进管子，塘中的水位也随即开始下降。他们在管子头上罩起一片铁丝网，预防动物爬进管子。再然后，卡拉翰在坝体上开了几个小孔。他说这叫干扰战术：河狸会以为是这几个小孔导致了塘中水位下降，于是急忙开始修堵这些小孔，而对真正的漏点，也就是管子置之不顾。他不希望让河狸过度受到惊扰。经验告诉他，河狸所能忍受的水位降低幅度大约在一英尺；如果降得更低，便可能带来风险，河狸很可能会认为池塘已经变得极度危险，于是将之彻底放弃，或者在下游更远处新修筑一道水坝。如果某处水位降低的幅度需要达到 24 英寸或更大，卡拉翰便会肯定地判断，这一水位河狸不可能接受，因此也就不再建议安装池塘水位保持仪。在这样的情况下，唯一的办法就是将河狸清走。

不到一个小时，安装工作便已经完成。海明威脸上明显露出如释重负的表情，转身准备离开。卡拉翰留下约翰收尾，自己则开始匆匆向卡车边走去，因为他还得到邻镇另一个现场去勘察，河狸在那里也引发了洪水。今年夏季，他和约翰已经安装了百余套水位保持仪，但等待他去现场勘察解决问题的人还有一长串。他们可以一直干到 12 月 1 日，再之后，水面结起的冰层将变得过厚，无法继续施工。卡拉翰一周后会回到现场来察看，确保水位达到了合适的水平，再然后就只需每年检查一次水位保持仪，以确保管子在冬季里没有脱落，或者笼子周围没有被积聚起来的枯枝落叶等堵塞。镀锌的铁丝网通常可以使用 5~10 年，具体视水质实际条件而定，届时需要更换笼子，但黑色塑料管的使用寿命长达好几十年。

这类管道系统通常统称为"流量控制仪"，首套用于预防河狸监测到水流变化情况的设备由克莱姆森大学合作推广服务中心于 20 世纪 90 年代期间开发，被命名为克莱姆森池塘水位保持仪。当时这一设备用的是聚氯乙烯管。20 世纪 90 年代期间，在帮助佩诺布斯科特族人工作的过程中，一位名叫斯基普·莱尔（Skip

Lisle）的野生动物经理在克莱姆森池塘水位保持仪的基础上做了进一步改进，由此制作出了第一套大家公认的高效池塘水位保持仪，并将这套设备命名为"河狸大师"。

在莱尔的管理下，拥有缅因州 150 000 英亩土地的佩诺布斯科特族人成为世界上首个不借助杀伤力就妥善解决了河狸水患问题的大型土地所有人。莱尔还开发了首套高效护网系统，保护公路涵洞免于河狸筑坝之患，并将这一套梯形系统命名为"河狸诱导仪"。莱尔的总部位于佛蒙特州，自那以来已经安装过数百套池塘水位保持仪及涵洞护网系统，项目遍布美国各地，甚至远及加拿大部分地区。欧洲大陆以及英国也都借鉴了他的方案，因为，自 20 世纪 90 年代以来，这些地方重新引入河狸的各种项目也开展得如火如荼。在加拿大，其他人也开发了他们自己的池塘水位保持仪，其中一位代表性人物就是米歇尔·勒克莱尔。他在加蒂诺公园里经营管理着一片面积达 500 英亩的生态旅游自然公园，并将这片自然公园称作"水上迷宫"，其中就安装了百余套他自己开发的流量控制仪。

迈克·卡拉翰最早听说非杀伤性河狸治理方法，是在斯基普·莱尔组织的一次研讨会上。那时，他和（专业从事祸患类野生动物捕猎活动的）妻子一道参加了这场研讨会。两人从那以后就一直致力于志愿者活动，借助池塘水位保持仪帮助将河狸在大地景观中保留下来。随后，在 1998 年，卡拉翰逐渐放弃了原先作为一位医师助理的职业，将更多精力用于与河狸相关的志愿工作，并于 2000 年成立了自己的公司——河狸解决方案。又过了17 年，他成立了非营利性组织——河狸研究所，致力于开展与河狸相关的公众教育，宣传它们在保护宏观环境方面的积极作用。

他的网页上全都是用非杀伤性方法解决河狸隐患的相关资讯。

卡拉翰的生意日渐风生水起，这在很大程度上是因为他在公益教育方面投入了大量精力。他们不仅培训普通民众，还培训路政、市政部门的官员们在遇到河狸祸患时该如何进行管理。市政官员们对此兴趣颇高，因为池塘水位保持仪和涵洞导流水坝可以节省不少经费。在马萨诸塞州比尔里卡镇，河狸从1999年开始就成了一个巨大的麻烦。3年前，经过一项全州范围的公投之后，用脚套捕猎的方式遭到禁止，大多数毛皮捕猎人因此放弃了捕猎行为。不出所料，河狸种群数量开始飙升。据说，在短短几年之内，河狸的数量就从2.4万猛升到了7万。不过，这些数字从未得到证实。但河狸引发的洪水冲毁公路、铁路、农田、私产以及公共设施等情况却频有发生。比尔里卡镇选择在43处隐患点安装了池塘水位保持仪和涵洞围网。从2000年至2019年，这一选择每年为纳税人省下的经费高达7 740美元。如果雇用捕猎人，每处、每年的费用约为409美元，但安装池塘水位保持仪和导流水坝的费用不过229美元。在整个东北部地区，路政及市政部门越来越意识到，除非能找到赫布·索班斯基这样的志愿者，获得免费的捕猎服务，否则，还是采用非杀伤性方法更加省钱。

河狸在不当位置安家的消息频频登上头条。受全球气候变暖趋势影响，河狸如今甚至已经迁移到了阿拉斯加西北部的苔原地带，它们建起的池塘助推了永冻土层温度升高，由此释放出来的甲烷更进一步加剧了全球变暖。不久前，河狸咬断了不列颠哥伦比亚省塔姆博尔镇的光缆，致使数以千计的人无法接入互联网，该镇直到后来发现，被咬断的光缆和管线原来就铺设在一座河狸水坝之上，这才算找到了问题的症结。格林尼斯·胡德是加拿大顶尖的河狸研究专家（也是保护河狸的积极倡议者），他坦承道，仅在阿尔伯特省，河狸每年导致的损失就高达三百万美元。在人口高度稠密的东海岸地区，虽然估计数字众说纷纭，但这里绝大多数城市和乡镇都是沿河而建，而这些恰恰也是河狸们情有独钟的地方，而且说不定它们早已经把家搬到了这里。胡德说得非常恰当，河狸就是"水世界的超级英雄"，但我们能够找到与它们和谐共处的方法吗？

在 21 世纪的北美洲，河狸或许可以担当起全新的角色：由于看上去好玩有趣，它们正迅速蹿红，成为所谓"野生动物游乐园"的明星。而且，它们不会像丛林狼那样叼走你家的宠物猫，不会像短尾红猫、浣熊那样吃掉你家养的鸡，也不会像鹿、兔子或土拨鼠那样将你家花园啃得凌乱不堪。加利福尼亚州马丁内斯的河狸早已成为新闻主角。2007 年，当地居民发起倡议，号召拯救生活在穿越镇中心而过那条小溪中的河狸。他们投票安装了池塘水位保持仪，以控制洪水；随后，为确保镇领导不会言而无信将河狸弄走，他们又组织了每年一度的河狸节，如今该节日已成为一项人气极高的社区大事件，吸引来了数以千计的游客。今天，你可以舒舒服服坐在星巴克，一边悠闲地品着拿铁，一边欣赏阿尔罕布拉河中的马丁内斯河狸。

"野生动物可以在社区内形成一种凝聚力。"早期河狸活动积极人士、河狸教育网站"一狸值一坝"的创始人海蒂·佩里曼这样评价。佩里曼退休前是位疗愈师，如今全身心地投入河狸权益维护及教育之中，活动范围没有局限于她的家乡，而是遍布全美国。她总是津津乐道聊起下面这则极为吊诡的事实：马丁内斯既是美国最伟大的环境保护主义者约翰·缪尔临终前最后居住的故乡，同时也是最负盛名的毛皮捕猎人基特·卡森的故乡。在马丁内斯，河狸、毛皮捕猎人、保护主义者的故事相互交织，深深根植于当地的历史当中。

在社区该如何通过新颖的方式发挥河狸的作用方面，马丁内斯堪称一个优秀的样板。"河狸对环境的贡献如此之多，我们理当将它们视作一种珍贵的环境资产来予以保护。"佩里曼说道，"而且它们对社区也有好处。有研究表明，在有野生动物存在的社区里，犯罪率也会明显下降。"

马丁内斯的河狸可能是全美国名气最大的动物之一，但尤其是在人们因新冠疫情而不能自由外出旅行的那几个月期间，很多人都在自家后院里发现了野生动物。夏天的一个傍晚，我和迈克·卡拉翰停下车子，去检查他在麻州收费高速公路斯特布里奇出口不远处安装的一座导流水坝。河狸已经迁进了那片辽阔的湿地，并在穿过公路下面的那条涵洞中筑起了水坝。从河狸的视角来看，与它们的池塘并肩而行的道路不过就是一个人造的水坝，而涵洞就是一个恼人的漏洞；它们将永远不会放弃将它堵上的努力。具体到这个例子来说，因河狸将树枝塞进涵洞而被淹没了的那条公路，其实是当地小镇进入高速公路的一条重要匝道。

我们抵达目的地时，夏日骄阳已经开始逐渐沉入树林。我们迎面碰上一群当地居民，他们悠闲地躺靠在草坪椅上，一边聊天，一边将手中的爆米花、软饮等传来递去。孩子们不停地将手中的面包屑投喂给鸭子，一队观鸟爱好者早已准备就绪，架起了双筒望远镜及摄影用的长枪短炮。突然，有人大喊一声："来了，它来了！"循着喊声，我们看见一只体形硕大的河狸正沉稳地游向池塘边缘，它抬头望望岸上的人，然后爬上巨大的黑色波纹管，开始在管子周围涂抹泥巴。这只河狸俨然就是一位久经沙场的艺人，行为举止间透露着一种从容若定的气度。它倏忽潜入水下，返回水面时，爪子里满满握着一把泥巴。它将泥巴涂抹在管子周围，然后回头望望围观的众人。

我问卡拉翰，他是否觉得河狸是在装腔作势地演戏。

"有这种可能。"他答道，"你永远都猜不透河狸下一步会做什么。"

相机快门"咔咔"作响。有人热烈鼓掌，有人则大喊着冲河狸打招呼。河狸再次潜入水下，演出继续。这一刻，俨然就是河狸池塘边上的社交时光。

第 15 章

金缮

时值 10 月末，橡子乒乓炸裂，秋叶婆娑作响。它停顿片刻，只是略略一个停顿，尖利的上门牙依然还深深地陷在木头之中。它感觉到了空气中沉闷的气息，声波微微颤动；乌鸦一声尖利的鸣叫，瞬间撕裂了周围的宁静。它不停地摆动着脑袋。某些它无法看见的东西正在蠢蠢欲动。它听见了灌丛中窸窸窣窣、惊恐逃窜的声音，听见了脚步砰砰落地的声音，也听见了兽爪撕扯的声音。它鼻翼翕动，尽情吮吸着微腐的蘑菇、行将枯萎的树叶散发出来的甜丝丝的气息，还有松树那浓郁袭人的芬芳。它可以嗅到季节变化的节律。啃啮的强烈冲动战胜了心中的恐惧。它将注意力转回到树枝上，将尖利的牙齿扎进甜津津的树皮。"我咬，我撕，我吐！"木屑四处散落，它再次深咬一口，将树皮从柔软的木材上揭下，同时加快了节奏。整个世纪此刻都在忙忙碌碌，它可以分明地感受到这份忙碌。在暑热中缓缓游动，悠闲惬意地浮在水上，将眼睛和鼻子贴近水面，前爪合拢，只用自己强壮有力的后腿蹬、划，蹬、划——如此逍遥自在的日子已然一去不复返。它身体里涌过一股更加强烈的冲动，想要去啃啮、去撕扯、去竭尽所能将全部的树枝都运到水边，随后将它们一一衔咬在口中，并且飞一般赶回自己的居舍。它的尾巴依然覆满厚厚的脂肪，但及至春天来临的时刻，它将变得瘦削羸弱。为了维持自己的生命,脂肪会日渐枯竭。整整一个冬季,它将只有水下那些树皮可以咀嚼,那些可都是它和其他河狸费尽心力才拖回到储备粮垛中的积蓄,它将不得不使劲从树皮底下那层薄薄的形成层中汲取养分。它必须弄到充裕的食物,以便能够存活下来,挨到春季来临、水下第一缕嫩芽从池塘底破泥而出的那一天。

　　我一走近河狸池塘,便看见了冬季储备粮垛;一条条树枝挺立在水面之上,构成一个凌乱无序的鼓包。7 月跟伯克斯特德博士从白山回来之后,发现这里有河狸存在的迹象,我竟然如此地开心。自那以来,我几乎天天都要到这里来一趟,但我并不需要亲眼看见河狸游泳的样子;只要看见河狸居舍上新抹的泥巴亮光闪闪的样子,于我而言就已经足够。秋季是河狸最忙碌的季节:它们必须为居舍中的家人存储起充裕的食物,以便挨过严酷的寒冬,还要用树枝和泥巴巩固居舍,增强其御寒性能;此外,还需要尽可能加固水坝、提升其高度。水结冰后体积会膨胀,既容易让东西脱落,又容易将整个池塘包裹起来,与外界完全隔绝。池塘结冰时,水与冰层之间会封住一层薄薄的空气,河狸可以从这层空气中吸取氧气,但假如它们错误地估计了水的深度,便可能导致致命的后果。万一水不够深,水下进出居舍的通道被封冻住,它们便可能沦为困在居舍中的囚徒,挨饿致死。在居舍里,河狸可以爬到一个高台之上,在那里悠闲地享用它们的美食。

　　整个冬季期间,河狸将不时游到储备粮垛旁,咬下一些树枝,并将之带回到居舍中食用。有趣的是,在居舍中央那一部分,也就是小溪刚好穿流而过的位置,它们居然插了些冬青枝,顶上还点缀着一些鲜红靓丽的浆果,给居舍增添了几分圣诞节一般喜庆的氛围。在水坝顶上装点一圈颜色鲜亮的红色浆果，这是它们刻意选择的结果吗？我们知道，每年一进入秋季，黑顶山雀的脑神经容积就会增大。大脑中用于存储空间信息的那一部分会自动扩展，结构也变得相对复杂，从而使得山雀能够更好地记清楚各种果实及昆虫所在的准确位置。但对于河狸大脑化学机能及其是否也会随着季节变化而变化的情况，我们却知之甚少。

穿过草甸往这里走的过程中，我的双脚不时落在一层白茫茫的东西之上，发出"嘎吱""嘎吱"的声响：初霜已经降临。随后，树林中传来一阵铃铛一般的声音，让我情不自禁停下脚步仰头观望。半裸的树梢顶上，仿佛有无数的树叶在迎风飞舞，只是，随风招展的并不是树叶，而是翅膀——数以百计，甚至数以千计的翅膀。紧接着，声音越来越大，周围的空气里瞬间变得一片喧嚣。就在我站在那里呆呆凝望的时候，一大群椋鸟从树上突然飞起，它们呼啦啦拍打着翅膀，呼朋唤友，嘴里不时发出阵阵迫切的鸣叫，仿佛无数的铁锅在林子中盘旋飞舞、叮当作响。鸟儿的数量实在惊人，翅膀交相重叠，仿佛一幅巨大的黑纱，遮蔽了头顶的天空。再然后，仿佛得到了某种无形无影的提示，黑纱骤然落下，融入草甸尽头另一片林子之中。群鸟在那边交相和鸣、聒噪喧闹。刹那之间，我的心头涌起一阵深深的震撼，进化本能的魔力竟是如此强大：已是秋季长途迁徙的时刻。这又是一个明确的信号，如今的整个新英格兰地区，分明都已经做好了入冬的准备。

整个九月，我都在密切观察着身边的一棵棵大树，看它们精密地计算着何时停下努力的脚步，关闭掉光合作用机制，听任叶子变成金黄、赭赤、明橘、鲜红等五彩斑斓的颜色。每一天，都会有另一棵大树放松了紧紧绷着的神经，直到最后，倔强的老橡树也终于放开了手脚，无边的落叶萧萧而下，一丛丛低矮的灌木挺起了火焰般的面庞，映衬着背后高大乔木灰褐色的枝干。人字形的雁阵成了天空里的常见景观，脚下的大地上随处可见凋零的橡子。林地上，一丛丛蘑菇竞相破土而出，来了又去；林中小径上，不时有各种动物遗留下来的便迹闯入视线：丛林狼、狐狸、渔夫猫、水貂等，不一而足。每一种生命都显得行色匆匆、时不我待。

我最后一次回望池塘尽头那座高高耸立、形似黑色土丘的河狸居舍，随后朝下游方向走去。我想再往下走走，去看看溪流在河狸的作用下变得渐渐臃肿、最终形成一面觅食池塘的位置，也看看流水在鼓岭另一侧形成一道飞瀑、倾泻而下的壮观景象。行走过程中，我不时穿过草甸上一簇簇枯死的草丛，高大茂密的草叶不停摩挲着我的双腿，每一片都闪烁着幽幽的光泽，或银白，或深褐。在 16 世纪时的日本，茶道逐渐成为一门备受推崇的艺术形式，其中最受人珍视的一种物件就是从中国进口、专供存储茶叶之用的茶罐。这种罐子的某一位主人特地为它取了名字，称之为"千草"。"千草"一名有时也被翻译为"纷繁杂沓之物"，其中蕴含着极为丰富的意趣，起源可以追溯到中世纪时的诗歌。根据那个时代的诗学观，"秋日枯草"这一意象代表了美学、宗教、哲学认知领域的巅峰状态，并由此衍生出了"侘"及"寂"两种理想境界，前者喻指对一切事物中所蕴含的"不完美之美"的体恤和珍爱，后者喻指对"自然世界倏忽即逝"这一本质特征的深切顿悟。

受河狸影响，溪水在流至某处时渐渐开始臃肿，变成了一个近似心形的池塘。走到这一位置时，我发现它们已用新鲜的泥巴将这里的水坝也进行了加固。与主池塘同样有趣的是，它们在这座水坝的顶上也装点了一排冬青枝，鲜红、喜庆的浆果依然挂满枝头。但更加抢眼的是水面，上面撒满了明黄靓丽的秋叶。那么多树叶飘落水面，然后随流水漂流到下游，填满了堤岸，给池塘表面铺上了一层金黄的皮肤。

日本中世纪时代，某位名人的侍从不慎将主人最心爱的茶碗掉落在地，摔成了几瓣。这位名人暴怒如雷，所幸，一位工匠用漆将破损的茶碗残片粘缝，并辅以研磨的金粉，为他修复了茶碗。修复后的茶碗上，一道道缝合线处幽光莹莹，形成一幅不规则的图案，样子美不胜收，竟一时成为时尚。"金缮"技艺由此应运而生，借助乳胶和金粉等原料，破损残缺的珍稀茶碗一经修复，居然益发变得弥足珍贵。

我低头望向静静的溪流，河面上漂浮的落叶发出一道道金灿灿的光芒。我们无法阻挡气候变化。假如我们行动及时，立即开始采取措施，减少全球碳排放，或许可以减缓这个星球变暖的速度，但恐怕也只能阻止形成更大的破坏。我们将面临这样一个未来，不得不眼睁睁地看着一个个心爱的地方渐渐流失和改变。假如我们对此假装视而不见，那无疑将是种愚蠢的行为，但如果就此放弃一切希望，那也将同样愚蠢。作为一个物种，我们人类有我们自身的缺憾和不足，河狸固然不可能解决我们面临的全部环境问题，但在水的问题上——无论是水资源短缺，还是水量过剩，这些都注定是我们未来将不得不面对的常态——河狸将可以有所作为，带来显著不同的结局。

无论我们栖居在何处，大都市也好，小城镇也罢，城郊也好，乡间也罢，河狸极有可能早已开始在某处默默地发挥着它们的作用——管理、净化并修复着那里的水资源及生物多样性状况。千万年来，北美洲原住民居民始终将这一"食树兽"视作环境智慧的源泉，并努力从它身上汲取启示和灵感。每当河狸遇到诸如水坝渗漏之类的问题时，任何就手可及的物件——树枝、石块、泥巴、草、一截木头、一片破旧的轮毂盖乃至几缕电话线缆统统都将可以纳入解决问题的方案，被一股脑塞进坝体上的漏洞。假如水坝再次决口，它们将立马游回现场，火速启动修复。我之所以对河狸如此敬仰有加，或许正是因为它们在某种程度上让我想起了我的母亲。即使在生命最后的那几周里，她也都始终坚持要自己走进厨房，只为能够透过窗户望见我家的果园，盘算着首先从哪一棵果树开始修剪。

　　与我面前这条小溪一样，地球上所有这些溪、涧、江、河，都在不停地改道和变迁，时而细水长流，时而汹涌澎湃。河狸就是我们修补这个世界的"金粉乳胶"。孜孜不倦的河狸，正一刻不停歇地努力修复着我们这片斑驳残缺的大地。

后记 I
本书撰写过程中的幕后花絮

柯西·阿米斯克瓦，"大河狸"的故事

正如口口相传已经讲了无数遍的"大河狸"故事一样，每当一种口头文学被白纸黑字写下来并记录在案之后，其背后的文化语境也便会在很大程度上出现流失，因为每一种不同版本的传播通常都限定在某一个特定的地理区域，反映了相应部落特有的价值理念。口头文学是一种藉声音传播的文化体验，穿越历史长河，借助声音将特定的历史阶段、文化以及地域呈现出来并相互关联。"大河狸"的故事之所以能够历经数千年传承而经久不息，是因为作为一种叙事方式，它既代表了一种颠覆和叛逆性，同时也充满了精彩和巧妙的构思。随着故事情节的逐步展开，我们渐渐领悟到了故事背后所蕴含的智慧以及所传递的关键教诲：一个人不可能漠视自己对其他生命应尽的义务却安然无恙地生存下来。

在北阿尔贡金人有关"大河狸"故事的不同版本中，征服了柯西·阿米斯克瓦的人并非创世主，而是格鲁斯卡普，也就是"来自虚无缥缈空间的人"，因为后者拥有带来改变的能力。格鲁斯卡普之所以在阿尔贡金人的口头故事中占有一个特别的地位，是因为它也像人类一样，始终在努力拼搏，争取过上美好的生

活。通过它屡屡犯下的错误以及一次次的冒险经历，听故事的人可以与它产生一种共情心理，进而汲取一种道德准则。在东部沿海地区的上上下下，尤其是在加拿大，格鲁斯卡普在各种版本的"大河狸"故事中始终都占据着一个极为核心的地位。

在《编织香草》（*Braiding Sweetgrass*）一书中，民族植物学家罗宾·沃尔·基默勒（Robin Wall Kimmerer）做过一番极为精彩的论证，认为西方科学与原住民科学之间虽然存在某些重要的差异，但两者并不彼此排斥。受基默勒及其他原住民作家、科学家和学者启发，我下定决心，要尽自己最大能力去收集各种版本的"大河狸"故事（也包括与河狸有关的其他一切原住民故事）。后来的事实证明，这一旅程着实漫长和崎岖。我首先从查尔斯·利兰（Charles Leland）于 1884 年出版的《阿尔贡金传奇集》（*Algonquian legends*）入手，随后找到了威廉姆·琼斯（William Jones）1919 年版本的《奥吉布瓦传说集》（*Ojibwe tales*）。再后来，我又转而求助于弗兰克·G. 斯佩克（Frank G. Speck），因为他在 20 世纪 30 年代曾就佩诺布斯科特印第安人的萨满文化、宗教以及口头故事进行过广泛研究，并出版了一系列著述。但我的探索并未就此止步，因为在我看来，对早期这些人类学家及其研究方法做更多了解似乎也很重要。另外还有一个重要原因，那就是以下问题：他们所收集整理的这些故事，在多大程度上忠实反映了故事源头上那些原住民社区最原始的认识和见解？

近期的研究表明，弗兰克·古尔德斯·斯佩克（1881—1950）等美国早期人类学家与为他们提供信息的人之间关系非常复杂。斯佩克早年师从弗朗茨·博阿斯（Franz Boas），后来担任宾夕法尼亚大学人类学系主任，并培养出了等众多著名学者，诸如洛伦·艾斯利（Loren Eisley）等。不过，他也教授并指导过一位名字叫格拉迪斯·伊奥拉·坦塔奇冈（Gladys Iola Tantaquidgeon，1899—2005）的莫希干女学生，后者后来成为他的研究助理。坦塔奇冈作为斯佩克的翻译，为他走进研究对象群体提供了极为重要的便利条件。在为撰写本书而进行考证的过程中，我对斯佩克尤为感兴趣，因为他曾在距离我十几岁时所居住的康涅狄格州东北部不远的地方生活过好几个夏天，并在那里与莫希干部落的一些成员见过面（他也正是通过这一途径认识了格拉迪斯，并帮助她进入了宾夕法尼亚大学）。尤为令我着迷的是，我发现有关"大河狸"的各种故事以及早期有关阿尔贡金文化的很多学术研究，统统都深深扎根于这一地区。一件可悲的事在于，在很多的研究之中，原住民民族依然被普遍描绘为属于过往历史的居民，而不是当今社会的成员。我要特别感谢我的同事、圣十字学院的历史学家托马斯·道顿（Thomas Doughton），我们曾就这一话题进行过无数次深入交谈，这些对话给我带来了深刻的启迪，我也衷心希望它们能让我变得更加敏锐，进而让我能够更加真切地认识到这一边缘化倾向今天还在延续的方式。道顿教授本人就有尼普穆克人血统，家族根源可以追溯到伍德斯托克地区。

最后，我也尽最大努力收集了当代原住民学者及作家的作品中与河狸故事相关的信息，这些人包括丽莎·布鲁克斯（Lisa Brooks）、玛格丽特·布鲁夏克（Margaret Bruchac）、罗莎琳·拉皮尔（Rosalyn LaPier）、谢丽尔·萨瓦乔（Cheryl Savageau）以及莉安·贝塔萨莫萨克·辛普森（Leanne Betasamosake Simpson）等。2020年，布鲁夏克为波库姆塔克山谷纪念协会"纪念大堂博物馆"专题网站录制了《突袭迪尔菲尔德：1704 年的许多故事》音频，效果极为震撼和感人。语言学家艾夫斯·戈达德（Ives Goddard）是阿尔贡金语方面公认的世界级权威专家，帮助我确认了阿尔贡金语中某些词汇的准确意思。此外，语言学家史蒂文·伯德（Steven Bird）与澳大利亚达尔文市原住民社区的合作研究也为我带来了很多额外的启发。假如我不慎遗漏了哪些人所提供的重要贡献，谨在此致以最诚挚的歉意。

第 1 章　我家的河狸塘

2016 年第一次听到"河狸界"这一说法时，我正跟着赫布·索班斯基巡行他的捕猎线路。他指指我们正在跋涉穿越的、景色壮丽奇美的林中沼地，用近乎喊叫的声音说道："河狸界！"就河狸是如何塑造了我们所栖居的环境这一点而言，这一名字堪称是种完美的描述，因此，我赶紧把它记了下来。第二次听到这个词是在雅克·库斯托（Jacques Cousteau）于 1975 年拍摄的经典电视系列纪录片《北地河狸》（Beavers of the North Country）之中。在他乘着一架小型飞机飞越过萨斯喀彻温省大荒原时，库斯托（用他那充满魅力的嗓音）满怀敬畏之情地描述了展现在面前的繁复壮观的河狸水坝工程体系，并将之称作"河狸界"。1923年，由于担心野生河狸彻底消失，俄罗斯设立了沃罗涅日自然保护区（Voronezh Nature Reserve），成为世界上首家河狸保护地。这一河狸研究和保育中心是联合国教科文组织（UNESCO）认定的一个大型生物圈保护地中的一部分。沃罗涅日保护区的网站上将这片面积 310 平方千米的保护避难所描述为"河狸界"。在北美洲，最早将之用文字记录下来的作者可能要算弗朗西丝·巴克豪斯（Frances Backhouse），她对加拿大的河狸进行了深入细致的研究，并著有《一旦当他们成为帽子》（*Once They Were Hats*）一书，其中就使用了这一名称。

"不了解这种动物的人可能会觉得我把它们人格化了，但对于那些曾近距离与它们一起生活、在一定程度上熟悉它们的行为习性及心思的人而言，就肯定不会这么认为。"恩奈斯特·托马斯·塞顿（Ernest Thompson Seton）在"拉格鲁格"开篇便写下了上述句子。这是他写的一篇以一只兔子为主角的童话，被收录进他于 1900 年出版的一本动物故事集——《罗博、拉格与雌狐》（*Lobo，Rag，and Vixen*）之中。我小时候曾将大量时间用于阅读有关动物的书籍，其中很多就是由塞顿之类的作者写的，他们毫不掩饰地赋予了各种动物鲜活的性格，将它们栩栩如生地呈现于纸面。毋庸置疑，撰写本书的过程中，这些作家们又一次回到了我的脑海。某一天，在我就与某一只河狸相关的一些事实而苦思冥想之时，我甚至下决心要潜入到河狸池塘中去探个究竟，而且丝毫没有为自己的这一想法感觉难为情。在写作风格方面，乔·安·比尔德（Jo Ann Beard）那篇精彩的散文《丛林狼》（*Coyote*）给我带来了无限灵感和启迪。

值得一提的是，弗朗斯·德·瓦尔（Frans de Waal）及其他动物行为学家新近所做的一些研究正在急剧、显著地扩展我们的认识，让我们对动物的情感世界，以及我们对人类自身通过情感共鸣理解动物的能力都有了更加深刻的了解。随着这一全新的理解，我们也开始对"拟人观"一词进行重新反思和审视，因为传统上该词的定义就是"赋予动物人类的心理及行为特征"。什么是纯粹的人类特征？什么是纯粹的动物特征？在两者之间划定一条严格界线的想法和做法似乎正日益变得老旧和不合时宜。举例而言，一项针对"镜像神经元"（也就是大脑中帮助我们去理解他人行为的那一部分）的最新研究显示，我们之所以具备一种针对他人情感和心智状态的"认知同理心"，其实是有一定的神经生理学基础的。假如说同理心这种品质是建立在某种神经生理学基础之上的，那么，我们凭什么判定某些动物身上就不具备这一基础呢？

"关键物种"一词由 R.T. 佩因（R. T. Paine）首创，并通过其于 1969 年发表在《美国自然学家》（*American Naturalist*）上的"有关营养复杂性和社区稳定性的说明"一文而为世界所广泛了解。从那时以来，这一概念在科学文献中得到了广泛讨论。时隔 23 年之后，在他们合著的论文《作为生态系统工程师的生物》中，克莱夫·G. 琼斯（Clive G. Jones）、约翰·H. 劳顿（John H. Lawton）和摩西·沙查克（Moshe Shachak）首次将河狸确定为"生态系统工程师"[《生态学杂志》（*Oikos*），1994]。

巨型河狸何时曾在整个北美大陆上纵横驰骋？又于何时彻底灭绝？

河狸科动物最早于始新世末期，也就是大约 3 700 万年前出现于北美洲，随后经由白令陆桥扩散到欧洲和亚洲。据化石记录显示，在随后的数百万年间，世界曾相继进化出了 30 余个不同种属的河狸。如今我们在北美洲所能看见的河狸属于加拿大河狸，整个大陆上一度曾有 25 个不同品种分布。如今见于欧洲的河狸属于欧亚河狸，通常被认为是北美河狸的近亲，因为它们的外形和习性都非常相似，只是染色体分布上存在轻微差别。

出现时间最早，同时行为可能也最怪异的一个河狸物种是古河狸（Paleocastor），因为它们会挖一种螺旋形状的洞穴。据我们所知，这些远古河狸没有啃啮树木的习性，但却会用牙齿挖掘巢穴。大约于 2 400 万年前，一种现已灭绝的海狸（Dipoides）出现了，它们主要栖息于水中，而且可以肯定的是，这一物种拥有啃啮树木的习性。

然而，最能激发人们想象力的一个品种是俄亥俄大河狸（Castoriodes ohioensis），大约生活在更新世时代，其体形可与熊相比拟。已知最早的巨型河狸化石残骸发现于 19 世纪上半叶，发掘地为俄亥俄州纳什波特附近的一个泥炭沼泽。俄亥俄大河狸喜欢池塘、湖泊和沼泽，在美国东半部各地、五大湖地区、加拿大地盾南缘以及阿拉斯加地区，都发现了它们的遗骸。大约 1 万年前，在威斯康星州晚期冰川作用期间，俄亥俄大河狸与其他巨型动物一道走向了灭绝。

第 2 章　巡行捕猎路

2016—2019 年，我对现在已经过世的小赫布·索班斯基做过多次采访。有些采访是以面对面坐下来的正式方式进行的，但更多都是以非正式聊天的形式，由我事后整理记录下来。令人悲伤的是，赫布·索班斯基 2019 年秋季不幸遭遇了一场严重的心脏病，最终没能挺过来。我非常感谢他的遗孀雪莉·索班斯基，因为在我基于上述采访及相关笔记整理有关赫布的众多资料的过程中，她对我及本书都给予了强烈支持和帮助。我对毛皮捕猎行业以及东部地区当代毛皮捕猎文化的理解，在来来往往于捕猎线路上的一次次聊天过程中得到了有力的补充。此外，我也参加了各种大大小小的捕猎人聚会、毛皮拍卖会等活动。2017年，我参加了多伦多举行的北美毛皮拍卖会。次年，我参加了在密歇根州埃斯卡纳巴举行的全美国捕猎人协会年会，并在那里待了整整三天。我参观了俄亥俄州加洛韦的捕猎历史博物馆。有很多人的名字虽然并未在本书中出现，但我与他们进行了长时间的交谈，他们的观点和建议、他们的洞察所见，无一不让我更加深刻地了解了毛皮捕猎行业、美国钢质捕猎套的发展历史、全球毛皮贸易的活力以及当代毛皮捕猎人的文化。某些参与毛皮贸易的人允许我在书中使用他们的名字，也有些希望保持匿名。对他们每一位，我都致以深深的谢意。

《捕猎人指南》（*Tips for Trappers*）由西尔斯–洛巴克公司于1925—1958年出版发行。

殖民运动兴起之前北美洲栖息着多少河狸？事实是，我们无从得知。科学研究文献中通常广泛引用的数字范围是6 000万至4亿只，这一数字源自恩奈斯特·托马斯·塞顿1929年出版的经典作品《猎兽的生活》（*The Lives of Game Animals*）。在该书中，塞顿曾估测，在与欧洲殖民者相互有所接触之前，生活在北美洲的河狸数量大约为6 000万至4亿只，不过对于这一估测区间是如何得出的，他并未予以解释。理论上来讲，这一数字的可靠性相对较高。

如今有多少河狸栖息在北美洲？美国、加拿大的研究文献通常所援引的河狸种群数量各不相同，从600万只至2 000万只都有，但对两国实际的数量其实从来都没人做过系统的研究。在美国，对河狸种群数量的估测往往是根据各州贴标的河狸皮子数量，或者根据收到的涉河狸投诉案件数量推算而得。美国环境保护局公布的数字显示，流经美国的江河里程共计 350 万英里。理论上讲，你可以按照大约每半英里就有一窝的标准估算一条江河体系中的河狸数量，从而得出以下数据：在这 350 万英里长的水系中，共生活着 700 万窝河狸，如果平均每窝有 6 只，那么，就可以得出 4 200 万只这一总数。但这一数字并未将湿地、不连续溪流等考虑在内，也没有考虑到一个基本事实，那就是，人类希望居住的地方，往往也是河狸希望栖居的地方，即江河沿岸地势低洼处，而且人类已经占据了这类栖息地中很大的一部分。美国的陆地总面积约为 916 万平方千米，截至 2022 年总人口数接近3.33 亿。

在 1892 年出版的《河狸的浪漫》(*The Romance of the Beaver*)中，A. 拉德克莱夫·杜格莫尔（A. Radclyffe Dugmore）在蒙大拿州发现了一个被河狸砍倒的树桩，直径宽达 42 英寸——将近 3英尺。在此之前，摩根在其 1868 年经典名著《美洲的河狸》(*The American Beaver*)中也记录过多起河狸伐树和修筑水坝的事例，内容同样引人瞩目。时隔 45 年之后，米尔斯在其《河狸世界》一书中也讲述了河狸以令人赞叹不已的速度伐树筑坝的故事。

通过"谷歌地球"，国际生态信息所所长简·泰（Jean Thie）于 2007 年 10 月 2 日发现了世界上最长的河狸水坝。泰发现这一水坝完全是机缘巧合，当时，他正在研究永冻湿地的融化速度。据测量，这一座水坝宽度达 2 790 英尺，已在阿尔伯特省北部这一位置上存在了 25 年多。从美国宇航局三维地球信息系统生成的 1990 版地卫七准彩色影像图上，就可以看到这座水坝。简·泰在卫星辅助下完成的这一研究成果在该研究所官方网站上有详细介绍。

1948 年发生在爱达荷州的空投河狸事件非常有趣，实在不容忽略。当时，大约 70 只河狸被工作人员装在箱子里，用直升机升到空中，然后借助降落伞空投到了崎岖不平的张伯伦盆地中险峻闭塞、人迹罕至的高山草甸之上。爱达荷州渔猎部工作人员不辞辛苦，从档案库中帮我翻找出了该项目当年的老照片和文档，对此我表示深深的感谢。如欲更多了解，可参阅《爱达荷野生动物综述》（*Idaho Wildlife Review*）1948 年 10 月号上"河狸从天而降进入新居（Beaver Dropped from Sky to New Homes）"一文，或参阅埃尔莫·W. 赫特（Elmo W. Heter）1950 年为《野生动物管理期刊》（*Journal of Wildlife Management*）撰写的"借飞机、降落伞帮河狸搬家（Transplanting Beavers by Airplane and Parachute）"。

第 3 章　阿斯托利亚：寻踪阿斯特

2019 年，我专程到访俄勒冈州，参观了阿斯托利亚。除从各种图书中获取的相关历史资料之外，本章所涉的不少资料均源自实地走访那里好几处非常值得一看的景点，具体包括：遗产博物馆、海事博物馆、刘易斯-克拉克探索中心，还有哥伦比亚河入海口雄伟壮阔的高地，从那里可以俯瞰该河奔腾汇入太平洋的壮美景象。

2017 年，我以"男爵基金艺术家及作家"的身份在沃彻斯特的美国古董学会度过了整整一个夏季。这次访学之旅极大地拓展了我对毛皮贸易历史的了解。对我帮助尤其大的资料包括以下合集：美国历史报（1690—1922）；1876 年前及 1876 年后美国历史期刊；17 至 19 世纪新英格兰日记；还有这里有关制造业产品目录方面的海量合集。这些资料让我更深入地了解了 19 世纪末期人们对毛皮捕猎人以及毛皮贸易有着怎样的描述。我发现了一些相当不错的资料，如 1873 年出版的美国一角商店系列图书《老猎人鲁夫》（*Old Ruff the Trapper*）等。我还广泛参阅了从纽约公共图书馆手稿及档案部找到的阿斯特家族档案文件（1792—1916）。

　　我在本章中简略提及的两项河狸修复项目如下：华盛顿州中北部的梅索河狸修复项目，以及俄勒冈州中部的桥溪河狸修复项目。梅索河狸修复项目发起于 2008 年，一开始的主要工作是将私有土地上的河狸祸患清除，然后迁入梅索森林公有土地上，从而打造出一片能够抵御野火、健康有活力的流域景观。野火发生时，河狸打造的湿地可以充当一个极为关键的避难所，加州州立大学海峡群岛校区的艾米莉·费尔法克斯（Emily Fairfax）博士及其他人对此做过非常深入和详细的记录。近年来，在深入加利福尼亚、俄勒冈、华盛顿以及科罗拉多等地研究山火的过程中，费尔法克斯博士进一步发现了河狸湿地在山火过后所发挥的另一个重要作用，那就是净化水质。2008 年以来，梅索项目的工作重心由清除河狸祸患转向公共教育，大力推广能够让河狸在大地景观上得以保留下来的途径。他们现在也还从事将河狸迁到公共土地上的工作，但如今的工作更侧重于修复退化的江河水系，以便已经生活在梅索流域内的河狸能够有机会进一步繁衍生息，从而支持河狸种群不断繁荣兴旺下去。

　　桥溪修复项目始于 2009 年，是美国国家海洋和大气管理局渔业生物学家迈克尔·波洛克（Michael Pollock）的创意。桥溪是俄勒冈州中部约翰-戴河（John Day river）的一条支流，退化状况十分严重。在修复这条溪流的过程中，波洛克突发灵感，想到了修建人工水坝，也就是模拟河狸水坝的点子。项目旨在恢复该河，进而改善鲑鱼栖息地的生态环境。在鱼类生物学家克里斯·乔丹（Chris Jordan）及其他人的配合下，波洛克在3年内已安装了121座模拟河狸水坝。在随后的4年里，他们对"硬头鳟"鱼苗的命运进行了连续监测，并在《科学报告》（*Scientific Reports*）上发表了彻底改变游戏规则的研究成果。他们2016年的一项研究以无可置疑的方式证明了河狸水坝有利于鲑鱼的生长。与处于退化状态的对照溪相比，在模拟河狸水坝和河狸水坝并存的桥溪流域，"硬头鳟"鱼苗的数量是前者的3倍之多。在那之前，鱼类生物学家们曾一度相信河狸水坝的存在会导致水温整体升高，因此对适于在冷水中旺盛生长的鲑鱼构成不利影响。但据他们发现，在经河狸加工过的河流系统中，虽然局部的水温的确有所上升，但在其他位置却会形成水温较低的深水洼。此外，河狸水坝和模拟河狸水坝还可以迫使溪流转入地下，也就是实现所谓的"潜流交换"过程，因而实际上降低了下游远端位置的水温。

第4章　人庐

本章内容主要基于对现已过世的赫布·索班斯基所做的大量采访。我也采访了美国渔业及野生动物管理局第五片区（东北片区）的野生动物生物学家汤姆·德克尔（Tom Decker）。

此外，我还在俄亥俄州加洛韦的捕猎历史博物馆度过了几天时光。其间，该博物馆馆长及创始人汤姆·帕尔（Tom Parr）极为慷慨地让我调阅了他收藏的有关毛皮捕猎的大量文献、札记等资料。

有谁能够忘记神秘的"匿名者 Q"（QAnon）的那位"牛头萨满"？（2021 年）1 月 6 日国会山暴乱事件中，他曾头戴用野牛角及浣熊和丛林狼毛皮编织起来的自创头饰，站在合众国首都国会大厦前高高的台阶上慷慨激昂地演讲。他身上怪诞夸张的华服融合了原住民文化中的诸多元素，既有象征毛皮捕猎行业代表人物山地人的经典符号，又有象征狂野西部自由精神的意象。在她于 2021 年 3 月 9 日专为《华盛顿邮报》撰写的那篇引发热议的雄文"'匿名者 Q'在新时代精神图腾中的意外根源：男性阳刚气概、信仰以及杂糅了叛逆文化与仇恨心理的怪异组合（*QAnon's Unexpected Roots in New Age Spirituality*：*Masculinity*，*Faith and the Strange Convergence of Counterculture and Hate*）"中，作者玛丽莎·梅尔泽（Marisa Meltzer）大致表达了如下观点：西方文化（以及白人）已然迷失了方向，极容易被人利用，从而转向极端主义者的阵营。她指出，"匿名者 Q"的某些成员将其主张的根源追溯到《纯爷们约翰》一书。布莱曾试图将男性阳刚气概与古老、神圣（同时本质上却也极度脆弱）的神话角色相关联，这一主张被某些逆文化运动所利用，转而成为他们拥护"有毒的男性气质"理念的借口。

赫布在有生之年没能亲眼见证 2021 年 1 月 6 日的国会山暴乱，数以千计的美国人怒气冲冲地闯进国会大厦，试图推翻 2020 年总统大选的结果。不过，他在活着的时候，曾不止一次长篇大论地讲述布莱这本书对他而言是何等意义重大，因为正是这本书帮助他走出了"瘾君子"的梦魇。在这一转变过程中，他的生活发生了脱胎换骨的改变。

第5章　兽皮拍卖会

本章内容基于我对出现在赫尔基摩毛皮拍卖会现场的诸多人物的采访，其中包括拍卖会组织管理者保罗·约翰逊、毛皮拍卖师鲍勃·休斯等。一些采访以坐下来正式访谈的方式进行，我一边手持录音笔记录，一边提问；另一些则是在现场的实地即兴访谈。自2017年起，我连续参加了3次赫尔基摩毛皮拍卖会，但文中所涉及的场景则主要基于2019年那次会上某一天的具体情况。文中特别提及的某些人不愿透露自己的身份，有些则希望使用化名，因为担心如果被人知道参与了毛皮贸易，可能会遭到指责。为尊重这些坦承与我交流的人的意愿，我在文中使用了化名。这是全书中唯一对所出现的人物使用化名的一章。

2019年，我曾亲赴多伦多，在北美皮草拍卖会上度过了两天时光。这一盛会的历史可以追溯到史上著名的哈德逊湾公司。拍卖会期间，皮草商人哈伦·连恩（Harlen Lien）曾张开羽翼，为我提供各种便利，教会了我开拍前如何仔细检查毛皮、如何使用内容庞杂的拍品目录、如何出价竞拍。他还向我介绍了众多来自世界各地的买主及皮草经销人，让我有机会与这些人进行广泛的交谈。通常而言，拍卖会不允许媒体人进入现场。

"也就最后一程了……眼看就要完蛋了！"这是从捕猎人以及皮草贸易商们口中经常可以听见的一句抱怨。2019年是一个关键的转折点。那年春季，先是旧金山和洛杉矶，然后再到整个加州，都相继颁布了毛皮大衣及其他皮草服饰的禁售令。纽约市也开始酝酿出台类似的法案。再之后，已连续多年面临财务困境的北美皮草拍卖会于 2019 年 10 月 31 日宣布破产。向拍卖行提交了毛皮寄拍的众多捕猎人以及皮草贸易商最终也没有收到付款。其中一些人损失不算太大，但投机商、投资商们则损失惨重。随着这家历史悠久的拍卖会关停歇业，史上极负盛名的哈德逊湾公司也走向了其寿命的终点。这家公司曾于 1670 年从查尔斯国王手中接过最早的特许权，经营范围一度覆盖当今加拿大国土的大半面积。

如今，北美洲仅存的一家国际性野生兽皮拍卖会就是位于温尼伯的"皮草收割者"拍卖会。但毛皮捕猎人们并未停止捕猎活动，正如我在赫尔基摩毛皮拍卖会上所描写的那样，诸如哈伦·连恩这样的当地乡村贸易商依然在购买和销售毛皮。

2022 年 4 月，赫尔基摩毛皮拍卖会成为最近多年以来规模最大的一届盛会。据保罗·约翰逊记录，成交的皮子数量达到 5 000 张，交易金额超过 40 000 美元，与 3 年前我参加的 2019 年那届相比，交易额几乎翻了一倍。

据哈伦·连恩解释，他买下的毛皮数量实在庞大，因此不得不专门从"优拉"搬家公司租了一辆小货，跑了 3 趟，才将拍下的毛皮和河狸香腺全部运走。与往常一样，当我问他准备把那么多皮子都卖到哪里时，他扮个鬼脸，随后大声喊道："把手里那支笔放下，然后我就告诉你。"我放下笔（毕竟，我的书基本已经写完），但他仍然是一如既往地狡黠，最终也没透露半点信息。

第6章　河狸灵境

我于 2019 年和 2020 年先后走访了小瀑布镇、莎伦和欧文·布朗的河狸保护地以及河狸灵境。除这几次走访的所见所闻之外，我另外还对莎伦·布朗做过几次后续采访，她现在正在撰写陶乐茜的传记，非常慷慨地帮助我找了很多反映陶乐茜早年生活的图片和其他资料。

为深入了解"灰猫头鹰"复杂而又充满矛盾的一生，我尽可能广泛地阅读了冒名顶替说、种族侵占张力说等各方面的资料。我最主要的资料来源就是亚奇鲍德本人的作品，尤其是他那本畅销全球的《荒野的朝圣者》。此外，本书末尾"参考资料"中所列出的两部极为优秀的传记也为我提供了大量的信息。读者如果感觉意犹未尽，还可参阅另一本回忆录，即他的第三任妻子阿纳哈雷奥所著、新兴出版公司（New Press）1972 年出版的《穿鹿皮的恶魔：我与灰猫头鹰共同生活的岁月》（*Devil in Deerskins: My Life with Grey Owl*）。对于这本书中所涉及的种族、种族侵占及其恒久的暴力等一系列严肃的话题，由于时间关系，我未做深入探索，因此感觉深深愧疚。

是谁最先将河狸爱好者们发起的运动命名为"河狸信徒"？

俄勒冈州立大学校体育队的助威口号是"河狸信徒"（俄勒冈州最早的吉祥物是"丛林狼吉米"，但于 1952 年被"河狸本尼"取而代之），因此，比较可能的一种情况是这种说法自俄勒冈州迁移而来，然后于 2011 年被首次用于在俄勒冈州西南部举办的"河狸现状年度大会"上，然后便一直沿袭下来。我给多位与当今河狸信徒运动有关的人士打过电话咨询，但没人说得清这一名称究竟始于何时、又是何人首创。毫无疑问，莎拉·柯尼希斯伯格（Sarah Koenigsberg）于 2019 年拍摄的那部发人深思的纪录片《河狸信徒》（*The Beaver Believers*），还有本·戈德法布（Ben Goldfarb）此前一年出版的《闹闹：河狸神秘而又惊人的生活以及河狸为何重要》（*Eager The Surprising, Secret Life of Beavers and Why They Matter*），均对这一运动起到了推波助澜的作用。

2020 年，我参加了马里兰州举行的"河狸保护大会"，与会者包括来自美国各地乃至欧洲的众多河狸信徒。为期 3 天的精彩会议上，我聆听了很多的报告和展示，也会见了众多的研究人员、科学家以及环境咨询顾问，并在本书写作过程中广泛参考了他们的成果和著述。篇幅所限，对于各地正在开展的利用河狸进行环境修复的探索和尝试，我在此不能逐一列举。尤其遗憾的是，我在本书中未能留出更多篇幅深入介绍鲍勃·布彻（Bob Boucher）极富远见卓识的工作。除密尔沃基河流域那个项目之外，他还是"苏必利尔生物保护地计划"的发起人之一。这一项目被誉为"（针对）地球上这一区域的保健计划"，凝聚了来自政府部门、部落机构、研究中心、私人基金会等组织的众多人物的力量，目标是在大苏必利尔湖地区打造一系列野生动物生态廊道，其中很多地方充分发挥了居住在这些地区的原住民民族的部落用益物权。西部大湖区生物区囊括了威斯康星州、明尼苏达州、密歇根州的部分地区，还包括了安大略省的西南部地区。在美国这一边，该区域涵盖的土地面积达 5 600 万英亩。在项目开展以来的 10 年期间，"苏必利尔生物保护地计划"将有望帮助该地区封固 1 亿泰克的碳（1 泰克相等于 100 万公吨的二氧化碳）。没错，他们就是在河狸的帮助之下达成此目的的。

我称之为"经典书目"的资料，也就是由 19 世纪至 20 世纪那些自学成才的美国博物学家们所撰写的河狸系列丛书都值得进一步关注。有关北美洲河狸最早的文字散见于探险家、毛皮贸易商以及捕猎人等的记录中，但关于该话题首部独立成书的作品应为摩根 1868 年出版的经典著作《美洲河狸及其工程杰作》（*The American Beaver and His Works*）。在随后的 54 年间，《美洲河狸》及其中精美的水坝、池塘插图始终都是有关北美洲河狸的权威作品。1892 年，另一部内容同样翔实的著作在加拿大问世，即赫拉斯·塔西·马丁（Horace Tassie Martin）所著的《河狸学：加拿大河狸历史及传统》（*Castorologia, Or the History and Traditions of the Canadian Beaver*）。马丁这部著作提供了大量与河狸相关的信息，并包含了一张小小的图片。据他本人所称，这是已知最古老的有关北美洲河狸的雕版图片，于 1685 年首印。图片上显示了一只体形微小的动物，尾巴像一颗硕大的松果塔，面容与人类惊人地相似。从某种意义而言，他这部作品或许可以添加一个副标题——《我们最可爱、最可采的资源之自然史》（*The Natural History of our Most Endearing Extractable Resource*），因为它以编年体的形式记录了哈德逊湾公司的发展历史：在查尔斯国王特许的加持下，在长达近 200 年的历史里，这家公司通过毛皮贸易将日后成为加拿大的大片土地牢牢控制在自己手中。广义而言，这两部作品都反映了 19 世纪时期人们对待河狸的态度：两位作者都对河狸充满景仰，认为河狸是一种拥有理性禀赋的动物，并对河狸修筑水坝、运河以及池塘的能力满怀敬意，但他们都未将河狸与笔下所描写的北部硬木森林这一宏观生态系统关联起来，也未考虑到河狸在该大陆水资源发展历史过程中所发挥过的重大塑造性作用。尤其以摩根为例，他对捕猎问题持一种中立态度，对河狸保护的问题更是只字未提。

在北美洲地区随后很长时间里出现的、内容与美洲河狸相关的各种图书中，这一态度一直没有改变，直到大约 20 年之后，米尔斯、A. 拉德克莱夫·杜格莫尔等才在他们出版的作品中表现出了一种显著的改变——他们开始力主保护河狸。在呼吁读者保护野生动物方面，两人都代表了当时那个时代的声音。1893 年，在美国历史学会会议上，弗雷德里克·杰克逊·特纳（Frederick Jackson Turner）发表了其享誉甚广的论文"美国历史上边疆地区的重要意义"（The Significance of the Frontier in American History），并郑重其事地宣布，基于 1890 年的人口统计数据判断，美国继续向边疆地区开拓的道路已经封闭。1890 年的统计结果表明，所谓的边疆界线——越过这条线之后，人口密度将低于每平方英里 2 个人，已经彻底消失。

及至 20 世纪初，数百年高强度采掘资源却不考虑其恢复和再生的行为给北美环境造成的影响已经开始分明显现。在美国，自然旷野日益萎缩和消失已然成为一个举国关注的话题。

截至 1913 年出版《河狸世界》（In Beaver World）一书时，米尔斯已在落基山脉中对河狸进行过 27 年跟踪观察，并且以"雪人"这一名字享誉丹佛地区。多年以来，他在各类通俗杂志上发表了许多生动有趣的故事，讲述自己如何在零度以下的冰天雪地里徒步去测量该流域降雪的厚度，为读者带来了无限的乐趣。不过，随着颇受欢迎的《河狸世界》一书问世，米尔斯开始成为美国首位河狸代言人。从文学角度来说，他也首创了一种极为奇特的文风，那就是以拟人化的视角讲述河狸而丝毫不觉有任何愧疚或不妥。他所传递的信息再明显不过，而且有时还非常不中听：美国人需要放弃仅仅将河狸视作一种商品资源的思想，开始珍惜它们在环境保护方面所发挥的重要作用。

次年，加拿大作家 A.拉德克莱夫·杜格莫尔发表了其极为优秀的作品《河狸的浪漫》，并且在书中对这一动物大加赞扬和推介。与米尔斯一样，他通过观察发现，某条江河中河狸的存在，可以大大减少洪灾发生的概率，同时预防长时间严重干旱现象。这两本书的阅读量似乎都不算太大，在当代有关河狸的各种文献中鲜有引用。更值得关注的是，借助河狸恢复和维护水系健康这一理念在 20 世纪初期并未被新成立不久的联邦野生动物局或各种野生动物管理部门所采纳。在美国各地，很多州当时都已经开始发起重新引入河狸的项目，但目的多只是将河狸视作一种"毛皮来源"来予以恢复，认为它只是供满足人们狩猎、抓捕之乐的一种资源。

陶乐茜的书架上就摆放着米尔斯的作品，想必她对他毫不隐讳地以拟人化视角描写河狸的这一方式颇为赞赏。在书中某些地方，他将河狸描写为"伙计""人"，或者描写为"裹着毛皮的拓荒人"。另外，他也从不吝啬赋予河狸某些特定的道德准则。在书中某些地方，他甚至假想河狸会像人一样讲话，比方说，一只他给起名叫"扁头"的河狸就曾绘声绘色地向读者讲述自己的池塘及居舍的历史。得知陶乐茜对这一作品大感兴趣之后，我也再次阅读了该书，并惊讶地发现，除了上述离奇古怪的视角外，书中还有其他更值得注意的方面；早在 1914 年，他就已经了解了河狸在维护江河水系方面的作用，也知道它们在修复遭到破坏的环境方面所能发挥的作用。在其中一章里，他详尽地讲述了利用河狸保护美国江河、让江河变得"更加可控"的途径和方法。他甚至进一步预言——"河狸可以让美国变得更加美丽"。

米尔斯这些观察和发现令人赞叹，因为相比人为原因所引发的气候变化问题让水频频登上新闻头条的今天而言，他写作的时间要早百余年。我们当今所面临的每一种环境挑战，无论是雨水过量导致洪灾、海平面上升淹没海岸线，还是长时间严重干旱致使农田无法耕种或引发山火，所有这些问题均与水及其在大地上能（否）流畅通行息息相关。水在北美洲大陆上运行的方式与河狸的存在（与否）密切关联，也与他们打造并维护的湿地系统密切相关。地质学家保罗·克鲁岑（Paul Crutzen）于 2002 年首创"人类世"一词，而米尔斯写作的时间则比这一时间早 90 年。而且，在全书末章"原初的保护主义者"中，米尔斯描述了河狸既管理、又维护溪流资源的方式。他总结认为："对人类而言，活河狸远比死河狸更加珍贵。"米尔斯并非训练有素的河流地质地貌学家，也并不拥有工程学、生态学或野生动物生物学等学位，但通过对河狸的仔细观察，却深深意识到了它们对环境可能产生的影响。而他所讲述的内容，恰恰是在重申北美洲原住民早已了解和掌握的知识，早在毛皮贸易颠覆这一切之前，这些知识曾塑造原住民看待河狸的态度。他发现了我们这些生活在 21 世纪的北美洲的人们才刚刚开始意识到的内容：对于我们的流域和江河水系的健康而言，河狸至关重要。在水循环过程中，水以降雨的形式落在大地上，但除非在流动的过程中速度能够放缓下来（借助于河狸打造的湿地），否则，降水将很快便汹汹冲刷过地表，重新回到海洋，同时带走地表大量优质肥沃的土壤。

我开始琢磨，《河狸世界》何以落入了如此寂寂无闻的境地？

在他有生之年，米尔斯曾挑起过几场论争，其中包括与时任美国总统西奥多·罗斯福的争论。1907—1909 年，米尔斯曾任新组建的美国林务局发言人。他遍游美国各地，在学校、教堂以及社区中心等场所进行宣讲，宣传保护美国濒危森林的重要意义。美国旷野面积日益缩减的现状引发了政府的担忧。在 1907 年，汽车的广泛使用已给美国人的生活带来了巨大改变，其影响堪比不久前农村地区开始普及电力供应所产生的影响。罗斯福当时刚成立了美国首个国家级鸟类保护区，美国奥杜邦学会也才初现雏形。伦敦出现了"雾霾"这个新创词，以描述其空气污染的状况。但米尔斯认为，罗斯福受到了时任美国林务局局长吉福德·平肖（Gifford Pinchot）资源采掘主张的影响，因而开始渐渐放弃了致力于保护美国野生动物的决心。到了 1911 年，米尔斯开始公开批评罗斯福新组建的林务局。

罗斯福无暇关心那些揣摩动物内心世界的作家们。他坚信，自大美国边疆界线关闭以来，美国文化已开始出现柔弱化的倾向。他希望通过重拾户外生活，尤其是重拾狩猎生活，来帮助恢复美国白人男性的魄力和气势。亚奇·贝兰尼终其一生努力追求，并撰书激情宣传"狂野生活"，以践行其保护理念，这一点与罗斯福的信仰密切相关，因为后者也坚信户外才是检验一个人男子汉气概的疆场。而这一老生常谈的比喻在我所认识的众多毛皮捕猎人身上得到了传承和延续，以赫布为例，他就认为，猎人乃是人类与自然世界保持亘古联系的媒介，他们通过狩猎活动，让某种极度重要的品质也得以保存。

在狩猎这个话题方面，米尔斯基本保持了沉默的态度，他首要关心的问题是读者能否将他持续观察了 27 年的河狸视作一种有灵性的生物，相信其具有某些特定的性格禀赋以及一定程度的智力。他曾从毛皮捕猎人手中买下一只河狸当作宠物养，给它起名"潜潜"，并在书中写下了很多极为温情的小趣事。据他描述，"潜潜"喜欢舒舒服服地窝在马鞍上挂着的一个袋子里陪他外出旅行。每次一看见米尔斯给马套上鞍鞯，这只幼小的河狸就会像蹒跚学步的孩子一般张开双臂，摆出一副可怜兮兮的样子不停哭闹，直到米尔斯伸手挽住河狸的手臂并将它抱起来放在马鞍上。米尔斯接着还给在野外观察到的一些河狸起了名字，并对其中一只（也就是"扁头"）进行了尤其详细的描述。他跟踪观察这只河狸达18年，并亲昵地将之称为"拓荒者""殖民地奠基人"等。"扁头"不幸过世之后，他甚至专门写了一首挽歌，对这只河狸"漫长、感人且充满冒险精神"的一生大加颂扬。

最让陶乐茜感觉欲罢不能（同时毫无疑问也让西奥多·罗斯福恼怒不已）的，想必就是米尔斯描写的方式，他总是在假想河狸的内心世界，有时甚至会将文字赋予河狸之口，让人感觉仿佛是河狸在讲话。每每读至这样的段落，我都感觉无比陶醉其中。米尔斯本人也一定清楚自己做得有点过头，但他同时也是在努力表明一个立场：希望读者们摒弃人类凌驾于其他动物之上这一根深蒂固的观念，并意识到河狸也拥有思考和推理的禀赋。

米尔斯接着坚称河狸具有历史意识——它们可以根据分期分批的计划来修筑河狸水坝，毕竟，每一批河狸新生代都会在已有成果的基础上继续修筑，从而使得既有水坝不断扩展延伸。他在书中多处描写到，面对需要它们做出某些特定决策的情况，河狸可以随机应变。其中一个例子如下：人们通常认为，河狸伐树这一行为是一种"本能"反应，不受推理判断能力影响。但在观察一只忙着伐树的河狸的过程中，米尔斯却发现，当一阵大风突然刮来的时候，河狸随即移到了大树的另一侧，这样，啃啮时就不用迎着大风了。而且，通过移动到风吹来的方向伐树，河狸不仅可以避免被倒下的大树砸中，而且实际上还相等于在借助和利用风力，让大树朝自己所希望的方向倒下。米尔斯写道："我曾多次亲眼看到它改变计划，它是那么机智，应对紧急状况时是那么的敏捷和妥当，因此只能认为它是个善于推理判断的生灵。"

难怪陶乐茜要将《河狸世界》摆在书架上就手的位置。她关于河狸的观察发现刚好体现了她坚信的观点：河狸是种具有理性的生灵，充满了个性和温情。她撰写《河狸灵境》的目标与伊诺思·米尔斯所关注的问题极为相似——希望说服美国人放弃猎杀和抓捕河狸，努力找到一条与它们和谐共存于大地景观之中的途径。

第 7 章　刘易斯·亨利·摩根及河狸大坝

为撰写本章而进行的前期研究期间，我于 2018、2019 年分别到访了密歇根州的马奎特镇。其间，苏必利尔流域合作伙伴及土地信托机构、雪松研究所都为我的研究提供了巨大帮助，对此我谨致以深深的感谢。除"参考资料"中所列有关摩根的诸多优秀图书之外，我也大量参阅了罗彻斯特大学图书馆善本、珍品及特藏部所收藏的、1826 年至 2000 年出版的涉及摩根的学术论文。

摩根情有独钟的是庞杂繁复的河狸水坝工程，不过，他同时也花了不少时间欣赏和研究那些形如印第安人帐篷的标志性河狸居舍。在众多原住民群落间广泛流传的各版本故事之中，某位委身寄居于河狸居舍的人都是一个核心要素。黑脚部落最早的"河狸锦囊"便反映了某人在河狸居舍度过了一个冬季之后从河狸世界带回到人类世界的诸多启示和教诲。在原住民部落间流传的其他很多寓言故事中,女人往往会嫁给河狸、在河狸居舍里生活,并最终从河狸世界中带回来极为关键的智慧以及繁荣富庶的生活。

在西方文学世界的想象中,河狸居舍也是神秘和敬畏之情的源泉。亨利·朗费罗于 1855 年写作《海华沙之歌》(*The Song of Hiawatha*)时,便曾虚构了海华沙这样一位神话英雄,并解释说,自己所写那些与人类有关的种种传奇故事和传统,其灵感来源都或许可以追溯到"森林中的鸟巢,或者河狸的居舍"。

在被海华沙追杀的过程中,邪恶的帕乌-帕克-基维斯向阿米克国王祈求,希望后者允许自己在它们的水下居舍里躲避一时。河狸的头领非常老谋深算,假意同意了他的请求。他将帕乌-帕克-基维斯变成一只硕大的河狸,当海华沙追到时,帕乌-帕克-基维斯想要夺路而逃,却"像膀胱一样鼓了起来",被卡在河狸居舍的出口处无法脱身。海华沙于是举起大棒,一下子就结果了它的性命。大约一个世纪之后,霍华德·弗兰克·莫舍(Howard Frank Mosher)在撰写反映佛蒙特东北部王国生活的经典巨著《大江北去》(*Where the Rivers Flow North*)时,虚构出了科维尔这一标志性的佛州伐木人形象——他自觉年事已高、时日无多之际,便爬进了河狸居舍,从容面对死亡。

第 8 章 吉泰吉斯茨塔基与河狸锦囊的故事

河狸是何时最早开始用牙齿砍伐树木的?

加拿大大学著名的古生物学家纳塔利娅·里布钦斯基（Natalia Rybczynski）醉心于研究河狸化石，并于 2007 年提出了两种理论。据里布钦斯基博士认为，最早的啃树河狸很可能出现于中新世早期。当时，北极圈高纬度地区经历了剧烈降温，河狸栖息的湖泊和池塘开始封冻。啃啃木材的习性可能是为了适应生存需要而进化形成的一种求生策略，因为河狸开始修建可以食用的树枝堆垛，也就是"储备食物堆垛"的原始雏形，以帮助它们度过缺少鲜草绿植的严酷冬季。反过来说，采伐树枝的习惯或许使得河狸开始具备了修建居舍的能力，因为相比在土里挖掘洞穴的做法而言，居舍相对暖和。这两种理论均被视为具有高度合理性。

就欧洲在河狸研究及环境修复方面的发展状况而言，处于领先地位的国家包括英国、荷兰、德国及挪威。位列前沿的个人则包括格哈德·施瓦布（Gerhard Schwab）、弗兰克·罗塞尔（Frank Rosell）、罗伊辛·坎贝尔·帕尔默（Róisín Campbell Palmer）和德里克·高（Derek Gow）。英国《卫报》于 2020 年 9 月 4 日曾就德里克·高在大不列颠重新野化训练河狸的工作刊登过一篇非常有意思的文章，题为《现在该我们出场了：重塑英国农耕方式的游击者归来》（*It's Going to Be Our Way Now: The Guerilla Rewilder Shaking Up British Farming*），作者为菲比·韦斯顿（Phoebe Weston）。此外，高本人所著并由切尔西绿色出版社于 2020 年出版的《带河狸重新回归》（*Bringing Back the Beaver*）也讲述了自己在长达 25 年时间里通过重新引入河狸修复英国江河水系的诸多努力。

第 9 章　水下人

本章基于我与丹尼斯·伯克斯特德（Denise Burchsted）博士和安迪·法伦（Andy Fallon）共同度过的一天而撰写。那天，我们一道在耶鲁-迈尔斯森林中徒步跋涉，循着布朗奇溪寻找河狸筑坝的位置，2011 年在康涅狄格大学准备博士论文时，伯克斯特德博士曾对这些点位进行过专门研究。除当时在现场所见所闻以及随手记录下来的笔记之外，我后来还与伯克斯特德博士进行过几次后续电话访谈和线上会议，在拨冗帮助我这一方面，她的慷慨程度令我简直不敢相信自己。与安迪·法伦随后的一系列电话交流及信函往来也同样让我受益匪浅，当时他正在康涅狄格大学地球科学系攻读博士学位，同时也是地质地貌形态学及地球表面进程研究实验室的成员。

通过尤宁镇耶鲁-迈尔斯森林及栖息在那里的河狸，我渐渐意识到，如此多的事情原来彼此间都存在着高度关联，这一发现令人感觉非常神奇。耶鲁林学院（现名为耶鲁林业及环境研究学院）成立于 1900 年。日后成为生态研究之父的奥尔多·利奥波德于 1905 年进入耶鲁林学院，时年仅 18 岁。在他就读于这所新成立不久的林学院期间，耶鲁森林里极有可能并无河狸存在，最主要的原因是康涅狄格州尤宁镇的河狸放归计划直到 1914 年才真正开始（而且，直到 20 世纪 50 年代期间，这片面积 7 840 英亩的森林才全部划归为保护地，并被命名为耶鲁-迈尔斯森林）。不过，伯克斯特德博士 2011 年所研究的那些河狸，极有可能就是最初从俄勒冈州引入的那一对的后裔。而在邻近的汉普顿地区，生活在埃德温·蒂尔农场上我所讲述的那片池塘中的河狸，其起源很可能也可以追溯到 1914 年最初放归的那一对。

令奥尔多·利奥波德声名鹊起的原因，或许是他在 1949 年出版的经典著作《沙乡年鉴》中提出了"土地利用伦理"这一理念。他写道："一件事如果有助于维持和保护生物群落的完整性、稳定性及自然美，那就是正确的事情。反之，则是错误的事情。"

第 10 章 白山中的河狸

本章基于我与丹尼斯·伯克斯特德博士及斯科特·贝利博士 2020 年徒步穿越新罕布什州白山深处哈伯德溪流域的经历撰写。后续我们还进行过多次面对面交谈及电子邮件往来，他们非常热情地回答了我提出的诸多问题。

第 11 章 比邻而居的河狸

连续 5 年，我一直在跟踪记录距离我家步行 5 分钟路程的那片林子中生活的河狸。我每天都写日记，记录下他们活动的状况，也记录下我对他们所打造的那片河狸池塘的敬畏和赞赏，再后来，当他们突然消失之后，也记录下了当时那种怅然若失的心情。

从多种意义上来讲，本书的缘起是另一本书的结束。2015 年，我写了一首题为《涨水》(Water Rising)的小诗，灵感源自河狸池塘中一只对我举目凝望的河狸。继那之后，我又应一个艺术合作项目之需写了一系列诗歌，后来统称为《涨水》，最终形成了一本集诗歌与水彩画为一体的小书，并于 2016 年由新江河出版社出版。这一合作项目最先由雕塑家加思·埃文斯(Garth Evans)

发起，随后作曲家希里什·科尔德（Shirish Korde）及其他人也相继加入，最终衍生出了一部舞台音乐剧、一部电影以及一套系列短视频，播放量非常高。该艺术合作项目同时也生发出了一项环境保护使命。但当那首小诗、诗画集、电影以及系列短视频完成面世之后，我却深深意识到，自己对河狸以及那片独特的河狸池塘的兴趣才刚刚开始。

第 12 章　石墙

1934 年，康涅狄格成为首个借助空中航拍技术进行地理勘察的州。我在本书研究过程中参阅了这些最早的航拍图，也参阅了随后于 1951—1952 年、1965 年、1970 年、1985—1986 年及 1990 年进行的一系列勘察资料，由此构建了一幅我所居住的康涅狄格州伍德斯托克周边河狸栖息地的历史变迁图景。这些图片现存于康涅狄格大学地图及地理信息中心（MAGIC）。

为了进一步研究这些河狸栖息地，并构建一条可见的时间轴线，尤其是为了详细了解它们在不同历史时期的面积及所蓄积的开阔水域的数量，我借助了"谷歌地球"定位系统。我要特别感谢当时在耶鲁环境学院林学系攻读林学硕士学位的"尤朵拉"苗若琳（Ruolin "Eudora" Miao），是她帮助我找到了伍德斯托克地区河狸栖息地的地理定位系统影像。

在为撰写本章进行研究的过程中，除"参考资料"下所列作品之外，我还分别参考了康涅狄格州图书馆及基灵利历史学会的档案，其中帮助价值尤其大的资料包括 1850 年以来的州公报及州农业普查记录。以下地方史（志）为我提供了大量信息：克拉

伦斯·鲍文（Clarence Bowen）所著《伍德斯托克史》1926 年第
1~10 卷［鲍文有关伍德斯托克历史的大多数内容均系自艾伦·D.
拉内德（Ellen D. Larned）的作品中剽窃而来，后者曾受鲍文之
父委托撰写《1760—1880 年温德姆县史》（*History of Windham
County 1760-1880*）第 1~2 卷（第一版由作者于 1880 年出版）］；
苏珊·J. 格里格斯（Susan J. Griggs）所著《庞弗雷特及汉普顿
早期的大户家宅》（*Early Homesteads of Pomfret and Hampton*），
出版地为康涅狄格州阿比顿市；谢丽尔·R. 韦克利（Cheryl R.
Wakely）所著《从罗克斯伯里荒沼到东谷：伍德斯托克穿越之
旅 1686—2011》（*From the Roxbury Fells to the Eastward Vale: A
Journey Through Woodstock 1686-2011*），康涅狄格州伍德斯托克：
伍德斯托克历史学会（出版商为唐宁出版司），2011 年;《温德姆
县商家名录》（*Windham County Business Directory*），由温德姆县
档案抄录办公室印制，西基灵利，1861 年。

　　正如吉尔·莱波雷（Jill Lepore）在其鸿篇巨制《战争之名：
菲利普国王战争及美国人身份的根源》（*The Name of War: King
Philip's War and the Origins of American Identity*）中所述，当阿尔
贡金人与 17 世纪新英格兰地区的英国殖民者于 1675 年开战后，
双方都损失惨重。

　　我要特别感谢《叠石成墙》（*Stone by Stone*）一书的作者罗
伯特·M. 索森博士（Robert M. Thorson），是他对新英格兰地区
的石墙进行了最为权威的梳理和记录。索森博士是康涅狄格大学
的教授，非常慷慨地专程赶到伍德斯托克，并花了整整一个上午
的时间与我环河狸池塘走了一圈，对环绕周边的石墙进行了测量
和记录。正是受索森博士关于溪流右侧那段石墙设计特征的观察

发现启发，我才意识到，这片河狸池塘在历史上某个节点曾被利用过，或是近处的磨坊直接利用其水力，或是用于蓄水，为下游某处的磨坊提供动力。有关新英格兰地区石墙总里程的数据摘自1871 年《美国农业部报告》中"美国围栏统计数据"一章。

第 13 章　以流域整体观思考问题

在新冠疫情彻底打乱人们的旅行计划、让众多科研工作陷入停滞之前，我设法安排走访了一趟明尼苏达州探险者国家公园，以便更深入了解汤姆·盖博（Tom Gable）有关狼群与河狸互动关系的一项最新研究，并将其纳入本书。2015 年以来，盖博一直担任探险者国家公园狼群研究项目负责人。在这项还在进行的研究所获的诸多发现之中，最显著的一条是他们发现狼在夏季时的饮食结构中包含河狸。这一发现产生了重要的影响，将有助于揭示当今科学家们对黄石国家公园、探险者国家公园等地营养级联问题的看法和态度，同时也凸显了食物链中位于顶端的狼等高级捕猎动物与位于底端的北美河狸等动物之间错综交织的关联。研究同时表明，这两种动物的健康发展与湿地的健康之间存在密切关联，反之亦然。探险者国家公园狼群研究项目的官网受明尼苏达大学资助，而且项目依然还在进行之中。

第 14 章　蒂尔的河狸

河狸为患于人类时，往往成为重大新闻事件。位于费尔班克斯的阿拉斯加大学的研究人员一段时间以来一直在跟踪研究河狸对阿拉斯加西北部一片广袤区域的影响。气候变暖的趋势使得河狸北迁，如今，他们在 3 个流域中都有栖居，渗透面积甚至已超过康涅狄格州。借助 1999 年至 2014 年夏季期间通过卫星采集得到的数据，研究人员尝试寻找新近变得湿润且面积至少达 1.24 英亩的地区。他们一共找到 56 块新生成的河狸池塘体系；河狸已按照每年大约 6 千米的速度扩展了活动的区域范围。从温室气体排放角度来看，这可谓是一个糟糕的消息。随着河狸迁入并修筑起一片片池塘，永冻土开始融化，封冻在下的甲烷气体便释放出来。如欲了解更多，不妨首先从锡德·珀金斯（Sid Perkins）所著的一篇非常不错的文章开始读起——《河狸正在重塑一个全新的阿拉斯加苔原》（*Beavers Are Engineering a New Alaskan Tundra*），发表于 2018 年 11 月 28 日《科学新闻》。

河狸引发大规模问题的另一个地点是一片本来极不可能产生问题的地区，即南美洲顶端常年狂风肆虐的火地岛群岛。1946年，阿根廷启动了一项匪夷所思的野生动物试验项目，旨在既"丰富"常驻当地的野生动物类型，又通过扶植毛皮贸易产业来打造一个全新的收入来源——他们放归了一批北美河狸。公平而言，在全球毛皮市场上，河狸皮的确可以带来相当不错的收入。但光阴荏苒，转眼几十年过去，少数一些适应能力极强的河狸游水渡过了冰冷的海峡，在巴塔哥尼亚大陆上扎根生存了下来。截至 2009 年，其种群数量已达到将近 20 万只，并且不断地改变着当地的大地景观——几乎是逮着什么就啃咬什么，使得大地上几乎寸木不留。据智利麦哲伦大学一位专门研究这一问题的生态学家估测，河狸已将火地岛全部陆地面积中 16% 的部分彻底重塑。2016 年，智利和阿根廷联合发布一系列计划，准备捕杀掉 10 万只河狸，因为在他们国家河狸被认定为入侵物种。如欲更多了解，不妨首先读一下本·戈德法布（Ben Goldfarb）2018 年 8 月 9 日发表在《华盛顿邮报》上的一篇精彩文章《两个国家缘何决定捕杀 10 万只河狸？》（*Why Two Countries Want to Kill 100 000 Beavers*）。

在加利福尼亚州的马丁内斯，河狸倡议者们甚至已发展到每年夏季专门举办盛大河狸节的地步。海蒂·佩里曼是"一狸值一坝"网站的发起人及领导人，她曾说过一句非常睿智的话："河狸本身就是行之有效的涓滴经济的代表。"

第 15 章　金缮

1983—1985 年在日本生活期间，我曾在九州南部三山村师从某陶艺大师学习陶艺。那段经历为我的首部作品《三山村之路》（*The Road Through Miyama*）（兰登书屋，1989）奠定了基础。虽然我如今已不再热衷于制陶，那段经历却永久地塑造了我看待这个世界的方式。十月份的那一天，看着面前的河狸池塘，我不觉自然而然地想到了茶道和日本陶瓷，也想到了历史悠久的陶瓷修复工艺——金缮。

气候变化无疑是 21 世纪最具标志性的环境隐忧，而气候又与每一方面的环境隐忧之间都有着缠结不清的关联——清洁的水和空气、能源利用、食品安全、海洋及土地保护、生物多样性、荒漠化等。如欲更多了解温室气体排放及气候变化方面的问题，可参阅《华盛顿邮报》当前正在开展的一项极为卓越的项目，负责人为克里斯·穆尼（Chris Mooney）等记者。2020 年，穆尼因其有关全球温室气体排放的一系列优秀作品而获普利策奖。

克里斯·托马斯（Chris Thomas）博士是利兹大学的一位生物学教授。在其 2017 年出版的那部扣人心弦的《地球继承人：在灭绝的时代里自然为何却能欣欣向荣？》（*Inheritors of the Earth：How Nature Is Thriving in the Age of Extinction*）中，托马斯博士主张，假如我们想要在气候极端不稳定的当今时代中生存下来，就需要从根本上改变我们看待大自然的方式。他辩称，大自然中唯一的恒量就是生物的演化和变迁。在太长一段时间里，人类已然对地球的生物及物理进程造成了巨大的影响，因此，假如仅仅将地球视作一位年迈的老主人，认为我们必须对他予以保护，或者将他恢复到以前未受破坏的状态，那我们将承受一份不堪承受的重负。唯有欣然接受这一全新的自然秩序——人类世，我们才有望真正弄明白该如何最佳地帮助周围的自然世界，并且……努力生存下去。

换言之，以为大自然在人类冒出来之前曾处于某种完美的至臻境界这一承袭已久的观点本身就是一种逻辑谬误，因为，作为大自然中的一个组成部分，人类乃是地球生物演化和变迁的宏观图景中有机的一环。（诚然，这一观点有点令人难以接受：人类天性倾向于贪婪地践踏周围的世界，从进化理论的角度讲，这何以居然成了一种大有裨益的生物进程？）托马斯博士指出，过去两百万年间，随着地球气候在冰期与间冰期两种状态间来回波动，珍稀物种变得常见、常见的物种变得珍稀这一动态模式周而复始地上演。当然，如今不同的一点在于，人为因素引发的变迁已显著加快了这一进程的节奏。我们正面临一个全新的自然世界，其中无数的动植物物种已开始在它们以前不曾栖居过的地理点位上生存和繁衍。河狸迁入阿拉斯加只是其中的一个例证。

　　从托马斯博士这部备受争议却振聋发聩的著作中可以汲取的核心启示在于：在投入巨大精力、试图让大自然回归其原先状态的过程中，我们反而白白耗费了无数宝贵的时间和资源。或许，更加明智的做法是将人类世视作地球生命进程中一个可能的全新起点。当然，托马斯博士绝非是在助长气候变化怀疑论，也非是主张在环境问题上采取放任自流的态度，他只是主张以一种积极而又谨慎的态度，去拥抱自然动态发展这一观念。没错，你可以这样认为，他希望我们都更多地像河狸一样思考问题：天翻地覆的变化也可以有其积极的一面。

后记Ⅱ

　　此刻在这里转述大河狸的故事时，我首先要感谢无数的原住民，是他们在数个世纪的时光里克服重重艰难险阻，让这一故事以多种不同的版本保存并传承下来。传统故事无一例外都反映着一个民族集体的历史和文化记忆，因此，其成篇和定型往往很难归功于某一位具体的作者。很多原住民作家都曾明确表示，在他们自幼接受的教育里，传统故事就一直被视作是一种有生命的东西，会经历成长、发育、记忆、择地而居等不同阶段，并且在这一系列过程中塑造了人们有关自己究竟是谁、该如何在这片大地上生活等诸多问题的观点。罗宾·沃尔·基默勒（Robin Wall Kimmere）（波托瓦托米族）认为自己民族的故事乃是一笔集体共有的财富。历史学家丽莎·布鲁克斯（Lisa Brooks）（阿布纳基族）则坚信，大河狸故事于18世纪至19世纪在东海岸地区的复兴反映了原住民民族对毛皮贸易给文化和环境所造成的毁灭性破坏的觉醒。众多阿尔贡金故事都反映了资源囤积所带来的灾难性影响。加拿大作家、社会活动家莉安·贝塔萨莫萨克·辛普森（Leanne Betasamosake Simpson）（安尼沙纳贝族）认为，大河狸故事乃是一种反抗叙事，体现了尼沙纳贝格人（Nishnaabeg）根深蒂固的价值观——如礼尚往来、友善邦交及和平谈判等。人类学家玛姬·布鲁夏克（Marge Bruchac）（阿布纳基族）及其他一些学者也指出，大河狸故事中传递了自然历史中的很多知识，而且极有可能，也传递了有关超级巨兽大河狸（Castoroides）的远古记忆，这种河狸可谓是名副其实的大河狸，身高可以达到生活在更新世时代的乳齿象的膝部以上。

　　本书开篇所讲述的大河狸故事灵感源自我收集和阅读过的众多河狸故事。"参考素材"中详细列举了这些故事，此外，"后记"部分各章节的注释中也有进一步说明。在绝大多数原住民部落中，只有萨满或"天选说书人"才拥有能力和权力去讲述有关本民族起源的深邃故事。"大河狸的故事"虽然不属于这一类别，但在很多阿尔贡金人的口述传统中却依然展现出了非常强大的生命力。我特别要感谢玛姬·布鲁夏克于 2020 年在迪尔菲尔德专为波库姆塔克山谷纪念协会录制的现代版故事。此外，我也要感谢来自马萨诸塞州盖伊源 / 阿奎那（Gay Head/Aquinnah）万帕诺亚格（Wampanoag）部落的琳达·库姆斯（Linda Coombs）以原住民作家和学者得天独厚的视角审读了本书部分章节。

致谢

从多方面来说，本书的缘起远远早于我在自己的第二故乡康涅狄格州伍德斯托克初次目睹河狸忙忙碌碌构筑它们的池塘那幕情景。它其实始自我还很小的时候在哈德逊河上的一段经历。当时天色即将破晓，我坐在一条小舟上，帮助哈德逊河上已所剩不多的捕鲟人（同时也是自发的环保卫士）、一位名叫埃弗雷特·奈克（Everett Nack）的汉子将沉重的渔网从波平如镜的河中拉起。直到此刻本书即将付梓之时，我才算搞明白了美国历史错综交织的脉络，明白了埃弗雷特·奈克等身兼商业渔人及毛皮捕猎人双重身份的人们所代表的美国文化。但当时那一刻他脸上所表现出来的神情——那种既为船下辽阔壮美的大河及即将从水下拉上来的一条条充满原始野性的大鱼而感觉欣喜若狂，又为拂晓来临时刻周围世界中的一切感到无限敬畏的神情却仿佛一直潜伏在我的记忆深处从来不曾离去。多年以后，在康涅狄格州东北部，在我为了查访我家的河狸究竟经历了什么样的遭遇而四处奔走的过程中，每每与毛皮捕猎人们面对面交流的时刻，他当时的神情都会再次浮现在我的脑际。毋庸置疑，有幸认识埃弗雷特·奈克的经历，在一定程度上帮助我顺利逾越了2016年以来我们这个国家中日益显现的某些巨大裂痕。我首先要感谢我的母亲，是她对我心中隐隐涌动的冒险精神予以了巨大的支持和鼓励，并一次次在凌晨五点时分无怨无悔地开车送我赶到河边。衷心感谢我的双亲，是他们在我还年幼的时候便教会了我去热爱并呵护身边的自然世界，并让我懂得，无论是生活在其中的动物还是植物，都值得我们去用心呵护和关爱。

构思和撰写《河狸大神》（Beaverland）这本书的过程中，众多的个人以及机构都对我给予了巨大的帮助，在此，谨对他们之中尽可能多的人致以诚挚的谢忱。

美国环境记者协会（Society for Environmental Journalists）非常慷慨地予以了经费支持，为我筹划本书提供了一笔丰厚的故事讲述基金。此外，在一个极为关键的时刻，是来自卡普兰基金会（Kaplan Fund）的"奋进奖（Furthermore）"经费帮助我走上了一条惊喜不断的全新研究之路。我任教的圣十字学院（The College of the Holy Cross）以多种不同方式对本书提供了慷慨的支持，包括允许我休研究假期、提供差旅资助等。我有幸获得沃彻斯特美国古董学会（American Antiquarian Society）提供的男爵艺术家基金（Baron Artist Fellowship）支持，在那里那座无与伦比的国家级研究图书馆中度过了好几周美好的时光。

如果没有我的文学经纪人米里亚姆·阿尔特舒勒（Miriam Altshuler）恒久的支持，本书的撰写工作恐怕永远也无法付诸现实。从一开始，她就对这本书的意义和价值表现出了高度的信心，并且在所走过的每一步都随叫随应：阅读初稿、打磨撰写方案、联系优秀的出版商等。对于米里亚姆及其时任助理莱科·戴维斯（Reiko Davis），再多的语言都不足以表达我的感激之情。

有机会与十二书局（Twelve Books）诸多员工合作于我而言是一种无上的幸运。项目伊始，他们就给我留下了这将是一个团队携手努力过程的深刻印象。对于全书的走向和最终结果，本书首任编辑雷切尔·坎伯里（Rachel Kambury）仿佛比我更早就已经成竹在胸，她的意见和建议总是在最关键的时刻对我以及本书均构成极大的鞭策。随后，肖恩·戴斯蒙德（Sean Desmond）以其对故事构架、节奏把握等敏锐的视觉和听觉帮助我将全书内容汇融成为有机整体。他的编辑助理佐哈尔·卡里米（Zohal Karimi）对诸多琐屑小节的把控游刃有余且毫无怨言。得益于制作编辑鲍勃·卡斯蒂略（Bob Castillo）孜孜不倦的努力，《河狸大神》才有了如今的样貌。衷心感谢参与从版面编辑到装帧设计整个流程的每一位，尤其感谢艺术部的同事为本书设计了惊艳的封面。埃斯特法尼亚·阿卡维亚（Estefania Acquaviva）和梅根·佩里特·雅各布森（Megan Perritt Jacobson）所带领的绝对堪称行业标杆的宣传及营销团队为本书最终面世铺平了道路。对于十二书局《河狸大神》项目组的每一位参与者，谨此致以真挚的谢忱。

我要感谢安吉拉·米勒（Angela Miller）、詹妮弗·普莱斯（Jennifer Price）和纳塔利娅·雷切尔·辛格（Natalia Rachel Singer）帮助试读前面几个章节并提供卓有见地的反馈意见，也要感谢琼·戴维森（Joan Davidson）、亚当·温伯格（Adam Weinberg）、沙伦·赫特尔（Shareen Hertel）、托德·刘易斯（Todd Lewis）、肖恩·普伦蒂斯（Sean Prentiss）、罗宾·赫姆利（Robin Hemley）和吉什·珍（Gish Jen）等人所给予的关心和支持。

《河狸大神》中所涉及的某些素材源自我为《波士顿环球报》（Boston Globe）撰写的一系列评论文章。感谢社论版的埃伦·克莱格主编（Ellen Clegg）和马乔里·普里查德主编（Marjorie

449

Pritchard）赏识并给予这个珍贵的机会。

埃伦·克莱格及蒂姆·韦纳（Tim Weiner）以难以言述的热情和大度审读了书稿，并给予了宝贵的反馈意见。珍妮·乔丹（Jeanne Jordan）从电影制作人的视角审读了本书的故事构架，帮助我形成了用全新眼光看待某些事情的意识和习惯。

衷心感谢两位声望卓著的语言学家。艾维斯·戈达德（Ives Goddard）是阿尔贡金语及广义阿尔吉克语系（Algic）领域公认的顶级专家，非常热情地回复了我就某些阿尔贡金词汇的意思所提出的问题。史蒂文·伯德（Steven Bird）现居澳大利亚达尔文市，专攻原住民语言研究，帮助审读了本书部分章节，并提供了专业的意见和建议。

克里斯汀·海特（Kristine Heitert）和尼克·贝兰托尼（Nick Bellantoni）两位考古学家帮助我加深了对伍德斯托克殖民历史的了解。原住民学者托马斯·道顿（Thomas Doughton）帮助我厘清了尼普穆克族历史以及当今生存状态中某些错综复杂的侧面。著名地质学家罗伯特·索森（Robert Thorson）慷慨地与我分享了他在新英格兰石墙方面渊博的知识和见解。原住民学者雷·古尔德（Rae Gould）热情地回答了我有关 17 世纪 "祈祷村落" 的某些问题。埃伦·佩里（Ellen Perry）和托马斯·马丁（Thomas Martin）两位典籍学者帮助我检索到了某些散佚难觅的典籍资料。对于我有关中东古代历史的某些非常生僻费解的问题，历史学家萨哈尔·巴扎兹（Sahar Bazazz）帮助予以了厘清。路易丝·科尔特（Louise Cort）在日本瓷器艺术史研究方面声望卓著，帮助审读了本书最后一章，并对我提出的问题给予了一一回复。在此衷心向他们每一位致以发自肺腑的谢意。

最后，我要感谢来自马萨诸塞州盖伊源／阿奎那（Gay Head/
Aquinnah）万帕诺亚格（Wampanoag）部落的博物馆教育家、历
史学家及作家琳达·库姆斯（Linda Coombs），她审读了本书，并
以其颇富启思的反馈意见帮助我进一步充实和强化了其中某些
部分。

书中所涉图片和影像方面，我要感谢爱达荷州渔业及狩
猎局的维奇·奥斯本（Vicky Osborne）。感谢"尤朵拉"苗若
琳（Ruolin Eudora Miao）和安迪·法伦（Andy Fallon）帮助生
成诸多河狸池塘的地理信息影像图。感谢乔丹·肯尼迪（Jordan
Kennedy）分享反映河狸水坝系统的那些美轮美奂的图片。感谢
莎伦·布朗（Sharon Brown）帮忙搜寻陶乐茜·理查兹（Dorothy
Richards）的珍贵照片。感谢雪莉·索班斯基（Sherri Sobanski）
提供其先夫赫布（Herb）的精美照片。感谢简·德斯马里斯（Jan
Desmaris）帮助准备大量的图片和影像。感谢约翰·厄尔（John
Earle）在我们拍摄作者近照那天所展现出来的热情周到和幽默
风趣。感谢海蒂·佩里曼（Heidi Perryman）及利比·科利斯
（Libby Corliss）在室内装饰设计中采用的精美河狸剪影图案。

如果不提我三位极为优秀的实习生奥利维亚·萨霍维（Olivia
Sahovey）、格蕾丝·基思（Grace Keith）以及斯隆·拉森（Sloane
Larsen），那将是我不可原谅的疏忽，是她们分别在不同阶段承担
了那么多琐屑平凡却又不可或缺的任务，帮助我进行了大量的事
实核验工作。

图书馆工作人员、档案管理员想必一定是这世上最古道热
肠、最乐于助人的一个群体。在圣十字学院，我要特别感谢菲利
普·泰勒马克（Philippe Telemarque）和芭芭拉·梅萝莉（Barbara

Merolli），前者通过馆际互借系统确保了我能够及时得到所需要的图书，后者帮助我解决了众多晦涩生僻的研究问题。对于我曾到访进行研究或借阅既有藏书的众多图书馆中的每一位图书管理员，谨致以诚挚谢意。对于那些薪酬微薄但却慷慨无私、热心志愿帮助地方性历史学会维持运行的一颗颗美丽"心灵"，在此也致以真诚的感谢，你们所从事的工作的价值，远远超出了你们自己意识到的程度。

感谢本书撰写过程中每一位同意接受采访并慷慨地倾注了大量时间和专业知识的人们。每章后面所附的备注中罗列出了他们的姓名。

特别特别感谢赫布·索班斯基，在其他众多人都对我避之唯恐不及的时候，是他敞开怀抱，带我走进了当代毛皮捕猎人这一充满神秘色彩的世界。令我深感痛惜的是，赫布未能等到本书最终问世的时刻。非常感谢他的遗孀雪莉后续一如既往的支持和帮助。

另一位值得特别感谢的人物是第五章中出现的皮草贸易商。他慷慨地付出了我自己都数不清的大量时间，耐心回答我提出的种种问题，引导我一步步走近真正至关重要的诸多问题，并将我介绍给他周围的其他人。

在密歇根州，时任埃斯卡纳巴（Escanaba）博尼法斯艺术中心（Bonifas Arts Center）工作人员的帕斯夸·沃斯特勒（Pasqua Warstler）、雪松研究所（Cedar Tree Institute）所长乔恩·马格努森（Jon Magnussen）、彼得·怀特公共图书馆的员工蒂娜·哈里斯（Tina Harris）等均在我到访马奎特（Marquette）期间提供了多方面的帮助。我也要特别感谢"苏必利尔流域合作伙伴及土地保护信托机构（Superior Watershed Partnership and Land Conservancy）"的卡尔·林德奎斯特（Carl Lindquist）和杰夫·科赫（Jeff Koch）两位，在我努力寻访摩根河狸大水坝的过程中，他们提供了巨大的帮助。

在马里兰州，我要感谢玛丽贝丝·奥布莱恩（MaryBeth O'Bryan）帮助安排了对生态通（Ecotone）公司的实地参观，并协调安排采访斯科特·麦吉尔（Scott McGill）和格伦·吉布森（Glenn Gibson）两人的事宜。我还要感谢在河狸保护大会（BeaverCon）上遇到的众多"河狸信徒"，他们以各种不同的形式，毫无保留地与我分享了各自对河狸的相关认识。他们热心奉献、兢兢业业致力于教育公众河狸在当前不断持续的气候危机中所可能发挥的作用，这对我而言是种重要的激励和启发。

而在新英格兰南部这边，我特别要感谢河狸研究所（Beaver Institute）的迈克·卡拉翰（Mike Callahan），是他大度地同意让我跟随他频繁出入于众多的河狸栖息地现场。还要感谢康涅狄格州"奥杜邦学会（Audubon Society）"东北区分会主任萨拉·海明威（Sarah Heminway）付出了很多时间，并允许我走进蒂尔自然中心（Teale Nature Center）。

感谢为自然世界福祉而努力工作的每一个人，不管你投身其中的是科研、保护工作，还是应对气候变化的积极行动，我都要高声向你致以谢意，是你们的努力付出给予了我不绝的希望。

最后，我必须提到对书中出现的两只爱犬的深切谢意。我可爱的金色田园犬柯达（Coda）率先带我走近河狸，它身上那种幽默的品质将令我终生难忘。随后，在我发现那片新的河狸栖息地时，是我英俊的英国牧羊犬奥比（Obie）见证并分享了当时那份喷薄而出的喜悦之情，也是它陪伴我度过了本书撰写过程中的日日夜夜。你们或许永远都不会知道，我从你们身上学到的东西是何等丰富和宝贵。

写书是件耗时的差事，作家们需要充裕的空间，抛开日常生活中的种种琐事和义务，静下心来投入码字的工作。感谢特德（Ted）和辛迪·盖蒂（Cindy Gaty）夫妇慷慨地将他们位于俄勒冈海岸附近的房子借给我，让我享受了好几周在封闭隔绝的环境下全情投入、醉心写作的快乐时光。书中大部分篇幅均落笔于新冠疫情肆虐期间，交通因此中断，很多供作家们静心写作的馆舍也都被迫关门歇业。感谢母亲及其兄弟姐妹们的先见之明，让我在那段时间里得以退守于佛蒙特州威洛比湖（Willoughby Lake）上一栋小别墅之中。现在，那是我们整个大家庭共有的一方家园。

新冠疫情期间居家办公的经历对我们每个人而言都是一份不小的挑战。我发现，在家里那间逼仄的书房里一边应付全职教学工作的压力，一边构思和写作本书变得一天比一天困难。某天早晨，丈夫拿着一间狭小谷仓的建筑草图从房间里走出来，静静地放在桌子上。上面是一间我们已攒了很久钱打算修建的小屋，不过新增加了一间独立的写作室。我们花钱请来木匠，于是短短几个月后，我便拥有了一间可以俯瞰整个林子的漂亮书房。我在那里日复一日耕耘，终于码完了本书。而我那只聪明可爱、时间和秩序观念都特强的牧羊犬奥比，也始终陪伴在我的身旁。每天早晨八点半，只要我没有手端一杯咖啡朝小屋中的书房走去，她就会找到我，并不停地吠叫，直到我动身才作罢。

感谢众多朋友及大家庭每一位成员一向以来的关心、鼓励及大力支持。研究、筹划和撰写这样一本作品，需要具备某种不畏险阻、勇赴未知世界的强烈意愿，不管这一未知世界是真实的地理疆域，还是心中或脑海中所构想出来的静静等待人们前往探索的精神世界。假如没有我这个温馨小家中每位成员恒久的耐心、支持和厚爱，我也便不可能保持这份潜心研究、严谨思考的习惯，而这些习惯都是本书撰写过程中不可或缺的因素。

作为一位专职从事艺术工作的雕塑家，丈夫加思·埃文斯（Garth Evans）有着自己繁忙的日程，但尽管如此，每当我面临赶工期的艰难时刻，他却总会毫不犹豫地担当起操持家务的诸多重任。不仅如此，每当我将任何东西摆在他的眼前，他都会认真地审读，并提出很多我用语言难以表述出来的睿智洞见。新冠疫情汹汹来袭之时，儿子里斯（Rhys）刚从大学毕业，并接受了紧急医疗救护能力培训。整个疫情期间，他倾注全力、毫不犹豫地投身于急救工作，并于不久后开始接受严苛的培训，立志成为一名院前急救工作者。虽然日程异乎寻常的繁忙，他却总是十分乐于助人，或者以他的幽默诙谐和迷人的微笑感染身边的人。加思、里斯，你们才是我真正的指路北斗，谨以此书献给你们！

资料来源

（扫码查阅。读者邮箱：zkacademy@163.com）